Werner Trutwin

Wege des Glaubens

Religion – Sekundarstufe I
Jahrgangsstufen 7/8

Inhalt

Vorwort   4

▶ HORIZONT

Wege des Glaubens

1. Lebenswege   6
2. Mit Glauben und mit Zweifeln leben   8
3. Glauben – was ist das?   11
4. Exodus – Ein Modell des Glaubens   14
5. Im Glauben verbunden sein   17
6. Glaube und Vernunft   20

▶ SCHÜLERINNEN UND SCHÜLER

Kein Kind mehr – noch nicht erwachsen

1. Unübersichtliche Vielfalt   22
2. Eine Zeit des Übergangs   24
3. Selbstbestimmung und Fremdbestimmung   26
4. Freundschaft und Liebe   29
5. Sprüche und Sprache   32
6. Heilige Zeichen   34
7. Auf der Suche nach Glück   36
8. Und die Religion?   39

▶ BIBEL

Die Propheten – Gottes Querköpfe

1. Gerufene und Rufende   42
2. Elija – Ein Kämpfer für seinen Gott   44
3. Jesaja – Träumer einer neuen Welt   46
4. Jeremia – Leiden an Gott   48
5. Amos – Anwalt der Armen und Schwachen   50
6. Jona – Gnade vor Recht   51
7. Mit Propheten muss man immer rechnen   52

Das Evangelium – Ein Programm fürs Leben

1. Gute Nachricht   54
2. Drei Stationen   55
3. Markus – Der erste Evangelist   57
4. Die vier Evangelien   58
5. Voneinander abgeschrieben?   60
6. Themen der Botschaft – Bilder der Moderne   62
7. Bleibende Aktualität   63

▶ GOTT

Du sollst dir kein Bild machen

1. Mit Bildern leben   64
2. Eine fragwürdige Aufgabe   66
3. Das erste Gebot   68
4. Der Glanz seiner Herrlichkeit   70
5. Auf den Spuren der Engel   72
6. Gottes Bild   74

▶ JESUS

Jesus – Brücke zwischen Gott und den Menschen

1. Einsichten oder Ansichten?   78
2. Angaben zur Person   80
3. Grundzüge des Programms   81
4. Ein unverwechselbares Profil   90
5. Die notwendige Provokation   91

▶ MENSCH

Geheimnis Leben

1. Im Strom des Lebens   94
2. Der Tod – das Ende des Lebens   97
3. Gedanken über die Unsterblichkeit   101
4. Kritik am Jenseits   105
5. Der Tod Jesu   106
6. Die Auferweckung Jesu   110
7. Ewiges Leben   113

▶ GESCHICHTE

Mehr als ein halbes Jahrtausend

1. Wenig interessant?   116
2. Kaisertum und Papsttum   118
3. Der Bruch zwischen West und Ost   122
4. Hildegard von Bingen. Eine Mystikerin von Welt   125
5. Die Kreuzzüge   128
6. Franz von Assisi. Die neue Liebe zur Armut   131
7. Katharina von Siena. Eine Christin auf Reformkurs   137
8. Die Hexen und der Ordensmann   139

Die Reformation – Umbruch und Aufbruch

1. Die Krise der Kirche   144
2. Martin Luther –
   Die reformatorische Entdeckung   147
3. Der öffentliche Protest   149
4. Die Spaltung der Christenheit   152
5. Zwingli und Calvin   154
6. Die katholische Antwort   157
7. Miteinander auf dem Weg   161

▸ KUNST

Kanzeln – Kuppeln – Kathedralen

1. Himmelstürmende Gotik   164
2. Formvollendete Renaissance   170
3. Sinnenhaftes Barock   176

▸ CHRISTENTUM

Wozu die Kirche gut ist

1. Kritisiert und akzeptiert   182
2. Den Alltag übersteigen   184
3. Von Schuld befreien und Versöhnung
   schaffen   186
4. Für die Menschenrechte eintreten und
   gegen die Armut kämpfen   189
5. Den Glauben weitergeben   194

▸ ETHIK

Das Prinzip Verantwortung

1. Ein Schlüsselbegriff der heutigen Ethik   198
2. Verantwortung für das eigene Leben   202
3. Verantwortung für andere Menschen   210
4. Verantwortung für die Welt   213

Was ist Wahrheit?

1. Die schwierige Frage   216
2. Grundlage des Vertrauens   219
3. Motive fürs Lügen   221
4. Eine falsche Welt   224
5. In der Wahrheit sein   228

▸ ZEITGEIST

Der religiöse Markt

1. Falscher Zauber   230
2. Symbole des Glücks und Unglücks   235
3. Blicke in die Zukunft   236
4. Kontakte zum Jenseits   239
5. Auf den Spuren des Teufels   241
6. Gründer, Grübler, Gurus   243
7. Entzauberung des Zaubers   250

▸ RELIGIONEN

Das Judentum – Volk und Religion

1. Ein weites Feld   252
2. Fast überall eine Minderheit   256
3. Israel: Gott – Volk – Land   258
4. Die Thora – Lehre und Weisung   260
5. Der Messias –
   Hoffnung auf eine gerechte Welt   262
6. Jüdisches Leben   265
7. Gruppen und Richtungen   271
8. Wurzel des Christentums   274
9. Eine lange Feindschaft   276
10. Die Schoa – Die unvorstellbare
    Katastrophe   279
11. Ein neuer Anfang   284

Liebe Schülerinnen und Schüler!

Das habt ihr längst gemerkt: Jeder Tag in der Schule wird von eurem **Stundenplan** bestimmt. Er sagt euch, was täglich von der ersten bis zur letzten Stunde zu erwarten ist. Der Stundenplan regelt ziemlich genau die Abfolge eurer Arbeit in der Klasse. Da tauchen Fächer auf, über die ihr euch freut und die ihr gern habt. Aber da sind gewiss auch andere Fächer, die ihr nicht so mögt. Mit den Schulfächern ist es so ähnlich wie mit euren Vorlieben und Abneigungen sonst im Leben.

Wenn ihr euch euren Stundenplan anschaut, findet ihr dort eine bunte **Fülle verschiedener Fächer.** Alle Fächer haben ihr eigenes Profil. Jedes Fach geht eigene Wege und strebt eigene Ziele an. Alle Fächer sind **Schlüssel zur Welt.** Sie wollen euch Zugänge zu wichtigen Bereichen unseres Lebens eröffnen und dazu bei euch ganz bestimmte Fähigkeiten entwickeln. Alle zusammen sollen euch für das Leben in der Gegenwart und Zukunft tüchtig machen. Ihr lernt eure Muttersprache und fremde Sprachen zu beherrschen. Ihr sollt die Regeln und Gesetze der Mathematik verstehen. Ihr werdet in wichtige Bereiche der Natur und Technik eingeführt und könnt nachvollziehen, wie die Forscher zu gesicherten Erkenntnissen kommen. Ihr sollt euch für die Geschichte eurer Heimat, unseres Landes und Europas interessieren und von der Gestalt und den Problemen der Erde etwas erfahren. Kunst, Musik und Sport versuchen Fähigkeiten auszubilden, die mit Sinnen und Leib zu tun haben. Ihr lernt vieles: denken und sprechen, rechnen und schreiben, singen und springen und vieles mehr. Dabei sollt ihr auch euch selber und andere besser kennen lernen. Das ist manchmal mühsam und anstrengend, aber wenn ihr ruhig darüber nachdenkt, werdet ihr kaum ernsthaft bestreiten können, dass es dabei um Dinge geht, die euch auf eurem Lebensweg wichtig werden können.

Auf dem Stundenplan steht auch das **Fach Religion.** Es ist ein ganz **normales Schulfach** und doch auch ganz **anders als alle anderen Fächer.** Es ist so wichtig, dass das Grundgesetz unserer Bundesrepublik es als einziges Schulfach nennt. Damit wird euer Recht gesichert, in der Schule in Religion unterrichtet zu werden.

Im Religionsunterricht geht es um Fragen, die nicht ausgeklammert werden können, wenn der Stundenplan ein sinnvolles Ganzes sein soll. Auch der Religionsunterricht ist ein Schlüssel zur Welt und darf darum im »Schlüsselbund« aller Schulfächer nicht fehlen. Worin liegt seine Besonderheit?

Der Religionsunterricht bezieht sich nicht nur auf Teilbereiche unserer Welt, so wichtig diese auch sein mögen, sondern auf das Ganze, ja er reicht über unsere Welt hinaus. Er hat nicht nur jeweils einzelne Fähigkeiten der

1 Wenn ihr euch selbst einen Stundenplan zusammenstellen könntet – wie sähe er aus? Sprecht darüber, ob er besser ist als der, den ihr jetzt habt.

2 Worin seht ihr das Besondere des Religionsunterrichts, wenn ihr ihn mit den anderen Schulfächern vergleicht? Zum Begriff der Religion → S. 39.

3 Könnt ihr ein paar Fragen und Probleme nennen, die ihr behandelt wissen wollt? Überlegt mit eurer Religionslehrerin /eurem Religionslehrer, wie sichergestellt werden kann, dass eure persönlichen Fragen und Anregungen nicht zu kurz kommen. Vielleicht solltet ihr einen Zettelkasten anlegen oder von Zeit zu Zeit bestimmte Fragestunden einrichten.

4 Was müsste eurer Meinung nach im Religionsunterricht auf jeden Fall vorkommen und was sollte vermieden werden?

5 Warum gibt es einen katholischen und einen evangelischen Religionsunterricht an eurer Schule? Überlegt mit eurem Religionslehrer/eurer Religionslehrerin, welche Themen und Projekte ihr gemeinsam angehen könnt.

6 Wer nicht am Religionsunterricht teilnimmt, muss in den meisten Schulen an einem Ersatzfach teilnehmen, das »Philosophie« (→ S. 21) oder »Ethik« (→ S. 199) oder »Normen und Werte« heißt. Warum ist das so? Wie unterscheidet sich der Religionsunterricht davon? Gibt es auch Berührungspunkte zwischen den Fächern?

Linke Seite:
Georgia O'Keeffe (1887–1986), Ladder to the Moon, 1958.

Jonathan Borofsky (geb. 1942), Mann, der zum Himmel geht, 1992 (Ausschnitt).

Schülerinnen und Schüler im Blick, sondern sie selbst, ganz so wie sie sind, mit Leib und Seele, mit Kopf, Herz und Händen, mit ihrer Herkunft und Zukunft. Er will nicht nur das **Wissen** vermehren, so nützlich das auch ist, sondern sich mit dem **Glauben** befassen, der zeigt, dass man im Leben nicht alles berechnen und machen kann. Er mobilisiert Kräfte gegen Trends von heute, die das Leben eher gefährden als fördern. Er zeigt auf eine Welt, die heute oft vergessen wird. Der Religionsunterricht will dazu beitragen, dass euer Leben in der Gegenwart und Zukunft gelingt.

Im Religionsunterricht könnt ihr **die großen Fragen des Lebens** stellen, die sich Menschen aller Zeiten gestellt haben, auch wenn viele heute meinen, für diese Fragen keine Zeit zu haben. Es sind Fragen wie diese: Wer bin ich? Hat mein Leben einen Sinn? Wie finde ich mein Glück? Verantwortung – was ist das? Was ist mir heilig? Warum ist die Welt so unergründlich, so schön und schrecklich zugleich? Ist die Unsterblichkeit eine leere Idee oder eine Wirklichkeit? An was hängt unser Herz? Existiert Gott? Wenn ja, was hat er mit den Menschen zu tun? Wer ist Jesus? Welchen Weg empfiehlt er? Wofür treten die Christen ein, wogegen leisten sie Widerstand? Haben die Christen bedenkenswerte Zukunftsperspektiven?

Auf all diese Fragen gibt es **keine einfachen Antworten** – auch nicht im Religionsunterricht. Aber der Religionsunterricht bringt diese Fragen auf den Tisch. Er ist der Ort, wo ihr diese Fragen miteinander besprechen könnt. Jeder von euch kann hier seine Auffassung zur Diskussion stellen. Darüber dürft ihr im Religionsunterricht auch miteinander streiten. Diejenigen, die sich dem christlichen Glauben verbunden fühlen, können ihn hier vertiefen und wachsen lassen. Diejenigen, die dem christlichen Glauben fern stehen, können ihn hier kennen lernen und sich mit ihm auseinander setzen. Sie brauchen nicht zu befürchten, für etwas vereinnahmt zu werden, das sie nicht wollen.

Wenn ihr euch mit einer bestimmten Frage eingehender auseinander setzen wollt, die hier nicht thematisiert wird, müsst ihr auch die beiden anderen Bände dieses Unterrichtswerks zu Rate ziehen. »Zeit der Freude« (5/6, »ZdF«), »Wege des Glaubens« (7/8, »WdG«) und »Zeichen der Hoffnung« (9/10, »ZdH«) bilden eine Einheit, in der alle oben genannten Fragen gestellt werden.

Einige Leute haben mir bei der Arbeit an diesem Buch mit Rat und Tat geholfen, indem sie Entwürfe kritisch gelesen und im Unterricht erprobt haben. Ihnen verdanke ich wertvolle Anregungen. Wie schon im ersten Band dieses Unterrichtswerks muss ich auch hier wieder meinen alten Freund Roman Mensing (Bonn) und zwei jüngere Kollegen, Agnes Steinmetz (Bornheim) und Stephan Steinhoff-Hanses (Bonn), nennen. Sie haben viel Zeit für die genaue Durchsicht der Kapitel aufgewandt und mich immer wieder bei der Arbeit ermutigt.

Nun wünsche ich euch, dass ihr gute Erfahrungen mit dem Religionsunterricht macht

euer Werner Trutwin

Wege des Glaubens

1. Lebenswege

Unser Leben ist ein Weg. Er beginnt bei der Geburt und endet mit dem Tod. Jede Stunde, jeder Tag, jedes Jahr ist eine Station auf diesem Lebensweg. Ständig sind wir allein oder mit anderen unterwegs. Es hängt viel davon ab, wer uns auf unserem Lebensweg begleitet.

Nie haben wir unseren ganzen Lebensweg vor Augen. Immer sehen wir nur auf kleinere oder größere Wegstrecken. Da gibt es wie auf einer großen Wanderung Höhen und Tiefen, Sonne und Regen, Frische und Müdigkeit. Da erleben wir Dinge, die uns freuen und ängstigen, voranbringen und zurückwerfen. Wir gehen in die Schule, fahren in die Ferien und besuchen die Großeltern. Später werden wir wohl einen Beruf ausüben, heiraten und selbst Kinder haben. Manchmal eilen wir auf unserem Lebensweg, dann geht es nur langsam weiter. Nicht alles in unserem Leben verläuft geradlinig. Es gibt Haupt- und Nebenwege, Seitenwege, Umwege, Irrwege. Es gibt Sackgassen, die uns nicht weiter bringen. Unterwegs gibt es immer wieder neue Ziele, die wir erreichen wollen. Um eine Schulaufgabe fertig zu bekommen, die Versetzung zu erreichen, einen Geburtstag vorzubereiten, sind ganz bestimmte Schritte erforderlich. Der eine geht langsam, der andere schnell auf seine Ziele im Leben zu. Manchmal denken wir an die Endstation unseres Lebens.

Paul Klee (1879–1940), Hauptweg und Nebenwege, 1929.

Weg-Worte

- Auch der weiteste Weg beginnt mit dem ersten Schritt
- Der Weg zur Hölle ist mit guten Vorsätzen gepflastert
- Wo ein Wille ist, ist ein Weg
- Daran führt kein Weg vorbei
- Der Weg ist das Ziel
- Viele Wege führen nach Rom
- jemandem den Weg ebnen
- vom Weg abkommen
- seinen Weg gehen
- jemandem aus dem Weg gehen
- ...

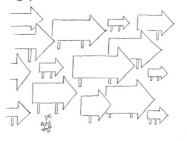

WOHIN GEHEN?
WIE GEHEN?
MIT WEM GEHEN?
EINFACH WEITER GEHEN
OHNE FRAGEZEICHEN

Selma, Schülerin

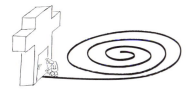

Weggeschichten in der Bibel
Wege des Glaubens gehen die Menschen, die aus einer religiösen Überzeugung leben und daraus Kraft für ihr Leben gewinnen. Der Glaube ist ihnen sowohl für die einzelnen Wegstrecken wie auch für den ganzen Weg eine Stütze. Er ist der feste Grund, auf dem sie gehen.

■ Die älteste Weggeschichte handelt von **Abraham** (→ S. 51 ff ZdF), der im 2. Jahrtausend vC in Mesopotamien (»Zweistromland« zwischen Euphrat und Tigris) lebte. Er hörte den Ruf Gottes, sein Land zu verlassen und sich auf den Weg in ein anderes Land zu machen. Dort sollte er der Vater eines großen Volkes werden und den Segen Gottes erfahren. Obwohl es für ihn hart sein musste, seine Heimat aufzugeben, machte er sich auf den Weg. Er vertraute darauf, dass Gott seine Versprechen einhalten würde. So wurde Abraham der Stammvater des jüdischen Volkes. Er steht am Anfang einer großen Weggeschichte Gottes mit seinem Volk (Gen 12, 1–9; 13, 1–18).

■ Jesus hat oft gezeigt, was Wege des Glaubens sind. Zwei der bekanntesten Gleichnisse zeigen Menschen auf dem Weg. Der **barmherzige Samariter** traf unterwegs einen armen Kerl, den Räuber ausgeplündert hatten (Lk 19, 25–36, → S. 211 ZdF). Er half diesem, obwohl er nichts davon hatte. Der verlorene Sohn ging nicht geradlinige Wege. Er verließ zuerst das Haus seines Vaters, kehrte aber, als er schlimme Erfahrungen machen musste, zurück (Lk 15, 11–31; → S. 88 f).

■ Darüber hinaus heißt es von Jesus: »**Ich bin der Weg**« (Joh 14,6). Wer ihm folgt, geht den Weg zu Gott. Das haben nach seiner Kreuzigung die beiden Jünger erkannt, die mit ihm unterwegs von Jerusalem nach **Emmaus** waren und alle Hoffnung verloren hatten. Auf diesem Weg erschloss er ihnen mit einfachen Worten den Sinn seines Todes und den Willen Gottes (Lk 24, 13–35). So gab er ihnen den Mut zu einem neuen Anfang (→ S. 85).

1 Überlegt, was auf eurem Lebensweg schon alles passiert ist. Wer/was war für euch wegweisend? Könnt ihr Stationen eures Lebens in einer Spirale/auf einer Linie einzeichnen oder mit ein paar Stufen auf einer Treppe darstellen? Führt den Weg auch weiter in die Zukunft und stellt dar, wie ihr euch Stationen eures weiteren Lebens vorstellt.

2 Es gibt viele Begriffe, in denen das Wort »Weg« vorkommt, z. B. Schulweg, Wegweiser, Kreuzweg, beweglich, abwegig. Ergänzt die Beispiele und bezieht sie auf eure Lebenswege.

3 Zeichnet Verkehrsschilder auf und schreibt dazu, was sie für den Straßenverkehr bedeuten und was sie für euren Lebensweg sagen können.

4 Versucht selbst ein Weg-Gedicht zu schreiben.

5 Kennt ihr weitere biblische Weggeschichten? Eine spannende Geschichte von einer Station auf dem Lebensweg eines Jungen findet ihr Mk 9, 14–27. Vom Lebensweg einer Frau erzählt Mk 5, 24–34.

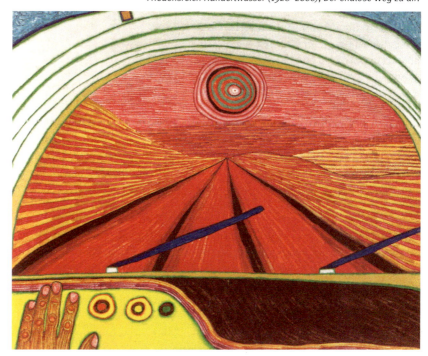

Friedensreich Hundertwasser (1928–2000), Der endlose Weg zu dir.

2. Mit Glauben und mit Zweifeln leben

Wer sich auch nur ein wenig umsieht, wird leicht feststellen: **Nichts in unserer Welt geht ohne Glauben.** Überall in unserer Welt wird geglaubt. Keine Familie und keine Freundschaft, kein Beruf und keine Gemeinschaft kann ohne Glauben auskommen. Überall hören wir Stimmen, die uns auffordern, ihnen zu glauben. Viele Signale strömen auf uns ein, ihnen Glauben zu schenken. Selbst die Werbung ist auf unseren Glauben angewiesen. Die Leute glauben nachdenklich und leichtfertig, begeistert und nüchtern, verrückt und verantwortungsvoll. Glaube ist oft förderlich, Glaube kann auch großen Schaden anrichten. Aber keiner kommt ohne Glauben aus. Selbst die, die vorgeben, nicht zu glauben, haben oft einen Glauben, ohne dass sie darum wissen.

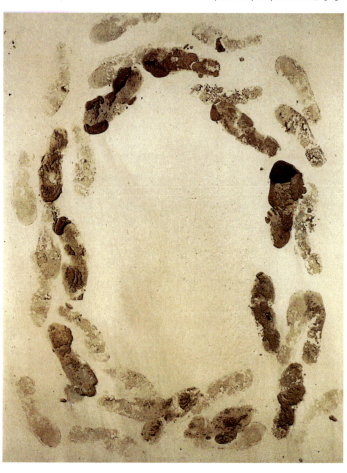

Antonio Puig Tàpies (geb. 1923), Spuren auf weißem Grund, 1965.

Trotzdem hat es der **christliche Glaube** in unserer Zeit **nicht leicht.** Viele Menschen schenken ihm kein Vertrauen. Er spielt in ihrem Leben keine Rolle. Sie halten ihn für überholt. Andere stoßen sich an einzelnen Inhalten des christlichen Glaubens. Sie können nicht verstehen, was er z. B. über Adam und Eva oder über die Wunder Jesu sagt. Viele können nicht einmal glauben, dass Gott existiert. Sie setzen ihr Vertrauen lieber auf ihre eigene Erfahrung und die zahlreichen Angebote des religiösen Marktes (→ S. 230 ff).

Umgekehrt gilt auch: Der christliche Glaube hat es in unserer Zeit **leicht.** Viele Menschen schenken ihm ihr ganzes Vertrauen. Sie halten den Glauben gerade in unserer Zeit für unverzichtbar, weil er ihnen Orientierung schenkt und Wege zeigt, die sich von wissenschaftlichen Erkenntnissen her nicht finden lassen. Durch den Glauben finden sie für ihr Leben einen festen Halt, den ihnen sonst niemand geben kann. Dabei haben auch die Glaubenden viele Fragen an ihren Glauben. Sie können nicht alle Texte der Bibel mit ihrem Wissen vereinbaren und bekommen auch gelegentlich Zweifel, ob Jesus auferstanden ist und ob Gott existiert und die Gebete erhört.

Viele Mädchen und Jungen – ähnlich wie auch viele erwachsene Christen – **schwanken zwischen Zweifel und Glaube** hin und her. An beidem haben sie Anteil. Der Glaube gibt ihnen Gewissheit und doch kommen immer wieder Fragen auf. Sie möchten gern glauben, weil sie spüren, dass dies ihr Leben bereichern kann. Aber oft wissen sie nicht, was der christliche Glaube ist und wie einzelne Glaubensthemen zu verstehen sind. Manchmal nehmen sie Anstoß an Nebensächlichkeiten und übertragen von da aus ihre Unsicherheit auf das Ganze des Glaubens. Manchmal bewahren sie aber auch den ganzen Glauben, ohne alle Einzelheiten zu verstehen.

FÜR DIE GLAUBENDEN GILT DAS WORT DER ENGEL: »SIEHE, ICH VERKÜNDE EUCH EINE GROSSE FREUDE (LK 2, 10)« UND NICHT: »SIEHE, ICH VERKÜNDE EUCH GROSSE PROBLEME.«

Wege des Glaubens

Man hat den **Glauben** nie wie einen festen Besitz, sondern ist mit dem Glauben immer auf dem **Weg.** Es ist ein Weg mit Umwegen, Irrwegen, Abgründen und Höhepunkten. Er verläuft nicht geradlinig, sondern gleicht eher einem Labyrinth. Sicherheit und Unsicherheit können sich abwechseln. **Glaube und Zweifel** sind oft nahe beieinander. Wer glaubt, macht sich immer wieder auf, ist stets unterwegs, kann sich überraschen lassen, lernt zu sehen, wird sich seiner Freiheit bewusst.

Schülerinnen und Schüler über den Glauben

- »Glauben – kein Thema.«
- »Ich glaub nix – mir fehlt nix.«
- »Ich rede nicht gern drüber – aber der Glaube gibt mir Kraft.«
- »Ich glaube immer nur, wenn es mir schlecht geht. Ich bete, wenn ich mich nicht gut fühle oder ein Problem habe oder so. Danach fühl ich mich immer sehr schlecht, weil ich denke, wenn in ein paar Tagen alles in Ordnung ist, dann ist dir alles wieder egal.«
- »Manchmal würde ich wohl ganz gern irgendetwas glauben, aber irgendwie kann ich es nicht.«
- »Ich glaube gern, weil meine Eltern glauben. Die haben mir erzählt, wie der Glaube ihnen im Leben oft geholfen hat.«
- »Muss man das alles glauben?«
- »Ich gehöre nicht zu den Menschen, die von vornherein sagen, dass ich nicht an Gott glaube. Ich sage nicht: Alles Quatsch. Bestimmt nicht. Leute, die sowas sagen, regen mich furchtbar auf. Die wissen doch genauso wenig wie ich.«

- »Ich kann all das, was ich glauben soll, nicht nachvollziehen. Religion ist altmodisch und langweilig. Ich brauche nichts, an dem ich mich festhalten muss. Was ich brauche, habe ich alles in mir.«
- Ulrich zu Anne: »Glauben? Ich glaube nur, was ich sehen und anfassen kann.« Anne zu Ulrich: »Dann lass mich mal deinen Verstand sehen und anfassen!«
- …

Der Clown und das brennende Dorf

Ein Reisezirkus war in Brand geraten. Der Direktor schickte daraufhin den Clown, der schon zur Vorstellung gerüstet war, in das benachbarte Dorf, um Hilfe zu holen, zumal die Gefahr bestand, dass über die abgeernteten, ausgetrockneten Felder das Feuer auch auf das Dorf übergreifen werde. Der Clown eilte in das Dorf und bat die Bewohner, sie möchten eilends zu dem brennenden Zirkus kommen und löschen helfen. Aber die Dörfler hielten das Geschrei des Clowns lediglich für einen ausgezeichneten Werbetrick, um sie möglichst zahlreich in die Vorstellung zu locken; sie applaudierten und lachten bis zu Tränen. Dem Clown war mehr zum Weinen als zum Lachen zumute. Er versuchte vergebens, die Menschen zu beschwören, ihnen klar zu machen, dies sei keine Vorstellung, kein Trick, es sei bitterer Ernst, es brenne wirklich. Sein Flehen steigerte nur das Gelächter. Man fand, er spiele seine Rolle ausgezeichnet – bis schließlich das Feuer auf das Dorf übergegriffen hatte und jede Hilfe zu spät kam, so dass Dorf und Zirkus gleichermaßen verbrannten.

Sören Kierkegaard (1813–1855), dänischer Philosoph

1 Wo findet ihr heute in Schule und Familie, in der Öffentlichkeit, in den Medien, im Sport, in der Werbung Formen eines Glaubens?
2 Glauben und zweifeln Mädchen und Jungen in derselben Weise? Über die Einstellung von Mädchen und Jungen zur Religion findet ihr einen eigenen Abschnitt: → S. 39 ff.
3 Eine biblische Zweifelgeschichte findet ihr Joh 20, 24–29.
4 Eine jüdische Geschichte über Glaube und Zweifel: → S. 272 (»Vielleicht«).
5 Aberglaube – was ist das? → S. 232.

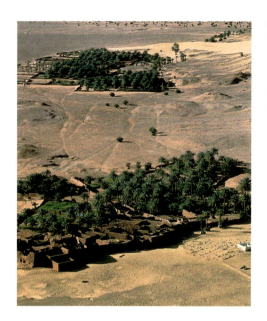

Ein moderner Mensch

Ein Mensch verirrte sich in der Wüste. Tagelang irrte er umher. Wie lange braucht man, um zu verhungern und zu verdursten? Das überlegte er beständig. Er wusste, dass man länger ohne Nahrung leben kann als ohne etwas zu trinken. Die unbarmherzige Sonnenglut hatte ihn ausgedörrt. Er fieberte. Wenn er erschöpft ein paar Stunden schlief, träumte er von Wasser, von Orangen und Datteln. Dann erwachte er zu schlimmerer Qual und taumelte weiter.

Da sah er in einiger Entfernung eine Oase. Aha, eine Fata morgana, dachte er. Eine Luftspiegelung, die mich narrt und zur Verzweiflung treiben wird. Denn in Wirklichkeit ist gar nichts da. Er näherte sich der Oase, aber sie verschwand nicht. Sie wurde im Gegenteil immer deutlicher. Er sah die Dattelpalmen, das Gras und die Felsen, zwischen denen ein Quell entsprang. Er dachte: Es muss alles Fantasie sein.

Mit diesem Gedanken brach er zusammen und starb. Eine Stunde später fanden ihn zwei Beduinen. »Kannst du so etwas verstehen?«, sagte der eine zum andern. »Die Datteln wachsen ihm ja beinahe in den Mund – er hätte nur die Hand auszustrecken brauchen. Und dicht neben der Quelle liegt er, mitten in der schönen Oase, verhungert und verdurstet. Wie ist das nur möglich?« »Er war ein moderner Mensch«, antwortete der andere Beduine. »Er hat nicht daran geglaubt.«

Kadidja Wedekind (geb. 1911), deutsche Schriftstellerin

OF COURSE, FAITH IS A RISK – BUT ONE I WOULD NEVER RISK LIVING WITHOUT.
Erzbischof Desmond M. Tutu (geb. 1931), Friedensnobelpreisträger 1984 aus Südafrika

*Rechte Seite:
Johannes Schreiter (geb. 1930), Verkehrsfenster. Entwurf für ein Glasfenster in der Heiliggeistkirche in Heidelberg, 1987.*

Paul Klee (1879–1940), Labiler Wegweiser, 1937.

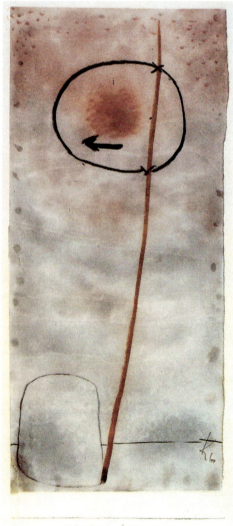

Angst und Zweifel

Zweifle nicht
an dem
der dir sagt
er hat Angst

aber hab Angst
vor dem
der dir sagt
er kennt keinen Zweifel

Erich Fried (1921–1988), Dichter, Schriftsteller, Übersetzer

Einmal

Einmal im Leben
zur rechten Zeit
sollte man an Unmögliches
geglaubt haben.

Christa Wolf (geb. 1929), deutsche Schriftstellerin

Wege des Glaubens

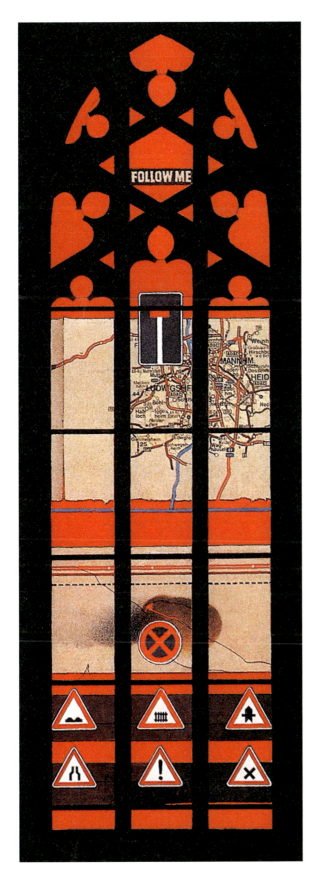

3. Glauben – was ist das?

Das Wort **»glauben«** gehört in dieselbe Sprachfamilie wie das Wort »lieben«. Ursprünglich bedeutet es: »sich etwas vertraut und lieb machen«. »Glauben« heißt in der lateinischen Sprache »credere« (von »cor dare«), d. h. sein Herz schenken. (Zum »Credo«, d. h. »Ich glaube«: → S. 18.) Im Hebräischen hat »glauben« den Sinn von »sich festmachen«.

Eine Grundhaltung
Über den Glauben wird viel gesagt. Manche sprechen aus eigener Erfahrung des Glaubens, andere reden nach, was sie über den Glauben gehört haben. Tatsächlich ist es nicht einfach zu sagen, was »glauben« ist, weil man den Glauben nicht so sachlich beschreiben kann wie ein Auto oder einen Computer. Seine Inhalte lassen sich nicht beweisen wie eine mathematische Aufgabe. Er ist nicht so genau festgelegt wie die Regeln der Rechtschreibung. Aber er ist trotzdem nicht etwas Nebelhaftes und Unbestimmtes. Er kann sich auf gute Gründe stützen. Darin unterscheidet sich der Glaube nicht von der Faszination eines Menschen von der Farbe eines Bildes, vom Klang einer Melodie, vom Geschmack des Brotes, von der Tiefe eines Schmerzes. Darin unterscheidet sich der Glaube erst recht nicht von der Liebe oder von der Hoffnung, die wir erfahren. Das alles lässt sich nicht exakt beschreiben.

Glauben ist nicht eine Nebensache, sondern eine **Grundhaltung des Menschen.** Glauben prägt das ganze Leben. Was einer von sich, von anderen, von der Welt, von Gott hält, das wird von seinem Glauben her bestimmt. Der Glaube entscheidet über die Richtung jedes Lebensweges. Er gibt die Kraft, sich selbst zu akzeptieren, Ja zu seinem Dasein und Nein zu allen bösen Mächten zu sagen. Keine wichtige Entscheidung des Lebens kommt ohne Glauben zustande. Wer nicht glaubt, kann verzweifeln und alle Orientierung in seinem Leben verlieren.

Dabei ist der Glaube **doppelgesichtig.** Er ist einerseits ein **Geschenk,** das unerwartet und unverdient ins Leben kommt. Er hängt nicht davon ab, wie stark man sich dafür anstrengt. Er ist nicht das Ergebnis anstrengender Leistung. Andererseits ist er aber auch die **freie Entscheidung** eines Menschen. Er hängt sehr wohl auch von seinem aktiven Bemühen ab. Für seinen Glauben kann man etwas tun. Man ist dafür auch verantwortlich. – Es ist nicht einfach zu sagen, wie beides zusammen geht. Aber wer glaubt, weiß, dass es so ist.

Wege des Glaubens

Wege des Glaubens

Wenn man wissen will, was »Glaube« ist, wird man kaum in ein Buch schauen und geschichte Beschreibungen lesen wollen. Am ehesten überzeugen lebendige Erfahrungen mit dem Glauben. An glaubenden Menschen kann man ablesen, wie unterschiedlich Wege des Glaubens sind. Glaubende beschreiben ihre Erfahrung mit dem Glauben so:

- sich auf jemanden verlassen können
- das Leben besser verstehen lernen
- die Welt neu sehen
- sich einfach fallen lassen
- Mut und Hoffnung finden
- immer neue Wunder erleben
- Gott beim Wort nehmen
- Mut zum Widerstand gegen böse Mächte finden
- für das Leid anderer empfindsam werden
- etwas Unsichtbares sehen
- still in sich hineinhorchen
- dem Leben Sinn geben
- für eine gute Sache kämpfen lernen
- sein Herz öffnen
- Licht in sich hineinlassen
- mit seinen Schwächen besser fertig werden
- dem Bösen in sich und in der Welt keinen Raum geben
- dem Leben Flügel schenken
- mit Gott verbunden sein
- …

Was die Bibel vom »Glauben« sagt

- Glaubt ihr nicht, so bleibt ihr nicht (Jes 7, 9)
- Jesus: Kehrt um und glaubt an das Evangelium (Mk 1, 15)
- Warum habt ihr solche Angst? Habt ihr noch keinen Glauben? (Mk 4, 40)
- Alles kann, wer glaubt (Mk 9, 23)
- Herr, ich glaube. Hilf meinem Unglauben (Mk 9, 24)
- Der Glaube kann Berge versetzen (Mk 11, 23)
- Wenn ihr nicht Zeichen und Wunder seht, glaubt ihr nicht (Joh 4, 48)
- Jesus: Wer mein Wort hört und dem glaubt, der mich gesandt hat, hat das ewige Leben (Joh 5, 24)
- Wir sind der Überzeugung, dass der Mensch gerecht wird durch Glauben, unabhängig von Werken des Gesetzes (Röm 3, 28)
- Wenn ich alle Glaubenskraft besäße und Berge damit versetzen könnte, hätte aber die Liebe nicht, wäre ich nichts (1 Kor 13, 2)
- Für jetzt bleiben Glaube, Hoffnung und Liebe, diese drei; doch am größten ist die Liebe (1 Kor 13, 13)

Das Bild auf dem Buchumschlag: Henri Matisse (1869–1954), Komposition mit rotem Kreuz, 1947.

1. Fertigt eine Spruchkarte mit einem biblischen Wort zum Thema »Glauben« an und überlegt, wem ihr sie schenken könnt.
2. Glauben ist Vertrauenssache. Es gibt viele Situationen des Alltags, in denen es nicht ohne Vertrauen geht; z. B. beim Kauf eines Computers, beim Fliegen mit einem Jumbojet, bei der ersten Liebe. Beschreibt diese und andere Situationen und sucht herauszufinden, was sie mit »glauben« zu tun haben.

Rembrandt (1606–1669), Jesus und der zweifelnde Thomas (Joh 20, 24–29), um 1655.

Manche Schwierigkeit mit dem **Glauben** hängt mit unserer **deutschen Sprache** zusammen. Da wird das Wort »glauben« in ganz verschiedenem Sinn benutzt.

(1) Wenn einer sagt »Ich glaube, dass morgen schönes Wetter ist«, so meint er damit »Ich vermute, ich weiß es nicht genau«. In diesem Satz ist das Glauben weniger als das Wissen. Besser wäre es zu wissen, wie das Wetter morgen wird. – Wer den christlichen Glauben für eine **Vermutung** hält und ihn dem Wissen unterordnet, hat ihn missverstanden.

(2) In dem Satz »Die meisten Inder glauben an die Wiedergeburt« hat das Wort »glauben« die Bedeutung: »die (religiöse) **Überzeugung** haben«, »etwas für wahr und richtig halten«. Hier ist von einem Glaubensinhalt die Rede. – In diesem Sinn kann man auch vom christlichen Glauben sprechen, z. B. wenn man sagt »Christen glauben an das ewige Leben«.

(3) Wenn einer zu einem anderen sagt: »Ich glaube dir« oder »Ich glaube an dich«, dann spricht er ihm ein starkes **Vertrauen** aus. Auch wenn er keine Beweise hat, so hat er doch Gründe für sein Wort. Das kann den anderen glücklich machen und von Angst befreien. »Glauben« ist hier nicht ein Inhalt, sondern eine Beziehung zwischen lebenden Wesen. – Diese Bedeutung des Wortes »glauben« ist für den christlichen Glauben am meisten zutreffend. Darum tut der Glaube, wo er gelebt wird, gut. Er gibt dem Menschen wie nichts sonst im Leben Halt.

Zwei Spiele

Es gibt Spiele, bei denen die Teilnehmer erfahren können, was Glauben und Zutrauen sind.

(1) Einige Schülerinnen und Schüler stellen sich im Kreis auf. In der Mitte steht eine Person mit verbundenen Augen. Sie lässt sich gegen den Kreis fallen und wird kräftig herumgedreht, bis sie allmählich die Orientierung verliert. Am Ende wird sie aufgefangen. Dann sagt die betroffene Person, wie sie sich gefühlt hat. Natürlich dürft ihr dabei nicht zu wild sein und müsst darauf Acht geben, dass niemand zu Schaden kommt.

(2) In einer Klasse machen sich je zwei Schüler auf einen Weg, z. B. durch das Treppenhaus des Schulgebäudes, über eine Straße oder durch eine Landschaft. Dem einen sind die Augen verbunden, dem anderen nicht. Der Sehende führt den Blinden und bestimmt das Tempo. Er lässt ihn einige Dinge anfassen. Am Ende spricht jeder über das eigene Empfinden. Die beiden können danach ihre Rollen tauschen.

Glaube ist Wagnis und Vertrauen

In einer Stadt hat ein Artist sein Hochseil gespannt und führt vor dem Publikum seine Kunststücke vor, eines spannungserregender als das andere. Die Menschenmenge ist begeistert. Totenstille liegt über dem Platz, als er zum Abschluss auch noch eine Schubkarre über das Hochseil schiebt. Donnernder Applaus anerkennt sein Können. Der Artist fragt die Menge: »Trauen sie mir zu, dass ich die Schubkarre auf dem gleichen Weg wieder zurückschieben kann?« Begeistert klatscht man Zustimmung. Der Artist schweigt eine Weile. Die Menge meint, er zaudere. »Weitergehen«, rufen ihm einige zu. Der Mann auf dem Hochseil fragt einen Rufenden: »Sie da unten, trauen sie mir wirklich zu, die Karre zurückschieben zu können?« »Selbstverständlich«, ruft der Mann zurück. »Dann kommen sie doch herauf und setzen sich in die Karre!«

Wie meint ihr, dass die Geschichte weitergeht?

Worüber man nicht reden kann, muss man schweigen

Die Schüler waren in eine Diskussion vertieft über den Ausspruch Lao-Tses (chinesischer Weiser, 4.–3. Jh. vC): »Der Wissende redet nicht. Der Redende weiß nicht.« Als der Meister dazu kam, fragten sie ihn, was die Worte genau bedeuteten. Sagte der Meister: »Wer von euch kennt den Duft einer Rose?« Alle kannten ihn. Dann sagte er: »Kleidet ihn in Worte.« Alle schwiegen.

Anthony de Mello (1931 – 1987), indischer Jesuit (→ S. 176 f)

3 Es gibt viele Worte, die mit dem Wort »Glauben« thematisch verwandt sind, z. B. Hoffnung – Liebe – Offenheit – Erneuerung – sich auf jemanden verlassen können – Widerstand – Wagnis – Gewissheit. Könnt ihr Querverbindungen entdecken?

Wege des Glaubens

4. Exodus – Ein Modell des Glaubens

Das biblische Buch Exodus

Niemand kann mit einer einfachen Formel sagen, was »glauben« ist. »Glaube« ist genauso schwer zu bestimmen wie »Liebe« oder »Glück«. Das hängt damit zusammen, dass die Sache des Glaubens viele Perspektiven hat. Glauben führt in die eigene Tiefe und umfasst viele Lebensbereiche. Schon die Bibel kennt ganz unterschiedliche Beschreibungen des Glaubens.

Ein herausragendes biblisches Modell des Glaubens ist der »Exodus« (griech.: »Auszug«, »Aufbruch«; → S. 56 f ZdF). Von ihm ist im zweiten Buch des Ersten Testaments die Rede, das den Titel »Exodus« trägt. Es handelt von der Unterdrückung und Befreiung der Kinder Israels aus Ägypten. Im Mittelpunkt der Erzählungen steht Mose.

Obwohl das Buch »Exodus« keine geschichtliche Darstellung im heutigen Sinn ist, gibt es Versuche, aus dieser Schrift das **Exodus-Geschehen** zu rekonstruieren. Manches bleibt dabei ungesichert, weil die Quellen schwer zu deuten sind. Vielleicht trifft folgendes Bild am ehesten zu: Im 2. Jahrtausend vC lebten in Ägypten Israeliten (Hebräer, Vorderasiaten), die hier als Zwangsarbeiter an Großbauten und auf den Feldern im Nildelta tätig waren. Der Auszug der in Ägypten unterdrückten Israeliten erfolgte um 1200 vC, also in einer Zeit, in der das ägyptische Reich nicht mehr sonder-

> Die Israeliten mussten vor mehr als 3000 Jahren in Ägypten Sklavendienste leisten. Damals befreite sie Mose auf Gottes Wort hin aus der Macht des Pharao und führte sie in die Freiheit. Dieser Weg aus der Unfreiheit in die Freiheit wurde zu einem **Modell des Glaubens**. An ihm kann man ablesen, was Glaube bedeutet: sich im Vertrauen auf Gott aus einer Gefangenschaft befreien, Hindernisse und Enge überwinden, sich von Ängsten lösen, eine neue Sicherheit gewinnen, wieder Boden unter den Füßen finden, mutig ungewohnte Wege gehen, ein neues Leben anfangen.

Marc Chagall (1887–1985), Exodus, 1952–66.

Wege des Glaubens   14

Abu Simbel, Eines der vier Kolossalsitzbilder Ramses' II. vor der Tempelfassade, 13. Jh. vC.

lich stark war, am ehesten einige Jahre nach der Regierungszeit des Pharao Ramses II. (1304–1237 vC), der zu den mächtigsten Herrschern zählte, die Ägypten je gesehen hatte. Damals versuchte eine relativ kleine Gruppe von Leuten – manche denken an etwa 50 bis 150 Personen –, aus dem Land zu entkommen. Die Fliehenden mussten dabei mit scharfen Kontrollen an der Grenze rechnen. Eigentlich konnten sie kaum auf eine erfolgreiche Flucht hoffen. Die Führung des Unternehmens lag bei Mose, der sich auf der Sinaihalbinsel gut auskannte. Als Zeitpunkt der Flucht wählte er den Ausbruch einer Epidemie (Pest?; → Ex 9, 9 ff: die ägyptischen Plagen) im Nildelta. Der Ausbruchversuch wurde von ägyptischen Soldaten entdeckt und zu verhindern gesucht. Trotzdem glückte den Mose-Leuten die Flucht. Nachdem sie eine gefährliche Wasserstelle (Ex 14, 21–27; »Schilfmeer«) passiert hatten, gaben die Ägypter die Verfolgung auf. Lange Zeit wanderte die Gruppe in der Wüste auf der Sinaihalbinsel umher, bis sie in das Land kamen, das heute »Israel« heißt. Dort schlossen sich die Einwanderer mit anderen Verehrern ihres Gottes zusammen. Diese Rettung aus der Sklaverei haben Mose und die Israeliten ihrem Gott zugeschrieben. In ihm sahen sie von nun an ihren Befreier. Sie entdeckten durch ihren Gott zum ersten Mal, was Freiheit ist, zumal es in Ägypten nicht einmal das Wort »Freiheit« gab.

Exodus – Ein innerer Weg

Der Auszug der Israeliten aus Ägypten ist deshalb so beeindruckend, weil das äußere Geschehen dem **inneren Weg** vieler Menschen entspricht. Die einzelnen Begebenheiten, von denen das Buch Exodus erzählt, sind symbolhaft Stationen in dem Prozess, den viele Menschen durchlaufen müssen, wenn sie frei werden und sich selbst und Gott finden wollen. Darum ist der Exodus nicht nur ein lange zurückliegendes Ereignis, sondern auch ein aktuelles Modell des Glaubens.

Auch heute leben Menschen in vielerlei Abhängigkeiten. Einzelne Personen oder Gruppen, politische und wirtschaftliche Kräfte, Geld und Medien (»Pharao«, »Ägypter«) versuchen immer aufs Neue, andere in ihren Bann zu ziehen und an sich zu fesseln. Manchmal tun sie es gewaltsam (»Fronarbeit«), manchmal mit raffinierten Verlockungen (»Fleischtöpfe Ägyptens«) – aber immer so, dass Menschen dabei ihre Freiheit verlieren (»Sklaverei«) und nicht zu dem werden können, der sie werden wollen. Dieser Zustand versetzt sie in lähmende Angst, so dass jede Hoffnung auf eine gute Zukunft verloren geht. Ohnmächtig sehen sie dann kaum eine Chance, sich aus ihrer Abhängigkeit zu befreien (»Plagen«). Manchmal macht die Angst sogar aggressiv und gewalttätig. In dieser Situation (»Sklavenhaus«) kann man machen, was man will – man ist daran gehindert, menschenwürdig und frei zu leben. Wer übermächtigen Einflüssen ausgesetzt ist, fühlt sich erniedrigt und gequält.

Die Erzählungen vom Exodus zeigen einen Weg, aus dieser Situation herauszukommen. Er sieht so aus: Wir müssen uns von einer Macht rufen lassen, die stärker ist als die Mächte der Unterdrückung. Die Bibel weiß, dass es diese Macht gibt. Es ist jemand für uns da (»JHWH«, »Gott«; → S. 54 f ZdF), der uns von unserer Angst befreien und zur Freiheit führen kann. Er kann die Mächte besiegen, von denen wir uns ängstigen lassen. Er tut es durch Menschen (»Mose«), wenn wir nur den Mut zum Aufbruch haben.

1. Das alte Ägypten – was wisst ihr von seiner Geschichte und Religion?
2. Was könnt ihr von dem Aufenthalt der Israeliten in Ägypten, was von Mose erzählen?
3. Lest Ex 14, 21–27 und beobachtet, mit welch wunderbaren Zügen das Geschehen beschrieben wird.
4. Der Exodus kann für viele Erfahrungen ein Modell des Glaubens sein, z. B.
   - festgefahren sein und aus Zwängen ausbrechen
   - im alten Trott verharren und neue Wege suchen
   - von gefährlichen Mächten gefesselt sein und sich daraus lösen
   - in Schuld geraten und Vergebung finden.

   Könnt ihr dazu Beispiele finden?

Wege des Glaubens

Der Weg, den wir dann zu uns selbst und zu Gott gehen, ist nicht einfach. Er führt durch mannigfache Gefahren (»Schilfmeer«) und bringt uns in Situationen, in denen wir uns einsam fühlen (»Wüste«). Manchmal holen uns auch die Schrecken der Vergangenheit wieder ein (»Streitwagen des Pharao«) und drohen uns erneut zu versklaven. Starke Kräfte in uns selber und Verfolger von außen suchen uns den neuen Weg zu verbauen und uns dorthin zurückzuholen, woher wir gerade gekommen sind. Dann brauchen wir Vertrauen und Mut. Mit allen Kräften müssen wir den einmal eingeschlagenen Weg weitergehen, auch wenn er uns gelegentlich lebensgefährlich erscheint (»Zug durch das Schilfmeer«). Nur so können wir die Abhängigkeit von bösen Mächten, die Last der Angst, die Versklavung unserer Person loswerden. Nur wenn wir auf dem Weg bleiben, werden wir frei (»Rettung am Schilfmeer«). Aber auch dann ist der Weg zu einem geglückten Leben noch weit. Er führt immer wieder durch Mühen und Zweifel (»Wüste«), bis wir zu dem Ziel kommen, das wir uns gesetzt haben: ein Mensch zu sein, der deshalb frei sein kann, weil er den Gott des Lebens gesucht und und gefunden hat (»Land der Verheißung«). So führt ein Weg des Glaubens aus Ängsten und Katastrophen zur Freiheit und zu einem neuen Leben.

Der Exodus zeigt, dass Glaube mit Anstrengung, Widerstand und Auflehnung zu tun hat. Wer im Glauben lebt, passt sich nicht ungerechten Verhältnissen an. Er muss Fantasie entwickeln, etwas wagen und kämpfen, um für sich und für andere mehr Freiheit und Gerechtigkeit zu bewirken.

Exodus: Jüdische Flüchtlinge auf dem Weg nach Israel, 1947.

Nachhaltige Wirkung
Die Erinnerung an den Exodus hat viele Menschen hoffnungsvoll gemacht.
- Juden vergegenwärtigen sich den Exodus im **Pesachfest** (→ S. 269).
- Christen vergleichen den Exodus mit der **Taufe** (→ S. 200 ZdF). Wie die Israeliten beim Durchzug durch das Wasser des Schilfmeeres gerettet wurden, so führt das Sakrament (→ S. 198 f ZdF) vom Tod zum Leben. Es stiftet dazu an, der Welt des Bösen zu entsagen und eine neue Welt zu schaffen.
- In der Neuzeit wurde der Gedanke an den Exodus für das **Judentum** aufs Neue politisch wirksam. Seit dem 19. Jahrhundert und vor allem seit den Judenverfolgungen des Hitler-Staates verließen viele Juden Deutschland und andere europäische Länder, um wieder in das Land ihrer Väter zu kommen, das ihnen gemäß ihrem Glauben von Gott geschenkt war. Sie sahen in dieser Rückkehr nach Israel einen neuen Exodus.
- Der Baptistenpfarrer **Martin Luther King** (1929–1968) hat in seinem Kampf für die Bürgerrechte der Farbigen in den USA diese Ansätze weitergeführt. Er verglich die weißen Rassisten mit den Ägyptern, die Schwarzen mit den Israeliten, das Gelobte Land mit der Gleichberechtigung für alle und seine eigene Aufgabe mit der Tat des Mose. Wie die Israeliten schöpfte er Mut und Hoffnung für den Kampf um die Freiheit aus dem Glauben an Gott. 1968 fiel er einem Attentat zum Opfer. Für die Farbigen hat er viel erreicht. Die Kraft für seine politischen Aktivitäten bezog er aus dem biblischen Exodus-Thema.

WHEN ISRAEL WAS IN EGYPT'S LAND:
LET MY PEOPLE GO.
OPPRESS'D SO HARD THEY COULD NOT STAND,
LET MY PEOPLE GO.
GO DOWN, MOSES,
'WAY DOWN IN EGYPT'S LAND, TELL OL' PHARAOH
LET MY PEOPLE GO.

Spiritual der afrikanischen Sklaven Nordamerikas

Bilder der Dreifaltigkeit

Links: Hildegard von Bingen (1098–1179; → S. 125ff, 67), Die wahre Dreiheit in der wahren Einheit, um 1147. Das helle Licht stellt den Vater, die Gestalt den Sohn und das Feuer den Heiligen Geist dar

Rechts: Die drei göttlichen Personen als menschliche Gestalten, mittelalterliches Fresko in der Kirche von Urschalling, Prien/Chiemsee (→ S. 77).

Unten: Yves Klein (1928–1962), Monopink, Monogold und Monoblau, 1959–62. Der Künstler hat in den drei Farben Hinweise auf die Dreifaltigkeit gesehen.

5. Im Glauben verbunden sein

Der christliche Glaube ist nicht nur ein Gefühl, das den Menschen tief ergreift. Er ist nicht nur eine Sehnsucht, die das Herz des Menschen erfüllt. Er lässt sich in seinen Grundzügen auch in Worte fassen. Christen können sagen, was sie glauben und wofür sie stehen. Sie können beschreiben, warum der Glaube für ihren Lebensweg entscheidend ist. Sie können darlegen, wovon sie ergriffen sind und wofür sie sich entschieden haben. Sie können anderen gegenüber Rechenschaft von ihrem Glauben geben und, wenn sie zusammen kommen, gemeinsam ihren Glauben bekennen. Wenn sie von ihrem Glauben sprechen, sprechen sie von dem, was Gott selbst im Wort der Bibel zu den Menschen gesagt hat. Das haben sie von Anfang an getan. Das tun sie auch heute.

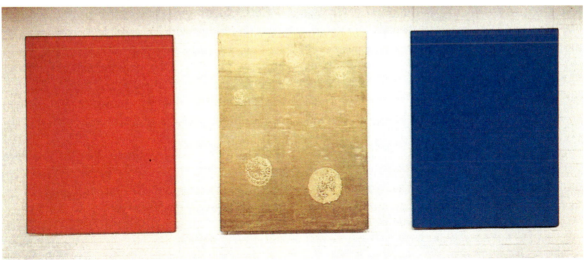

Wege des Glaubens

Credo – Das Apostolische Glaubensbekenntnis

Der christliche Glaube ist kurz zusammengefasst im **»Apostolischen Glaubensbekenntnis«**, das man nach seinem Anfangswort auch das **»Credo«** (lat.: »Ich glaube…«) nennt. Nach einer alten Legende wurde der Text von den zwölf Aposteln Jesu zusammengestellt. Jeder Apostel habe einen Artikel beigesteuert, wobei Petrus den Anfang gemacht habe mit dem Satz »Ich glaube an Gott, den Vater, den Allmächtigen, den Schöpfer des Himmels und der Erde.« Der Text ist in Rom entstanden und wird bis heute in der Messfeier gesprochen. Die christlichen Kirchen sprechen es nicht alle im gleichen Wortlaut, wohl aber in ähnlicher Weise. Seine Aussagen bilden das Fundament der ganzen Christenheit.

(1)   Ich glaube an Gott, den Vater, den Allmächtigen, den Schöpfer des
      Himmels und der Erde,

(2)   und an Jesus Christus, seinen eingeborenen Sohn, unsern Herrn,

(3)   empfangen durch den Heiligen Geist, geboren von der Jungfrau Maria,

(4)   gelitten unter Pontius Pilatus, gekreuzigt, gestorben und begraben,

(5)   hinabgestiegen in das Reich des Todes,
      am dritten Tage auferstanden von den Toten,

(6)   aufgefahren in den Himmel;
      er sitzt zur Rechten Gottes, des allmächtigen Vaters;

(7)   von dort wird er kommen zu richten die Lebenden und die Toten.

(8)   Ich glaube an den Heiligen Geist,

(9)   die heilige katholische Kirche, Gemeinschaft der Heiligen,

(10) Vergebung der Sünden,

(11) Auferstehung der Toten

(12) und das ewige Leben.
      Amen.

Anfang und Ende christlichen Betens

Im Namen des Vaters und des Sohnes und des Heiligen Geistes. Amen.

Ehre sei dem Vater und dem Sohn und dem Heiligen Geist,
wie im Anfang, so auch jetzt und alle Zeit und in Ewigkeit. Amen.

PROJEKT

Das Projekt **»Was glauben die Leute heute?«** könnt ihr mit den Schülerinnen und Schülern des evangelischen Religionsunterrichts gemeinsam angehen.

1   Entwerft dazu – ähnlich wie es Zeitungen und Magazine oft tun – einen **Fragebogen**, den ihr eurer Familie, Freunden und Freundinnen, Leuten aus der Schule oder Nachbarschaft vorlegt. Die Antworten können lauten: Ja oder Nein oder Ich weiß es nicht. – Ihr könnt auch ein mündliches Interview vornehmen und die Antworten auf einer Diskette oder einem Tonband sammeln.

2   **Beispiele:** Glauben Sie/glaubst du an Gott? … an den Dreifaltigen Gott? … dass Gott die Welt und die Menschen erschaffen hat? … dass Jesus vor 2000 Jahren gelebt hat? … dass Jesus Christus der Sohn Gottes und Erlöser der Welt ist? … an seine Wunder? … an seinen Tod? … an seine Auferstehung? … an die eigene Auferstehung bzw. Unsterblichkeit? … an die Kirche als gottgewollte Gemeinschaft? … dass Gott die Sünden vergibt? … an das ewige Leben?
    Mögliche **weitere Fragen:** Wie lauten die Zehn Gebote? … das höchste Gebot der Bibel? … das Vaterunser … das Glaubensbekenntnis? … die Sakramente?

3   Bei der **Auswertung** könnt ihr Grafiken wie Säulen- oder Tortendiagramme (z. B. S. 162) anfertigen. Achtet auf Trends, fragt euch wie die Ergebnisse zu erklären sind und bemüht euch um einen Pfarrer für eine Diskussion über die Aktion.

Das Credo spricht (1) von Gott, dem Vater, (2–7) von Jesus Christus und (8) vom Heiligen Geist. So bekennt es das zentrale christliche Geheimnis, dass Gott **dreifaltig Einer** (»Trinität«) ist. Gott ist der Vater, der die Welt erschafft; Gott ist der Sohn, der in Jesus Mensch geworden ist; Gott ist der Heilige Geist, der durch seine lebensspendende Kraft das Werk Jesu Christi weiterführt und vollendet. Wer an den dreifaltigen Gott glaubt, glaubt, (1) dass Gott die geistige **Kraft** ist, die alles Böse überwinden kann; (2) dass Gott **Liebe** ist, die Freude, Versöhnung und Glück bringt; (3) dass Gott **Freiheit** ist, die Schwung zu einem weiten Leben gibt.

1   Unterstreicht auf einer Kopie des Credo-Textes die Sätze grün, mit denen ihr übereinstimmt, rot, die, mit denen ihr nicht übereinstimmt, blau, die ihr nicht so recht versteht. Formuliert auf einem anderen Blatt ein eigenes, persönliches Credo.

2   Im Credo kommen Begriffe vor, die in unserer Sprache oft einen anderen Sinn haben. Das Wort »Vater« (1) ist Ausdruck des Vertrauens, schließt aber mütterliche Züge Gottes nicht aus. »Himmel« (V.6, anders als in V. 1; → S. 112) meint nicht den Raum über den Wolken, sondern die Nähe Gottes. Der »eingeborene« Sohn (V. 2) ist nicht Ureinwohner (»Eingeborener«) eines Entwicklungslandes, sondern der besonders geliebte (»einziggeborene«) Sohn Gottes. Stellt andere Begriffe zusammen, die euch fremd klingen und sucht ihren Sinn zu verstehen.

3   Warum verehren Christen in Vater, Sohn und Heiligem Geist nicht drei Götter, sondern den einen Gott? (Unzulängliche) Bilder, die einen ersten Schritt zum Verständnis bilden: drei Seiten – ein Dreieck; drei Kerzen – eine Flamme; Kraft, Liebe, Freiheit: drei menschliche Fähigkeiten – ein Mensch; drei Freundinnen – ein Herz und eine Seele.

Edwin Scharf, Das Glaubensbekenntnis, Kirchentür in Marienthal bei Wesel, 1950, beginnt oben links mit den Worten »Ich glaube«. Sucht den entsprechenden Text zu den einzelnen Schleifen.

Wege des Glaubens

6. Glaube und Vernunft

Wer sich mit dem Christentum befasst, bekommt es nicht nur mit dem Glauben zu tun, wiewohl diesem – zusammen mit Hoffnung und Liebe – eine fundamentale Bedeutung zukommt. Das Christentum hat auch viele Gehalte, die vernünftig sind und in klarer Argumentation dargestellt werden können. **Glaube und Vernunft** – das sind gleichsam die beiden Beine, auf denen das Christentum steht. Sie sind miteinander verbündet.

Beide Bereiche – Glaube und Vernunft – sind verschieden, haben aber auch miteinander zu tun. Beide sind für den Menschen wichtig. In beiden Fällen geht es um grundlegende Fragen. Darum steht in den meisten Schulen für alle, die nicht am Religionsunterricht teilnehmen, Philosophie (oder Ethik als Teil der Philosophie; → S. 199) auf dem Stundenplan.

Auch im Religionsunterricht ist nicht nur vom Glauben die Rede ist. Viele seiner Themen sind ohne Philosophie nicht zu bearbeiten. Kein Religionsbuch kann auf philosophische Überlegungen verzichten.

Was ist das – die Philosophie?

Die Frage ist leicht gestellt und gar nicht so leicht zu beantworten. Um eine Antwort zu finden, muss man sich auf einen interessanten Weg begeben, bei dem es viele »**Abenteuer im Kopf**« gibt.

Ein **Philosoph** ist einer, der staunen kann, sich unbequemen Fragen stellt, dem etwas auffällt, was nicht jeder entdeckt, der sich und anderen gegenüber kritisch ist. Er denkt über das nach, was uns zu denken gibt. Er merkt, dass er in vielen Bereichen nichts oder nur wenig weiß und dass er nicht im Besitz der vollen Wahrheit (→ S. 216 ff) ist. Darin unterscheidet er sich von den Leuten, die sich für besonders klug und weise halten.

Der Philosoph liebt die Weisheit und sucht die Wahrheit. Sein Bemühen zielt auf die richtige Erkenntnis in den Fragen, die sich alle Menschen – oder doch die meisten – unweigerlich stellen, die aber mit den Mitteln der Sinneserkenntnis (Augen, Ohren, Nase, Tastsinn etc) oder der Wissenschaften nicht zu beantworten sind. Solche Fragen bleiben, auch wenn man lange studiert hat und noch so viele Einzelheiten weiß. Es sind z. B. die Fragen nach Leben, Tod und Unsterblichkeit (→ S. 101), Sinn und Glück (→ S. 36), Leid, Gut und Böse (→ S. 150 ff ZdF), Wahrheit (→ S. 216 ff) und Freiheit (→ S. 26). Auch die Frage nach Gott gehört dazu. Es sind Fragen, mit denen der Mensch versucht, sich über sich selbst und seine Welt klar zu werden. Sie werden nie endgültig beantwortet. Darum behalten die Fragen ständig ihre Aktualität. Sie verhindern, dass wir uns in falscher Sicherheit wähnen.

Weil es viele solcher Fragen gibt, gibt es auch **mehrere Bereiche** der Philosophie, z. B. die Logik, die die Gesetze des Denkens untersucht; die Ethik, die fragt, was wir tun sollen; die Sprachphilosophie, die darüber nachdenkt, was Worte leisten; die Ästhetik, die wissen will, was das Schöne und das Hässliche ist; die Metaphysik, die sich mit dem befasst, was jenseits unserer Erfahrungswelt liegt, also z. B. mit Gott und Unsterblichkeit.

Wir wollen nicht nur Informationen, sondern Erkenntnis! Klasse 8b

Im Glauben öffnet sich der Christ Gott und seinem Wort. Wer über den Glauben nachdenkt, betreibt »**Theologie**« (→ ZdF S. 146). Mit der Vernunft erkennt der Christ wichtige Grundzüge über sich selbst, über die Welt und über das, was er tun soll. Diese Tätigkeit nennt man »**Philosophie**« (Verb: »**philosophieren**«).

wer nicht denken will fliegt raus sich selbst

Joseph Beuys (1921–1986), Sich selbst, Grafik, 1977.

Auguste Rodin (1840–1917), Der Denker, 1880–1917.

Wege des Glaubens

Das griechische Wort »Philosophie« bedeutet »Liebe zur Weisheit«. Der deutsche Philosoph **Immanuel Kant** (1724–1804) hat den Bereich der Philosophie durch folgende Fragen charakterisiert:
(1) Was kann ich wissen?
– Erkenntnistheorie
(2) Was soll ich tun?
– Ethik (→ S. 199)
(3) Was darf ich hoffen?
– Religionsphilosophie
(4) Was ist der Mensch?
– Anthropologie (griech.: »Lehre vom Menschen«)
Im Grund lassen sich für Kant die drei ersten Fragen zur letzten rechnen, da alle mit dem Menschen zu tun haben.

1 Beispiele, wo in diesem Buch philosophiert wird, findet ihr in dem Kapitel »Kein Kind mehr – noch nicht erwachsen« (→ S. 27 ff; 36 ff), »Geheimnis Leben« (→ S. 101), »Das Prinzip Verantwortung« (→ S. 198), »Was ist Wahrheit?« (→ S. 216). In dem Band »Zeit der Freude« könnt ihr Ausführungen aus dem Kapiteln »Wie Kinder leben« (→ S. 17 ff) und »Das Gute und das Böse« (→ S. 226 ff) wiederholen.

2 Fragt einmal eure Mitschüler und Mitschülerinnen, die am Philosophieunterricht teilnehmen, was sie da machen und wie sie da vorgehen. Vergleicht das mit eurem Religionsunterricht. Könnt ihr ein Thema ausfindig machen, das gemeinsam behandelt wird?

3 Eine schwierige Aufgabe für Spezialisten bzw. junge Philosophen: Legt im Lauf der Zeit ein kleines Lexikon philosophischer Begriffe an. Schreibt den jeweiligen Begriff und seine Bedeutung kurz auf. Ihr findet dazu in vielen Kapiteln dieses Buches Beispiele, z. B. Autorität, Böses, Ethik, Gutes, Freiheit, Glück, Philosophie, Sinn, Wahrheit, Unsterblichkeit, Verantwortung, Wert.

Im **Unterschied zum Theologen,** der sich auch auf den Glauben verlässt, stützt sich der Philosoph allein auf seine Vernunft. Sie allein lässt er bei seiner Arbeit gelten, aber er muss auch kritisch mit ihr umgehen, weil er weiss, dass die Vernunft irrtumsfähig ist. Er darf sich beim Philosophieren auf keinen Glauben und keine Religion stützen. Dabei kann er in seinem persönlichen Leben durchaus ein gläubiger Mensch sein. Viele Philosophen waren und sind überzeugte Christen, Juden, Muslime, Hindus oder Buddhisten. Für sie sind Glaube und Vernunft keine Gegensätze, sondern unterschiedliche Tätigkeiten, die sich ergänzen.

Odilon Redon (1840–1916), Die Geburt des Gedankens, 1885.

Die Philosophen sind in wichtigen Fragen zu unterschiedlichen Einsichten gekommen und darum oft uneins. Trotzdem ist es interessant, ihren Denkwegen zu folgen. Dabei kann man viel lernen. Noch besser ist es, selber zu denken. Um ein Philosoph zu werden, braucht man nicht unbedingt Philosophie zu studieren. Hochtrabende Formulierungen, die ein normaler Mensch nicht versteht, sind nicht unbedingt ein philosophisches Qualitätsmerkmal. Schon Kinder und Jugendliche sind oft gute Philosophen.

Das **Christentum** hat sich von Anfang an stark auf die Philosophie gestützt, weil es glaubt, dass die menschliche Vernunft ein Geschöpf Gottes ist, zu richtigen Erkenntnissen führen kann und dem Glauben nicht widersprechen muss. Es gibt aber auch philosophische Richtungen, die mit dem Christentum unvereinbar sind, z. B. ein radikaler Materialismus, der nur stofflich/physische Dinge gelten lässt, oder eine Ethik, die das menschliche Leben zur Disposition stellt. Ebenso gibt es christliche Einstellungen, die die Philosophie ablehnen, weil sie allein dem Glauben (→ S 148) vertrauen.

Wie man Philosoph wird

Mit der Philosophie kann man auf verschiedene Weise anfangen, z. B. da,
(1) wo man über eine Sache zu **staunen** beginnt, z. B. »Warum können wir denken, sprechen und lieben?«
(2) wo man scheinbare **Selbstverständlichkeiten befragt,** z. B. »Warum gibt es die Welt oder mich?«
(3) wo man zu erkennen sucht, **was die Welt im Innersten zusammenhält,** z. B. »Lässt sich alles auf Materie oder Energie oder die Gesetze der Natur oder/und Gott zurückführen?«
(4) wo man **kritische Fragen** stellt, z. B. »Darf man mit dem Menschen (und seinen Genen) alles machen, was man kann? Soll es die Todesstrafe geben?«

Wege des Glaubens

Kein Kind mehr – noch nicht erwachsen

1. Unübersichtliche Vielfalt

Die Jugend von heute – damals

Jede Generation hat in der Vergangenheit über die Jugend geschimpft. Die ärgerlichen Aussagen über die jungen Leute ziehen sich wie ein roter Faden durch die ganze Geschichte. Ein Beispiel:

Früher trieben sich die jungen Leute nicht in den Spielhallen herum, auch nicht bei den Flötenspielerinnen, noch in derartigen Gesellschaften, in denen sie jetzt den Tag hinbringen. Sondern sie blieben bei den Beschäftigungen, die man ihnen aufgetragen hatte, und eiferten voller Bewunderung den Tüchtigsten nach. Den Älteren zu widersprechen oder sie zu schmähen, hielten sie für schlimmer als es heute gilt, sich gegen die Eltern zu vergehen. In einer Schenke zu essen oder zu trinken, hätte keiner gewagt.

Isokrates (436–383 vC), griechischer Schriftsteller

Widersprüchliche Meinungen

■ Wer eine **dunkle Brille** aufsetzt, meint, dass Mädchen und Jungen heute in vieler Hinsicht **schlimmer** seien als junge Leute früherer Zeiten, in denen sowieso alles besser war. Man bemängelt, dass sie allen Anstrengungen am liebsten aus dem Weg gehen, sich gegenüber Älteren schlecht benehmen, eine unmögliche Sprache haben, sich lieber mit ihresgleichen vergnügen als im Elternhaus zu sein, viel zu große Stücke von sich selbst halten, sich durch Rauchen, Trinken, Fernsehkonsum und Computerspiele dauerhaften Schaden zufügen, lieber in die Disko als in die Schule gehen, sich viel zu früh für das andere Geschlecht interessieren. Und überhaupt ...

■ Wer durch eine **rosarote Brille** schaut, meint, dass junge Leute in vieler Hinsicht **besser** seien als frühere Generationen. Man hebt hervor, dass sie mehr Sinn für Selbstständigkeit, Offenheit und Freiheit haben. Ihr Horizont sei weiter, ihre Experimentierfreudigkeit mehr ausgebildet. Die Bereitschaft, Leistungen zu zeigen, sei gewachsen. Der Sinn für Fairness sei bei ihnen besser ausgeprägt. Sie lernten rasch mit den Neuerungen der Technik umzugehen, so dass die Eltern oft von den Kindern den Umgang mit einem Computer oder das Surfen im Internet lernen können. Sie hätten oft auch ein besseres Verhältnis zur Umwelt. Wenn man sie nur richtig anspreche, zeigten sie auch ein hohes Maß an Hilfsbereitschaft zugunsten von Notleidenden, Armen und Unterdrückten. Und überhaupt ...

■ Heute kann man vielleicht doch sagen, dass die Jugend »anders« ist, als die Jugend früher war. Aber dies »anders« ist nicht ein »schlechter« oder »besser«. Anders ist die heutige Jugend darin, dass sie sich nicht so leicht auf einen gemeinsamen Nenner bringen lässt.

Wenn es überhaupt ein Kennzeichen gibt, so ist es dieses: Jugendliche wählen sich aus den vielen Lebensmöglichkeiten, die ihnen heute gegeben sind, diejenigen aus, die ihnen richtig erscheinen, und zwar so lange, bis sie eine andere Wahl treffen. Aus den Ideen und Werten, die ihnen zusagen, formen sie sich selbst. Man vergleicht ihre Einstellung darum gern mit dem »**Patchwork**«, einem Stoff, der aus vielen bunten Flicken zusammengesetzt ist. Der Vergleich trifft allerdings auch auf viele Erwachsenen zu.

Das **Profil der heutigen Jugend** lässt sich nicht leicht beschreiben. Anders ausgedrückt: Man kann kaum Gemeinsamkeiten aufzählen, die für alle oder doch wenigstens die meisten Mädchen und Jungen zwischen 12 und 15 Jahren gelten. Ihre Vielfalt ist höchst **unübersichtlich**. Sie lässt sich in **kein Schema** pressen.

1 Versucht, die heutige Jugend zu charakterisieren. Welche Typen könnt ihr ausmachen? Wo findet ihr euch selbst wieder? Erstellt zum Thema eine Dokumentation in Bildern.

2 In welchem Sinn können Fünfzehnjährige schon alt und Fünfzigjährige noch jung sein?

3 Vergleicht die Bilder, die Jugendliche des 20. Jahrhunderts zeigen, und sucht selbst ein passendes Bild für die Gegenwart aus.

Kinder-Volksschule in Berlin, 1905.

Freie Deutsche Jugend (FDJ) in Ostberlin, 1950.

Kinder werben für die Finanzierung des 1. Weltkriegs, 1917.

Hippies beim Rockfestival Woodstock USA, 1969.

Jugend im Wandel

Wandervögel, um 1925.

Punks in Berlin, 1977.

Hitlerjunge Quex, Bild aus einem NS-Film, 1933.

Kein Kind mehr – noch nicht erwachsen

2. Eine Zeit des Übergangs

Was ist das – die Jugend?

Jugend – das kann ein **schönes Lebensgefühl** sein. Wer jung ist, hat das Leben vor sich, er sieht sich vor einer großen Zukunft, weiß sich im Vollbesitz seiner Kräfte. Junge Leute haben Hoffnungen und Erwartungen. Sie können träumen. Für sie ist nicht schon das Meiste gelaufen. Weil Jugend unbeschwert und beglückend sein kann, wird sie von den Dichtern gepriesen, von den Alten wehmutsvoll erinnert, von der Werbung ständig missbraucht. Oft wird heute der Eindruck vermittelt: Man muss jung sein oder sich wenigstens jung geben, wenn man öffentliche Anerkennung finden will.

Jedermann weiß, dass dieses romantische Bild der Jugend nicht stimmt oder wenigstens nicht ganz stimmt. Auch junge Leute haben Ängste, Sorgen und Albträume. Sie wissen, dass ihre Kräfte begrenzt sind, und sie stehen nicht wie selbstverständlich vor einer Zukunft mit 1000 Chancen. Nicht wenige Mädchen und Jungen leiden in dieser Zeit ständig oder zeitweise unter Depressionen. Sie möchten dem Hier und Jetzt entfliehen, wissen aber nicht wohin. Jugend ist wie jede andere Lebensphase nicht eine wunderbare Zeit des puren Glücks.

Jugend lässt sich auch nüchterner beschreiben. Eine gängige Definition lautet: **Jugend ist der Lebensabschnitt zwischen Kindheit und Erwachsensein.** Wann dieser Zustand beginnt und endet, weiß keiner ganz genau. Man kann die Jugendzeit schon mit etwa 10 Jahren anfangen lassen. Ihr Ende wird für manche Forscher mit 16 oder 18, für andere erst mit 25 angesetzt. Meist liegt der Beginn für Mädchen etwas früher als für Jungen.

Familien

um 1900

Was alles anders wird

▶▶ Auffällig ist die **körperliche** Entwicklung, die hormonell bedingt ist. Das Wachstum beschleunigt sich. Der Körperbau ändert sich. Die sekundären Geschlechtsmerkmale bilden sich aus. Bei den Mädchen kommt es zum ersten Mal zur Monatsblutung (»Menstruation«), bei den Jungen zum ersten Samenerguss (»Ejakulation« oder »Pollution«) und zum Stimmbruch. Mädchen können nun schwanger werden, Jungen werden zeugungsfähig.

▶▶ In dieser Zeit treten große **psychische** (griech.: »seelische«) und **emotionale** (lat.: »auf das Gefühl bezogene«) Veränderungen ein. Die Jugendlichen stellen neue Fragen, wollen vieles anders machen und sind rascher erregbar als bisher. Für manche Mädchen und Jungen ist es nicht leicht, mit den Veränderungen ihres Körpers fertig zu werden und ihre Geschlechterrolle anzunehmen. Ihr Gefühlsleben intensiviert sich in dieser Zeit und gerät leichter außer Kontrolle als früher. Sie sind zwischen vielen Gegensätzen hin- und hergerissen. Oft erleben sie ein plötzliches Wechselspiel von Glück und Trauer, Übermut und Niedergeschlagenheit. Sie fühlen sich voller Energie und sind bald darauf nur noch müde. Sie träumen von der großen Liebe und fühlen sich doch dafür noch nicht reif. Sie brauchen viel Zeit für sich, aber trotzdem fällt es ihnen schwer, eine Zeit lang allein zu sein. Nun wird es ihnen auch wichtig, wie andere über sie sprechen. Sie wollen leben

um 1950

... und heute?

Kein Kind mehr – noch nicht erwachsen

Zwei Begriffe werden heute für die Zeit zwischen Kindheit und Erwachsensein verwandt. Mit **»Pubertät«** (von lat.: »reif, erwachsen werden«) werden eher die frühen, überwiegend biologischen Veränderungen, mit **»Adoleszenz«** (von lat.: »heranwachsen«) eher die späteren psychischen, geistigen und sozialen Veränderungen beschrieben. Dieser Wandlungsprozess wird von den Jugendlichen in unterschiedlicher Intensität erfahren.

1 Die Pubertät/Adoleszenz ist ein Abschied von der Kindheit. Welche kindlichen Tätigkeiten treten nun zurück oder werden ganz aufgegeben? Was tritt an ihre Stelle?

2 Manchmal können Mädchen und Jungen besser den Computer bedienen oder im Internet surfen als ihre Eltern. Was bedeutet das für das Klima zu Hause?

und denken oft an den Tod. Wo sie eben noch für eine Person geschwärmt haben, wird diese nun in Grund und Boden verurteilt. Auf viele von ihnen trifft das geflügelte Wort zu: »Himmelhochjauchzend – zu Tode betrübt« (Goethe). Hinter einem forschen Auftreten verbirgt sich oft innere Unsicherheit, die am Ende dieser Entwicklungsphase meist überwunden wird.

▶▶ Nicht minder einschneidend sind die **sozialen** Veränderungen, die in dieser Lebensphase eintreten. Zwar leben in unserem Kulturkreis die Jugendlichen meist noch bei ihren Eltern oder Erziehern. Sie haben noch keine eigene Familie und keinen Beruf. Aber sie denken nun schon intensiv darüber nach. Das Bedürfnis der Mädchen und Jungen nach Selbstständigkeit wächst. Neue Kontakte werden gesucht, vor allem zu Freunden, Gruppen/Cliquen und zum anderen Geschlecht. Die Jugendlichen hassen jegliche Form der Bevormundung. Die gewohnten Beziehungen zur Familie können in eine Krise geraten, Konflikte zu einem endgültigen Bruch, aber auch zu einem neuen Vertrauensverhältnis führen. Öfter als früher kommt es zu Aggressionen in der Schule sowie im Verwandten-, Bekannten- und Freundeskreis. Proteste gegen das, was als unzumutbar, unwahr oder hässlich empfunden wird, werden lautstark geäußert. Bislang akzeptierte ethische und religiöse Standards (Gesetze, Normen, Regeln, Bräuche) werden kritisch betrachtet und in Frage gestellt, neue Werte werden gesucht.

▶▶ Auch im **rechtlichen** Bereich gibt es Änderungen. Das Kind (bis 14 Jahre) ist noch nicht strafmündig. Jugendliche (zwischen 14 und 18 Jahren) und Heranwachsende (zwischen 18 und 21 Jahren) nehmen im Strafrecht eine Sonderstellung ein. Sie können schon für Vergehen belangt werden, aber nicht in demselben Maß wie Erwachsene.

Diese unruhige Lebensphase hat ihren guten Sinn. Jugendliche probieren und spielen viele Möglichkeiten durch. So machen sie in dieser Zeit mit sich und anderen neue Erfahrungen, die für ihr späteres Leben wichtig werden können.

Wut

VERBOTE – weil man einen EIGENEN WILLEN hat!
STREIT – weil man eine EIGENE MEINUNG hat!
VERHÖHNEN – weil man eine EIGENE ART hat!
Anja

Augenblick

Nur ein paar
Sonnenstrahlen durch das Blätterdach
Nur ein paar
Vögel zwitschern im Geäst
Nur ein paar
Blätter fallen sacht zu Boden
Nur ein paar
Fußspuren im tiefen Schnee
Nur ein paar
Gefühle jagen durch die Seele
Nur ein paar
Gedanken entspringen in meinem Kopf

Nur ein paar
Blicke treffen meine Augen
Nur ein paar
Worte dringen an mein Ohr
Nur ein paar
Augenblicke bin ich glücklich
Nur ein paar
Augenblicke lebe ich

Magda

Kein Kind mehr – noch nicht erwachsen

3. Selbstbestimmung und Fremdbestimmung

Freiheit

In der Pubertät entwickeln Mädchen und Jungen ein neues Wertesystem, nach dem sie ihr Leben ausrichten wollen. Werte wie Gehorsam, Verspieltheit oder Hinnahmebereitschaft treten – nicht bei allen – zurück, andere Werte wie Aktivität oder Abwechslung gewinnen an Bedeutung. Unter den neuen Werten spielt vor allem die **Freiheit** eine herausragende Rolle. Nun wollen Mädchen und Jungen ihr Leben selbst in die Hand nehmen. Sie möchten sich nicht mehr von anderen bestimmen lassen. Sie wollen selbst entscheiden, was sie tun. Sie wollen **Selbstbestimmung statt Fremdbestimmung.** Dieser Prozess zielt in eine gute Richtung, wenn er bewirkt, dass aus Kindern mündige Wesen werden, die ihr Leben in eigener Verantwortung (→ S. 198) führen können.

Diese Entwicklung verläuft meist mit erheblichen Konflikten. Überall stoßen Mädchen und Jungen in ihrer Welt auf Widerstände, wenn sie ihre Freiheit in Anspruch nehmen wollen. Überall gibt es **Hemmnisse** auf dem Weg zur Selbstbestimmung.

■ Manche Einschränkungen der Freiheit liegen in der **eigenen Person.** Ich bin ich und kein anderer. Das bedeutet, dass ich auch nicht die Fähigkeiten und Eigenschaften habe, die mir an anderen gefallen. Darum ist mir vieles nicht möglich, was ich gern täte oder hätte. Ich kann nicht so sprechen, denken, fühlen, Fußball spielen, erfolgreich und beliebt sein wie andere. Vielleicht liegt es an meinen Genen.

■ In vielen Fällen wird unsere Freiheit durch die Beschaffenheit unserer Welt eingeschränkt. Wir unterliegen den **Gesetzen der Natur und der Geschichte.** Ich kann mir meine Eltern nicht aussuchen oder im 22. Jahrhundert leben oder auf den Mond springen. Ich kann nicht rückgängig machen, was ich gestern getan habe.

■ Manche Beschränkungen der Freiheit treten in Form von **Geboten und Verboten** auf, die **Gehorsam** verlangen. Konkret sind es Personen aus unserer Umgebung, die wir als Anwalt der Gebote und Verbote erleben: Eltern und Lehrer, Freunde und Schüler, Richter und Polizisten, Priester und Politiker usw.

Es ist verboten

- die Schule zu schwänzen
- mit Tempo 80 durch die Stadt zu fahren
- während des Unterrichts Bier zu trinken
- Graffiti an fremde Häuser zu sprühen
- Ausländer zu diskriminieren
- zu Hause die Musik in voller Lautstärke zu hören
- ohne Wissen der Eltern über Nacht wegzubleiben
- ein anvertrautes Geheimnis zu verraten
- …

> **Mündigkeit** bedeutet, dass man seinen Mund sinnvoll gebrauchen kann, dass man die Folgen seines Sprechens abschätzen kann, dass man für sich sprechen und entscheiden kann. Wer »mündig« ist, ist kein Kind mehr, weil kein anderer mehr für ihn sprechen kann. Er tritt selbst für seine Taten ein und sollte sie rechtfertigen können.

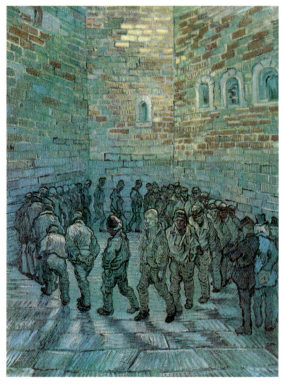

Vincent van Gogh (1853–1890), Die Runde der Gefangenen, 1890.

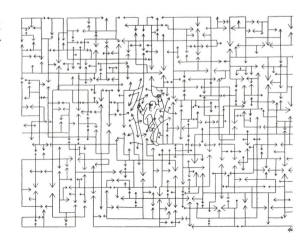

Kein Kind mehr – noch nicht erwachsen

Wenn wir erwachsen werden, gewinnt die **Freiheit** für uns eine hohe Bedeutung. Wir wollen selbst bestimmen können, wie wir leben und was wir tun. Selbstbestimmung ist die Voraussetzung dafür, dass wir **mündig** werden und verantwortlich leben und handeln können. Aber unbegrenzte Freiheit gefährdet unsere Freiheit. **Freiheit hat da ihre Grenze,** wo einer die eigene Freiheit gefährdet oder die Freiheit eines anderen beginnt. Für diesen Konflikt gibt es **Regeln.** Sinnvolle **Gebote und Verbote** schützen die eigene Freiheit und die der anderen. Uneingeschränkte Selbstbestimmung führt letztlich zu ihrer Auflösung und damit zur Fremdbestimmung.

1 Schreibt in einer Tabelle auf der linken Seite auf, wo ihr frei seid. Tragt rechts daneben ein, wie diese Freiheit jeweils eingeschränkt ist, z. B. (links) Fußballspielen – (rechts) Regeln, Trainingszeiten, Mannschaft. Oder (links) Freundschaft – (rechts) Verlässlichkeit, Zeit, Vertrauen. Weitere mögliche Stichworte: Schule, Essen, Einkauf, Religion usw.
2 Haben Tiere Freiheit? Begründet eure Ansicht.
3 Wo wurdet ihr schon ein Mal durch den Anspruch eines Freundes/ einer Freundin auf Selbstbestimmung in eurer eigenen Freiheit eingeschränkt?
4 Welchen Personen sprecht ihr Autorität zu?
5 Welche Probleme zwischen Eltern und Jugendlichen treten häufig auf? Spielt in einem Rollenspiel einen Konflikt zwischen einem Mädchen/Jungen und seinen Eltern nach. Bezieht auch eine Lösung des Konflikts mit ein.
6 Heutige Statistiken sagen, dass Jugendliche zwischen 12 und 18 Jahren am häufigsten ihre Eltern nennen, wenn sie nach den »liebsten Menschen« befragt werden. Wie erklärt ihr euch das?
7 Sammelt Worte, die Eltern oft den Kindern sagen, z. B. »Du kannst mit mir über alles sprechen...«; »Solange du die Füße unter meinen Tisch steckst...«; »Warte nur, bis du selber einmal Kinder hast...«; »Wir meinen es doch nur gut mit dir ...«.

Wenn man über diese Gebote und Verbote nachdenkt (»philosophiert«, → S. 21), wird man bemerken, dass man sie zwar übertreten und sich so seine Freiheit beweisen kann. Aber bei ruhiger Betrachtung wird man ebenfalls feststellen, dass sie einen guten Sinn haben, auch wenn sie uns in manchen Augenblicken nicht gefallen und unsere Freiheit einschränken. Tatsächlich gibt es hier Begrenzungen unserer Freiheit, die nicht willkürlich, sondern notwendig sind. Sie sind in zwei Fällen besonders einleuchtend.

(1) Manche Gebote und Verbote wollen **uns selber schützen:** unsere Gesundheit, unsere geistige und seelische Entwicklung, unsere Zukunft, unser Leben. Wer sich willentlich selbst beschädigt oder gar zerstört, der beschädigt oder zerstört auch seine eigene Freiheit. Man kann mit überzogener Selbstbestimmung seine eigene Selbstbestimmung gefährden. Das kann man eigentlich nicht wollen, wenn man frei entscheiden kann.

(2) Manche Gebote und Verbote wollen **andere Personen oder Sachen schützen:** die Menschenrechte, das Ansehen anderer, die körperliche und seelische Verfasstheit anderer, die Umwelt, das Eigentum anderer. Wo wir etwas tun, das andere nicht wollen, stoßen zwei Freiheiten aufeinander. Wenn es da keine Regeln zur Konfliktbewältigung gäbe, bliebe eine Freiheit am Ende auf der Strecke. Das muss nicht immer sofort die eigene Freiheit sein, sie kann es aber leicht in Zukunft sein. Somit gefährdet man, wenn man rücksichtslos die Freiheit anderer missachtet, auf längere Sicht auch die eigene Freiheit.

Autorität

Manchmal ist es nicht so leicht zu wissen, was wir in kritischen Situationen tun und wie wir uns entscheiden sollen. Sollen wir eher unserem Freiheitsbedürfnis folgen oder die Vorschrift/die Norm/das Gesetz beachten? Da suchen wir Menschen, denen wir vertrauen und die uns raten können, weil sie **Autorität** (von lat.: »Ansehen«, »Wertschätzung«) haben. Wer Autorität hat, dem sprechen wir eine klare Sicht und viel Lebenserfahrung zu. In der Regel sind es die Eltern, an die wir uns wenden. Es können aber auch eine Lehrerin, ein Priester oder ein erfahre-

ner Freund sein. Von ihnen erwarten wir, dass sie uns einen gangbaren Weg zur Selbstbestimmung zeigen.

Besonders intensiv erleben Mädchen und Jungen das schwierige Verhältnis von Selbstbestimmung und Fremdbestimmung im Rahmen der Familie. Im täglichen Umgang mit den **Eltern** – oder auch nur mit der Mutter oder dem Vater – können Spannungen auftreten, weil die Eltern Erwartungen an die Kinder haben, denen die Kinder nicht entsprechen wollen. Dasselbe gilt auch für die Erwartungen der Kinder an die Eltern, denen die Eltern nicht entsprechen können. Stichworte für Konfliktfelder: Geschwister, häusliche Hilfe, Fernsehen, Schule, Freizeit, Disko, Geld, Kleidung, Essen, Computer. Hier entstehen fast unvermeidbar Spannungen, für die es in den Familien keine einheitlichen Lösungen gibt. Viele Eltern suchen heute nach vernünftigen Wegen für ihre Kinder. Sie verlangen keinen blinden Gehorsam für ihre Forderungen, sondern versuchen diese in Gesprächen zu erklären und zu begründen. So können sie das Vertrauen ihrer Kinder erhalten. Nur die Eltern, die blinden Gehorsam verlangen, stören das Verhältnis zu ihren Kindern. Auch umgekehrt gilt: Die Kinder, die ständig uneinsichtige Forderungen an ihre Eltern stellen, stören das Verhältnis zu ihren Eltern. Wenn erst das gegenseitige Vertrauen erschüttert ist, wird es für die Kinder schwer, zu einer sinnvollen Selbstbestimmung zu kommen. Wo sich aber trotz gelegentlicher Konflikte das gegenseitige Vertrauen erhält, da erwächst für die Kinder aus der ursprünglich elterlichen Fremdbestimmung allmählich eine neue Form von Mündigkeit/Selbstbestimmung.

Henri Matisse (1869–1954), Ikarus, 1947. In einer griechischen Erzählung fliegt Ikarus mit seinem Vater Dädalus zum Himmel und stürzt dabei ab.

Freiheit in der Bibel

Der Exodus der Israeliten aus Ägypten (→ S. 14) ist ein Weg von der Knechtschaft zur Freiheit. In Ägypten gab es damals keine Freiheit. Die Ägypter hatten nicht einmal ein Wort dafür. Nun wurde der Gott Israels zum Garant der Freiheit.

- Wo der Geist des Herrn wirkt, da ist Freiheit (2 Kor 3, 17)
- Zur Freiheit hat Christus uns befreit (Gal 5, 1)
- Ihr seid zur Freiheit berufen. Nur nehmt die Freiheit nicht zum Vorwand für das Fleisch (d. h. Begierden aller Art), sondern dient einander in Liebe (Gal 5, 13)
- Deine gute Tat soll nicht erzwungen, sondern freiwillig sein (Phlm 14)
- Wer sich in das vollkommene Gesetz der Freiheit vertieft und an ihm festhält, … der wird durch sein Tun selig werden (Jak 1, 25)
- Handelt als Freie, aber nicht als solche, die die Freiheit als Deckmantel für das Böse nehmen (1 Petr 2, 16)

8 Sammelt Worte, die Mädchen und Jungen oft ihren Eltern sagen, z. B. »Das versteht ihr nicht…«; »Ihr macht euch viel zu viel Sorgen um mich…«; »Das habe ich schon hundert Mal gehört…«; »Mit meinen Kindern mache ich das ganz anders …«; »Da kriege ich die Krise…«; »Ich kann es zu Hause nicht mehr aushalten«; »Lasst mich in Ruhe«. Vergleicht die Worte von Eltern und Kindern miteinander. Sucht auch Beispiele, die ein gutes gegenseitiges Verhältnis zum Ausdruck bringen.

9 Sprecht miteinander über den Wortlaut und Sinn des 4. Gebots. Ist es ein biblischer Generationenvertrag, von dem in der heutigen Sozialpolitik oft die Rede ist (Rente)?

10 Großmutter und Großvater – »Gruftis« oder »Blitzableiter« oder…?

11 Ein Gleichnis Jesu zum Thema: Lk 15, 11–24; → S. 88 f.

Kein Kind mehr – noch nicht erwachsen

Eine **Freundin** / ein **Freund** ist jemand, der für einen da ist, auf den man sich verlassen kann, dem man ein Geheimnis anvertrauen kann, der einen gern hat und der einen auch in einer Krise nicht verlässt. Während man in eine Familie hineingeboren wird, kann man sich seine Freunde selbst aussuchen. Aber nicht selten werden auch die Eltern für die Kinder zu Freunden. Wer keine Freunde hat, ist in der Regel einsam.

4. Freundschaft und Liebe

Freundinnen und Freunde

Jeder braucht Freunde. Jede braucht Freundinnen. Wer keinen Freund hat und auch selbst niemandes Freundin ist, dem fehlt etwas Wichtiges zum Menschsein. **Freundschaft** macht das Leben reicher. Schon kleine Kinder sind froh, wenn sie mit ihren Freundinnen und Freunden zusammen sein und spielen können. Erst recht wird Freundschaft in der Zeit der Pubertät wichtig, in der man häufig in Konfliktsituationen gerät und wo man selbstständig werden will. Da braucht man fast täglich seine Freunde/Freundinnen, um mit ihnen zu sprechen, zu spielen und zu arbeiten, die Freizeit zu verbringen und Gedanken auszutauschen. Dabei kommt alles darauf an, wie der Freund, wie die Freundin ist. Gute Freunde üben einen guten Einfluss aus. Sie bringen sich gegenseitig weiter und helfen sich. Schlechte Freunde üben einen schlechten Einfluss aus. Sie nutzen den anderen und sein Vertrauen aus, bringen ihn auf Irrwege und können für dessen eigene Entwicklung gefährlich werden. Enttäuschte Freundschaft kann einen für lange Zeit traurig stimmen.

Keith Haring (1958–1990), Ohne Titel.

Gedanken über die Freundschaft

- Der Freund ist ein anderes Ich
- Jedermanns Freund ist niemands Freund
- Wer keine Freunde hat, lebt nur zur Hälfte
- Gegensätze ziehen sich an
- Gleich und gleich gesellt sich gern
- Kleine Geschenke erhalten die Freundschaft
- Es sollt ein Freund des Freundes Schwäche tragen
- Im Unglück erkennt man die Freunde
- Über die Fehler eines Freundes soll man nicht mit anderen, sondern mit ihm sprechen

1 Stellt euch ein Wesen von einer anderen Welt vor, das noch nie etwas von Freundschaft gehört hat. Wie könnt ihr ihm erklären, warum Menschen Freunde brauchen? Könnt ihr ihm von einer geglückten Freundschaft erzählen?

2 Schreibt auf einer Liste auf, was zu einer Freundschaft gehört und wann jemand für euch eine Freundin / ein Freund ist. Hängt eure Ergebnisse an einer Pinnwand auf und diskutiert über eure Gedanken.

3 Vielleicht ist in eurer Klasse jemand, der niemanden zum Freund/ zur Freundin hat. Woran mag das liegen? Was könnt ihr tun, um diesen Zustand zu ändern?

Freundschaften

»Könntest du notfalls
das letzte Hemd vom Leib weggeben?
Dich eher in Stücke reißen lassen
als ein Geheimnis verraten?
Lieber schwarz werden
als jemanden im Stich lassen?
Pferde stehlen
oder durchs Feuer gehen?«
»Ja.«
»Auch für mich?«
»Ja.«
»Dann bist du mein Freund.«

Hans Manz

»Und du? Könntest du notfalls
verzeihen?«
»Es kommt drauf an, was.«
»Dass ich vielleicht einmal
nicht das letzte Hemd hergebe,
mich nicht immer in Stücke reißen
lasse, ausnahmsweise
nicht schwarz werden will,
nicht in jedem Fall Pferde stehle
oder durchs Feuer gehe?«
»Ja.«
»Dann bist du auch mein Freund.«

Die erste Liebe

Irgendwann zwischen 10 und 14 Jahren suchen Jungen nicht nur Freunde und Mädchen nicht nur Freundinnen. Jetzt beginnen sie sich für **das andere Geschlecht** zu interessieren. Plötzlich merkt ein Junge, wie ihm ein Mädchen gefällt. Plötzlich wird ein Mädchen in seinen Gedanken und Vorstellungen von einem Jungen ganz gepackt. Oft gesteht man sich dieses Gefühl zuerst nicht ein und sucht es auch vor anderen zu verbergen. Niemand soll davon wissen, erst recht nicht der, dem diese **erste Liebe** gilt.
Und doch lässt sie sich nicht unterdrücken. Oft stehen am Anfang nur scheue Blicke. Glücklich ist der Augenblick, wo man dem anderen von seinen Gefühlen etwas sagen und zeigen kann, ohne von ihm/von ihr zurückgewiesen zu werden. Das ganze Leben erscheint dann in einem neuen Licht. Nun ist einem vieles möglich, was man sich vorher nicht zugetraut hat. Man spricht intensiv miteinander, entdeckt neue Interessen, plant gemeinsame Unternehmungen und tauscht Zeichen der Zuneigung aus. Manchmal wächst sich die frühe Liebe zum Stress aus, der nicht mehr zulässt, dass andere wichtige Dinge zu Hause oder in der Schule getan werden.
Empfindlich reagieren Mädchen und Jungen, wenn sie wegen ihrer Liebe gehänselt und bloßgestellt werden oder wenn ihre Zuneigung, die im Verborgenen bleiben soll, in die Öffentlichkeit gezerrt wird. Zu Problemen kommt es, wenn man von einem anderen zu Gefühlen gedrängt wird, die man für ihn (noch) nicht erwidern kann. Schrecklich ist es, wenn man in seiner Liebe enttäuscht wird oder wenn die Liebe treulos verraten wird.

> Für **Christen** ist die Liebe das Größte, das Menschen im Leben erfahren können. Sie glauben, dass sie in der Liebe Gott am nächsten sind und dass ihnen die Liebe von Gott geschenkt wird. Wie groß sie von der Liebe denken, zeigt sich in dem Satz der Bibel: **Gott ist die Liebe** (1 Joh 4, 16).

Was Liebende beachten sollten, um die Liebe zu schützen

Die Liebe hat viele Gesichter. Jeder empfindet seine Liebe als etwas ganz Einmaliges. In der Liebe treffen sich zwei unverwechselbare Menschen. Trotzdem gibt es ein paar wichtige **Kennzeichen und Regeln,** die bei jeder Liebe beachtet werden müssen, wenn die Liebe Bestand haben soll.

- Wer jemanden liebt, tut alles, damit der andere glücklich wird.
- Die Liebe macht die Liebenden in hohem Maß verletzlich.
- In der Liebe darf keiner den anderen ausnutzen.
- Liebende erwarten voneinander Offenheit und Ehrlichkeit.
- Nur wo volle Gleichberechtigung besteht, kann sich Liebe entfalten.
- Liebe verlangt von dem anderen nichts, was er nicht geben kann.
- Liebe ist mehr als nur Sexualität.
- Wer liebt, trägt nicht nur für die Gegenwart, sondern auch für die Zukunft des anderen Verantwortung (→ S. 210).
- Liebe schließt Kritik am anderen nicht aus. Sie darf aber nie verletzend sein.
- Liebende ertragen die kleinen Schwächen des anderen und können sich gegenseitig verzeihen.
- Liebende sollten, wenn sie religiöse Menschen sind, füreinander beten.

4 Die Jungen einer Klasse können aufschreiben, was sie an Mädchen mögen und womit Mädchen sie nerven. Umgekehrt sollen die Mädchen aufschreiben, was ihnen an Jungen gefällt und was sie unmöglich finden. Diskutiert eure Ergebnisse miteinander.

5 Liebe zwischen Mädchen und Jungen – Was ist das? Dasselbe wie Freundschaft oder etwas anderes? Welche Vergleiche und Bilder findet ihr für die Liebe?

6 Wie kann sich das Verliebtsein eines Jungen oder eines Mädchen auswirken? Was ändert sich in deren Leben? Welche Chancen ergeben sich? Welche Probleme können aufkommen? Wie lassen sie sich lösen? Macht Liebe blind oder sehend?

8 Welche Erzählungen, Briefe, Bilder, Gedichte und Lieder (CD's) zum Thema Liebe gefallen euch besonders?

9 Das wichtigste Gebot für Christen ist das Gebot der Gottes-, Nächsten- und Selbstliebe: → S. 86. Diese Liebe ist etwas anderes als das erste Verliebtsein und hat doch auch viel damit zu tun. Könnt ihr das erklären?

10 Einen berühmten Text über die Liebe könnt ihr im Neuen Testament nachlesen: 1 Kor 13, 1–8.

11 Manche Beobachter der Jugend sind der Meinung, dass Freiheit und Freundschaft/Liebe die höchsten Werte sind, die Jungen und Mädchen heute haben. Was haltet ihr von dieser Auffassung?

Liebe (Verliebtsein) ist ein wunderbares Gefühl. Zwei Menschen, die sich bislang fremd waren, kommen sich nahe und wenden sich alle Aufmerksamkeit zu. Liebe versetzt einen in einen Zustand des Glücks. Das Herz und alle Sinne sind wie verwandelt. Selbst Träume können nicht schöner sein. Aber Liebe ist nicht nur ein Gefühl. Sie betrifft den ganzen Menschen mit all seinen Dimensionen. Sie ist eine auch das Denken, Reden und Handeln bestimmende Kraft. Herz und Vernunft können sich in der Liebe begegnen.

> Dein Ort ist
> wo Augen dich ansehen.
> Wo sich die Augen treffen,
> entstehst du.
>
> Es gibt dich
> weil Augen dich wollen,
> dich ansehen und sagen
> dass es dich gibt.
>
> *Hilde Domin (geb. 1951), deutsche Dichterin*

Marc Chagall (1887–1985), Das Hohelied IV, 1958.

Kein Kind mehr – noch nicht erwachsen

5. Sprüche und Sprache

Die menschliche Sprache ist wunderbar. Mit Worten können wir anderen mitteilen, wie es in uns aussieht, wovon wir etwas verstehen, worüber wir uns freuen, was wir fragen wollen. Unsere Worte können heilen und verletzen. Kaum etwas anderes ist für uns so wichtig wie das, was wir sagen und gesagt bekommen. Die Sprache bestimmt in einem hohen Maß die Qualität unseres Lebens.

Es gibt viele Sprachen: die Muttersprache, Fremdsprachen, die Sprache der Kinder, der Verliebten, der Politiker, der Wissenschaftler, der Computer. Auch die Religion hat eine eigene Sprache.

Es gibt auch eine **Sprache der Jugend.** Man hat ihr viele Eigenschaften zugeschrieben: originell, kraftvoll, anschaulich, witzig, derb, schockierend, aggressiv, verletzend, rasch wechselnd. Was heute »in« ist, kann morgen schon »out« sein. Für Erwachsene ist es schwer, diese Sprache »voll korrekt« zu gebrauchen, weil sie vor allem in der »Szene« lebt, zu der Erwachsene nicht so leicht Zugang finden. Manche Ausdrücke aus der Jugendsprache haben aber auch Eingang in die Erwachsenensprache gefunden.

Originelle Bewertungen (auch in anderen Kombinationen)

total irre – voll korrekt – heiß – unheimlich cool – super geil – absolut kultig – gut unterwegs (früher: drauf) – riesig – wahnsinnig abgedreht– hirnrissig – total oberätzend – ober hyper mega ultra wichtig – abgebaggert – beknackt – durchgeknallt – fix und foxi – abartig – deprimäßig – freizeitkompatibel – spitze – (und immer wieder ohne Unterlass, in allen Altersstufen, wenig originell) echt Scheiße.

Freche Tätigkeiten

sich etwas reinziehen (reindrücken, reinhauen, reindröhnen, reinknallen, reinpfeifen) – jemanden anmachen – angraben – keine Böcke (früher: null Bock) haben – einen Kick haben – abdrehen – knacken – nicht richtig ticken – ausrasten – nerven – labern – schnallen – ausflippen – etwas zu eng sehen – jemanden abzocken – abhotten – abschminken – anfetzen – motzen – ömmeln

Neue Substantive

Mackermasche – Laberbacke – Obergag – Fratzengulasch – Beziehungskiste – Schleimi – Verklemmi – Schlaffi – Macher – Glotze – Ego-Trip – Fleischbeschau – Gesülze – Weichei – Zoff – Jeansbügler – Seerosengießer – Pizzarandliegenlasser – Nichtabschreiblasser – Olivenlutscher – Omavorlasser

Beliebte Grußformeln

Hey – Hau rein – Hallo – Take care – Hi, Alter – Du alte Sau – Du Chaot – Ciao

> Jugendliche setzen sich mit ihrer **Sprache** von den Erwachsenen ab. Sie haben oft Erfahrungen, Empfindungen und Gefühle, die sie nicht mit gewöhnlichen Worten ausdrücken wollen. Darum brauchen sie Ausdrücke, die noch nie »gehört« wurden und deshalb manchmal als »unerhört« empfunden werden. Manchmal geben sie vertrauten Worten einen überraschend neuen Sinn.

1. Warum haben Jugendliche Lust auf eine eigene Sprache? Wie gehen sie damit um?
2. Welche Wörter und Sätze der Jugendsprache, die hier zitiert werden, sind schon längst wieder out? Welche sind schon so lange out, dass sie wieder in sein könnten? Welche neuen Wörter könnt ihr eurem Religionslehrer vorstellen? Welche Erfahrungen verbindet ihr damit?
3. Warum ist die Jugendsprache oft liebevoll, oft auch verletzend? Wann baut sie Mädchen und Jungen auf, wann macht sie anderen zu schaffen?
4. Jugendsprache – ein Thema des Religionsunterrichts?
5. Kann man mit der Jugendsprache auch von und mit Gott sprechen? Kann man in ihr ein Glaubensbekenntnis (→ S. 17 f) formulieren?
6. Jugendsprache – Kirchensprache – PC-Sprache: Sprachen, die nur Spezialisten verstehen?

LOGOS

DAS WORT IST MEIN SCHWERT
UND DAS WORT BESCHWERT MICH

DAS WORT IST MEIN SCHILD
UND DAS WORT SCHILT MICH

DAS WORT IST FEST
UND DAS WORT IST LOSE

DAS WORT IST MEIN FEST
UND DAS WORT IST MEIN LOS

Erich Fried (1921–1988), deutscher Dichter

Die Jugend erobert die Sprache

Als das »Null-Bock«-Zeitalter einsetzte, gesundheitsbewusste Frauen »Knobi« im Ökoladen zu kaufen begannen, manche Menschen aber gleichwohl »gut drauf« waren, da wandelten sich nicht nur die Lebensgewohnheiten, sondern auch die Sprache. Trägheit, Knoblauch, Tante-Emma-Läden und gute Stimmung hatten offenbar ausgedient und wurden kurzerhand durch griffige Ausdrücke ersetzt. Die Jugend eroberte die Sprache, und die Sprache wurde immer jugendlicher. ...

Die Generationengrenzen wurden offener. War früher die Jugendsprache auf die Pubertät begrenzt, so fühlen sich im Zeitalter ewiger Jugend immer mehr Menschen zur sprachlichen Originalität berufen. ...

Einen aus der Computersprache übernommenen Satz wie »Meine Wohnung ist freizeitkompatibel« hat man im 19. Jahrhundert nicht hören können. Heute ist ein solcher Satz durchaus mit dem allgemeinen Sprachverständnis kompatibel.

Alfons Kaiser

Kein Kind mehr – noch nicht erwachsen

6. Heilige Zeichen

»**Heilig**« ist in erster Linie ein Wort aus der Religion. Es lässt sich kaum eindeutig definieren, weil es einen vielfachen Sinn hat.
- Zuerst meint es eine unbeschreibliche Qualität, die einzig **Gott** zukommt. »Heilig« hat mit Gottes Herrlichkeit, Macht und Güte zu tun. Alte Gebete sagen: »Du allein bist der Heilige« und »Heilig, heilig, heilig ist Gott«.
- Aber auch **Personen** werden in den Religionen oft als »heilig« bezeichnet, wenn man ihnen eine besondere Nähe zu Gott zuschreibt. Es gibt die »Heiligen« der Christenheit, die exemplarisch zeigen, wie Christen aus ihrem Glauben leben können. Dazu gehören so unterschiedliche Gestalten wie Maria und Petrus, Nikolaus und Elisabeth, Martin von Tours und Hildegard von Bingen.
- In vielen Religionen gibt es heilige **Orte**, z. B. Berge oder Flüsse, Tempel oder Kirchen. Die großen Feste der Religionen sind für ihre Anhänger heilige **Zeiten,** in denen sie fasten, beten oder überschwänglich leben.
- Es gibt heilige **Zeichen** im Leben der Kirchen, z. B. die Taufe oder das Abendmahl, die den Glaubenden mit Gott verbinden. Heilige Zeichen sind Kreuze und Rosenkränze, Mantras und Mandalas, Steine und Bilder.

Manche im Gottesdienst beheimateten **Zeichen** sind heute auch außerhalb der Religion anzutreffen und haben **im öffentlichen Leben** einen festen Platz. Es gibt da Riten, wie sie auch in der Liturgie (Gottesdienst, → S. 185 ZdF) üblich sind. So stehen die Leute in einer Versammlung auf, wenn das Staatsoberhaupt den Raum betritt. Ein Fussballspieler küsst liebevoll die Schale (»Kelch«), die seine Mannschaft gewonnen hat. Die Olympischen Spiele werden mit einem Fackellauf und dem Entzünden der Flamme begonnen. Soldaten geloben zu Beginn ihrer Dienstzeit feierlich, ihre beruflichen Pflichten zu erfüllen. Jede Show folgt einem bestimmten Schema vom Eintreffen des Showmasters und von der herzlichen Begrüßung der Teilnehmer über wichtige Programmpunkte der Künstler und Aktivitäten des Publikums bis zum feierlichen Schlussapplaus.

Viele Mädchen und Jungen bekommen ungute Gefühle, wenn sie das Wort »heilig« hören. Sie denken an Menschen, die allzu tugendhaft leben, oder an kirchliche Riten, die für sie langweilig sind. Aber auch in ihrem Leben gibt es manches, was ihnen »heilig« ist.

Auch Mädchen und Jungen haben Zeichen, die sie begeistern und faszinieren. Ihre Anhänglichkeit gehört diesen Zeichen. Mit diesen Zeichen drücken sie etwas aus, was ihnen besonders wertvoll ist. An ihnen hängt ihr Herz. Niemand darf diese Zeichen beschädigen, lächerlich machen oder kritisieren. Mit diesen Zeichen identifizieren sie sich. Darum kann man auch diese Zeichen im weiteren Sinn »heilig« nennen. Vielleicht passt auf sie auch das in der Jugendsprache beliebte Wort »kultig«, das auf religiöse »Kulte« (Zeremonien) hinweist. Manche dieser »heiligen« Zeichen sind ganz alltäglich. Ein paar Beispiele:
- ein Foto, ein Poster
- Turnschuhe, Jeans, Stiefel, Lederjacke, T- und Sweatshirts, Ohrringe
- Aufkleber und Aufnäher, Tattoos und Piercings
- Andenken und Spielsachen wie Uhr, Schiff oder Eisenbahn
- ein Mofa, Motorrad, Auto
- Amulette, Glücksbringer, Hufeisen, Herz, Ketten
- Musik, Filme und Videos

Überall auf der Welt empfinden die Menschen Ehrfurcht für das, was ihnen heilig ist. In den meisten Religionen hat **das Heilige** mit Gott zu tun. Es kann auch an Personen, Dingen und Erfahrungen aufleuchten. Auf jeden Fall erhebt das Heilige die Menschen über den Alltag. Es kann Begeisterung, Nachdenklichkeit und Erschütterung auslösen. Das Heilige ist etwas Faszinierendes.

1. »Heilig« in der Bibel: Ex 3, 15; 19, 10–13; 2 Sam 6, 1–8; Ps 99; Jes 6, 1–7; Mk 1, 24; 9, 2–8; Lk 1, 35; 2, 8–11; Apg 6, 13; Röm 7, 12; Phil 1,1; Offb 15, 4. Stellt anhand dieser Texte zusammen, wie weit der Begriff »heilig« reicht.
2. Findet ihr es richtig, dass man manches von dem, was ihr gern habt oder gern tut, »heilig« nennt? Wie benennt ihr diese Dinge? Was ist euch persönlich »heilig«? Was ist den Christen »heilig«? Was ist »scheinheilig«?
3. Ergänzt den Satz: Heilig ist wie…
4. Manche Zeichen, die jungen Leuten »heilig« sind, haben keine Bedeutung für die Ewigkeit, sondern ein kurzes Verfallsdatum. Wie kommt das?

Kein Kind mehr – noch nicht erwachsen

Zeichen-Sprache

Kein Kind mehr – noch nicht erwachsen

7. Auf der Suche nach Glück

Was ist Glück?
In einem Punkt sind alle Mädchen und Jungen gleich: Alle wollen glücklich sein oder glücklich werden.

Aber was ist das – das Glück? Wer über diese Frage nachdenkt, die sich so leicht anhört, merkt rasch, wie schwer eine Antwort ist.

Schon in früheren Zeiten und Kulturen gab es **unterschiedliche Auffassungen** vom Glück. Erst recht weichen heute die Glücksvorstellungen stark voneinander ab. Was der eine für Glück hält, ist für den anderen eher ein Unglück. Die Meinungen gehen außerordentlich darüber auseinander, ob man durch sportlichen oder musischen Erfolg, durch Reisen, durch Arbeit, durch Freizeit, durch die Liebe zu einem bestimmten Menschen, durch Geld, durch Macht, durch die Religion glücklich wird oder nicht.

Unsere Zeit hält viele **Angebote des Glücks** bereit. Sie alle knüpfen an unseren Wunsch nach Glück an. Glück wird uns in vielen Varianten versprochen. Wer einmal an den Läden einer Geschäftsstraße vorbeigeht, wer die Sendungen im Fernsehen anschaut, wer in den bunten Reisekatalogen blättert, wer einen Lottoschein kauft, wer einen Bioladen betritt, wird in seinem Verlangen nach Glück angesprochen. Die Suche nach Glück macht unser Leben schön und aufregend, aber das Verlangen nach Glück kann auch zu Entscheidungen führen, die unglücklich machen.

Wenn alle **Versprechungen des Glücks** eingelöst würden, dürfte es kaum noch unglückliche Menschen geben. Aber wenn man sich in seiner Umgebung umsieht, wird man merken, dass viele Leute nicht glücklich sind, obwohl sie sich viel von dem leisten können, was zum Glücklichwerden überall feilgeboten wird. Man muss sich fragen, warum heute so wenige Menschen glücklich sind, obwohl es so viele Glücksangebote gibt.

Jenny Holzer (geb. 1950), Lichtinstallation, 1987.

> IM LEBEN GIBT ES ZWEI TRAGÖDIEN. DIE EINE IST DIE NICHTERFÜLLUNG EINES HERZENSWUNSCHES. DIE ANDERE IST SEINE ERFÜLLUNG.
>
> *George Bernhard Shaw (1856–1950), irischer Schriftsteller*

Wer nach dem **Glück** fragt, wird rasch auf zwei verschiedene Einsichten stoßen.
- Zu allen Zeiten und an allen Orten der Welt waren die Menschen auf der Suche nach Glück. Das hat sich heute nicht geändert. **Jeder will glücklich sein.** Das gilt für Kinder, Jugendliche und Erwachsene in gleichem Maß.
- Das Glück ist **nicht leicht zu greifen und zu begreifen.** Niemand kann für alle verbindlich sagen, was eigentlich »Glück« ist und wie man ganz bestimmt glücklich wird.

Von Jungen und Mädchen kann man hören: Glück ist

- so schön wie ... sein
- so gescheit wie Einstein sein
- als Entertainer im Fernsehen auftreten
- so zufrieden sein wie Oma und Opa
- wenn Vater wieder Arbeit findet
- einen Menschen haben, den man lieben kann und von dem man geliebt wird
- vertrauenswürdige Freundinnen und Freunde haben
- in einer guten Familie leben
- einen Sechser im Lotto landen
- wieder gesund werden
- ...

Kein Kind mehr – noch nicht erwachsen

1. Diskutiert in der Klasse darüber, was »Glück« und »Unglück« ist. Überlegt dabei, ob man selber etwas für sein Glück tun kann. Wenn ja, was?
2. Sucht andere Ausdrücke für »Glück« und fragt euch, ob sie denselben Sinn haben, z. B. Zufriedenheit, Sinn, Spaß, Freude, Dusel, Massel, Fortune, Schwein.
3. Ist die Suche nach Glück für uns eher nützlich und lebenswichtig, oder ist sie eher risikoreich und gefährlich?
4. »Glück haben« und »glücklich sein« – ist das dasselbe? Noch eine andere Frage: Hat Glück mehr mit der Dauer des Lebens oder mit einem ersehnten Augenblick zu tun?
5. Befragungen haben ergeben, dass sich die Menschen in Bangladesch, einem der ärmsten Länder der Welt, am glücklichsten fühlen, während die Deutschen, die in einem sehr wohlhabenden Land leben, im Durchschnitt eher unglücklich sind. Wie erklärt ihr euch diesen Befund?
6. Lest das Märchen der Brüder Grimm »Hans im Glück«. Welche kritische Sicht vom Glück liegt diesem Märchen zu Grunde?

Gedanken über das Glück

Weil das Glück für die Menschen so fragwürdig ist, haben auch die Dichter und Philosophen aller Zeiten über das Glück nachgedacht. Sie haben dabei ganz verschiedene Ansichten geäußert.

Aristipp (435–366 vC, griechischer Philosoph): Glück ist vor allem der Zustand der Lust, der aus der Befriedigung der Sinne kommt.

Platon (427–347 vC, griechischer Philosoph): Die Seele kann nur in der Nähe des allerglücklichsten Gottes glücklich sein.

Aristoteles (384–322 vC, griechischer Philosoph): Glück ist der Zustand, in dem der Mensch die Fähigkeiten seines Geistes voll entwickeln kann. Hinzu kommen müssen äußere Güter, Lust und ein langes Leben.

Epikur (341–270 vC, griechischer Philosoph): Glück ist Lebensfreude und Sinneslust. Aber es ist nicht möglich, lustvoll zu leben, ohne vernünftig, schön und gerecht zu leben.

Varro (116–27 vC; römischer Gelehrter): Ich habe 288 verschiedene Ansichten über das Glück gefunden.

Seneca (1–65 nC, römischer Philosoph): Das Glück liegt in der Unabhängigkeit von äußeren Gütern.

Römische Sprichwörter: Jeder ist seines Glückes Schmied – Dem Tapferen hilft das Glück – Das Glück ist blind.

Mittelalterliches Studentenlied: Das Glück ist wie ein Rad, das sich ständig dreht. Einmal bin ich oben, dann muss ich herunter. Und wie mir geht es auch dem König.

Thomas von Aquin (1224–1275, Theologe und Philosoph aus dem Dominikanerorden): Das äußerste Glück oder die äußerste Seligkeit jedes Menschen besteht darin, Gott zu erkennen.

J. B. Bossuet (1627–1704, französischer Bischof): Das ganze Ziel des Menschen besteht darin, glücklich zu sein. Jesus Christus ist nur gekommen, um uns dazu zu verhelfen.

Blaise Pascal (1623–1662, französischer Philosoph und Mathematiker): Alle Menschen suchen glücklich zu sein, selbst wer hingeht, sich aufzuhängen.

Baruch Spinoza (1632–1677, jüdischer Philosoph): Wer sich für glücklich hält, weil ihm das Schicksal heller lacht als dem anderen, dem ist das wahre Glück noch gänzlich unbekannt.

Immanuel Kant (1724–1804, deutscher Philosoph): Äußere Güter machen nicht glücklich. Reichtum macht verschwenderisch, Schönheit macht eitel. Zudem ist beides vergänglich. Was allein zählt, ist ein guter Wille und die Erfüllung der Pflicht. Nur wer sich sein ganzes Leben danach gerichtet hat, wird würdig, Glück zu erfahren.

Johann Wolfgang von Goethe (1749–1832): Willst du immer weiter schweifen? / Sieh, das Gute liegt so nah. / Lerne nur das Glück ergreifen, / Denn das Glück ist immer da.

John Adams (1767–1848, Präsident der USA): Diejenige Regierung, die Ruhe, Annehmlichkeit, Sicherheit oder in einem Wort das Glück einer möglichst großen Zahl von Personen gewährt, und zwar in dem weitesten Ausmaß, ist die beste.

Bertolt Brecht (1898–1956, deutscher Dichter): Ja, renn nur nach dem Glück, doch renne nicht zu sehr. Denn alle rennen nach dem Glück, das Glück rennt hinterher.

Pech? Glück? Wer weiß?

Eine chinesische Geschichte erzählt von einem alten Bauern, der ein altes Pferd für die Feldarbeit hatte. Eines Tages entfloh das Pferd in die Berge, und als alle Nachbarn des Bauern sein Pech bedauerten, antwortete der Bauer: »Pech? Glück? Wer weiß?« Eine Woche später kehrte das Pferd mit einer Herde Wildpferde aus den Bergen zurück und diesmal gratulierten die Nachbarn dem Bauern wegen seines Glücks. Seine Antwort hieß: »Glück? Pech? Wer weiß?« Als der Sohn des Bauern versuchte, eines der Wildpferde zu zähmen, fiel er vom Rücken des Pferdes und brach sich ein Bein. Jeder hielt das für großes Pech. Nicht jedoch der Bauer, der nur sagte: »Pech? Glück? Wer weiß?« Ein paar Wochen später marschierte die Armee ins Dorf und zog jeden tauglichen jungen Mann ein, den sie finden konnte. Als sie den Bauernsohn mit seinem gebrochenen Bein sahen, ließen sie ihn zurück. War das nun Glück? Pech? Wer weiß?

Anthony de Mello (1931–1987), indischer Theologe und Meditationsmeister

7 Erstellt eine Wandzeitung »Glücksangebote im Alltag«. Stellt dazu Lieder, Songs und Texte zusammen. Welche Message vermitteln sie?
8 Welche Glückszeichen und Unglücksbringer kennt ihr? (→ S. 235)
9 Was meint ihr: Kann die Religion, kann der christliche Glaube etwas zum Glück beitragen? Kennt ihr Personen und Szenen aus der Bibel, die mit Glück zu tun haben?
10 Hat das wichtigste Gebot der Christenheit, Gott und den Nächsten wie sich selbst zu lieben, etwas mit dem Glück zu tun?
11 Was haltet ihr von der These: Viele Menschen suchen heute nicht mehr Gott, sondern an dessen Stelle ihr Glück?

Glücks-Angebote

Kein Kind mehr – noch nicht erwachsen

Die **Wissenschaftler** haben viele Versuche gemacht, »**Religion**« zu definieren. Fast alle stimmen darin überein, dass Religion es mit Gott und Welt, Zeit und Ewigkeit, dem Menschen, seinen Rechten und Pflichten, dem Leiden und der Befreiung davon (»Erlösung«) zu tun hat. Das lateinische Wort »religio« leitet sich ab entweder von »religari«, d. h. »(an Gott) rückgebunden sein«, oder von »relegere«, d. h. »(Weisungen) gewissenhaft beobachten«.

Wer **religiöse Menschen** befragt, was ihnen ihre Religion bedeutet, kann Antworten wie diese bekommen:
- Religion eröffnet einen Blick über die Welt hinaus.
- Religion weiß vom unergründlichen Geheimnis des Lebens.
- Religion lässt Welt und Mensch in einem nicht alltäglichen Licht sehen.
- Religion gibt dem Leben einen Sinn.
- Religion sagt, was man im Alltag und in schwierigen Situationen tun soll.
- Religion gibt Mut und Kraft zum Widerstand gegen das Böse in der Welt.
- Religion lebt in herrlichen Festen und frohen Feiern.
- Religion tröstet in Kummer und Leid.
- Religion schenkt Hoffnung über den Tod hinaus.

Religion ist heute oft »**verborgene Religion**«, die nur im Inneren des Menschen lebt. Sie wird oft als »Privatsache« bezeichnet und gilt als etwas ganz Persönliches.

Religion war und ist immer auch »**öffentliche Religion**«, die die Welt verändern will. Sie lebt in einer Gemeinschaft von Menschen, die denselben Glauben haben. Für Christen ist dies die Kirche.

1 Analysiert im Einzelnen die Kritik Katharinas. Vorurteil – Klischee – Ansichtssache – Erfahrung oder was?

8. Und die Religion?

Sind Mädchen und Jungen heute religiös?

Über diese Frage wird in der Schulklasse, in der Familie, in den Studien zur Jugend heute heftig gestritten.

■ Die einen meinen: **Die Jugend ist nicht religiös.** Darin unterscheidet sie sich nicht sehr von den Eltern. Viele Mädchen und Jungen gehen kaum noch in einen Gottesdienst. Wenn sie überhaupt noch zur Erstkommunion kommen, lassen sie sich danach nicht mehr in den Gemeinden blicken. Eine immer größer werdende Zahl der Jugendlichen – in den neuen Bundesländern sind es etwa 80 Prozent – will von Religion nichts wissen. Sie weiß auch tatsächlich von Religion nicht mehr viel. Die einfachsten Kenntnisse des Christentums fehlen. Es ist schwer festzustellen, ob die Ablehnung oder das Desinteresse überwiegen. Die meisten Jugendlichen in den neuen Bundesländern sind wohl deshalb religionslos, weil sie nie eine Chance hatten, das Christentum kennen zu lernen.

■ Die anderen meinen: **Viele Mädchen und Jungen sind auch heute religiös.** Darin unterscheiden sie sich nicht sehr von den Eltern. Sie glauben irgendwie an Gott, weil fast jeder an etwas glaubt. Sie glauben, dass Gott die Welt erschaffen hat, weil alle anderen Erklärungen auch nicht mehr einleuchten. Sie finden es gut, dass sich Jesus für die Notleidenden und für den Frieden, gegen die Mächtigen und für die kleinen Leute eingesetzt hat. In ihren wichtigen Entscheidungen unterscheiden sie sich oft nicht von den Menschen, die sich selbst »religiös« nennen. Sie rechnen damit, nach dem Tod die »Quittung« für ihr Leben zu bekommen.

■ Neueste Studien stellen wichtige **Unterschiede zwischen religiösen und areligiösen Jugendlichen** heraus. Danach sind religiöse Jugendliche – statistisch gesehen – zukunftsoffener und optimistischer, stärker befähigt zur Nächsten- und Fernstenliebe. Sie haben ein besseres Verhältnis zu ihren Eltern. Sie zeigen ein höheres Maß an sozialer Verantwortung (→ S. 210 ff) und politischem Interesse. Sie sind eher leistungs- als genussorientiert, weniger ausländerfeindlich, offener, toleranter, neugieriger auf fremde Lebenswelten und Kulturen. Sie können sich eher vorstellen, einen Ausländer oder eine Ausländerin zu heiraten. Sie sind eher bereit, eigene Kinder zu haben und in einer stabilen Partnerschaft zu leben.

Kritik an Gott, Bibel und Kirche

Ich persönlich glaube nicht an den Gott, der in der Bibel beschrieben wird und in dessen Kirche ihn viele Leute anbeten. Wenn es einen Gott gibt, warum müssen dann so viele Menschen hungern und leiden? Warum herrscht ständig Krieg? Sind das die Strafen für unseren Ungehorsam?

Ich habe schon seit längerer Zeit eine sehr starke Abneigung gegen die Kirche und gehe da fast so gut wie nie hin. Ich bin zwar getauft worden und ging zur Kommunion, aber das war eher die Entscheidung meiner Eltern, obwohl sie nie korrekte, gläubige Christen waren und es jetzt auch nicht sind.

Ich halte alles, was in der Bibel steht, für reinen Schwachsinn und bin sehr froh darüber, dass ich frei entscheiden kann, woran ich glauben will.

Jeder sollte die Möglichkeit haben, seine Gedanken frei zu entfalten, wenn es um Religion geht, und selber entscheiden zu können, ob er nun getauft werden will und so weiter. Zu viele Eltern übernehmen es routinemäßig für ihre Kinder.

Katharina, Georgsmarienhütte

Wie sieht die Religiosität vieler Jugendlicher heute aus?

■ Junge Leute wollen nicht nur in ihrer Alltagswelt leben, die ständig nach demselben Muster funktioniert und kaum Überraschungen bereit hält. Sie wollen aus ihrer kleinen Welt herauskommen, um eine größere Welt voller Faszination zu erleben. Sie sehnen sich in einer entzauberten Welt nach Verzauberung. Sie begnügen sich nicht mit einer geheimnislosen Erklärung des Daseins, sondern sind sicher, dass das Leben voller **Geheimnisse** ist. Sie wollen aber keine trockenen religiösen Sätze lernen, sondern starke religiöse Gefühle erleben. Sie suchen Auswege aus dem Bereich des Ich (»Ego«) und wollen eine tiefe **Verbundenheit mit den anderen Menschen und der Natur** spüren.

■ Es gibt junge Leute, die die Unverbindlichkeit nicht mögen, die heute bei uns weit verbreitet ist. Ihnen ist nicht alles egal. Sie wollen eine klare Linie für wichtige Entscheidungen ihres Lebens. Sie bejahen für sich eine **Verbindlichkeit,** wie sie auch für die Religionen kennzeichnend ist.

■ So merkwürdig es klingt: **Fast alles kann für junge Leute heute zur Religion werden:** die Musik, der Tanz, die Show, die Disko, die Fans, die Kleidung, der Computer, die Welt der Esoterik (→ S. 232), das Gespräch, die Liebe, die Natur. Nur das Christentum selbst hat es bei den Jugendlichen oft schwer, zu ihrer Religion zu werden.

■ Im Übrigen **probieren** die Mädchen und Jungen heute viele religiöse Erscheinungen gern einmal durch, wie sie das auch sonst im Leben mit Kleidern, Musik und Freunden tun. Sie experimentieren und suchen auch auf dem Feld der Religion. Mal sind sie für die Wiedergeburt nach dem Tod, mal lassen sie alle Fragen nach dem Tod offen. Sie singen gern auf Katholiken- und Kirchentagen, obwohl sie sich sonst von Kirchen eher fernhalten. Sie interessieren sich eine Zeit lang für die Naturreligion der Indianer, dann setzen sie Pendel und Gläser in Bewegung, um mit einer anderen Welt in Kontakt zu kommen. Sie beten, wann und wo sie wollen und nicht nach bestimmten Vorgaben. Ihre Religiosität ist wie ihr Leben buntscheckig.

2 Weitere Überlegungen zu »Religion«: → S. 4; zum Glauben vieler Jugendlicher: → S. 230 ff.
3 Diskutiert darüber, ob Religion Privatsache ist. In welchem Verhältnis stehen verborgene und öffentliche Religion?
4 Warum halten manche Jugendliche Religion für Kindersache, die sie bald überwinden müssen?
5 Warum hat die Kirche heute so schlechte Karten bei Mädchen und Jungen?
6 Kennt ihr religiöse Vorbilder?
7 Wie erklärt ihr euch die Tatsache, dass in den östlichen Bundesländern prozentual viel weniger Jugendliche einer Religion angehören als in den westlichen Ländern? In den östlichen Bundesländern nehmen aber viele Mädchen und Jungen an der »Jugendweihe« teil. Erkundigt euch, wie diese Feier abläuft. Welche religiösen Elemente lassen sich da finden? In welchem Verhältnis steht sie zu Erstkommunion und Firmung (kath.) oder Konfirmation (evgl.)?
8 Muslimische Mädchen und Jungen hängen stärker an ihrer Religion als andere Jugendliche in unserem Land. Wie erklärt ihr euch diese Tatsache?

Wenn ich mal wäre

Wenn ich mal traurig bin, möcht ich nur noch Pommes und Currywurst essen, mitten in der Sahara wohnen, wo mich keiner sieht, wenn ich weine, und der Sand meine Tränen so gierig aufsaugt wie das TV.
Wenn ich mal witzig drauf bin, möchte ich tanzen und lautschräggeradeauskrumm singen, alle Leute volllabern und dann 'ne Fratze ziehen, so dass das Lachen Pflicht ist. (...)
Wenn ich mal Kinder habe, möchte ich ihnen Gott zeigen, die Welt, Schoko- und Vanilleeis, mich und Liebe geben.
Wenn ich mal tot bin, glaube ich, dass Gott zufrieden mit mir ist und mich trotz meiner Macken liebt und ich alles vom Himmel aus sehe. Die Witzigen, Traurigen, Reichen, Alleingelassenen, Kinder und Liebenden.
Ich liebe dich! Gott.

Klaus

Kein Kind mehr – noch nicht erwachsen

Eher für alte Leute?

■ Mädchen und Jungen mögen **Vorbilder.** Sie suchen Vorbilder. An ihnen können sie konkret ablesen, wie das Leben gelingen kann. Unter den Vorbildern gibt es Personen im Nahbereich, z. B. die Mutter oder der Nachbar. Häufig werden reiche Leute, berühmte Stars, sympathische Prinzessinnen, Prominente und Schönheitsideale als Vorbilder genannt. Aber vielen gelten auch solche Frauen und Männer als Vorbilder, die eine starke religiöse Ausstrahlung haben, z. B. aus dem Christentum Jesus, Martin Luther King und Mutter Teresa, aus anderen Religionen Mahatma Gandhi oder der Dalai Lama.

■ Viele Jugendliche tun **Dinge, die auch die Religion befürwortet** oder gebietet. Sie sammeln Gelder für Arme und Notleidende, setzen sich für die Bewahrung der Schöpfung ein, protestieren gegen Rassismus und Ausländerfeindlichkeit, arbeiten für eine Welt in Frieden und Gerechtigkeit.

Und was sagt die Kirche dazu?

■ Die Kirche freut sich über die Religiosität von Mädchen und Jungen, selbst wenn sie außerhalb ihrer Mauern gelebt wird. Sie stimmt in vielen Punkten mit den religiösen Vorstellungen der Jugendlichen überein und gewinnt daraus sogar wichtige **Anregungen** für sich. So kann sie von den Jugendlichen lernen, das heutige Leben besser zu verstehen, die Tradition nicht über alles zu stellen, für das Neue offen zu sein, eine zeitgemäße religiöse Sprache zu versuchen, andere Lieder zu singen und ihr eigenes Gottesverständnis zu befragen. Sie lernt vor allem, dass nicht ein gelerntes, sondern nur ein gelebtes Christentum bei jungen Leuten eine Chance hat.

■ Aber die Kirche hat auch **Bedenken,** die sich auf Einstellungen richten, die nicht allein bei Jugendlichen, sondern auch bei erwachsenen Christen anzutreffen sind. Sie sind ein Teil des religiösen Zeitgeistes.

• Die Religiosität vieler – nicht aller – Jugendlicher ist **unverbindlich und diffus** (verschwommen). Sie beruht weitgehend auf schwankenden Gefühlen. Für das Leben hat sie wenig prägende Kraft. Oft ist es schwer festzumachen, worin sie letztlich besteht. – Religion verlangt aber auch Entschiedenheit, Nachdenklichkeit und Klarheit.

• Die Religiosität vieler – nicht aller – Jugendlicher ist zu sehr **dem Geist unserer Zeit angepasst.** Sie bezieht sich vor allem auf das, was heute auch sonst bei uns weitgehend akzeptiert wird und Mode ist. – Religion aber muss gegenüber den Schwächen der Zeit Widerstand und Protest leisten. Sie darf sich nicht in allem und jedem anpassen.

• Die Religiosität vieler Jugendlicher ist zu sehr **Privatsache.** Sie darf nur in ihrem Intimbereich einen Platz haben. Gespräche über Religion empfinden sie als peinlich. Darum bleibt sie für die Gesellschaft wirkungslos. Von ihr gehen keine Impulse in die Welt aus. – Der christliche Glaube aber ist universal und öffentlich. Er will die Welt verändern.

Darum kann die Kirche den Mädchen und Jungen von heute ein vielfacher Anlass zum Nachdenken sein. Wenn beide – Jugend und Kirche – mehr aufeinander hörten und zugingen, würden beide davon profitieren.

Kein Kind mehr – noch nicht erwachsen

Die Propheten – Gottes Querköpfe

1. Gerufene und Rufende

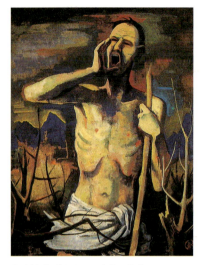

Karl Hofer (1878–1955), Der Rufer, 1935.

Jakob Steinhardt (geb. 1887), Trauernder Prophet, 1947.

Emil Nolde (1867–1956), Prophet, 1912.

Einzigartige Gestalten

Die Erzählungen von den Propheten gehören zum aufregendsten Teil des Alten / Ersten Testaments. In den Prophetenbüchern (→ S. 33 ZdF) ist von einzigartigen Gestalten die Rede. Die Propheten behaupteten, von Gott angesprochen worden zu sein und eine Botschaft für ihre Zeit zu haben. Sie hörten das Wort Gottes und sollten es weitergeben. Darum waren sie Gerufene und Rufende zugleich. Meist traten sie unerwartet in kritischen Situationen auf. Niemand rechnete mit ihnen und oftmals wollte man sie gar nicht hören. Man hielt sie darum für Störenfriede, die Unruhe stifteten. In der Öffentlichkeit zeigten sie sich oft kompromisslos, häufig waren sie lästig. Sie waren Israels Querköpfe.

Es ist schwierig, die Propheten genau zu charakterisieren, da **jeder sein eigenes Profil** hat. So ähnlich sie sind, so verschieden sind sie. Sie passen in kein Schema. Manche waren wilde Ekstatiker und schwärmerische Visionäre, andere nüchterne Kritiker und besonnene Denker. Vielen erschienen sie fromm und verrückt zugleich. Manchmal vertrauten sie ganz auf die Macht des Wortes, manchmal veranstalteten sie aufregende Aktionen. Sie litten unter dem Elend der Gegenwart und träumten von einer besseren Zukunft. In unerhörten Drohsprüchen kündeten sie Gottes Gericht an, aber in Zeiten der Not hatten sie auch Worte des Trostes und der Hoffnung für ihr Volk. Sie leisteten Widerstand gegen die herrschenden Mächte ihrer Zeit und nahmen die kleinen Leute in Schutz. Gelegentlich lasen sie auch dem Volk die Leviten. Mit scharfen Worten geißelten sie den Unsinn des Krieges, die Arroganz der Herrschenden und die Macht des Geldes. Wo Richter und Beamte das Recht nicht beachteten, waren sie zur Stelle. Kaufleute und Großgrundbesitzer erinnerten sie unmissverständlich an ihre Pflichten gegenüber den Armen, Witwen und Waisen. Selbst mit Königen und

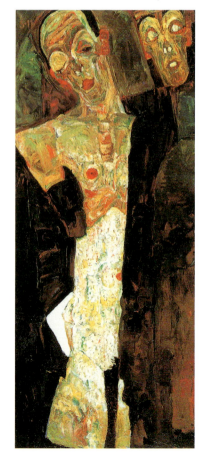

Propheten (griech.: »jemand, der etwas heraussagt, ansagt«) sind nicht, wie der gewöhnliche Sprachgebrauch nahe legt, Wahrsager, Hellseher oder Zukunftsspekulanten, sondern originelle Leute, die Gottes Wahrheit aussprechen. Dazu wissen sie sich von Gott gerufen. Was sie sagen, sagen sie in seinem Auftrag. Sie wollen, dass Gottes Gerechtigkeit und Frieden in Israel verwirklicht werden. Ihre Worte beziehen sich meist auf ihre Gegenwart, haben aber oft wegen ihrer grundsätzlichen Bedeutung auch für andere Zeiten einen guten Sinn. Einige Propheten haben auch in die Zukunft geschaut und Gottes Gericht, aber vor allem auch Gottes Heil angekündigt.

Marc Chagall (1887–1985), Die Prophetin Debora bewegt Barak, ein Heer zu sammeln (Ri 4, 1–16), 1931–39.

Linke Seite, unten: Egon Schiele (1890–1918), Der Prophet, 1911.

1. Zur Vorbereitung dieses Kapitels empfiehlt sich die Wiederholung folgender Kapitel aus dem Band »Zeit der Freude« (5/6): »An der Spitze der Bestseller – Die Bibel« und »Der bleibende Anfang – Szenen aus dem Ersten Testament«. Dort erfahrt ihr etwas über das Alte Testament sowie über den Propheten Natan, der am Hof des Königs David lebte.
2. Schreibt aus dem Inhaltsverzeichnis bzw. dem Anhang einer Bibelausgabe die Prophetenbücher und ihre Abkürzungen heraus. Wie viele gibt es? Was wisst ihr von dem einen oder anderen Propheten?
3. In welchen Zusammenhängen gebrauchen wir in unserer Sprache das Wort »Prophet«? Vergleicht damit das biblische Verständnis.

Priestern legten sie sich an. Das brachte manche in Lebensgefahr. Immer forderten sie zu Entscheidungen heraus, die an den Geboten Gottes orientiert sein sollten. Sie redeten und mahnten, wurden verfolgt und sogar getötet.

Prophetinnen

Das Erste Testament kennt sieben prophetische Frauen. Von den meisten ist nur wenig überliefert.

- Sara, die Frau des Abraham (Gen 21, 1–21; → S. 52 ZdF)
- Mirjam, die Schwester des Mose (Ex 15, 21 f)
- Debora, eine Richterin (Ri 4, 4; → S. 62 ZdF)
- Hanna, die Mutter des Samuel (1 Sam 2, 1–11; → S. 63 ZdF)
- Abigajil, die zweite Frau des Königs David (1 Sam 25; → S. 65 ZdF)
- Hulda, die einen König beriet (2 Kön 22, 14)
- Ester, die Retterin ihres Volkes in der Fremde (→ S. 70 ZdF).

Nach dem Tod der Propheten sammelte man alles, was von ihnen noch greifbar war, vor allem Einzelheiten ihrer Biographie, ihre Reden und Schriften. Daraus sind die **prophetischen Bücher** entstanden, die einen Hauptteil des Alten / Ersten Testaments ausmachen. Seitdem werden die Prophetenbücher von den **Juden** als Gotteswort gelesen. Da auch die **Christen** die prophetischen Schriften des Alten Testaments zu ihrer Bibel zählen, werden die Propheten auch in der Christenheit hoch geschätzt.

Die Propheten – Gottes Querköpfe

2. Elija – Ein Kämpfer für seinen Gott

»Du sollst keine anderen Götter neben mir haben«

Im Land Kanaan (→ S. 62, 272 ZdF) wurden in alten Zeiten der Gott **Baal** und die Göttin **Astarte** (auch »Aschera« genannt; → S. 62 ZdF) von vielen Menschen hoch verehrt. Im Frühling fanden zu ihren Ehren rauschende Feste statt, bei denen die Menschen in wilde Ekstase gerieten. Begeistert gaben sie sich dem Essen und Trinken, Tanzen und Singen sowie den Freuden der Liebe hin. Mit Baal und Astarte wurden die Fruchtbarkeit der Erde und die Schöpferkraft der Natur gefeiert.

Dem Gott Israels waren Gerechtigkeit, Frieden und Hilfe für die Schwachen wichtiger als großartige Feste zu seinen Ehren. Er duldete keine anderen Götter neben sich und gestattete auch nicht, dass man sich von ihm ein Bild machte (→ S. 68). So war die Religion der Israeliten radikaler und nüchterner als die der anderen Landesbewohner.

Manche Israeliten fühlten sich aber von Bräuchen und Bildern zu Ehren Baals und Astartes mehr angezogen als von den Weisungen ihres Gottes. Deren Kult sprach ihr Gefühl und ihre Sinne mehr an. Einige dachten auch: Unser Gott hat die ganze Erde geschaffen. Warum sollten wir nicht auch in ausgelassenen Festen Geburt, Liebe und Tod, Fruchtbarkeit und Schönheit der Natur feiern? – So richtig dieser Gedanke auch sein mag, so gefährlich erschien er damals dem Propheten **Elija**, einem ungewöhnlichen Mann, der sich wenig darum kümmerte, ob er damit von allen Israeliten verstanden wurde oder nicht. Er fürchtete, dass fremde Kulte in den Gottesglauben Israels eindrangen. Er wollte nicht, dass die Religion Israels ihre Besonderheit verlor und sich einer anderen Religion anpasste. Die Bibel weiß von seinen persönlichen Lebensumständen kaum etwas. Wir erfahren nichts von seiner Herkunft und Erziehung, von seinen Freunden und Vorlieben. Wohl erzählt sie von einigen wunderbaren Taten, die seinen entschiedenen Glauben zeigen. Vor allem ging Elija als der Prophet in die Geschichte ein, der sich den Baalen mit aller Kraft widersetzte, weil er das erste Gebot Gottes ernst nahm: »Du sollst keine anderen Götter neben mir haben.«

Elija lebte zur Zeit des Königs **Ahab** (873–853) und dessen Frau **Isebel,** in deren Namen sich der Göttername »Baal« versteckt. Sie war eine Prinzessin aus Tyrus, einer phönizischen Hafenstadt am Mittelmeer. Am Königshof in Israel setzte sie sich intensiv für Baal ein, so dass dieser Gott, der den Israeliten moderner und naturverbundener zu sein schien, allmählich den Gott Israels zu verdrängen drohte.

Eine provokative Prophetenerzählung

Das Volk Israel schwankte in späteren Zeiten noch lange zwischen der Anerkennung des einen Gottes (»JHWH«) und der Begeisterung für viele Götter (»Baale«). Es hatte keine klare religiöse Linie (→ S. 62 ZdF). Um das Volk ganz für den Gott Israels zu gewinnen, erzählten die Lehrer Israels eine Geschichte von altertümlicher Wucht (1 Kön 18), deren Schauplatz sie in die Zeit Elijas ver-

---

Elija war eine urtümliche Gestalt, ein Furcht einflößender Mann, unnahbar, unberechenbar, gehasst und selbst vom Königshaus gefürchtet, ein Eiferer, voll Leidenschaft, aber auch sehr empfindsam und tief einsam. Unerbittlich kämpft er für seinen Gott und gegen alle anderen Götter. Er ist in einer wichtigen Stunde der Geschichte Israels plötzlich da und führt mit seiner Entschiedenheit eine religiöse Wende herbei.

Baal mit Blitz, 2. Jahrtausend vC.

Die Propheten – Gottes Querköpfe   44

Marc Chagall (1887–1985), Elijas Opfer wird vom Feuer des Herrn verzehrt (1 Kön 18), 1931–39.

Ein feuriger Wagen entführt Elija himmelwärts (2 Kön 2, 1–18), 1931–39.

1 Wenn ihr den Text 1 Kön 18, 1–40 ganz lest, findet ihr noch weitere Szenen. Erzählt diese nach und versucht sie zu erklären.

2 Andere wichtige Erzählungen von Elija findet ihr an folgenden Stellen:
1 Kön 17: Legenden und Wundererzählungen. Sie zeigen beispielhaft, wie man aus dem Glauben leben kann.
1 Kön 19: Eine einzigartige Gotteserfahrung am Horeb
1 Kön 21: Prophetische Kritik an einem königlichen Justizmord
2 Kön 2: Tod und die Entrückung des Elija.

3 Elija in der späteren jüdischen Überlieferung: → S. 261

4 Wo gibt es heute die Gefahr, dass Menschen falschen Göttern (»Götzen«) nachlaufen, ohne es zu merken?

legten, weil dieser Prophet großes Ansehen hatte und sich entschieden für den Gott Israels eingesetzt hatte. Sie statteten ihn mit Wunderkraft aus, gaben ihm Schrecken erregende Züge und zeichneten seine Feinde (Baalspriester, König und Königin) in dunklen Farben. So sollte die Erzählung eine Warnung für ganz Israel sein, nicht falschen Göttern nachzulaufen. Man würde sie missverstehen, wenn man sie für einen historischen Bericht hielte. In ihrer radikalen Entschiedenheit für Gott ist sie ein provokativer Text.

In der dramatischen Erzählung stellt Elija das Volk Israel am Berg Karmel vor die Entscheidung: Gott oder Baal? Damals gab es schon drei Jahre lang eine Hungersnot im Land. Der Regen blieb aus – eine Strafe Gottes für die Verehrung der Fruchtbarkeitsgötter. Da erging das Wort Gottes an Elija, er solle zum König gehen und ihm sagen, dass es bald wieder regnen werde. Elija ging hin und forderte den König zugleich auf, das Volk sowie die 450 Baalspriester am Karmel zu versammeln. Dort fragte Elija das Volk, wie lange es noch zwischen dem Gott Israels und dem Baal schwanken wolle. Als das Volk keine Antwort gab, verlangte der Prophet zwei Stiere. Einen sollten die Baalspriester zerteilen, auf Holz legen, aber kein Feuer anzünden. Elija verfuhr mit dem anderen Stier ebenso. Dann sollten die Priester ihren Baal rufen, er selbst wolle den Namen seines Gottes anrufen. Der wahre Gott werde Feuer auf die Opfertiere senden. Zuerst riefen also die Baalspriester ihren Gott an und tanzten von morgens bis abends um den Altar. Elija verspottete sie kräftig und forderte sie ironisch auf, lauter zu rufen. Vielleicht schlafe Baal und müsse geweckt werden. Aber obwohl sie immer wilder riefen, tat sich nichts. Danach baute Elija einen Altar, legte den Stier darauf und bat seinen Gott, dass er Feuer vom Himmel sende. So geschah es. Da riefen alle: Der Gott des Elija ist der wahre Gott. Alsbald regnete es und die Hungersnot fand rasch ein Ende. Danach ließ Elija alle Baalspriester töten.

Die Erzählung sollte Israel warnen, falschen Göttern nachzulaufen.

Die Propheten – Gottes Querköpfe

3. Jesaja – Träumer einer neuen Welt

Gottes Wirken in der Zukunft

Zu den am meisten bewunderten Propheten Israels zählt **Jesaja,** dessen Name »Gott ist Heil« bedeutet. Er wurde um 770 in Jerusalem in einer adeligen Familie geboren. Dem Priesterstand gehörte er nicht an, er war verheiratet und hatte zwei Kinder. Zeitlebens wirkte er in Jerusalem (→ S. 96 f ZdF), der Hauptstadt des Landes Juda, das damals das Wohngebiet zweier Stämme Israels war. Er hatte gute Kontakte zum Königshaus. Der König fragte ihn gelegentlich um seinen Rat, die beamtete Priesterschaft sah in ihm einen lästigen Konkurrenten. Unter ihrem Misstrauen hat er gelitten.

In einer wunderbaren **Berufung,** in der er den Himmel mit dem Thron Gottes sah, hatte er erfahren, dass er Gottes Prophet werden sollte. Zuerst wandte er sich gegen diesen Auftrag, weil er meinte, dazu nicht würdig zu sein, doch kam er schließlich zu der Überzeugung, von Gott gesandt zu sein (Jes 6). Von ihm stammt das Wort: »Wer glaubt, wird nicht zuschanden« (Jes 28, 16). In seinem ganzen Leben hat er immer wieder aufs Neue Gottes Wort gehört und verkündet.

Seine **Sprache** ist von großer poetischer Kraft. Sie kann leidenschaftlich und temperamentvoll sein, ohne Überlegung und Maß zu verlieren. In seinen Reden, die wie **Träume von einer besseren Welt** sind, spricht er von dauerhaftem Frieden und von verwirklichter Gerechtigkeit.

> Der Prophet **Jesaja** (8. Jh. vC) verkündet, dass Gott in seiner Schöpfung anwesend ist und Lebensfreude für die Menschen will. Seine Kritik an der Unterdrückung der Armen und am Wahnsinn des Krieges ist Maßstab für alle Zeiten. Seine Träume von Gerechtigkeit und Frieden wurden Anlass zur Hoffnung auf eine bessere Welt. In der christlichen Tradition wird das Buch des Propheten Jesaja wegen seiner Texte, die auf den Messias hinweisen, besonders geschätzt. Der Prophet gilt als der **»Evangelist«** des Alten Testaments.

*Marc Chagall (1887–1985),
Der Prophet Jesaja (Jes 6, 1–13), 1968.*

Eroberung einer Stadt durch assyrische Truppen und Deportation der Bevölkerung, assyrisches Relief, 8. Jh. vC.

○ Jes 2, 1–4; 11, 1–10: Wie träumt Jesaja von der Hoffnung? Diskutiert darüber, ob hier gilt: »Träume sind Schäume«.

Marc Chagall (1887–1985), Der Prophet Jesaja (Jes 2, 1–5): Der Prophet verkündet zukünftigen Frieden und die Herrschaft Jerusalems, 1956.

Jahrzehntelang hat er sich in die Politik seines Landes eingemischt. Vor allem in kritischen Situationen trat er auf. Oft hatte er Worte des Trostes und der Hoffnung für sein Volk. So war es auch, als die **Assyrer** im 8. Jahrhundert vC fast alle Länder erobert hatten, die an Juda mit seiner Hauptstadt Jerusalem grenzten. Das nördlich gelegene Land Israel, wo die Nachfahren von zehn Stämmen Israels wohnten, war von ihnen gewaltsam besetzt worden. Juda selbst war damals im Vergleich zur assyrischen Weltmacht ein kleiner, fast ohnmächtiger Staat, der den übermächtigen Feinden kaum Widerstand leisten konnte. Den eisernen Streitwagen der Assyrer, den »Panzern der Antike«, hatten die Juden nichts entgegenzusetzen. Sie hatten eine furchtbare Angst vor diesen Kriegern, da sie an Grausamkeit nicht zu überbieten waren. Rücksichtslos töteten die assyrischen Soldaten in den eroberten Gebieten Kinder, Frauen und Männer. Nicht selten spießten sie die Unterworfenen an angespitzten Holzpfählen auf. Arbeitsfähige Bewohner verschleppten sie in die assyrischen Provinzen. In Jerusalem breitete sich Panikstimmung aus, als gemeldet wurde, die Assyrer seien in der Nähe. In dieser dunklen Zeit verkündete Jesaja eine große Hoffnung.

Pflugscharen statt Schwerter – Der Friedensfürst

Manche der bildhaften Gedichte des Propheten sind weltweit bekannt geworden. Jes 2, 4 steht heute auf einem Denkmal der UNO in New York. In der Weihnachtsliturgie wird Jes 9, 1–6 feierlich verlesen.

4 Gott spricht Recht im Streit der Völker, er weist viele Nationen zurecht. Dann schmieden sie Pflugscharen aus ihren Schwertern und Winzermesser aus ihren Lanzen. Man zieht nicht mehr das Schwert, Volk gegen Volk, und übt nicht mehr für den Krieg.
1 Das Volk, das im Dunkel lebt, sieht ein helles Licht; über denen, die im Land der Finsternis wohnen, strahlt ein Licht auf. 2 Du erregst lauten Jubel und schenkst große Freude. Man freut sich in deiner Nähe, wie man sich freut bei der Ernte, wie man jubelt, wenn Beute verteilt wird. 3 Du zerbrichst das drückende Joch, das Tragholz auf unserer Schulter und den Stock des Treibers. 4 Jeder Stiefel, der dröhnend daherstampft, jeder Mantel, der mit Blut befleckt ist, wird verbrannt, wird ein Fraß des Feuers. 5 Denn uns ist ein Kind geboren, ein Sohn ist uns geschenkt. 6 Die Herrschaft liegt auf seiner Schulter; man nennt ihn: Wunderbarer Ratgeber, Starker Gott, Vater in Ewigkeit, Fürst des Friedens. Seine Herrschaft ist groß und der Friede hat kein Ende.

aus dem Buch des Propheten Jesaja 2, 4; 9, 1–6

Nur wenige in Jerusalem glaubten dem Wort des Propheten. Die meisten ängstigten sich weiter. Tatsächlich konnten die Assyrer damals das Land nicht erobern. Aber einen so großartigen Herrscher, wie ihn Jesaja angekündigt hatte, gab es nicht in Jerusalem. Auf den schwächlichen König passte nicht, was der Prophet verheißen hatte. Darum haben sich die Juden gefragt, wen der Prophet gemeint haben könnte. Sie begriffen langsam, dass das Prophetenwort auf die Zukunft hinwies. Da Gott treu zu seinem Wort stand, musste die wunderbare Gestalt erst noch kommen. Die Juden nannten diesen künftigen König auch den »**Messias**« (hebr.: »der Gesalbte«). Christen glauben, dass **Jesus** dieser Messias ist (→ S. 262 ff).

Die Propheten – Gottes Querköpfe

4. Jeremia – Leiden an Gott

Der empfindsame Prophet

Wenn die Propheten sich auch in engem Kontakt mit Gott wussten, so waren sie doch nicht immer glücklich über ihren Auftrag. Sie konnten vieles nicht verstehen, was in ihrem Leben geschah. Sie fragten sich, warum das von Gott ausgewählte Volk so viel leiden musste. Fassungslos standen sie vor der Tatsache, dass es in Gottes Welt so viel Hass und Ungerechtigkeit, so viel Krieg und Lieblosigkeit gibt. Sie litten an Gott, weil sie den Leuten in seinem Namen Warnungen aussprechen und Katastrophen androhen mussten. In manchen Stunden war Gott für sie das größte Problem ihres Lebens. Nicht alle ertrugen dieses Unverständnis für Gott still und geduldig. Manche Propheten haben Gott offen ihr Leid geklagt und ihn sogar heftig angeklagt. Aber immer hielten sie an Gott fest.

Der Prophet, der sein ganzes Leben lang seine Berufung zum Propheten als Last empfand, ist **Jeremia**. In einzelnen Augenblicken warf er Gott vor, dass er ihm mehr zumutete, als er meinte ertragen zu können.

Jeremia wurde um das Jahr 645 in der Nähe von Jerusalem (→ S. 96 f ZdF) geboren. Sein Name bedeutet: »Gott richtet aus Not und Elend auf«. Er war kaum 20 Jahre alt, als er Gottes Ruf hörte. Damals war der noch junge Mann ganz erschrocken, »zum Propheten der Völker« erwählt zu werden. Er wandte ein, nicht gut reden zu können und für diesen Auftrag zu jung zu sein. Dann aber bekam er eine Zusage, die seinen Widerstand brach: »Ich bin dir zur Seite, dich zu retten« und »Ich lege dir meine Worte in den Mund«. Er erhielt den schwierigen Auftrag, gegen Könige, Minister und Priester zu reden. Aber er wurde auch ermutigt: »Erschrick nicht vor ihnen. Ich selbst mache dich heute zur befestigten Stadt, zur eisernen Säule und zur ehernen Mauer« (Jer 1, 4–10).

In den folgenden Jahren musste Jeremia seinem Volk und den Mächtigen oft bittere Wahrheiten verkünden. Er warnte sie vor verfehlter Politik und vor falschen Bundesgenossen. Im Jahr 606 schockierte er die Bewohner von Jerusalem, als er in einer ungewöhnlich scharfen Rede dem **Tempel** den Untergang ansagte (Jer 7, 1–11). Sie sollten nicht auf den Tempel vertrauen, sondern auf ihr Tun achten. Gott wolle nur dann bei ihnen wohnen, »wenn ihr die Fremden, die Waisen und die Witwen nicht unterdrückt, unschuldiges Blut an diesem Ort nicht vergießt und nicht anderen Göttern nachlauft« (7,6 f). Diese Tempelrede war deshalb so unerhört, weil das Volk damals sein ganzes Vertrauen auf den Tempel setzte. Man glaubte, er sei eine göttliche Garantie für den Schutz von Stadt und Land. Kein Feind könne die Stadt besiegen, solange der Tempel stehe. Gott selbst, der in dem Tempel wohne, sei dafür Bürge. Darum schien es auch undenkbar, dass Gott sein Volk ausgerechnet mit dem Untergang des Tempels bestrafen könnte.

> **Jeremia** (7./6. Jh. vC) ist der Prophet, der in seinem Erleben und Denken am ehesten einem heutigen Menschen entspricht. Darum hat er unserer Zeit viel zu sagen. Er kennt Zweifel an sich selbst und an anderen. Einsamkeit und Angst spielen in seinem Leben eine große Rolle. Den Mächtigen hat er Widerstand geleistet und Protest gegen Unrecht erhoben. Dabei war er selbst nicht furchtlos. Er hat an Gott gelitten, weil er dessen Wirken nicht verstand. Sein Vertrauen auf Gott wurde dadurch nicht erschüttert.

Marc Chagall (1887–1985), Der Prophet Jeremia, 1968.

1 Um weitere Stationen aus dem Leben des Jeremia kennen zu lernen, könnt ihr euch – evtl. in Partnerarbeit – folgende Stellen erarbeiten: Das Joch – eine Aktion auf Jerusalems Straßen (Jer 27–28); Der Neue Bund (Jer 31, 31–34); Die Verbrennung seines Buches (Jer 36); In der Zisterne (Jer 38, 1–6).

2 Warum kann ein so empfindsamer und leidender Prophet wie Jeremia zum Vorbild für viele Menschen werden?

3 Was meint ihr: Sind die Erfahrungen, die Jeremia mit Gott machte, für andere Menschen eher belastend oder hilfreich?

Die Propheten – Gottes Querköpfe

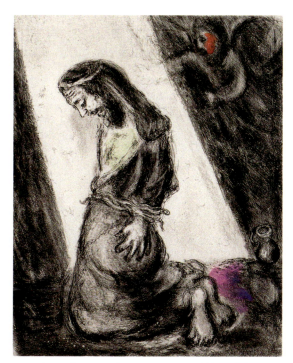

Marc Chagall (1887–1985), Jeremia in der Zisterne (Jer 38, 1–6), 1931–39.

Jeremia aber verlangte statt des abergläubischen (→ S. 232) Vertrauens auf den Tempel die Erfüllung von Gottes Geboten. Diese Rede wurde dem Propheten als Verrat ausgelegt. Er hatte den damaligen Glauben an der empfindlichsten Stelle getroffen, weil er sich am Heiligsten vergriffen hatte. So rottete man sich gegen ihn zusammen und er wäre beinahe getötet worden. Tatsächlich ging der Tempel nicht im gleichen Jahr, wohl aber später im Jahr 586 bei der Eroberung des Landes durch die Babylonier, in Flammen auf.

Jeremia wirkte fast 40 Jahre in **Jerusalem**. In seine Lebenszeit fallen große Katastrophen. Im Jahr 598 eroberte der Babylonierkönig **Nebukadnezzar** (→ S. 68f ZdF) das Reich Juda. 586 zerstörte er Jerusalem völlig. Dem jüdischen König wurden die Augen ausgestochen und viele Juden wurden nach **Babylon** in die Verbannung verschleppt. Dies war ein Einschnitt in der Geschichte Israels. Es hätte sogar deren Ende bedeuten können, wenn nicht in der Fremde andere Propheten von einer besseren Zukunft gesprochen hätten, so dass das Volk neu zu hoffen begann und darum überleben konnte.

Jeremia hatte die babylonische Katastrophe kommen sehen und seinen Landsleuten angekündigt. Aber sie wollten nicht auf ihn hören, ließen ihn mehrfach festnehmen, in einen Block legen und sogar in eine Zisterne werfen. Seine Schande und sein Schmerz waren unerträglich. Er erhielt Redeverbot und stand zeitweilig unter der Aufsicht der Behörden. Am Ende seines Lebens wurde er als alter Mann von seinen Landsleuten nach **Ägypten** verschleppt. Dort verliert sich seine Spur im Elend. Sein ganzes Leben hat er in Gottes Auftrag gesprochen. Gottes Pläne blieben auch für ihn unerforschlich. Mit seinen Worten und Taten hatte er keinen Erfolg, weil niemand auf ihn hören wollte. Aber gerade deshalb hatte er kommenden Zeiten viel zu sagen.

Klagen des Propheten Jeremia

- Weh mir, Mutter, dass du mich geboren hast, einen Mann, der mit aller Welt in Zank und Streit liegt. Ich bin niemands Gläubiger und Schuldner und doch fluchen mir alle (15, 10).
- Ich sitze nicht heiter im Kreis der Fröhlichen; von deiner (Gottes) Hand gepackt sitze ich einsam, denn du hast mich mit Groll angefüllt. Warum dauert mein Leiden ewig und ist meine Wunde so bösartig, dass sie nicht heilen will? Wie ein versiegender Bach bist du mir geworden, ein unzuverlässiges Wasser (15, 17f).
- Du hast mich betört, o Herr, und ich ließ mich betören; du hast mich gepackt und überwältigt. Zum Gespött bin ich geworden den ganzen Tag, ein jeder verhöhnt mich. Ja, sooft ich rede, muss ich schreien, »Gewalt und Unterdrückung!«, muss ich rufen. Denn das Wort des Herrn bringt mir den ganzen Tag nur Spott und Hohn. Sagte ich aber: Ich will nicht mehr an ihn denken und nicht mehr in seinem Namen sprechen, so war es mir, als brenne in meinem Herzen ein Feuer, eingeschlossen in meinem Innern. Ich quälte mich es auszuhalten und konnte es nicht (20, 7–9).

Assyrischer Angriff auf die Stadt Gezer am See Gennesaret, nach einem assyrisches Relief, 8. Jh. vC.

Die Propheten – Gottes Querköpfe

5. Amos – Anwalt der Armen und Schwachen

Als Jerobeam (782–747) König in Israel war, schien für das Land eine glückliche Zeit angebrochen zu sein. Mehrere Kriege waren erfolgreich zum Abschluss gekommen. Überall freute man sich an den Wohltaten des Friedens. Die Wirtschaft hatte eine gute Konjunktur. Großer Wohlstand breitete sich im Land aus. Man baute sich feste Häuser und schuf kostbare Kunstwerke aus Gold, Silber und Elfenbein. Auch das religiöse Leben verlief in geordneten Bahnen. Alles schien in guter Ordnung zu sein.

Aber wie in jeder Wohlstandsgesellschaft gab es damals eine Kehrseite der Medaille. Das Land kam immer mehr in die Hand weniger Großgrundbesitzer, die sich kaum um die Armen und Schwachen kümmerten. Rücksichtslosigkeit und Ausbeutung waren weit verbreitet, Korruption war gang und gäbe. Man dachte nicht daran, dass der Gott Israels nie auf Seiten der Reichen und Mächtigen, sondern immer auf Seiten der Armen und Unterdrückten gestanden hatte. Seine Forderung nach Gerechtigkeit im öffentlichen und privaten Leben wurde verdrängt. Damals wusste sich ein begüterter Herdenbesitzer und Maulbeerzüchter zum Propheten berufen. Sein Name **Amos** bedeutet wahrscheinlich »Last Gottes«. Er war ein kluger Mann, der von sich sagte, er sei kein Prophet. Damit wollte er nicht bestreiten, dass er von Gott gerufen war. Er wollte sich nur von den Leuten absetzen, die sich damals beruflich »Propheten« nannten, ohne von Gott gerufen zu sein. Diese Propheten im königlichen oder priesterlichen Dienst hatten auf das politische und religiöse Leben großen Einfluss. Sie sagten den Mächtigen nur das, was sie hören wollten. Damit verdienten sie ihr Geld. Amos aber verstand sein Prophetentum nicht als irgendeinen Beruf, sondern als **Berufung** durch Gott.

Marc Chagall (1887–1985), Die Ausweisung des Propheten Amos (Am 7, 10–17).

Das Auftreten des Propheten in der Öffentlichkeit wirkte schockierend, weil er kein Blatt vor den Mund nahm. Einmal erschien er ungefragt im Reichsheiligtum von Betel, widersprach ohne jede Legitimation dem Oberpriester und begann einen öffentlichen Streit mit ihm. Dabei berief er sich nur auf Gottes Ruf. Das war ein Skandal. Er wurde angezeigt und erhielt Redeverbot (7, 10–17). Niemand hatte dem Volk bisher so deutlich gesagt, dass die Entwicklung in eine falsche Richtung lief. Der so angenehme Fortschritt war in Wirklichkeit ein Rückschritt, weil er zu Lasten der Armen ging. Die Ungerechtigkeit war umso schlimmer, als die Reichen in feierlichen Gottesdiensten den Anschein erweckten, den Willen Gottes zu tun. Dagegen protestierte Amos im Namen Gottes.

Was Amos damals anmahnte, wurde zum dauernden Programm der Bibel. Viele sehen sie deshalb auch heute als ein gefährliches Buch an. Auf jeden Fall ist Amos einer der ersten Verkünder der **Menschenrechte** (→ S. 18 ff ZdF).

Amos (8. Jh. vC), der sich von Gott zum Propheten berufen wusste, attackierte die Reichen und Mächtigen seiner Zeit hart, weil sie die Armen und Schwachen vergaßen und ausnutzten. Er drohte ihnen, wenn sie sich nicht änderten, schlimme Strafe an. Dabei berief er sich auf Gott, der **Gerechtigkeit** für alle will. Vor Gott gebe es keine Menschen zweiter Klasse.

Geflügelte Sphinx, Elfenbein, Samaria, 8. Jh. vC.

Gerechtigkeit statt Opfer

²¹ Ich hasse eure Feste, ich verabscheue sie und kann eure Feiern nicht riechen. ²² Wenn ihr mir Brandopfer darbringt, ich habe kein Gefallen an euren Gaben, und eure fetten Heilsopfer will ich nicht sehen. ²³ Weg mit dem Lärm deiner Lieder! Dein Harfenspiel will ich nicht hören, ²⁴ sondern das Recht ströme wie Wasser, die Gerechtigkeit wie ein nie versiegender Bach.

aus dem Buch des Propheten Amos 5, 21–24

---

1 Lest Am 2, 6–7. Welche Vorwürfe erhebt der Prophet hier gegen das Volk Israel?

2 Stellt zusammen, gegen welche Leute sich Amos an den folgenden Stellen wendet: Am 5, 7.10–12; 8, 4–8; 6, 4–6; 4, 1–3

3 Was würde Amos heute sagen?

Die Propheten – Gottes Querköpfe

Das kleine **Jonabuch** (4./3. Jh. vC) ist eine Lehrerzählung, die zeigt, dass Gott **Gnade vor Recht** ergehen lässt, wenn Menschen vom Bösen lassen. Es wendet sich darüber hinaus gegen engstirnige Fromme, die Gott für sich allein oder für ihre Gruppe in Anspruch nehmen. In unerhörter Weise werden selbst die schlimmsten Feinde Israels in Gottes Barmherzigkeit einbezogen. Hier wird anschaulich gezeigt, dass Gott das **Heil aller Völker** will. Wer Gott für ein Volk allein oder für eine Religion allein reservieren will, hat nicht verstanden, dass Gott allen Menschen zugetan ist, weil alle Menschen seine Geschöpfe sind.

Marc Chagall (1887–1985), Die Rettung des Propheten Jona (Jon 2), 1960.

6. Jona – Gnade vor Recht

Manche Leute denken überaus eng von Gott. Wenn sie hören, dass Gott gerecht ist, meinen sie, dass Gott die Guten belohnt und die Bösen bestraft. Eigentlich klingt diese Auffassung ganz plausibel. Aber dieses Bild Gottes ist nicht das Bild der Bibel. Da lässt Gott immer wieder Gnade vor Recht ergehen. Seine **Gerechtigkeit** ist von **Barmherzigkeit** durchdrungen.
Ein Zeugnis dafür ist das **Buch Jona**, das im 4. oder 3. Jh. vC entstanden ist. Man hat es als eine »Perle unter den jüdischen Erzählungen« bezeichnet. Es ist kein Bericht von einem Ereignis, das sich so oder so ähnlich abgespielt hat, sondern eine lehrhafte Erzählung, die den Lesern etwas Wichtiges über Gott klarmachen will. Sie führt in eine wunderbare Welt, in der wie in einem Märchen allerlei aufregende Dinge passieren. In ihrem Mittelpunkt steht Jona.

Ein merkwürdiger Prophet

▸▸ Die Erzählung beginnt in ihrem **ersten Teil** (Jon 1–2) gleich mit einem Paukenschlag. Jona erhält von Gott den Auftrag, nach Ninive zu gehen, also in die große assyrische Stadt, die weit weg vom Land Israel in Mesopotamien liegt. Mit den Assyrern (→ S. 47) verbanden die Juden keine guten Erinnerungen, weil diese einst viele Israeliten ermordet und verbannt hatten. Weil die Stadt lasterhaft und schlecht ist, soll Jona ihr ein Strafgericht Gottes androhen. Doch Jona denkt nicht daran, diesen Auftrag zu erfüllen. Er begibt sich auf die Flucht in die entgegengesetzte Richtung. Unterwegs gerät er auf einem Schiff und in einem großen Fisch in arge Bedrängnis. Die Leser bekommen dabei viel zu schmunzeln.

▸▸ Im **zweiten Teil** (3–4) erhält Jona noch einmal denselben Auftrag. Er ist noch immer verständnislos und macht sich widerspenstig auf den Weg. In Ninive predigt er den Leuten und es passiert, was er gar nicht für möglich hielt: alle Lebewesen der Stadt, Menschen und Tiere, bekehren sich. Gott nimmt seine Drohung zurück und verschont die Stadt von der verdienten Strafe. Das aber passt dem Propheten überhaupt nicht. Er hätte lieber gesehen, dass die sündige Stadt bestraft worden wäre, weil er glaubte, es sei nur gerecht, dass die Schlechtigkeit von Gott bestraft werde. Dass Gott hier Gnade vor Recht ergehen lässt, kann er nicht einsehen. Gott aber handelt so aus Liebe zu seiner Schöpfung. An ihr hängt sein Herz. Am Ende erhält Jona einen kräftigen Denkzettel, damit er mehr Verständnis für Gottes Barmherzigkeit aufbringt. Ob er Gottes Absicht begriffen hat, wird nicht mehr gesagt.

---

1. Das Buch Jona könnt ihr ganz lesen, da es sehr kurz ist. Formuliert für die 4 Kapitel Überschriften, sucht wunderbare Einzelheiten heraus und fragt nach deren Sinn. Beschreibt auch die Gefühle, die Jona in den einzelnen Szenen gehabt haben wird. Lest auf jeden Fall das 4. Kapitel, in welchem dem Jona gezeigt wird, warum Gott die böse Stadt Ninive verschont.
2. Versucht zu erklären, (1) warum Jona sich so widerborstig gegen den Auftrag Gottes wendet und (2) welche Bedeutung der Seesturm, der Fisch und der Rizinusstrauch haben.
3. Die Jona-Geschichte – auch eine Geschichte für heute? Denkt über die Sätze nach: Jedermann ist Jona – Überall ist Ninive.
4. Im Meer versinken – von einem Abgrund verschlungen werden – aus ihm wieder heil herauskommen – in der Tiefe sein – sich in einem Dunkel befinden – wieder ans Licht kommen: das sind Symbole des Jonabuches für Situationen unseres Lebens. Versucht diese zu deuten.
5. Vielleicht macht es euch auch Spaß, die einzelnen Szenen des Buches zu zeichnen und dann in der Klasse auszustellen.
6. Sucht Beispiele aus dem Neuen Testament, wo Jesus zeigt, dass Gott Gnade vor Recht ergehen lässt? (→ S. 88)
7. Wie bezieht Jesus die Jona-Erzählung auf sich (Mt 12, 38 ff)?

7. Mit Propheten muss man immer rechnen

Propheten kommen immer wieder

Auch das **Neue Testament** kennt Propheten und glaubt, dass Christen prophetische Gaben haben. **Jesus** hat oft davon gesprochen. Zwischen ihm und den Propheten Israels gibt es große Übereinstimmungen. Was diese von Gott geglaubt haben, glaubte auch Jesus von Gott. Darum konnte er auch sagen, dass er die Botschaft der Propheten nicht aufheben wolle. Vor falschen Propheten hat er gewarnt. Manche Worte der Propheten bezog er auf sich, um zu zeigen, dass das, was er tat und lehrte, mit den Gottesworten der Propheten übereinstimmt. An einigen Stellen wird Jesus sogar selbst als Prophet bezeichnet. Das war für die damalige Zeit ein höchst ehrenvoller Titel.

Im Lauf der **Kirchengeschichte** sind immer wieder Frauen und Männer aufgetreten, die von prophetischem Geist erfüllt waren. Auch in unserer Zeit gibt es prophetische Gestalten. Propheten gehören also nicht nur der Vergangenheit an. Mit Propheten muss man immer rechnen. Von ihrem Mut, von ihrem Widerstand, von ihrer Hoffnung, von ihrem Wort lebt die Christenheit auch heute.

Auch in **anderen Religionen** werden Propheten verehrt, z.B. Mohammed, der im Islam der wichtigste aller Propheten ist (→ S. 247 ff ZdF).

Michelangelo (1475–1564), Die delphische und die libysche Sibylle, Sixtinische Kapelle (→ S. 174 f), Rom, Vatikan, 1512–1515.

Prophetenworte im Neuen Testament

- Jesus: Denkt nicht, ich sei gekommen, um das Gesetz Gottes und die Propheten aufzuheben (Mt 5, 17).
- Hütet euch vor falschen Propheten; sie kommen zu euch wie Schafe, in Wirklichkeit aber sind sie reißende Wölfe (Mt 7,15).
- Nirgends hat ein Prophet so wenig Ansehen wie in seiner Heimat bei seinen Verwandten und in seiner Familie (Mk 6, 4).
- Jesus ist ein Prophet wie einer von den alten Propheten (Mk 6, 15).
- Jesus von Nazaret war ein Prophet, mächtig in Wort und Tat vor Gott und vor dem ganzen Volk (Lk 24, 19).
- Jesus: Alles muss in Erfüllung gehen, was im Gesetz des Mose, bei den Propheten und in den Psalmen über mich gesagt ist (Lk 24, 44).
- Wer prophetisch redet, redet zu Menschen: Er baut auf, ermutigt, spendet Trost (1 Kor 14, 3).
- Paulus: Wenn ich prophetisch reden könnte, ... hätte aber die Liebe nicht, wäre ich nichts (1 Kor 13, 2).

Die Propheten – Gottes Querköpfe

Propheten heute sind Frauen und Männer, die Zivilcourage haben, nicht allen Trends folgen, sich unbeliebt machen, Missstände öffentlich benennen, sich für Gerechtigkeit einsetzen, Hoffnung erwecken, auf Gott hinweisen. Sie sind Querköpfe, die eine bessere Welt wollen.

1 Erklärt einen Prophetentext mit euren eigenen Worten.
2 Jesus kam zu Beginn seines öffentlichen Auftretens in seine Heimatstadt. Dort macht er seinen Zuhörern seinen hohen Anspruch klar. Lest dazu Lk 4, 16–21 und zeigt, wie die Hoffnungsbilder der Propheten auf Jesus passen.
3 Erzählt von Gestalten der Christenheit, die von prophetischem Geist erfüllt waren, z. B. von Hildegard von Bingen (→ S. 125); Franz von Assisi (→ S. 131), Katharina von Siena (→ S. 137); Friedrich Spee (→ S. 139). Zeigt, wo sie prophetische Züge aufweisen.
4 (Kleine) Propheten gibt es in der Straßenbahn und in der Schule, auf dem Markt und im Fernsehen. (Große) Propheten können die Politik, den Staat und die Kirche herausfordern. Kennt ihr Beispiele aus unserer Zeit?
5 Wiederholt, was ihr über Mohammed, den islamischen Propheten, gelernt habt. (→ S. 247 ff ZdF)

Eure Söhne und Töchter werden Propheten sein

Ein Prophetenwort des Alten Testaments, das vor allem junge Leute überraschen kann, steht beim Propheten Joel (3, 5), der im 4. Jh. vC lebte, von dem wir aber nicht viel wissen. In Zeiten der Not richtete er den Blick auf das Ende der Tage. Dabei hatte er eine erstaunliche Vision. Als der Apostel Petrus am ersten Pfingsttag seine Aufsehen erregende Rede in Jerusalem hielt (→ S. 151 f ZdF), zitierte er dieses Wort.

17 In den letzten Tagen wird es geschehen, so spricht Gott: ich werde meinen Geist ausgießen über alles Fleisch. Eure Söhne und Töchter werden Propheten sein, eure jungen Männer werden Visionen haben und eure Alten werden Träume haben. 18 Auch über meine Knechte und Mägde werde ich meinen Geist ausgießen in jenen Tagen und sie werden Propheten sein.

aus der Apostelgeschichte 2, 17–18

Propheten

Wenn die Propheten einbrächen
durch Türen der Nacht
mit ihren Worten Wunden reißen
in die Felder der Gewohnheit ...
Wenn die Propheten einbrächen
durch Türen der Nacht
und ein Ohr wie eine Heimat suchten –
Ohr der Menschheit,
du nesselverwachsenes,
würdest du hören?

Nelly Sachs (1891–1970), jüdische Dichterin, Nobelpreis für Literatur 1966

Rigoberta Menchú (geb. 1959), Christin aus Guatemala, hat sich gegen viele Widerstände für die Indios eingesetzt. Friedensnobelpreisträgerin 1992 (→ S. 192).

Helder Camara (1909–1999), ein Bischof für die Armen in Brasilien.

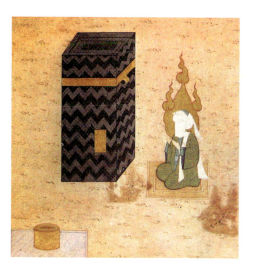

Mohammed, der Prophet des Islam, vor der Kaaba in Mekka. Alte Miniatur.

Zum guten Schluss

Dieses Kapitel über die Propheten ist eigentlich ein **Kapitel über Gott.** Wenn ihr euch noch einmal einen Überblick darüber verschafft habt, könnt ihr euch fragen:
- Wie haben die Propheten Israels ihren Gott erfahren?
- Welchen unterschiedlichen Zugang haben sie zu Gott?
- Was haben sie von ihm gehört? Was haben sie von ihm verkündet?
- Was habt ihr dabei an Neuem über Gott erfahren?

Die Propheten – Gottes Querköpfe

Das Evangelium – Ein Programm fürs Leben

1. Gute Nachricht

Journalistensprüche

▸ Ein Sprichwort sagt: **»Die schlechten Nachrichten haben Flügel«.** Sie verbreiten sich schnell, weil sie die Menschen aufschrecken und zur Weitergabe veranlassen.

▸ Für viele Fernsehredakteure, die Material für ihre Sendungen suchen, gilt die Regel: **»Nur eine schlechte Nachricht ist eine gute Nachricht«.** Offenbar interessieren sich Menschen mehr für Skandale, Naturkatastrophen, Unglück, Krieg und Tod als für den Normalfall von heiler Natur, Glück, Frieden und Leben.

▸ Nach der Sendung gilt der Spruch **»Nichts ist älter als eine Nachricht von gestern«.** Das Verfallsdatum der neuesten Nachrichten kommt extrem rasch.

Was heute alles über Nachrichten gesagt wird, gilt nicht von der **»guten Nachricht«** (griech.: »Evangelium«), die Jesus verkündet hat. Ihre Flügel haben sie weltweit verbreitet. Dieses Evangelium hat viele Menschen erreicht. Es ist eine gute Nachricht, auch wenn es keine schlechte Nachricht ist. Es ist eine 2000 Jahre alte Nachricht, die nicht veraltet und kein Verfallsdatum kennt.

Das griechische Wort »**Evangelium**« kann man auf verschiedene Weise übersetzen. Es kann »gute Nachricht«, »frohe Botschaft« oder »Heilsbotschaft« bedeuten. Im Alten Testament hatten die Propheten eine »gute Botschaft« für das Volk Israel, wenn sie von Gottes Nähe oder Barmherzigkeit sprachen (Jes 52, 7). In der griechisch-römischen Welt gebrauchten die Kaiser und Herrscher oft das Wort »Evangelium« zur politischen Propaganda, wenn sie dem Volk eine gute Nachricht mitteilen wollten, z. B. die Geburt eines Thronfolgers, einen Sieg über die Feinde oder den Beginn ihrer Herrschaft. Im Neuen Testament knüpft Jesus an die religiöse und politische Tradition dieses Begriffs an.

1. Das Kapitel könnt ihr besser verstehen, wenn ihr einiges wiederholt. Zur Bibel → S. 30 ff ZdF; zur Freudenbotschaft → S. 12 f ZdF; zur Heimat Jesu → S. 94 ff ZdF; zu den in den Evangelien genannten Personen und Gruppen → S. 116 ff ZdF.
2. Erzählt von Situationen, in denen Jungen und Mädchen auf eine gute Nachricht warten.
3. Sammelt mit einem Kassettenrekorder oder auf einem Fragebogen bei Freunden, Bekannten und Verwandten einige Daten über die Evangelien (Interview). Da könnt ihr z. B. Folgendes fragen: Was bedeutet das Wort »Evangelium«? Wie viele Evangelien gibt es? Wer hat sie verfasst? Wann sind sie entstanden? Welche Themen finden sich in den Evangelien? Haben Sie/hast du einen Lieblingstext? Wann haben Sie/hast du zum letzten Mal in den Evangelien gelesen? Welche Meinung haben Sie/hast du über die Evangelien? Zur Auswertung: Was wissen die Leute? Was wissen sie nicht? Wie könnten ihre Meinungen über die Evangelien entstanden sein?
4. Was bedeutet es für das Christentum, wenn seine wichtigste Schrift »Evangelium« heißt?

2. Drei Stationen

Das »**Evangelium**« des Neuen Testaments ist die gute Nachricht von Gott. Wer es hört, darf sich freuen. Wer Trauer und Schmerz hat, soll getröstet werden. Wessen Herz verwundet ist, dem spricht es Heilung zu. Wer mit Bösem zu tun hat, soll die Kraft zum Widerstand finden. Wer sich ganz in sich vergräbt, den reißt es heraus. Aber das Evangelium besteht nicht nur aus Worten. Genauso gut kann man am Leben Jesu ablesen, was das Evangelium ist. Jesus selbst ist das Evangelium. Er ruft alle Zuhörer auf, sich auf Gott einzulassen, sich für Liebe und Gerechtigkeit, Frieden und Versöhnung einzusetzen.

Das Evangelium, das Jesus verkündet hat, lebt in den vier Schriften des Matthäus, Markus, Lukas und Johannes weiter. Sie werden nach der Frohbotschaft Jesu selbst »**Evangelien**« genannt. Seitdem sie existieren, sind sie die wichtigsten Schriften der Christenheit. Um sie mit Gewinn zu lesen, braucht man nicht unbedingt zu wissen, wie sie entstanden sind. Aber wer den Prozess ihrer Entstehung kennt, kommt zu einem besseren Verständnis.

Die Entstehung der Evangelien

▶▶ **Erste Phase (ca. 27–30 nC):** Jesus verkündet die Frohe Botschaft vom Reich Gottes und wirkt Aufsehen erregende Taten. Er ruft die Menschen zur Umkehr und zum Glauben. In Jerusalem wird er gekreuzigt. Die Auferstehung Jesu und die Sendung des Geistes Gottes am Pfingstfest lassen seine Anhänger endgültig erkennen, wer Jesus ist und was er will.

▶▶ **Zweite Phase (ca. 30–70 nC):** Die **Freunde Jesu** erzählen als Zeitzeugen weiter, was sie mit ihm erlebt und was sie von ihm gehört haben. Bald fangen sie auch an, sich Aufzeichnungen davon zu machen. So entstehen kleine schriftliche Sammlungen von seinen Worten und Reden, von seinen Zeichen und Wundern, von seiner Passion (»Leiden«), vom Prozess in Jerusalem, vom Tod am Kreuz und von der Auferweckung. Diese Aufzeichnungen hielten die Erfahrungen fest, die die Freunde Jesu mit ihm gemacht hatten. Sie wurden im Gottesdienst der

---

Jesus selbst hat das Evangelium verkündet, aber keine Schriften hinterlassen, obwohl er schreiben konnte. Auch seinen **Freunden** hat er nicht den Auftrag gegeben, seine Botschaft aufzuschreiben. Aber nachdem er nicht mehr unter ihnen lebte, wollten sie von dem, was sie erlebt hatten, nicht schweigen. Sie erzählten begeistert die gute Nachricht von ihm und seiner Lehre weiter. Nach einiger Zeit begannen sie das, was sie von Jesus wussten, in kleineren Schriften aufzuschreiben, um die Erinnerung an Jesus unverfälscht zu erhalten. Die **Evangelisten** haben diese Texte gesammelt und verarbeitet. So führt ein langer Weg vom mündlichen Evangelium Jesu über kleine schriftliche Sammlungen der Jünger zu den vier Schriften der Evangelisten.

Rembrandt (1606–1669), Das »Hundertguldenblatt«, um 1648. Der Druck heißt so, weil Rembrandt einst 100 Gulden aufwenden musste, um ein Exemplar zurückzukaufen.

Das Evangelium – Ein Programm fürs Leben

Christen, bei der Spendung der Sakramente, in der Auseinandersetzung mit anderen jüdischen Gruppen oder für die Mission der Nichtchristen gebraucht.
▶▶ **Dritte Phase (ca. 70–90 nC):** Die vier Evangelien entstehen. Die älteren Aufzeichnungen über Jesus werden von den **Evangelisten** Markus, Matthäus, Lukas und Johannes gesammelt, zusammengestellt, erweitert und gedeutet. Die Evangelien haben nun eine Form gefunden, in der sie von Generation zu Generation weitergegeben werden konnten.

Die Evangelisten wollten **nicht** in erster Linie eine **Lebensgeschichte** Jesu (»Biographie«) für die Nachwelt schreiben. Sie bieten nur wenige zeitliche Angaben über sein Leben. Sie sagen nicht, wie alt Jesus wurde und kennen weder den Tag seiner Geburt noch das Jahr seines Todes. Wir erfahren von ihnen nicht, wie Jesus aussah und sich kleidete, wo er sich jeweils aufhielt, was er in seiner Kindheit und Jugend getan hat und welche Lehrer/Rabbinen ihn unterwiesen haben. Die Evangelisten verstanden sich nicht als Historiker, die Wissen vermitteln wollten, sondern als **Zeugen des Glaubens,** die den Glauben an Jesus wecken wollten. Wer das Evangelium vernimmt, soll nicht über die Vergangenheit Jesu informiert werden, sondern ein Zeugnis von der Gegenwart Jesu Christi vernehmen. Es handelt nicht von einem Toten, sondern von einem Lebenden.

Aber ganz ohne jedes **historische Interesse** waren die Evangelisten nicht. Sie gaben ihren Schriften einen historischen Rahmen und hielten viele Begebenheiten fest, die für die Geschichtsschreibung von höchstem Interesse sind. So sind die Evangelien auch historische Quellen für Jesus und seine Zeit. Sie erlauben in gewissen Grenzen auch eine Darstellung seines Lebens.

Evangelist Markus, Hitfred-Evangeliar, Frankreich, um 810.

Die Arbeitsweise eines Evangelisten

Der Evangelist Lukas spricht zu Beginn seines Evangeliums, das einem weiter nicht bekannten Theophilus gewidmet ist, von seiner Arbeitsweise. Aus dem Text kann man rekonstruieren, wie die Evangelien entstanden sind.

1 Schon viele haben es unternommen, einen Bericht über all das abzufassen, was sich unter uns ereignet und erfüllt hat. 2 Dabei hielten sie sich an die Überlieferung derer, die von Anfang an Augenzeugen und Diener des Wortes waren. 3 Nun habe auch ich mich entschlossen, allem von Grund auf sorgfältig nachzugehen, um es für dich, hochverehrter Theophilus, der Reihe nach aufzuschreiben. 4 So kannst du dich von der Zuverlässigkeit der Lehre überzeugen, in der du unterwiesen wurdest.

aus dem Evangelium nach Lukas 1, 1–4

1 Klärt die Frage, ob Lukas Augenzeuge des Geschehens war, woher er seine Informationen bezieht und mit welcher Absicht er sein Evangelium verfasst.
2 Wo spielen die Evangelien heute eine Rolle?

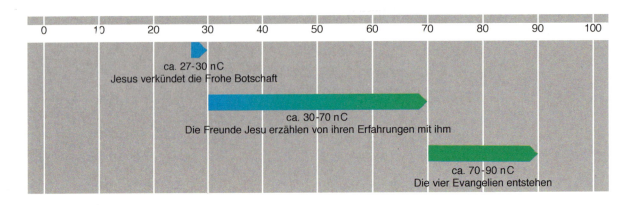

Das Evangelium – Ein Programm fürs Leben

3. Markus – Der erste Evangelist

Markus nannte als Erster eine ganze Schrift »**Evangelium**« (1, 1). Damit schuf er eine neue Textgattung, die bald Nachahmer fand und zur wichtigsten literarischen Art der Christenheit wurde. Jesus selbst hatte sein Programm »Evangelium« genannt. Markus nahm diesen Begriff für sein Werk auf. Er machte damit seinen Lesern deutlich, dass sie in seiner Schrift die frohe Botschaft von Jesus, dem »Sohn Gottes«, hören. Damit ist Markus ein Bestsellerautor geworden, dessen Schrift auch nach 2000 Jahren immer wieder gelesen wird.

Die Gliederung des Evangeliums nach Markus

Der Evangelist hat seiner Schrift eine einfache **Gliederung** gegeben. Dabei begann er nicht mit Erzählungen von der Kindheit Jesu, weil ihm solche wohl nicht bekannt waren.

▶▶ Nach einem kurzen Vorwort folgt der **erste Hauptteil** in **Galiläa**, wo Jesus nach seiner Taufe am Jordan das Reich Gottes verkündet, den Zwölferkreis beruft, Gleichnisse erzählt, erstaunliche Taten wirkt, Zustimmung und Ablehnung erfährt und sein Leiden voraussagt und verklärt wird (1–10).

▶▶ Der **zweite Hauptteil** führt nach **Jerusalem.** Er beginnt mit dem Einzug Jesu in die Stadt und mit der Tempelreinigung. Es folgen Streitgespräche und eine Rede von der Endzeit. Höhepunkt und Abschluss des ganzen Evangeliums ist die Passionsgeschichte mit Abendmahl, Verrat des Judas, Prozess vor dem jüdischen Hohen Rat und vor dem römischen Statthalter Pontius Pilatus, Kreuzweg, Kreuzigung und Tod am Kreuz. Dieser Abschnitt endet mit der Botschaft von der Auferweckung Jesu (11–16).

Das **älteste Evangelium**, das um das Jahr 70 nC entstand, wird **Markus** zugeschrieben. Nach einer alten Überlieferung war er der Begleiter des Petrus, so dass sich seine Schrift auf die Autorität dieses wichtigen Apostels stützen könnte. Er habe sich mit seiner Schrift an die Gemeinde von Rom gewandt. Heute werden diese Angaben für eher unwahrscheinlich gehalten. Im Grund wissen wir von dem Verfasser und seinen Adressaten kaum etwas. Er war wohl kein Zeitzeuge Jesu. Markus arbeitete so ähnlich wie ein Redakteur, der die Texte zusammenstellte und kommentierte, die es in den frühen Gemeinden schon länger gab. Er fügte sie in einen historischen Rahmen ein, der den Eindruck vermittelt, die einzelnen Texte stünden in einem zeitlichen Zusammenhang.

Das **Jesusbild** des ältesten Evangeliums ist voll Kraft und Entschiedenheit. Jesus kämpft hier so heftig gegen die Mächte des Bösen wie in keinem anderen Evangelium. Die vielen Dämonenaustreibungen und die Krankenheilungen sind dafür ein lebendiges Zeugnis. Selbst gegenüber gefährlichen Naturkräften wie Wasserfluten und Stürmen erweist er sich als starker Retter (4,39). Jesus muss auch gegen Widerstand kämpfen. Er erregt bei den religiösen Eiferern Anstoß, weil er sich mit Zöllnern und Sündern einlässt und mit diesen sogar zu Tisch sitzt (2, 15–17). Heftige Auseinandersetzungen mit den Pharisäern durchziehen dieses Evangelium. Am Ende steht Jesus in seinem Prozess vor dem Hohenpriester Israels und bekennt sich dort auf dessen Anfrage offen zu seiner Messianität (14, 62). Jesus stirbt am Kreuz mit dem jüdischen Sterbegebet (Ps 22) als einer, der sich von Gott verlassen fühlt. In seinem Tod wird offenbar, dass er der »Sohn Gottes« (15, 39) ist. Am Ende heißt es: »Er ist auferstanden« (16, 6).

Der **Stil** des Evangeliums ist einfach und volkstümlich. Es ist nicht ein Werk aus einem Guss, weil viele Quellen in den Text eingegangen sind. Viele Abschnitte sind von lebhafter Anschaulichkeit. Fast immer hat Markus seine Quellen kunstlos verknüpft. Oft liest man bei ihm »Und dann ...«, »Und sofort ...« (zeitlich) oder »Von da aus ...« (räumlich). Viele Angaben bleiben allgemein, z. B. »im Haus«, »auf dem Berg«, »in der Synagoge«. Eine genauere Charakterisierung der vorkommenden Personen gelingt ihm kaum. Eine besondere Darstellungskunst lässt sich nicht erkennen.

1 Warum nennt Markus seine Schrift nicht »Leben/Geschichte/ Biographie Jesu«, sondern »Evangelium Jesu Christi« (1, 1)?
2 Zum Evangelisten Lukas: → S. 99 ZdF

4. Die vier Evangelien

	Markus	**Matthäus**
Alte Angaben über den Verfasser (heute umstritten)	Begleiter des Petrus auf dessen Reisen. Er übersetzt dessen Predigt.	Zöllner, dann Apostel Jesu
Entstehungszeit	um 70	um 80
Entstehungsort	Rom (?)	Syrien (?)
Sprache/Stil	rau, kunstlos	lehrhaft, gut gegliedert
Adressaten	Christengemeinde in Rom (?)	Gemeinde in Syrien (?)
Jesus	Der Sohn Gottes im Kampf gegen die Mächte des Bösen	Der Messias, in dem die Verheißungen des Alten Testaments erfüllt sind
Besonderheiten	viele Wundertaten Jesu, Kampf gegen Dämonen	Kindheitsevangelium, Bergpredigt
Symbol des Evangelisten	Löwe	Mensch
Sondergut	Mk 5, 1-20	Mt 5,17-22. 43-47

Das Evangelium – Ein Programm fürs Leben

Die vier Evangelisten, Evangeliar der Ada, Hofschule Karls des Großen, um 800.

Lukas	**Johannes**
Arzt, später Begleiter des Paulus auf dessen Reisen	der Lieblingsjünger Jesu
um 80	um 90
Alexandrien (?)	Ephesus (?)
anschaulich, elegant	erhaben, feierlich
Gemeinde mit vielen Heidenchristen in der griechischen Welt	jüdisch-christliche Gemeinde
Der Freund und Helfer der Menschen	Der Sohn Gottes kommt vom Vater in die Welt; er kehrt zu seinem Vater zurück.
Kindheitsevangelium, Gleichnisse, Erwähnung vieler Frauen	Aufsehen erregende Zeichen, Offenbarungsreden und Gebete
Stier	Adler
Lk 15,11-32	Joh 11,1-44

Das Evangelium – Ein Programm fürs Leben

5. Voneinander abgeschrieben?

Die Evangelien nach Matthäus, Markus und Lukas sind eng miteinander verwandt. In Wortwahl und Aufbau stimmen sie streckenweise überein, weisen aber auch wichtige Unterschiede auf. Wie soll man sich diesen Befund erklären?

Über diese Frage haben die Bibelwissenschaftler lange nachgedacht. Bei ihren Untersuchungen haben sie viel Scharfsinn aufgewendet. Sie haben eine Lösung vorgeschlagen, wie wir uns die Entstehung der Evangelien vorstellen können. Ihren Vorschlag zur Entstehung der synoptischen Evangelien nennt man die »**Zweiquellentheorie**«.

> Eine parallele Zusammenstellung der Evangelientexte des Markus, Matthäus und Lukas nennt man »**Synopse**« (griech.: »Zusammenschau«). Sie lässt die Gemeinsamkeiten und Verschiedenheiten der Evangelien leicht erkennen. Die ersten drei Evangelisten heißen deshalb auch die »**Synoptiker**«.

Die Quellen für das Matthäus- und Lukasevangelium

▶ Die **erste Quelle** für das Matthäus- und das Lukasevangelium ist das **Markusevangelium** (Abkürzung »**Mk**«). Beide Evangelien stützen sich auf das kürzeste der vier Evangelien, übernehmen den Aufbau und viele Texte von da, ohne alle Verse aufzunehmen. Offensichtlich haben die Verfasser des Matthäus- und Lukasevangeliums vom Markusevangelium abgeschrieben.

▶ Die **zweite Quelle** für das Matthäus- und das Lukasevangelium (Abkürzung »**Mt**« bzw. »**Lk**«) ist eine nicht mehr erhaltene **Quelle** (Abkürzung »**Q**«), die nur **Jesusworte** enthielt, aber dem Markus nicht bekannt war. Sie bereichert beide Evangelien. Dazu gehören einzelne Worte, manche Gleichnisse und die Rede auf dem Berg.

▶ Matthäus und Lukas, die unabhägig voneinander arbeiteten, haben außerdem eigenes **Sondergut** (Abkürzung »**S**«), das die anderen Evangelisten nicht kennen, z. B. unterschiedliche Erzählungen von der Kindheit Jesu oder einige Auferstehungstexte.

1. Vergleicht die drei Texte ganz genau miteinander. Worin stimmen sie wörtlich überein? Welche Unterschiede findet ihr? Ihr könnt die Gemeinsamkeiten und Unterschiede auf einer Kopie mit verschiedenfarbigen Stiften markieren. Versucht ein paar Erklärungen für diesen Befund.
2. Zu den im Text genannten Frauen: → S. 128 f ZdF; zu Galiläa und Jerusalem: → S. 96 ff ZdF; zur Auferstehung Jesu: → S. 112 f ZdF und S. 110 ff.
3. Der Text der letzten Worte Jesu: → S.107. Zeigt daran, welch unterschiedliche Jesusbilder die Evangelisten haben.
4. Erklärt die Formeln:
Mt = Mk + Q + S;
Lk = Mk + Q + S

Wenn Matthäus und Lukas sich auf den Text des Markus stützen, zitieren sie ihn oft nicht ganz genau, sondern nehmen **kleine Veränderungen** vor. Vielleicht hat ihnen manches bei Markus nicht gefallen. Sie lassen einzelne Wörter weg, ergänzen den Text oder versehen ihn mit **anderen Akzenten**. Das geschieht deshalb, weil sie an das **Publikum** denken, für das sie schreiben. Worte wie »Thora« oder »Messias« oder »Sabbat« (→ S. 260 ff, 262, 265), die den jüdischen Lesern leicht verständlich waren, mussten für die griechisch-römische Welt erklärt und übersetzt werden. Auch haben die Evangelisten in Nuancen ein anderes **Bild von Jesus**, das ihren Text bestimmt. Sie sind also nicht einfallslose Abschreiber, sondern eher originelle Redakteure, die sich eine eigene Note bewahrt haben.

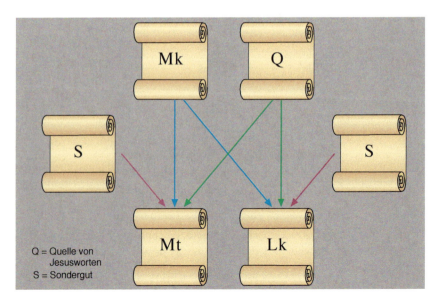

Q = Quelle von Jesusworten
S = Sondergut

Das Evangelium – Ein Programm fürs Leben

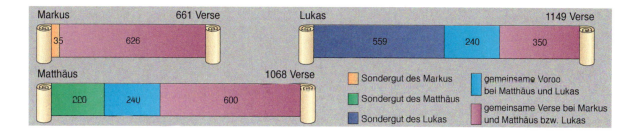

Ein synoptischer Vergleich

Markus 16, 1–8

1 Als der Sabbat vorüber war, kauften Maria aus Magdala, Maria, die Mutter des Jakobus, und Salome wohlriechende Öle, um damit zum Grab zu gehen und Jesus zu salben.
2 Am ersten Tag der Woche kamen sie in aller Frühe zum Grab, als eben die Sonne aufging.

3 Sie sagten zueinander: Wer könnte uns den Stein vom Eingang des Grabes wegwälzen?
4 Doch als sie hinblickten, sahen sie, dass der Stein schon weggewälzt war; er war sehr groß.
5 Sie gingen in das Grab hinein und sahen auf der rechten Seite einen jungen Mann sitzen, der mit einem weißen Gewand bekleidet war; da erschraken sie sehr.
6 Er aber sagte zu ihnen: Erschreckt nicht! Ihr sucht Jesus von Nazaret, den Gekreuzigten. Er ist auferstanden; er ist nicht hier. Seht, da ist die Stelle, wo man ihn hingelegt hatte.
7 Nun aber geht und sagt seinen Jüngern, vor allem Petrus: Er geht euch voraus nach Galiläa; dort werdet ihr ihn sehen, wie er es euch gesagt hat.

8 Da verließen sie das Grab und flohen; denn Schrecken und Entsetzen hatte sie gepackt. Und sie sagten niemandem etwas davon; denn sie fürchteten sich.

Matthäus 28, 1–8

1 Nach dem Sabbat kamen in der Morgendämmerung des ersten Tages der Woche Maria aus Magdala und die andere Maria, um nach dem Grab zu sehen.

2 Plötzlich entstand ein gewaltiges Erdbeben; denn ein Engel des Herrn kam vom Himmel herab, trat an das Grab, wälzte den Stein weg und setzte sich darauf.
3 Seine Gestalt leuchtete wie ein Blitz und sein Gewand war weiß wie Schnee.
4 Die Wächter begannen vor Angst zu zittern und fielen wie tot zu Boden.
5 Der Engel aber sagte zu den Frauen: Fürchtet euch nicht! Ich weiß, ihr sucht Jesus, den Gekreuzigten.
6 Er ist nicht hier, denn er ist auferstanden, wie er gesagt hat. Kommt her und seht euch die Stelle an, wo er lag.

7 Dann geht schnell zu seinen Jüngern und sagt ihnen: Er ist von den Toten auferstanden. Er geht euch voraus nach Galiläa, dort werdet ihr ihn sehen. Ich habe es euch gesagt.
8 Sogleich verließen sie das Grab und eilten voll Furcht und großer Freude zu seinen Jüngern, um ihnen die Botschaft zu verkünden.

Lukas 24, 1–9

1 Am ersten Tag der Woche gingen die Frauen mit den wohlriechenden Salben, die sie zubereitet hatten, in aller Frühe zum Grab.
2 Da sahen sie, dass der Stein vom Grab weggewälzt war;

3 sie gingen hinein, aber den Leichnam Jesu, des Herrn, fanden sie nicht.
4 Während sie ratlos dastanden, traten zwei Männer in leuchtenden Gewändern zu ihnen.
5 Die Frauen erschraken und blickten zu Boden. Die Männer aber sagten zu ihnen: Was sucht ihr den Lebenden bei den Toten?
6 Er ist nicht hier, sondern er ist auferstanden. Erinnert euch an das, was er euch gesagt hat, als er noch in Galiläa war.
7 Der Menschensohn muss den Sündern ausgeliefert und gekreuzigt werden und am dritten Tag auferstehen.

8 Da erinnerten sie sich an seine Worte.
9 Und sie kehrten vom Grab in die Stadt zurück und berichteten alles den Elf und den anderen Jüngern.

Das Evangelium – Ein Programm fürs Leben

6. Themen der Botschaft – Bilder der Moderne

1 Leiko Ikemura (geb. 1951), Verkündigung, 1985.

2 Wilhelm Geyer (1900–1968), Geburt Christi, 1939.

3 Siegfried Rischar (geb. 1924), Ich bin bei euch (Abendmahl), 1982.

4 Louis Soutter (1871–1942), Christus am Kreuz, um 1940.

5 Alexej Jawlensky (1864–1941), Meditation auf Goldgrund, 1936.
Ein Bild, das Kreuz und Auferstehung zugleich zeigt.

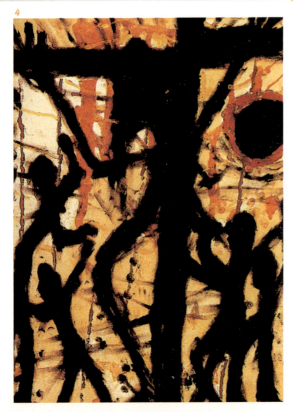
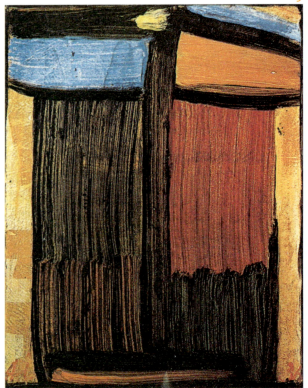

7. Bleibende Aktualität

Zu allen Zeiten haben Menschen gemerkt, dass die Texte des Evangeliums auch zu ihnen sprechen. In vielen Situationen, die hier geschildert werden, können sie sich selbst wiederfinden. Darum haben sie im Evangelium neue Perspektiven für ihr Leben gefunden. Das Evangelium ist auch heute aktuell. Schülerinnen und Schüler wurden gefragt: Welcher Evangelientext ist für euch wichtig?

Michaels (13) Antwort:
3 Da brachten die Schriftgelehrten und Pharisäer eine Frau, die beim Ehebruch ertappt worden war. Sie stellten sie in die Mitte 4 und sagten zu Jesus: Meister, diese Frau wurde beim Ehebruch auf frischer Tat ertappt. 5 Mose hat uns im Gesetz vorgeschrieben, solche Frauen zu steinigen. Nun, was sagst du? 6 Mit dieser Frage wollten sie ihn auf die Probe stellen, um einen Grund zu haben, ihn zu verklagen. Jesus aber bückte sich und schrieb mit dem Finger auf die Erde. 7 Als sie hartnäckig weiterfragten, richtete er sich auf und sagte zu ihnen: Wer von euch ohne Sünde ist, werfe als Erster einen Stein auf sie. 8 Und er bückte sich wieder und schrieb auf die Erde. 9 Als sie seine Antwort gehört hatten, ging einer nach dem anderen fort, zuerst die Ältesten. Jesus blieb allein zurück mit der Frau, die noch in der Mitte stand. 10 Er richtete sich auf und sagte zu ihr: Frau, wo sind sie geblieben? Hat dich keiner verurteilt? 11 Sie antwortete: Keiner, Herr. Da sagte Jesus zu ihr: Auch ich verurteile dich nicht. Geh und sündige von jetzt an nicht mehr (Joh 8,3–11; → S. 83).

Anne (14) nannte folgenden Text:
1 Jesus blickte auf und sah, wie die Reichen ihre Gaben in den Opferkasten legten. 2 Dabei sah er auch eine arme Witwe, die zwei kleine Münzen hineinwarf. 3 Da sagte er: Wahrhaftig, ich sage euch: Diese arme Witwe hat mehr hineingeworfen als alle anderen. 4 Denn sie alle haben nur etwas von ihrem Überfluss geopfert; diese Frau aber, die nur das Nötigste zum Leben hat, sie hat ihren ganzen Lebensunterhalt hergegeben (Lk 21,1–4).

Steffis (13) Wahl:
22 Gleich darauf forderte er die Jünger auf ins Boot zu steigen und an das andere Ufer vorauszufahren. Inzwischen wollte er die Leute nach Hause schicken. 23 Nachdem er sie weggeschickt hatte, stieg er auf einen Berg, um in der Einsamkeit zu beten. Spät am Abend war er immer noch allein auf dem Berg. 24 Das Boot aber war schon viele Stadien vom Land entfernt und wurde von den Wellen hin- und hergeworfen; denn sie hatten Gegenwind. 25 In der vierten Nachtwache kam Jesus zu ihnen; er ging auf dem See. 26 Als ihn die Jünger über den See kommen sahen, erschraken sie, weil sie meinten, es sei ein Gespenst, und sie schrien vor Angst. 27 Doch Jesus begann mit ihnen zu reden und sagte: Habt Vertrauen, ich bin es; fürchtet euch nicht! 28 Darauf erwiderte ihm Petrus: Herr, wenn du es bist, so befiehl, dass ich auf dem Wasser zu dir komme. 29 Jesus sagte: Komm! Da stieg Petrus aus dem Boot und ging über das Wasser auf Jesus zu. 30 Als er aber sah, wie heftig der Wind war, bekam er Angst und begann unterzugehen. Er schrie: Herr, rette mich! 31 Jesus streckte sofort die Hand aus, ergriff ihn und sagte zu ihm: Du Kleingläubiger, warum hast du gezweifelt? 32 Und als sie ins Boot gestiegen waren, legte sich der Wind. 33 Die Jünger im Boot aber fielen vor Jesus nieder und sagten: Wahrhaftig, du bist Gottes Sohn (Mt 14,22–33).

○ Was haltet ihr von diesen Buchtiteln für die Evangelien? Welchen Titel schlagt ihr vor?

Du sollst dir kein Bild machen

1. Mit Bildern leben

1. Welche Bilder sind euch besonders wichtig? Wer hat ein Lieblingsbild? Gibt es Bilder, die euch begeistern oder vor denen ihr euch fürchtet? Was bringen Bilder bei euch in Bewegung?
2. Versetzt euch in einen Blinden hinein, der von Geburt an nie ein Bild mit seinen Augen gesehen hat. Worauf ist er angewiesen, um sich im Leben zurechtzufinden?

TV-Kanäle

Nam June Paik (geb. 1932), My Faust-Channel 2, 1989.

Eine Welt voller Bilder

Wir alle lieben Bilder. Die ersten Bücher, die wir als Kinder in die Hand genommen haben, waren Bilderbücher. Die meisten Mädchen und Jungen betrachten in ihren Büchern zuerst die Bilder, bevor sie mit dem Lesen beginnen. Sie schmücken ihre Zimmer mit Postern aus, kleben Fotos in ihre Alben und haben oft in ihren Portmonees Bilder von lieben Menschen oder von Stars bei sich.

Ohne Bilder können wir uns in der Welt nicht zurecht finden. Wenn wir Bilder betrachten, geschieht etwas Erstaunliches. Mit unseren Augen nehmen wir etwas aus der Welt in uns auf und lassen es in unser Inneres ein. Dort sammeln sich die Bilder der Welt. Sie entstehen dort wie Bilder auf einer leeren Tafel. **In uns lebt eine Welt von Bildern.** Jeder hat sein ganz persönliches Bilderbuch in sich.

Heute ist es vor allem das Fernsehen, das uns mit bewegten Bildern in seinen Bann zieht. Erwachsene und Kinder können stundenlang davorsitzen und sich kaum von ihm trennen. An den Kiosken werden massenhaft Bilder-Zeitungen und Illustrierte angeboten, in denen die Käufer nur wenig lesen müssen und hauptsächlich gucken können. Niemand kann die Bilder zählen, die auf Videos oder im Internet auf Abruf bereit gehalten werden. Manchmal drohen wir in einer **Bilderflut** zu versinken.

Bilder sind von unterschiedlicher Art.

■ Manche Bilder sind »**Abbilder**«, die etwas so zeigen, wie wir es mit unseren Augen sehen können, z.B. das Foto eines Hauses, die Bildreportage über ein sportliches Ereignis oder das Gemälde eines Menschen (»Porträt«). Beispiele findet ihr S. 53.

■ Andere Bilder sind »**Zeichen**« oder »**Symbole**« (→ S. 198 ZdF). Sie weisen auf etwas hin, das im Bild selbst nicht sichtbar wird. Wer die fünf farbigen Ringe sieht, denkt an die Olympischen Spiele. Ein Warndreieck auf einem Straßenschild macht auf Gefahren im Verkehr aufmerksam. Ein Kreuz an der Wand lässt an den Tod Jesu denken und verbindet für den Gläubigen Himmel und Erde miteinander. Ein Beispiel findet ihr S. 11 (unten).

■ Kinder und Künstler erschaffen oft **Bilder**, die aus ihrem Inneren kommen und von ihrem »**inneren Auge**« gesehen werden. Wenn sie eine Person (z. B. eine Karikatur) oder Sache malen, sehen diese anders aus als in der Wirklichkeit. Ihr Werk macht etwas von dem sichtbar, was ihnen eigentümlich, neu und charakteristisch erscheint. Am Zustandekommen dieser Bilder sind Hoffnungen, Ängste und Wünsche beteiligt. Sie zeigen nicht das, was man genau so in der Außenwelt wahrnehmen kann, sondern eine neue Welt, die so nur in der Phantasie, der Vorstellung oder in Träumen existiert. Beispiele findet ihr S. 78 f.

3 Sucht in diesem Buch (1) Abbilder, (2) Zeichen oder Symbole, (3) Bilder, die mit dem inneren Auge gesehen werden.

Die Macht der Bilder

Bilder üben große Macht aus. Bilder sind **nicht harmlos.** Sie können Gutes und Schlechtes in uns auslösen. Bilder bringen uns auf einen guten Weg, können uns aber auch verführen. Bilder machen Freude und Angst. Sie können uns im Leben weiterbringen und zurückwerfen. Manche Bilder bringen etwas in Bewegung, andere hemmen uns. Durch Bilder werden wir geschützt und bedroht. Bilder decken die Wahrheit auf und Bilder können lügen. Wer Bilder betrachtet, kann an der Oberfläche bleiben oder in die Tiefe gehen. Bilder machen gebildet, halbgebildet und eingebildet.

Rosen!?

Paul Klee (1879–1940), Rosenwind, 1922.

Du sollst dir kein Bild machen

2. Eine fragwürdige Aufgabe

Wenn Schüler in der Schule die Aufgabe bekommen ihr Haustier oder einen Baum zu malen, wissen sie meist genau, was sie tun sollen, auch wenn sie nicht besonders gut zeichnen können. Schwieriger wird es schon, wenn das Thema »Freundschaft«, »Angst« oder »Frieden« lautet. Da muss man sich etwas einfallen lassen. Man muss Symbole finden, die Unsichtbares sichtbar machen. Ein nochmal anderes Problem würde wohl entstehen, wenn Schüler im Religionsunterricht die Aufgabe erhielten: **Versucht ein Bild von Gott zu malen.**
Was könnten sie tun?

- Gott als bärtigen Greis über den Wolken schweben lassen?
- Oder sollte er als Vater mit Engeln im Himmel spielen?
- Oder wäre er wie ein Kaiser auf seinem Thron darzustellen?
- Oder wie ein großes Auge, dem nichts entgeht?
- Oder wie ein Super-Star mit kräftigen Muskeln?
- Oder wie ein warmes Kuscheltier, an das man sich anschmiegen kann?
- Oder wie ein Garantieschein für das, was man Glück nennt, oder wie eine preiswerte Lebensversicherung?
- Oder wie ein Mega-Computer, der alles weiß und berechnen kann?
- Oder?

Veit Stoß (1447–1533), Gott-Vater, Detail aus: Der Gruß des Engels an Maria, Nürnberg, 1517.

Verheißung an Abraham, aus der Wiener Genesis, Purpurcodex, Syrien, 6. Jh.

Du sollst dir kein Bild machen

1. Was haltet ihr von dieser Aufgabenstellung? Wie stellen die Gottesbilder dieser Doppelseite und dieses Kapitels Gott dar?
2. Wie stellt ihr euch Gott vor? Könnt ihr ein paar Antworten sammeln und miteinander darüber sprechen? Denkt darüber nach, ob man sich Gott überhaupt vorstellen kann. Was spricht für ein »Ja«, was spricht für ein »Nein«?
3. Wie würdet ihr Gottes Homepage für das Internet gestalten?

Hildegard von Bingen (1098–1179; → S. 17 und 125 ff), Die neun Chöre der Engel, um 1147. Von außen nach innen: Engel, Erzengel, Kräfte, Mächte, Fürstentümer, Herrschaften, Throne, Cherubim und Seraphim.

> Wir dürfen nicht meinen, das Göttliche sei wie ein goldenes oder silbernes oder steinernes Gebilde menschlicher Kunst und Erfindung.
>
> *Apostelgeschichte 17, 29*

Du sollst dir kein Bild machen

3. Das erste Gebot

In fast allen **Religionen** finden wir eine große Fülle von religiösen Bildern. In den Tempeln prangen Bilder an den Wänden, in den Palästen der Reichen und in den Hütten der Armen werden sie an einem herausgehobenen Platz verehrt. Es gibt kunstvolle Gemälde und kitschige Andenkenbildchen von heiligen Frauen und Männern, von Engeln und Teufeln, von heiligen Tieren und Pflanzen, von heiligen Bergen und Flüssen, von religiösen Ereignissen und Wundern, von Sonne, Mond und Sternen.

Besonders viele Bilder gibt es von **Gott, Göttern und Göttlichem.** Nicht wenige haben das Aussehen von weisen Männern und schönen Frauen, von Herrschern und Priestern, von Müttern und Vätern, von Alten oder Jungen. Manche gewähren mit ihren Händen Schutz, andere warnen mit ernster Miene vor bösen Taten oder jagen sogar mit drohendem Finger Angst ein. Die göttlichen Gestalten sehen in Europa wie Europäer, bei den Indianern wie Indianer und in Afrika wie Afrikaner aus. Umso erstaunlicher ist das, was die **Bibel** zum Thema Gottesbild sagt.

René Magritte (1898–1967), Das ist kein Apfel, 1964.

Das Bilderverbot

Im ersten der Zehn Gebote heißt es:

Du sollst dir kein Gottesbild machen
und keine Darstellung von irgendetwas am Himmel droben
auf der Erde unten oder im Wasser unter der Erde.

aus dem Buch Exodus 20,4

Die Bedeutung des Bilderverbots

■ **In unserer Zeit** wird das alte Bilderverbot hoch geschätzt, da es klar macht, dass kein Bild Gott darstellen kann, wie er ist. Den Unendlichen kann man nicht in einem kleinen Gebilde sichtbar machen. Von ihm kann es kein Abbild geben. Wo dennoch Gottesbilder angefertigt werden, sagen sie meist nicht viel von Gott aus, wohl aber von den Menschen, die sie gemacht haben. Ihre Ideen und Vorstellungen bestimmen die Bilder.

■ **In der alten Welt**, z. B. in Ägypten, Babylon oder Griechenland, hatte man kein Verständnis für das biblische Verbot. Man glaubte, die Juden seien gottlos, weil sie keine Gottesbilder hatten und verehrten.

Dem biblischen Verbot liegt aber nicht eine Verachtung des Bildes zugrunde und es ist erst recht keine Absage an die Kunst. Es will verhindern, dass Gott im Bild verehrt oder angebetet wird. Wahrscheinlich steht auch die Sorge dahinter, dass Bilder die Gefahr heraufbeschwören, sie wie Zaubermittel zu benutzen und mit ihrer Hilfe Macht über Menschen oder die Natur auszuüben. Man sollte mit einem Gottesbild nicht Fruchtbarkeit über die Äcker, Glück über sein Haus, Erfolg in der Liebe oder Fluch über die Feinde herabflehen. Niemand durfte versuchen durch Zauberei das Geheimnis Gottes in den Alltag herabzuziehen.

> Während wir uns von allen Dingen unserer Welt Bilder machen können und dürfen, gilt für Gott das **Bilderverbot**. Niemand darf sich einbilden, den Unsichtbaren sichtbar machen zu können. Niemand soll versucht sein, mit einem Bild von Gott über göttliche Kräfte in der Welt zu verfügen. Das Bilderverbot weist auf die einzigartige Stellung Gottes zur Welt hin und macht einen deutlichen Unterschied zwischen ihm und allen Geschöpfen.

1 Sammelt Gottesbilder der verschiedenen Religionen und fragt nach ihrer Bedeutung.
2 Stellt euch vor, heute käme ein Staat auf den Gedanken das Fernsehen zu verbieten. Welchen Erfolg hätte so ein Bilderverbot?
3 Welchen Zusammenhang seht ihr zwischen dem 1. Gebot und der indischen Erzählung?
4 Wie fühlt ihr euch, wenn man sich von euch ein Bild macht?

Du sollst dir kein Bild machen

Marc Chagall (1887–1985), Die Israeliten beten das Goldene Kalb an, 1931.

■ Für die **Juden** war das Bilderverbot nicht leicht einzuhalten. Immer wieder waren sie versucht sich wie die anderen Völker Gottesbilder zu machen. Bilder konnten in religiöse Stimmung versetzen und Auge und Herz gleichermaßen erfreuen. Bilder waren ein Beweis dafür, dass man etwas für Gott tat. An Bildern konnte man sehen, wie lebendig die Religion war. Darum wurde das Verbot von den Juden nicht immer wie selbstverständlich befolgt. Die biblischen Propheten mussten noch Jahrhunderte lang gegen Religionen mit Gottesbildern in Israel einschreiten, bis das Bilderverbot im Judentum unumstößlich akzeptiert wurde.

■ Vom Judentum hat auch der **Islam** (→ S. 244 ff ZdF) das Bilderverbot übernommen.

Die Blinden und der Elefant

Vor langer Zeit stritten sich in einer Stadt im fernen Indien die Leute darüber, wie die Götter aussähen. Viele meinten, sie seien so, wie die Bilder, die sie von ihnen zu Hause oder in den Tempeln verehrten. Manche hielten die mütterliche Erde, den sanften Mond oder die strahlende Sonne für die Gottheit, andere dachten mehr an einen starken Herrscher oder einen unsichtbaren Geist. Die Einfältigen stellten sich Gott als einen alten Mann mit Bart vor, der hoch oben im Himmel vor allem damit beschäftigt ist die Wolken zu verschieben. Die meisten hellhäutigen Landesbewohner hielten die Götter für hell, die meisten dunkelhäutigen für dunkel. Als der Streit kein Ende nahm, baten sie ihren alten König die Frage zu entscheiden. Dieser befahl einem seiner Diener: »Geh und versammle alle Blinden, die es an diesem Ort gibt.«

Der Diener tat, wie ihm befohlen war. Er ließ alle Blinden der Stadt suchen, führte sie zum König und sagte diesem: »Herr, da sind die Blinden, die du hier haben wolltest.« Der König ließ nun den größten Elefanten herbeischaffen, den er besaß. Dann sagte er den Blinden: »Sagt, was ist das für ein Wesen, das ich hier für euch herbeigeschafft habe?« Da begannen sie den Elefanten mit ihren Händen zu berühren und zu betasten. Einige ergriffen das Haupt und die Ohren, andere den Rüssel, wieder andere packten den Schwanz oder das Bein. Als sie so eine Weile den Elefanten berührt hatten, fragte der König sie nach der Gestalt dieses Wesens.

Der Blinde, der den Kopf berührt hatte, meinte, der Elefant sei ein großer Topf. Derjenige, der das Ohr gepackt hatte, sagte: »Ein rauher, flacher Lappen.« Und der, dessen Hand den Rüssel betastet hatte, rief: »Ein langes feuchtes Rohr, das sich bewegt wie eine Schlange.« »Nein«, schrie der, der an den Schwanz geraten war, »ich hatte einen großen Besen in der Hand.« Und der Blinde, der das Bein des Elefanten umfasst hatte, hielt ihn für eine aufrechte Säule.

Als die Blinden hörten, dass jeder etwas anderes sagte, gerieten sie untereinander in einen heftigen Streit und ereiferten sich sehr. Jeder meinte, die anderen redeten Unsinn und er allein habe Recht.

Als die Leute dieses Schauspiel sahen, wussten sie auf einmal, weshalb der König es so eingerichtet hatte.

Erzählung aus Indien, frei nacherzählt von W. T.

EINEN GOTT, DEN WIR UNS VORSTELLEN KÖNNEN, KÖNNEN WIR AUCH WIEDER WEGSTELLEN.

Dietrich Bonhoeffer (1906–1945; → S. 251)

Die Bibel erzählt, dass sich das Volk Israel schon kurz nach der Verkündigung der Zehn Gebote am Sinai, als Mose noch auf dem Gottesberg weilte, ein **Kalb aus Gold** anfertigte und dieses Gottesbild in wilder Begeisterung verehrte (Ex 32; → S. 58 ZdF).

Du sollst dir kein Bild machen

4. Der Glanz seiner Herrlichkeit

Einerseits verbietet die Bibel jedes Gottesbild, andererseits weiß dieselbe Bibel, dass Menschen lebendige Hinweise auf Gott brauchen, wenn sie an ihn glauben sollen. Dies scheint ein Widerspruch zu sein. Es ist aber kein Widerspruch, weil ein Abbild Gottes und ein Hinweis auf Gott nicht dasselbe sind.

Hinweise auf Gott

Kein Auge hat Gott je gesehen. Aber wer sich in unserer Welt umsieht, kann viele **Hinweise auf Gott** entdecken. Er kann deutlich spüren, dass es ein Geheimnis gibt, das größer ist als alle Geheimnisse unserer Welt. Viele Menschen sehen einen Zusammenhang mit Gott, wenn sie über Folgendes staunen:

- die unvorstellbare Weite des Kosmos
- die Schönheit von Sonne, Mond und Sternen
- die Majestät der Berge und die Dynamik des Meeres
- die Fruchtbarkeit der Erde
- das Strömen eines Wasserfalls
- den unaufhörlichen Gang des Lebens
- die Fülle der Pflanzen und Tiere
- die Herrlichkeit des menschlichen Leibes
- die Weite des menschlichen Geistes
- das Wunder von Freundschaft und Liebe
- die Stimme des Gewissens
- …

Spuren

Der alte Mann aus Afrika hieß Daniel. Er glaubte an Gott. Jemand wollte sich über ihn lustig machen. Er fragte: »Woher weißt du, Daniel, dass es einen Gott gibt?« Daniel antwortete: »Woher weiß ich, ob ein Hund oder ein Esel nachts um meine Hütte gegangen sind? An den Spuren im Sand sehe ich es. Auch in meinem Leben sind Spuren eingedrückt. Spuren Gottes.«

Es gibt keine **Abbilder** (»Porträts«) Gottes, die ihn zeigen könnten, wie er ist. Aber es gibt **Symbole**, die für Gott stehen und von ihm bildhaft etwas andeuten, was man nicht sehen kann.

- Dinge unserer Welt sind manchmal Hinweise auf Gott.
- Ereignisse des Lebens können zu Spuren werden, die zu Gott hinführen.
- Es gibt **Gleichnisse,** die von Gott erzählen.

Du sollst dir kein Bild machen

Gott schauen

In einem fernen Land lebte einst ein König, den am Ende seines Lebens Schwermut befallen hatte. »Schaut«, sprach er, »ich habe in meinem Leben alles, was nur ein Mensch erleben und mit seinen Sinnen erfassen kann, erfahren und vernommen. Nur etwas habe ich in meinem ganzen Leben nicht schauen können. Gott habe ich nicht gesehen. Ihn wünschte ich noch wahrzunehmen!« Und der König befahl allen Machthabern, Weisen und Priestern ihm Gott nahezubringen. Schwerste Strafen wurden ihnen angedroht, wenn sie das nicht könnten. Der König stellte eine Frist von drei Tagen. Trauer breitete sich unter allen Bewohnern des königlichen Palastes aus und alle erwarteten ihr baldiges Ende. Genau nach Ablauf der dreitägigen Frist, um die Mittagsstunde, ließ der König sie vor sich rufen. Der Mund der Machthaber, der Weisen und Priester blieb jedoch stumm und der König war in seinem Zorn bereit das Todesurteil zu fällen.

Da kam ein Hirte vom Felde, der des Königs Befehl vernommen hatte, und sprach: »Gestatte mir, o König, dass ich deinen Wunsch erfülle.« – »Gut«, entgegnete der König, »aber bedenke, dass es um deinen Kopf geht.« Der Hirte führte den König auf einen freien Platz und wies auf die Sonne. »Schau hin«, sprach er. Der König erhob sein Haupt und wollte in die Sonne blicken, aber der Glanz blendete seine Augen und er senkte den Kopf und schloss die Augen. – »Willst du, dass ich mein Augenlicht verliere?«, sprach er zu dem Hirten. »Aber König, das ist doch nur ein Ding der Schöpfung, ein kleiner Abglanz der Größe Gottes, ein kleines Fünkchen seines strahlenden Feuers. Wie willst du mit deinen schwachen tränenden Augen Gott schauen? Suche ihn mit anderen Augen.«

Der Einfall gefiel dem König und er sprach zu dem Hirten: »Ich erkenne deinen Geist und sehe die Größe deiner Seele. Beantworte mir nun meine zweite Frage: Was war vor Gott?« Nach einigem Nachsinnen meinte der Hirte: »Zürne mir nicht wegen meiner Bitte, aber beginne zu zählen!« Der König begann: »Eins, zwei, drei…« »Nein«, unterbrach ihn der Hirte, »nicht so, beginne mit dem, was vor eins kommt.« »Wie kann ich das? Vor eins gibt es doch nichts.« »Sehr weise gesprochen, o Herr. Auch vor Gott gibt es nichts.«

Diese Antwort gefiel dem König noch weit besser als die vorhergehende. »Ich werde dich reich beschenken; vorher aber beantworte mir noch eine dritte Frage: Was macht Gott?« Der Hirte bemerkte, dass das Herz des Königs weich geworden war. »Gut«, antwortete er, »auch diese Frage kann ich beantworten. Nur um eins bitte ich dich: Lass uns für ein Weilchen die Kleider wechseln.« Der König legte die Zeichen seiner Königswürde ab und kleidete damit den Hirten. Sich selbst zog er den unscheinbaren Rock an und hängte sich die Hirtentasche um. Der Hirte setzte sich nun auf den Thron, ergriff das Szepter und wies damit auf den an den Thronstufen stehenden König: »Siehst du, das macht Gott: Die einen erhebt er auf den Thron, die anderen heißt er herunterzusteigen!« Und daraufhin zog der Hirte wieder seine eigene Kleidung an.

Der König aber stand ganz versonnen da. Seine Schwermut war verflogen. Das letzte Wort dieses schlichten Hirten brannte in seiner Seele. Plötzlich sagte er unter dem sichtbaren Zeichen der Freude: »Jetzt schaue ich Gott!«

Leo N. Tolstoi (1828–1910), russischer Dichter, frei nacherzählt

---

1 Welche Gedanken kommen euch, wenn ihr über die Schönheit der Natur, die Größe des Universums und das Wunder der menschlichen Gestalt nachdenkt?

2 Was sagen die Psalmen 104 und 139 über die Schöpfung und den Menschen?

Wer mit dem Auge seines Herzens schaut, dem zeigt sich **Gottes Herrlichkeit** in der ganzen Welt. Alles Vergängliche kann zum Gleichnis für den Unvergänglichen werden. Wer Ohren hat zu hören, dem erzählt die ganze Schöpfung von Gott. Wer auf seine kurze Lebenszeit schaut, kann an Gottes Ewigkeit denken.

Du sollst dir kein Bild machen

5. Auf den Spuren der Engel

Gottes Boten

Die ganze Welt kann – gleichsam von unten aus – Zeichen für Gottes Geheimnis sein. Christen glauben aber auch, dass sich umgekehrt Gottes Geheimnis – gleichsam von oben her – für die Welt zeigen kann. Gott wird in Gestalten, die ihm nahe sind, erfahrbar. Sie kommen aus seinem Licht wie die Strahlen, die aus der Sonne scheinen. Wir nennen diese Gestalten Engel. Sie sind **Himmelswesen,** die nicht aus Materie, sondern aus Geist und Licht und Güte bestehen. Durch sie erscheint der ewige Gott in unserer Zeit. Wir können sie wie Spuren wahrnehmen, die von Gott kommen und wieder zu ihm hinführen. Engel sind Hinweise darauf, dass Gott bei den Menschen sein will.

Engel sind die **Boten Gottes.** Sie sagen den Menschen, was Gott zu sagen hat. Engel trösten Menschen, wenn sie trauern. Engel mahnen Menschen, wenn sie vom rechten Weg abweichen. Menschen, die Gottes Hilfe besonders spüren, schreiben dies oft dem »**Schutzengel**« zu. Das Wort drückt bildhaft den Glauben aus, dass Gott selbst hilft und schützt. Auch Menschen können zu Engeln werden, wenn sie anderen etwas von Gott sagen oder zeigen und ihnen helfen. Jeder kann ein Engel für andere sein.

> Die Bibel erzählt oft von geistererfüllten Wesen, durch die Menschen etwas Wichtiges von Gott erfahren. Sie nennt solche Gestalten, die von ihm kommen »**Engel**« (lat.: »Boten«). Sie haben Anteil an Gottes Geist, Schönheit und Kraft.

1 Welche Szenen aus der Bibel kennt ihr, in denen Engel etwas tun oder sagen?
2 Oft werden die Engel mit Flügeln dargestellt. Manchmal hört man aber auch: »Gottes Engel brauchen keine Flügel.« Denkt darüber nach, was die »Flügel« bedeuten können.

Rechte Seite:

1 Ernst Barlach (1879–1938), Güstrower Ehrenmal, 1927.

2 Christian Rohlfs (1849–1938), Der Engel, der Licht in die Gräber trägt, 1925.

3 Rogier van der Weyden (1399–1464), Der Erzengel Michael (Jüngstes Gericht, Ausschnitt), um 1450.

Was man über Engel alles so hören kann

- Engel können fliegen, weil sie sich selbst so leicht nehmen.
- Engel beneiden die Menschen um ihr Fleisch und Blut.
- Auf Erden nehmen Engel manchmal menschliche Gestalt an, um ihr wahres Wesen zu verbergen.
- Engel sind wie Funken, die Gottes Unendlichkeit aufleuchten lassen.
- Der Schatten eines Engels fällt nach oben ins Licht.
- Engel finden überall Einlass.
- Manche Weisen glauben, jeder Stern sei ein Engel. Andere meinen, Sterne seien Himmelslichter, deren Bahnen von Engeln geleitet werden.
- Auf dem Weg zum Himmel würden sich die Toten ohne die Hilfe der Engel verirren.
- Engel sind Boten, die den Absender bringen.
- Engel tauchen plötzlich aus dem Nichts auf, flüstern ihre Nachricht dem Empfänger zu und verschwinden so schnell, wie sie gekommen sind.
- Engel sind ideale Wächter, weil sie nie schlafen.
- Engel rufen uns auf, selbst größer zu werden.
- Alle guten und schlechten Taten eines Menschen werden von seinem Engel gewissenhaft in das Buch des Lebens notiert.
- Leute, lernt tanzen, sonst können die Engel im Himmel mit euch nichts anfangen.
- Auf einer Nadelspitze können 1000 Engel tanzen.
- Engel können erschrecken und schrecklich sein.
- Ein böser Geist kann sich als ein Engel des Lichts tarnen.
- Wo etwas in besonderem Glanz erscheint, hat es Luzifer (→ S.243 ZdF) leicht.

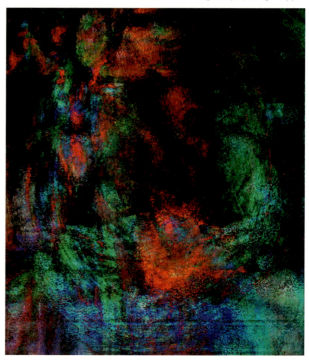

Tobias Trutwin (geb. 1964), Engel, 1997.

Du sollst dir kein Bild machen

Nicht wie auf den bunten Bildchen

Ein irischer Mathematiker mit dem Künstlernamen »Fynn« erzählt von seinen Gesprächen mit Anna, einem Mädchen, das von seinen Eltern weggelaufen war (→ S. 81 ZdF und S. 91)

Anna war sicher, dass es einen Himmel gab mit Engeln und alldem. Und sie wusste mehr oder weniger, wie es dort aussah; oder sagen wir besser, sie wusste eher, wie es dort nicht aussah. Vor allem sahen die Engel sicher nicht so aus wie auf den bunten Bildchen, die es von ihnen gab. Was Anna am meisten störte, waren nicht die bunten Flügel, die diese Wesen trugen, sondern die Tatsache, dass sie den Menschen glichen. Und die Möglichkeit, dass Engel ihr Engelleben mit Trompetenblasen und Singen verbrachten, erfüllte sie mit tiefer Bestürzung und großem Zweifel.

Einmal sagte Anna: »Der Unterschied von einen Mensch und einen Engel ist leicht. Das meiste von ein Engel ist innen und das meiste von ein Mensch ist außen.« ...

Fynn, »Hallo, Mister Gott, hier spricht Anna«

Du sollst dir kein Bild machen

6. Gottes Bild

Mann und Frau

Im Schöpfungslied am Anfang des Ersten Testaments (à S. 32 f ZdF) gibt es ein unerhörtes Wort. Es heißt dort, dass es ein Wesen gibt, das Gott selbst als sein Bild gemacht hat.

Gott schuf den Menschen als sein Bild.
Als Mann und Frau erschuf er sie.

aus dem 1. Buch Mose, der Genesis 1, 27

Als **Gottes Bild** soll der Mensch
- die Welt bearbeiten und bebauen, behüten und beschützen
- das Leben an andere Generationen weitergeben
- in der Gemeinschaft mit anderen geborgen sein
- sich um andere liebevoll sorgen
- für Gott in dieser Welt eintreten und ihn anderen nahe bringen.

Die Alte, die auf den lieben Gott wartete

Es war einmal eine alte Frau, der hatte der liebe Gott versprochen sie zu besuchen. Darauf war sie nicht wenig stolz. Sie scheuerte und putzte, backte und kochte. Und dann fing sie an auf den lieben Gott zu warten.
Eins, zwei, drei klopfte es an die Tür. Geschwind öffnete die Alte, aber als sie sah, dass da draußen nur ein armes Kind stand, sagte sie: »Nein, in Gottes Namen, geh deiner Wege! Ich warte eben auf den lieben Gott, ich kann dich nicht aufnehmen.« Und damit ließ sie das Kind gehen und warf die Tür zu.
Nach einer Weile klopfte es von neuem. Die Alte öffnete diesmal noch geschwinder als beim ersten Mal. Aber wen sah sie draußen stehen? Nur einen armen, kranken Mann. »Ach, ich warte auf den lieben Gott. Wahrhaftig, ich kann dich nicht bei mir aufnehmen.« Sprach's und machte dem Kranken die Tür vor der Nase zu.
Aber eine Weile später klopfte es von neuem an die Tür. Doch als die Alte die Tür öffnete – wer stand da? Ein zerlumpter und hungriger Bettler, der sie inständig um ein wenig Brot und ein Dach überm Kopf für die Nacht bat. »Ach, ich warte auf den lieben Gott. Ich kann dich nicht bei mir aufnehmen.« Und der Bettler musste weiterwandern und die Alte fing aufs Neue an zu warten.
Die Zeit ging hin. Stunde um Stunde. Es wurde schon Abend und immer noch war der liebe Gott nicht zu sehen. Die Alte ward immer bekümmerter. Wo mochte der liebe Gott geblieben sein? Zu guter Letzt musste sie betrübt zu Bett gehen. Bald schlief sie ein, im Traum aber erschien ihr der liebe Gott und sagte zu ihr: »Dreimal habe ich dich aufgesucht und dreimal hast du mich abgewiesen!«

Ein altes Volksmärchen, frei nacherzählt

Masolino (1383–1447), Adam und Eva.

1 Lest Mt 25, 31–46. Vergleicht den Text mit dem Märchen.
2 Denkt über zwei Aussagen nach, die sich zu widersprechen scheinen: (1) Kein einzelner Mensch kann ein vollkommenes Bild Gottes sein. (2) Jeder Mensch ist mit all seinen Grenzen und Schwächen doch auf eine ganz einmalige Weise ein Bild Gottes.

Du sollst dir kein Bild machen

Die Bibel sagt, dass der **Mensch Gottes Bild** ist. Wer den Menschen anblickt, findet einen **Hinweis** auf Gott selbst. Man kann lange über die Bedeutung dieses Wortes nachdenken.

■ Am ehesten trifft man seinen Sinn, wenn man darin einen **Auftrag** sieht. Der Mensch ist gleichsam der Stellvertreter Gottes auf Erden, der – so weit es in seinen Kräften steht – wie Gott (»als sein Bild«) handeln soll.

■ Das Wort spricht den Menschen darüber hinaus eine einzigartige **Würde** zu: Alle Menschen sind vor Gott gleich. Es gibt keinen Wertunterschied zwischen den Einzelnen, zwischen Frauen, Männern und Kindern, zwischen Gesunden und Behinderten, zwischen den Völkern und Nationen.

Jesus Christus

Christen glauben, dass es ein Bild Gottes gibt, das ihm näherkommt als alle anderen Bilder: **Jesus Christus.** Er hat einmal von sich selbst gesagt: »Wer mich gesehen hat, hat den Vater gesehen« (Joh 14, 8). An ihm kann man ablesen, wer Gott ist. Sein Handeln zeigt, wie Gott handelt. Wer ihn hört, hört Gott. Darum ist Jesus nicht ein, sondern **das** Bild Gottes.

Da Jesus sichtbar in unserer Welt gelebt hat, kann es auch sichtbare Bilder von ihm geben. Man hätte ihn damals malen oder ein Porträt von ihm anfertigen können. Das ist, so weit wir wissen, nicht geschehen. Wenn es geschah, sind diese Arbeiten nicht erhalten. Das mag bedauerlich sein, hat aber auch einen gewaltigen Vorteil. Die Künstler sind, wenn sie Jesus ins Bild bringen, nicht an eine Vorlage gebunden, die sie beachten müssen. Sie können ihm nun die Züge geben, die ihnen wichtig sind.

Aus der Verehrung Jesu Christi sind viele **Bilder** geschaffen worden, auf denen er so erscheint, wie er geglaubt wird: als König und Armer, als Kind und Erwachsener, als Lehrer und Liebender, als Arzt und als Leidender, als Jude von damals und als Zeitgenosse von heute, als Gekreuzigter und Auferweckter, in der Krippe im Stall und auf dem Thron Gottes im Himmel (→ S. 78 f).

Christen haben sich häufig ein **authentisches** Bild von Jesus gewünscht. Sie wollten wissen, wie er ausgesehen hat. Von diesem Wunsch zeugen zwei alte Legenden, in denen einmal eine Frau, ein andermal ein Mann im Mittelpunkt steht.

El Greco (1541–1614), Veronika mit dem Schweißtuch, 1579–84.

Veronika

Die Legende von Veronika ist zwischen dem 5. und 8. Jh. entstanden. Sie ist in vielen Varianten überliefert. Beim christlichen Volk war sie stets beliebt. Viele Künstler haben dieses Thema gemalt.

Als der römische Kaiser Tiberius auf den Tod erkrankt war, schickte er einen Boten nach Judäa, weil er von den Machttaten Jesu gehört hatte. Dieser sollte Jesus bitten nach Rom zu kommen und den Kaiser zu heilen. Aber der Bote musste hören, dass Jesus vor einiger Zeit in Jerusalem am Kreuz gestorben und von den Toten auferstanden war. Den Tod habe der römische Statthalter Pontius Pilatus (→ S. 125 f ZdF) zu verantworten. Er habe Jesus zum Tod verurteilt. Als der Kaiser davon erfuhr, ließ er Pilatus in ein Gefängnis werfen. Zufällig hörte der Bote aber auch, dass es eine Frau gebe, die ein Bild Jesu habe. Sie heiße Veronika (lat./griech.: »das wahre Bild«, »die wahre Ikone«). Sie sei Jesus auf seinem Kreuzweg begegnet und habe dem Gequälten voll Mitleid ein Leinentuch gereicht, damit er seinen Schweiß und sein Blut aus dem Gesicht wischen könne. Als sie das Tuch zurückbekam, fand sich das Antlitz Jesu in seiner ganzen Schönheit und Würde darauf. Dieses kostbare Tuch habe Veronika in großen Ehren gehalten. Der Bote habe es mit nach Rom genommen. Der Kaiser sei sogleich gesund geworden, nachdem er es berührt hatte. Später sei es in Rom in eine Marienkirche gekommen, wo es bis heute verehrt wird. Man kann nicht mehr viel auf dem Tuch erkennen.

Abgarus

Schon im 3. Jh. trat der Herrscher von Edessa (heute Urfa), der Hauptstadt eines kleinen Landes in Syrien, zum Christentum über. Etwa im 6. Jh. entstand eine Legende, die diesen Übertritt an eine frühere Verbindung des Fürstenhauses mit Jesus knüpfte.

Abgarus, der König von Edessa, litt an einer unheilvollen Krankheit. Er hatte von den Krankenheilungen Jesu gehört. Darum schickte er seinen königlichen Maler als Boten nach Jerusalem mit der Bitte, Jesus möge nach Edessa kommen und ihn heilen. Jesus aber weigerte sich seine Heimat zu verlassen. Um nicht mit ganz leeren Händen zum König zurückzukommen, fertigte der Bote während eines Gesprächs mit Jesus dessen Porträt an. Das Bild schenkte dem König Heilung. Es wurde in Edessa im königlichen Palast ehrenvoll aufbewahrt. In Kriegen und bei Seuchen soll es die Stadt immer beschützt haben. Auf dem Umweg über Konstantinopel ist das Bild im frühen Mittelalter nach Genua gekommen, wo es bis heute aufbewahrt wird. Mit der Zeit ist es stark gedunkelt, so dass heute kaum mehr etwas zu erkennen ist. Als »authentisches Christusbild« wurde es zum Urbild vieler Christusbilder in Europa, in Byzanz und in der ostkirchlichen Ikonenkunst.

> Christus ist das einzige Bild Gottes, das nicht Stückwerk ist (Kol 1, 15).
> **Christusbilder** verstoßen dann nicht gegen das Bilderverbot, wenn sie an der menschlichen Gestalt Jesu orientiert bleiben. Gott selbst bleibt auch auf diesen Bildern unsichtbar. Doch können die Christusbilder Zeichen sein, die auf den unsichtbaren Gott verweisen.

Gott rostet nicht – Von den Ikonen

Während die katholischen Christen im Allgemeinen bilderfreundlich sind und in ihren Kirchen viele Bilder haben, halten sich die evangelischen Kirchen oft strenger an das Bilderverbot. Sie haben Kirchen, in denen es keine oder nur wenige Bilder gibt. In der **orthodoxen Kirche** des Ostens (→ S. 122 ff) werden Bilder am stärksten verehrt. Sie heißen »**Ikonen**« (griech.: »Bilder«). Ganze Altarwände sind in den orthodoxen Gotteshäusern mit Ikonen bemalt. Auf den Ikonen sind Jesus Christus, seine Mutter Maria, die Apostel und Heilige dargestellt. In der Ikone Christi sehen die Gläubigen das »wahre Bild Christi«, das nach alten Legenden nicht von Menschenhand, sondern von Engeln gemalt worden ist. Dieses heilige Urbild sei von den Ikonenmalern immer getreu abgebildet worden. So habe sich seine Grundform bis heute erhalten.

Die Ikonen sind Fenster zum Himmel. Sie erlauben den Gläubigen einen Blick auf die göttliche Welt. Durch die Ikonen schauen aber auch Christus und seine Heiligen vom Himmel auf die Gläubigen herab. Die Gestalten auf den Bildern sind von überirdischer Würde. Oft schauen sie streng drein, aber hinter der Strenge verbirgt sich ihre Güte und Liebe. Die Farben der Ikonen sind von leuchtendem Glanz. Ihr Hintergrund besteht bisweilen aus echtem Gold, der Farbe Gottes. Dazu kann man hören: Gold rostet nicht – wie Gott nicht rostet.

3 Könnt ihr herausfinden, auf welch unterschiedliche Weise Veronika und Abgarus zu ihrem Jesusbild kommen?

4 In diesem Buch gibt es viele Bilder/Zeichen/Symbole von Gott, und Jesus. Sucht einige heraus, ergänzt sie ggfs. aus eigenen Beständen und macht in der Klasse eine kleine Ausstellung zum Thema »Gottesbilder« und »Christusbilder«. Sprecht darüber, ob die Bilder dem Bilderverbot entsprechen oder nicht. Anregungen findet ihr auch → S. 82f ZdF.

5 Andere Ikonen findet ihr → S. 122 f, 124.

Du sollst dir kein Bild machen

Andrei Rubljow (um 1370–1430), Heilige Dreieinigkeit oder Abrahams Gastfreundschaft (Gen 18, 1–15), um 1411 (→ S. 17).

Du sollst dir kein Bild machen

Jesus – Brücke zwischen Gott und den Menschen

1. Einsichten oder Ansichten?

Grabtuch von Turin, 1260–1380. Das Linnen, das eine Zeit lang als Grabtuch Jesu angesehen wurde, ist heute in seiner Echtheit umstritten.

Giotto di Bondone (1267–1337) Christus, Pantokrator (griech.: Allherrscher), Padua, um 1300.

Jüdischer Rabbi

Roland Peter Litzenburger (1917–1988), Der Sklavenkönig, 1973.

Otto Pankok (1893–1966), Christus zerbricht das Gewehr, 1950.

Georges Rouault (1871–1958), Ecce homo (lat.: »Seht, welch ein Mensch!«), um 1913.

Herbert Falken (geb. 1932), Christuskopf (als Identifikation mit sich selbst), 1981.

Guter Hirte, Katakombenmalerei, Ende 3. Jh.

Wie stellt Ihr euch Jesus vor?
(→ S. 74 ff)

Francis Hook, Ein lächelnder Jesus, USA.

Galiläischer Fischer

Jesus – Brücke zwischen Gott und den Menschen

2. Angaben zur Person

Es ist nicht einfach, einen Menschen vorzustellen. Kaum jemand ist in der Lage, einen anderen genau so zu beschreiben, wie er wirklich ist. Befragt man diejenigen, die ihn kennen, erhält man unterschiedliche Antworten.
So verhält es sich auch mit Jesus. Wir wissen viel über ihn. Er steht im Mittelpunkt des Neuen Testaments. Es gibt nur wenige Personen aus seiner Zeit, von denen so viel überliefert ist. Trotzdem kann ihn keiner ganz erfassen. Jeder, der sich mit ihm beschäftigt, stößt rasch auf Grenzen des Verstehens. Er entzieht sich allen landläufigen Maßstäben. Das macht ihn so faszinierend.

Die Zeitgenossen damals

Schon zur Zeit Jesu fragten die Leute: Was ist das für ein Mensch? (Mk 4, 41) Äußerungen dazu:

- er ist verrückt (Mk 3, 21)
- Meister/Rabbi (Lk 10, 25)
- Johannes der Täufer, Elija oder sonst ein Prophet (Mk 8, 27, → S. 42 ff)
- vom Teufel besessen (Mk 3, 22; → S. 242 f ZdF)
- Sohn Gottes (Mk 1, 11 u. ö.)
- Sohn Davids (Mt 21, 9; → S. 65 f ZdF)
- Messias (Mt 16, 16; → S. 99 ZdF)
- Fresser und Säufer (Mt 11, 19)
- ein Mensch (Joh 19, 5)
- Herr und Gott (Joh 20, 28)
- Verbrecher (Joh 18, 30)
- Herrscher in Ewigkeit (Lk 1, 33; → S. 114 ZdF)
- er hat einen bösen Geist (Joh 8, 48; → S. 106 ZdF)

Schülerinnen und Schüler heute

- für mich ist er ein Vorbild
- meiner Meinung nach ist er frei erfunden
- mir sagt er nichts
- eine überirdische Gestalt
- ein älterer Ausgeflippter mit Bart, langem Gewand, Wollgürtel und Sandalen
- ein Mensch wie wir, aber mit ungewöhnlichen Kräften
- er zeigt mir, dass man in einer dreckigen Situation nicht verzagen soll
- er hatte tolle Wunderkraft, aber trotzdem hat man ihn umgebracht
- eine Märchenfigur
- so einen Typ kann man nicht erfinden
- ein guter Freund
- ...

»Jesus«, Inschrift auf einem jüdischen Sarkophag, 1. Jh. nC.

Das Neue Testament enthält die ältesten und zugleich wichtigsten Schriften, die es über Jesus gibt. Hier sind es vor allem die vier **Evangelien** (→ S. 54 ff), die von seinem Leben und von seiner Botschaft erzählen. Sie sind allerdings nicht in erster Linie Lebensbeschreibungen, die nur exakt festhalten, wer Jesus war und was er getan hat. Sie sind vielmehr eine »Frohe Botschaft«. Sie sind aus dem Glauben an den Auferstandenen (→ S. 110 ff) entstanden und fordern die Menschen auf, diesen Glauben zu teilen.

---

1 In den Kapiteln »Jesus – eine unendliche Geschichte« (→ S. 94 ff ZdF) und »Leute um Jesus« (→ S. 116 ff ZdF) findet ihr weitere Angaben über Jesus und seine Welt.

2 Schreibt kurz auf, was ihr (1) von Jesus wisst und (2) was ihr von ihm haltet. Die Antworten sollt ihr ordnen (»Pro et Contra« – »Dafür und Dagegen«) und darüber diskutieren. Am Ende der Unterrichtseinheit könnt ihr auf eure Aussagen zurückkommen und prüfen, ob und was sich geändert hat. (→ S. 93)

3 Versucht, einen kurzen Artikel für ein Lexikon oder einen Steckbrief für die Polizei über Jesus zu schreiben. Er sollte 8 bis 12 Zeilen lang sein. Oder: Gesetzt den Fall, ihr wäret mit einem Muslim oder einer Jüdin befreundet, die euch nach Jesus fragen. Was würdet ihr ihnen in einem Brief über Jesus schreiben, damit sie einen ersten Eindruck erhalten?

4 Fertigt einen Jesus-Pass an. Klebt ein Bild von Jesus ein, das ihr als Passbild für geeignet haltet. Füllt folgende Angaben zur Person aus: Namen – Geburtstag – Geburtsort – Mutter – Vater – Geschwister – Religionszugehörigkeit – Nationalität – Muttersprache – äußere Merkmale – besondere Kennzeichen – Beruf – Titel – Freunde – Feinde – rechtskräftige Strafen – Sonstiges. In einem Nachtrag zum Pass könnte noch stehen: Todesart – Ort und Datum des Todes – Ort der Bestattung – Ereignisse nach dem Tod. Wo sind gesicherte Angaben möglich, wo nicht?

5 Eine Karte zum Land, in dem Jesus lebte: → S. 288.

Jesus – Brücke zwischen Gott und den Menschen

Jesus hat sein Programm in einer Kurzform zusammengefasst, die heute nicht ohne weiteres verständlich ist. Es ist die **Botschaft vom »Reich Gottes«** (→ S. 104 ff ZdF). Man kann sie auch noch kürzer seine **Botschaft von Gott** nennen. Sie ist nicht harmlos, sondern zielt auf die Veränderung der bestehenden Verhältnisse zum Guten. Sie ist ein Widerspruch gegen die in der Welt herrschende Gewalt und Ungerechtigkeit. Sie sagt: Nun wendet sich Gott den Menschen zu und macht einen Anfang für ihre Rettung von allem Bösen. Am Ende wird alles neu sein. Die Welt wird so schön sein wie im Anfang der Schöpfung. Die Menschen sind von Jesus dazu aufgerufen, ihr Leben zu ändern und sich für eine Welt einzusetzen, die dem Willen Gottes entspricht. Wo dies geschieht, nimmt das Reich Gottes schon Gestalt an.

3. Grundzüge des Programms

Jesus hat für seine Freunde ein Programm entworfen, das er gelehrt und nach dem er gelebt hat. Sein Inhalt umfasst Gott und Mensch, Himmel und Erde, Gutes und Böses. Es beansprucht sowohl für den einzelnen Menschen wie für die ganze Welt von höchster Bedeutung zu sein.

Zustimmung und Ablehnung

Anknüpfungspunkte für seine Botschaft fand Jesus im Ersten Testament und in seiner jüdischen Tradition. Er stellte sich damit ganz in die Linie der Thora (→ S. 260) und der Propheten (→ S. 42 ff; 52). Darum waren auch viele Juden seiner Zeit so **begeistert**, als sie ihn hörten und sahen. Sie waren davon überzeugt, dass Jesus ihnen glaubhaft den Willen Gottes deutete.
Jesus stieß mit seiner Botschaft aber auch auf **Widerstand.** Was er sagte und forderte, war nicht so glatt und platt, dass er damit allen Erwartungen seiner Zeitgenossen entsprach. Viele sahen ihre bisherige Lebenspraxis in Frage gestellt. Es gab Menschen, die sich durch Jesus unangenehm herausgefordert fühlten. Ihre Frömmigkeit war eng und ihre Taten kleinkariert. Eigennutz, Habsucht und Heuchelei waren wie zu allen Zeiten weit verbreitet. Manchen Leuten war die Einhaltung aller religiösen Regeln wichtiger als die Liebe zu Gott und den Menschen. Hochmütig hielten sie sich von anderen fern, die anders waren, anders dachten oder anders glaubten. Mit allen Mitteln gingen sie gegen die vor, die etwas verändern wollten. Vielleicht hatten sie, ohne es selbst zu merken, Angst vor den Neuerungen. Diese Einstellungen hat Jesus scharf kritisiert und mit aller Kraft bekämpft. Mutig hat er viele Verfallserscheinungen seiner Zeit angeprangert. Das hat ihm viele Feinde eingebracht. Am Ende stand für ihn das Kreuz.
Wer das Programm Jesu im Einzelnen betrachtet, kann Entdeckungen machen, die alle geläufigen Vorstellungen übertreffen.

Albert Paris Gütersloh (1887–1973), Der zwölfjährige Jesus im Tempel (Lk 2, 41–52), 1937.

81

Jesus – Brücke zwischen Gott und den Menschen

Der neue Mensch

Heilung

Es gibt gesunde und kranke Menschen. Beide haben die gleiche Würde, beide sind gleichwertige Geschöpfe Gottes. Unter den **Kranken** finden sich oft Menschen, die ihre Situation innerlich bejahen, weil sie merken, dass ihnen aus ihrer Krankheit ungewöhnliche Fähigkeiten und Kräfte erwachsen. Viele Menschen leiden aber auch unter ihren Krankheiten. Wer krank ist, wird daran gehindert, alle seine Fähigkeiten zu gebrauchen. Oft trifft die Krankheit nicht nur den Leib. Sie verändert auch die Gedanken und Gefühle des Menschen. Viele Kranke sind einsam, ohne Hoffnung und Trost. Darum brauchen Kranke nicht nur Medizin, sondern auch Zuwendung und Verständnis. Kranke fragen sich: Woher kommt meine Krankheit? Wie verändert sie mich? Wo kann ich Heilung finden? Wie finde ich die Kraft, mit meiner Krankheit zu leben?

Von Jesus sind viele wunderbare **Heilungen** (→ S. 106 ZdF) überliefert. Die Bibel erzählt, dass er Aussätzige rein, Blinde sehend und Lahme gehend gemacht hat. Aber er konnte nicht alle Kranken gesund machen. Er tat das schon deshalb nicht, weil Krankheit kein Hindernis auf dem Weg zu Gott ist. Für ihn ist Krankheit keine Schuld (Joh 9, 1–3). Seine Krankenheilungen sind Zeichen für Christen, anderen, die leiden, zu helfen. So verwirklichen sie das Reich Gottes.

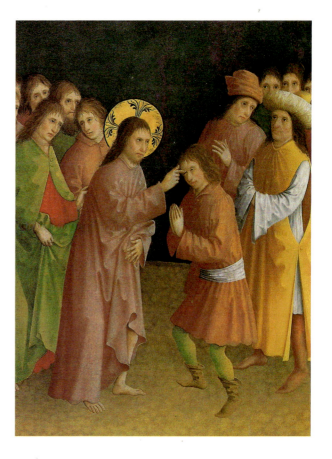

Heil

Immer wieder werden Menschen **schuldig** (→ S. 186 ff). Wer anderen Schaden zufügt, ungerecht und gewalttätig ist, die Natur beschädigt oder nur sich selbst sucht, lädt Schuld auf sich. Schuld bringt oft großes Unglück in die Welt. Manche bemerken ihre Schuld kaum oder wollen von ihr nichts wissen. Aber viele leiden auch darunter, dass sie schuldig geworden sind. Die Schuld liegt wie eine Last auf ihnen und verdunkelt ihr Leben. Sie fragen sich: Wer kann mich von der Schuld befreien? Wo gibt es für mich Vergebung? Wie kann ich Heil finden?

Jesus ist vielen Menschen begegnet, die in ihrem Leben schuldig geworden sind. Manchen musste er erst die Augen für ihre Schuld öffnen. Er hat mit Schuldigen gesprochen, hat sich um sie gekümmert und ihnen Gottes Vergebung zugesprochen. So hat er ihnen neues **Heil** geschenkt.

Heilung und Heil

¹⁷ Eines Tages, als Jesus wieder lehrte, saßen unter den Zuhörern auch Pharisäer und Gesetzeslehrer; sie waren aus allen Dörfern Galiläas und Judäas und aus Jerusalem gekommen. Und die Kraft des Herrn drängte ihn dazu, zu heilen. ¹⁸ Da brachten einige Männer einen Gelähmten auf einer Tragbahre. Sie wollten ihn ins Haus bringen und vor Jesus hinlegen. ¹⁹ Weil es ihnen aber wegen der vielen Leute nicht möglich war, ihn hineinzubringen, stiegen sie aufs Dach, deckten die

---

Jesus hat oft Kranke geheilt. Schuldige hat er von ihrer Schuld befreit. Indem er den Menschen **Heilung und Heil** brachte, hat er ihnen einen neuen Anfang ihres Lebens ermöglicht.

---

1. Sucht die Fragen im Text Lk 5, 17–26 heraus und diskutiert mögliche Antworten.
2. Wie muss man die Wundererzählungen verstehen, wenn man sie nicht vordergründig missversteht: Jesus vertreibt böse Geister (Lk 9, 37–43) – Jesus heilt einen Stummen (Mt 9, 32 f) – Jesus geht auf dem Wasser (Mt 14, 22–33) – Jesus heilt einen Aussätzigen (Mt 8, 1–4) – Jesus sättigt mit wenigen Broten viele Menschen (Mt 14, 13–21)?
3. Warum haben die von Jesus Geheilten sein Handeln an ihnen als »Wunder« verstanden?
4. Wie denkt ihr über die Sätze: »Wer nicht an Wunder glaubt, ist kein Realist« und »Naturgesetze sind regelmäßig wiederkehrende Wunder«.

Fast alle Wundererzählungen des Neuen Testaments sind **Auferstehungserzählungen** (→ S. 110 ff). Sie zeigen auf unterschiedliche Weise, was der Auferstandene bewirkt und was Auferstehung für die Glaubenden bedeutet: Licht, Leben, Wegweisung, Wahrheit, Brot, Befreiung von bösen Mächten.

Ziegel ab und ließen ihn auf seiner Tragbahre in die Mitte des Raumes hinunter, genau vor Jesus hin. ²⁰ Als er ihren Glauben sah, sagte er zu dem Mann: Deine Sünden sind dir vergeben. ²¹ Da dachten die Schriftgelehrten und die Pharisäer: Wer ist das, dass er eine solche Gotteslästerung wagt? Wer außer Gott kann Sünden vergeben? ²² Jesus aber merkte, was sie dachten, und sagte zu ihnen: Was habt ihr für Gedanken im Herzen? ²³ Was ist leichter, zu sagen: Deine Sünden sind dir vergeben!, oder zu sagen: Steh auf und geh umher? ²⁴ Ihr sollt aber erkennen, dass der Menschensohn die Vollmacht hat, hier auf der Erde Sünden zu vergeben. Und er sagte zu dem Gelähmten: Ich sage dir: Steh auf, nimm deine Tragbahre und geh nach Hause! ²⁵ Im gleichen Augenblick stand der Mann vor aller Augen auf. Er nahm die Tragbahre, auf der er gelegen hatte, und ging heim, Gott lobend und preisend. ²⁶ Da gerieten alle außer sich; sie priesen Gott und sagten voller Furcht: Heute haben wir etwas Unglaubliches gesehen.

aus dem Evangelium nach Lukas 5, 17–26

Links: Meister der Darmstädter Passion, Christus heilt den Blinden, um 1440.

Max Beckmann (1884–1950), Christus und die Ehebrecherin (Joh 8, 3–11; → S. 63), 1917.

Die Wunder Jesu

Weil viele Zeitgenossen heute meinen, in unserer Welt könne es keine Wunder geben, entstehen für uns manche **Probleme mit den Wundern** Jesu. Da wird bestritten, dass Jesus Wunder gewirkt habe und behauptet, die Wunder seien Erfindungen der Evangelisten.

Dem kann man entgegenhalten, dass die Evangelien in einigen Fällen die Namen von Menschen (Mk 1, 30; 10, 47) festhalten, die von Jesus geheilt wurden. Mit ihnen konnte man damals noch sprechen. Selbst seine Gegner waren davon überzeugt, dass er über geheimnisvolle Kräfte verfügte (Mt 12, 22-28). Darum müssen wir annehmen, dass Jesus **tatsächlich** Kranke geheilt und Menschen von ihren seelischen Belastungen befreit hat. Dazu musste er nicht unbedingt gegen die Gesetze der Natur verstoßen. Auch andere Menschen haben ähnliche Fähigkeiten besessen.

Manche Wundererzählungen haben einen für uns zunächst verborgenen Sinn. Wenn Jesus Blinde sehend macht, bedeutet dies, dass er die Augen für Gott öffnet (Joh 9). Wenn Jesus einen wilden Sturm stillt, zeigt dies an, dass er die Menschen von Angst und Not befreit (Mk 4, 35–41). Wenn Jesus Tote erweckt, besagt dies, dass er das Leben bringt und die Macht des Todes besiegt (Joh 11). Wenn er das Brot vermehrt, wird klar, dass die Glaubenden im Vertrauen auf Gott leben können (Mk 6, 35 ff).

Die Wunder Jesu erschließen sich nur, wenn man sie als Zeichen auf Gott hin versteht.

Jesus – Brücke zwischen Gott und den Menschen

Die universale Gemeinschaft

Niemand kann auf Dauer nur für sich allein leben (»Robinson«). Wir werden in eine Familie hineingeboren, brauchen Freundinnen und Freunde und lernen gemeinsam in einer Schulklasse. Volk und Religion sind Gemeinschaften, die uns Schutz und Geborgenheit schenken. Wer in keiner **Gemeinschaft** lebt, ist ein einsamer und auch gefährdeter Mensch. Gemeinschaften haben nicht nur gute Seiten. Sie können sich auch über Einzelne erheben oder sich gegen andere Gruppen wenden. Wer in einer Familie als schwarzes Schaf oder in einer Klasse als Außenseiter gilt, wer in einem fremden Volk als Ausländer diffamiert wird, muss sich einsam und unglücklich fühlen. Menschen, die ausgestoßen werden, tragen ein schweres Schicksal.

> Jesus hat eine **Gemeinschaft** gewollt, in der alle Platz haben. Niemand darf ausgestoßen werden. Seine Gemeinschaft soll **universal** sein, weil alle Menschen Geschöpfe des einen Gottes sind (→ S. 74).

Zugang für alle

Jesus hat **Aussätzige,** von denen man sich wegen der Ansteckungsgefahr fern hielt, berührt, geheilt und ihnen wieder ein Zusammenleben mit den Gesunden ermöglicht. Er hat sich demonstrativ mit **Zöllnern** (→ S. 130 ZdF), die wegen ihres umstrittenen Berufs verachtet waren, zusammengesetzt. Er hatte problemlos Kontakte mit **Leuten aus Samaria** (→ S. 98 ZdF), die vielen Juden wegen religiöser Differenzen verhasst waren. Er nahm **Frauen** (→ S. 128 f ZdF) in seine Jüngerschar auf, obwohl dies damals bei den Rabbinen nicht üblich war. **Kindern** (→ S. 29 ZdF) war er liebevoll zugetan. Er mied nicht den Umgang mit Leuten, die man »**Sünder**« nannte und deshalb ausgrenzte, weil irgendwelche Vergehen von ihnen bekannt geworden waren. Er fühlte sich als einer, der gekommen war, um zu suchen und zu retten, was verloren war. Damit hat er sich oft gegen Einstellungen seiner Zeit gewandt.
In seiner Gemeinschaft (→ S. 192 ff ZdF) können heute Frauen und Männer, alle Hautfarben, Völker und Kulturen gleichberechtigt beisammen sein, ohne dass sie ihre Eigenarten aufgeben müssten.

Egbert-Codex, Die Berufung des Matthäus (Mt 9, 9–13), um 1000.

Die Berufung von Leuten, die keinen guten Ruf hatten

¹³ Jesus ging wieder hinaus an den See. Da kamen Scharen von Menschen zu ihm und er lehrte sie. ¹⁴ Als er weiterging, sah er Levi, den Sohn des Alphäus, am Zoll sitzen und sagte zu ihm: Folge mir nach! Da stand Levi auf und folgte ihm. ¹⁵ Und als Jesus in seinem Haus beim Essen war, aßen viele Zöllner und Sünder zusammen mit ihm und seinen Jüngern; denn es folgten ihm schon viele. ¹⁶ Als die Schriftgelehrten, die zur Partei der Pharisäer gehörten, sahen, dass er mit Zöllnern und Sündern aß, sagten sie zu seinen Jüngern: Wie kann er zusammen mit Zöllnern und Sündern essen? ¹⁷ Jesus hörte es und sagte zu ihnen: Nicht die Gesunden brauchen den Arzt, sondern die Kranken. Ich bin gekommen, um die Sünder zu rufen, nicht die Gerechten.

aus dem Evangelium nach Markus 2, 13–17

5 Gibt es in eurem Umfeld Ausgestoßene und Verachtete (»Sünder«), denen man auch noch nachsagt, sie seien an ihrer Isolierung selbst schuld? Wie werden diese Außenseiter behandelt? Überlegt, wie Christen dem Beispiel Jesu folgen müssten.

6 Wo habt ihr schon einmal Fremdenfeindlichkeit oder Rassismus bemerkt? Was muss und kann man dagegen tun?

7 Warum gibt es in der Gemeinschaft Jesu (»Kirche«) keine Ausländer?

Jesus – Brücke zwischen Gott und den Menschen

8 Habt ihr einmal mit Menschen gesprochen, die ohne Hoffnung leben? Warum sind sie hoffnungslos?
9 Worin liegt das Besondere der Hoffnung, von der Jesus spricht?
10 Zu den Gleichnissen Jesu: → S. 104 f ZdF.

* bei Mt dasselbe wie »Reich Gottes«; → S. 81.

Karl Schmidt-Rottluff (1884–1976), Gang nach Emmaus (Lk 24, 13–35), 1918.

Eine starke Hoffnung

Jesus hat die Leiden der Menschen ernst genommen. Er hat die Menschen nicht mit billigen Worten vertröstet. Erst recht hat er nicht gelehrt, dass das Leiden im Grunde nicht so schlimm sei, wenn man es nur geduldig und fromm ertrage. Vielmehr ist er gegen das Leid angegangen, wo er nur konnte. Er hat Kranke geheilt, Ausgegrenzte in seine Gemeinschaft aufgenommen und Verzweifelten ein neues Leben erschlossen. Seine Freunde hat er aufgefordert, dasselbe zu tun. Dabei wusste Jesus, dass alle menschlichen Anstrengungen nicht ausreichen, das Leiden zu beseitigen und den Tod zu besiegen. Aber Jesus hat gezeigt, dass die Menschen hoffen dürfen.

Schatz und Perle

Wer die Botschaft vom Reich Gottes hört, findet eine große Hoffnung. Er richtet sein ganzes Leben darauf aus.

⁴⁴ Mit dem Himmelreich* ist es wie mit einem Schatz, der in einem Acker vergraben war. Ein Mann entdeckte ihn, grub ihn aber wieder ein. Und in seiner Freude verkaufte er alles, was er besaß, und kaufte den Acker. ⁴⁵ Auch ist es mit dem Himmelreich wie mit einem Kaufmann, der schöne Perlen suchte. ⁴⁶ Als er eine besonders wertvolle Perle fand, verkaufte er alles, was er besaß, und kaufte sie.

aus dem Evangelium nach Matthäus 13, 44–46

Das Prinzip Liebe

Es ist nicht einfach, sich im Leben zurecht zu finden und immer richtige Entscheidungen zu treffen. In vielen Situationen fragen sich die Menschen, was sie tun sollen. **Was ist gut, was ist böse?** (→ S. 226 ff ZdF) Aber die Auffassungen darüber, was gut und böse ist, gehen weit auseinander. Was der eine lobt, wird von dem anderen getadelt. Manche meinen, jeder könne selbst bestimmen, was gut und böse ist, andere denken, man müsse sich an einem Maßstab orientieren, der für alle gilt. Selbst Völker und Religionen streiten sich darüber, was Menschen tun und lassen sollen.

Der immer gültige Maßstab

Jesus hat nicht für jede einzelne Handlung festgelegt, ob sie gut oder böse ist. Er wollte die Freiheit der Menschen nicht eingrenzen. Darum finden wir im Neuen Testament auch nicht für jede Einzelfrage eine Patentantwort von ihm. Er setzte voraus, dass die Menschen bei wichtigen Entscheidungen immer wieder neu nachdenken und ihr Gewissen befragen. Aber er hat einen Maßstab in der jüdischen Tradition gefunden und mit seiner Autorität neu bekräftigt, der bei allen Handlungen angelegt werden soll. Wenn Menschen sich nach diesem Maßstab der Liebe richten, handeln sie gut.

Die **Liebe,** die Jesus meint, ist kein romantisches Gefühl, das alles verklärt. Sie kann ganz nüchtern sein. Sie ist auch nicht Schwäche, die alles wehrlos hinnimmt und erduldet. Sie ist stark und mutig. Die Liebe, die Jesus will, ist eine Grundhaltung des ganzen Menschen. Sie vertraut auf Gott und meint es gut mit sich selbst, mit den anderen und mit der Welt. Dazu gehören Tatkraft, Hilfsbereitschaft, Wahrhaftigkeit, Versöhnung und Widerstand gegen böse Mächte. Die Liebe kommt aus Herz und Verstand, aus Gefühl, Wille und Einsicht.

In vielen Situationen hat Jesus erläutert, wie er sein Liebesgebot versteht. Besonders eindrucksvoll ist dies in einer **Rede vom Weltgericht** geschehen, wo erzählt wird, dass am Ende der Tage alle Völker vor dem Thron des Menschensohns (→ S. 71; 114 ZdF) zusammengerufen werden. Dieser wird die »Schafe« von den »Böcken« trennen. Die einen werden das Reich Gottes in Besitz nehmen, die anderen ihre Strafe erhalten. Von Gott gesegnet werden die, die Hungrigen zu essen, Durstigen zu trinken, Fremden und Obdachlosen ein Heim gegeben haben. Zu den Gerechten zählen ferner die, die Nackte gekleidet, Kranke besucht und Leute im Gefängnis aufgesucht haben. Wer das für leidende und schwache Menschen getan hat, hat gehandelt, als ob er es für den Menschensohn selbst getan hätte. »Was ihr für einen meiner geringsten Brüder getan habt, das habt ihr mir getan« (Mt 25, 31–46).

> Der Maßstab Jesu für alles menschliche Handeln lautet: Die Menschen sollen in allem, was sie tun, **Gott und den Nächsten wie sich selbst lieben.** Das kann schwer und leicht sein. Die Liebe ist für ihn das einzige gültige Prinzip, das keine Ausnahme duldet.

11 Viele zählen das Gebot der Gottes-, Nächsten- und Selbstliebe zu den größten Errungenschaften der Menschheit, weil es den Schlüssel zur Lösung vieler Probleme enthält. Welche Auffassung habt ihr?

12 Vergleicht die Lehre Jesu vom höchsten Gebot mit der Lehre des jüdischen Lehrers Hillel im Talmud: → S. 260.

13 Man hat gesagt: Liebe lässt sich nicht befehlen. Warum trifft dieser Einwand auf das Gebot Jesu nicht zu?

14 Manche Jugendliche orientieren sich – ähnlich wie viele Erwachsene – heute an einem anderen Maßstab, z. B.:
- Ich tue alles, was mir einen Vorteil bringt.
- Man darf sich nichts gefallen lassen.
- Wie du mir, so ich dir.
- Jeder soll tun, was er will.
- …

Was spricht dafür, was spricht dagegen?

Jesus – Brücke zwischen Gott und den Menschen

Vincent van Gogh (1853–1890),
Der gute Samariter (Lk 10, 30–35;
→ S. 211 ZdF), 1890.

Das wichtigste Gebot

²⁸ Ein Schriftgelehrter ging zu Jesus hin und fragte ihn: Welches Gebot ist das erste von allen? ²⁹ Jesus antwortete: Das erste ist: Höre, Israel, der Herr, unser Gott, ist der einzige Herr. ³⁰ Darum sollst du den Herrn, deinen Gott, lieben mit ganzem Herzen und ganzer Seele, mit all deinen Gedanken und all deiner Kraft (Dtn 6, 4 f, → S. 258). ³¹ Als zweites kommt hinzu: Du sollst deinen Nächsten lieben wie dich selbst (Lev 19, 18). Kein anderes Gebot ist größer als diese beiden. ³² Da sagte der Schriftgelehrte zu ihm: Sehr gut, Meister! Ganz richtig hast du gesagt: Er allein ist der Herr und es gibt keinen anderen außer ihm. ³³ Und ihn mit ganzem Herzen, ganzem Verstand und ganzer Kraft zu lieben und den Nächsten zu lieben wie sich selbst, ist weit mehr als alle Brandopfer und anderen Opfer. ³⁴ Jesus sah, dass er mit Verständnis geantwortet hatte, und sagte zu ihm: Du bist nicht fern vom Reich Gottes. Und keiner wagte mehr, Jesus eine Frage zu stellen.

aus dem Evangelium nach Markus 12, 28–34

Die Güte Gottes

Vielen Menschen fällt es schwer **an Gott zu glauben.** Die einen finden keinen Zugang zu ihm, weil sie nichts für wirklich halten, was sie nicht sehen können. Manche lehnen Gott ab, weil sie seine Gebote nicht halten wollen. Andere fragen sich, ob es überhaupt einen Gott geben kann, der für all das Leiden der Menschen in der Welt verantwortlich wäre. Nicht wenige verlieren ihren Glauben an Gott, weil sie sich ganz falsche Vorstellungen von Gott machen (→ S. 66).

Der Gott Jesu

Jesus hat nicht versucht, die Existenz Gottes zu beweisen. Das war für ihn kein Thema. Er hat schwierige Fragen nach Gott nicht mit ausgeklügelten Reden beantwortet. Er wusste wohl, dass unser Herz und unser Verstand mit Überlegungen allein nicht zufrieden zu stellen sind. Er lebte ganz in der Gegenwart Gottes. Er sprach mit Gott wie zu einem Vater und erzählte von ihm in unvergleichlich schönen Gleichnissen. Dabei entwarf er ein Bild von Gott, das seinesgleichen in der Menschheit sucht.

Der Gott Jesu ist gütig und menschenfreundlich. Er liebt die Menschen ohne Wenn und Aber. Seine Zuwendung zu den Menschen hängt nicht davon ab, ob sie immer richtig handeln. Er nimmt sie an, wie sie sind. Er will ihr Glück und sucht sie auf gute Lebenswege zu führen.

> Der **Gott,** von dem Jesus in seinen Gleichnissen spricht, ist kein unnahbares jenseitiges Wesen, das unbeteiligt über allem Geschehen thront. Er kennt die Menschen und steht gegen Gewalt und Ungerechtigkeit. Er will nicht, dass die Menschen falschen Göttern nachlaufen, d. h. solchen Mächten, die ihr ganzes Leben ausfüllen (z. B. das Geld oder die Macht). In großer Liebe ist er den Menschen zugetan. Der Gott Jesu ist **wie ein Vater** (»Abba«), der vor allem die Kinder, die im Leben Betrogenen, die Armen und Unterdrückten liebt. Mit ihm weiß sich Jesus eins. Auf ihn können Christen ihre Hoffnung setzen.

Das Gleichnis vom gütigen Vater

[11] Weiter sagte Jesus: Ein Mann hatte zwei Söhne. [12] Der jüngere von ihnen sagte zu seinem Vater: Vater, gib mir das Erbteil, das mir zusteht. Da teilte der Vater das Vermögen auf. [13] Nach wenigen Tagen packte der jüngere Sohn alles zusammen und zog in ein fernes Land. Dort führte er ein zügelloses Leben und verschleuderte sein Vermögen.

[14] Als er alles durchgebracht hatte, kam eine große Hungersnot über das Land und es ging ihm sehr schlecht. [15] Da ging er zu einem Bürger des Landes und drängte sich ihm auf; der schickte ihn aufs Feld zum Schweinehüten. [16] Er hätte gern seinen Hunger mit den Futterschoten gestillt, die die Schweine fraßen; aber niemand gab ihm davon.

[17] Da ging er in sich und sagte: Wie viele Tagelöhner meines Vaters haben mehr als genug zu essen und ich komme hier vor Hunger um. [18] Ich will aufbrechen und zu meinem Vater gehen und zu ihm sagen: Vater, ich habe mich gegen den Himmel und gegen dich versündigt. [19] Ich bin nicht mehr wert dein Sohn zu sein; mach mich zu einem deiner Tagelöhner. [20] Dann brach er auf und ging zu seinem Vater.

Der Vater sah ihn schon von weitem kommen und er hatte Mitleid mit ihm. Er lief dem Sohn entgegen, fiel ihm um den Hals und küsste ihn. [21] Da sagte der Sohn: Vater, ich habe mich gegen den Himmel und gegen dich versündigt; ich bin nicht mehr wert dein Sohn zu sein. [22] Der Vater aber sagte zu seinen Knechten: Holt schnell das beste Gewand und zieht es ihm an, steckt ihm einen Ring an die Hand und zieht ihm Schuhe an. [23] Bringt das Mastkalb her und schlachtet es; wir wollen essen und fröhlich sein. [24] Denn mein Sohn war tot und lebt wieder, er war verloren und ist wiedergefunden worden. Und sie begannen ein fröhliches Fest zu feiern.

aus dem Evangelium nach Lukas 15, 11–24

[15] Das Gleichnis vom gütigen Vater geht noch weiter. Lest das Ende in der Bibel nach: Lk 15, 25–32. Eine Anregung: Spielt das ganze Gleichnis oder einzelne Szenen (→ S. 48 ZdF).

[16] Von Gott kann man auch reden wie von einer Mutter. Ergänzt den Satz: Gott ist wie eine Mutter, die ...

[17] Jesus hat sein Programm in vielen Gleichnissen dargelegt. Welches Gleichnis kennt ihr?

[18] Alles kann zum Gleichnis werden, z. B. Baum und Schiff, Ball und Telefon, CD und Computer. Beschreibt ein Thema Jesu mit einem Gleichnis aus unserer heutigen Lebenswelt. Ein Beispiel: Wer das Reich Gottes sucht, gleicht einem Sportler, der alles tut, um in die Olympia-Mannschaft zu kommen.

Jesus – Brücke zwischen Gott und den Menschen

Der verlorene Sohn

1 Werner Juza, Der verlorene Sohn, 1975.
2 Max Beckmann (1885–1950), Der verlorene Sohn, 1949.
3 Hieronymus Bosch (um 1450–1516)), Der verlorene Sohn.
4 Emil Wachter (geb. 1921), Abfahrt des verlorenen Sohnes, 1987–8.
5 Rembrandt (1606–1669), Heimkehr des verlorenen Sohnes, 1636. (→ S. 187)

4. Ein unverwechselbares Profil

Anerkennung

Keine andere **Gestalt der Weltgeschichte** hat seit 2000 Jahren die Gemüter so bewegt wie Jesus. Millionen und Abermillionen Menschen haben sich mit ihm befasst und nach ihm gefragt. Niemand sonst hat so viele Menschen innerlich angesprochen und getröstet. Über keine andere Gestalt ist auch von Nichtchristen so viel nachgedacht worden. Über niemanden gibt es mehr Bücher und wissenschaftliche Arbeiten.

Im Christentum lebt der **Glaube Jesu** weiter. Was er von Gott geglaubt hat, das ist auch der Glaube der Christen. Sein Gebet ist zum Gebet der Christen geworden. Sein »Prinzip Hoffnung« hat viele angesteckt. Sein »Prinzip Liebe« hat unzählige Menschen beglückt, getröstet und aufgerichtet.

Unzählige Christen haben im Vertrauen auf Jesus gelebt. Heilige haben Orden gegründet, um in ihrer Zeit neue Wege der Jesusnachfolge gehen zu können. Politiker haben sich für ihr Tun von ihm anregen lassen. Dichter haben ihn mit ihren Worten dargestellt und Musiker von ihm gesungen. Es gibt keine Gestalt der Geschichte, von der so viele Bilder der Kunst entworfen wurden. Ohne Jesus ist unsere Kultur nicht zu verstehen. Seine Spuren sind unauslöschlich unserer Welt eingeschrieben.

> Im Christentum lebt der **Glaube an Jesus.** Weil er wie kein anderer der Welt Gott nahe gebracht hat, glauben Christen, dass in ihm **Gott Mensch geworden ist.** Sie halten ihn für die Brücke, die Gott und Menschen verbindet. Er ist für sie die Gestalt, in der in einmaliger Weise Gott und Mensch eins sind. Nicht nur seine Botschaft, sondern er selbst steht im Mittelpunkt des christlichen Glaubens. Christen feiern seine Geburt, verkünden seinen Tod und preisen seine Auferstehung. Wenn Christen ihn »**Heiland**« und »**Erlöser**« nennen, vertrauen sie darauf, durch ihn von Schuld (→ S. 186) und Tod (→ S. 113 ff) befreit zu werden.

Salvador Dalí (1904–1989), Jesus bei der Rede auf dem Berg, 1964.

Verkennung

Nicht selten wurde und wird Jesus auch verkannt und geschmäht. Tatsächlich ist in seinem Namen viel Unrecht geschehen. Diejenigen, die sich nach ihm »Christen« nennen, haben oft nicht dem Anspruch genügt, der von ihm ausging. Im Lauf einer zweitausendjährigen **Geschichte des Christentums** ist vieles geschehen, was seiner Botschaft Hohn spricht. Nicht selten haben Christen Gewalt angewendet und auf der Seite ungerechter Herrscher gestanden (→ S. 128 ff; 135). Oft wurde Jesus selbst in der Kirche zum Anlass von erbittertem Streit. In seinem Namen zogen Christen gegeneinander und verfolgten andere, die anders glaubten als sie selbst (→ S. 276 f). Rechthaberei in Glaubensfragen hat unermesslichen Schaden angerichtet (→ S. 123, 144 f). Die Unterschiede im Verständnis seiner Person wurden wiederholt so groß, dass sie zur Spaltung der Christenheit führten. Die eine Christenheit, die sich auf denselben Jesus beruft, lebte lange Zeit mit unterschiedlichen Jesusbildern. Erst heute beginnen die Kirchen auch in dieser Frage wieder aufeinander zuzugehen (→ S. 161 f).

Jesus – Brücke zwischen Gott und den Menschen

90

5. Die notwendige Provokation

Was die vier Evangelien über Jesus sagen, hat der Nachwelt keine Ruhe gelassen. Zu allen Zeiten haben Menschen ihn geliebt und bewundert. Sie sind ihm auf seinem Weg der Gottsuche gefolgt und haben sich wie er für Gerechtigkeit, Frieden, Wahrheit und Liebe eingesetzt. Zu allen Zeiten fühlten sich die Menschen aber auch durch Jesus herausgefordert. Für diejenigen, die unversöhnlich lebten, allein sich selbst für gut hielten, nur dem Geld nachjagten und andere Menschen ausgrenzten, wurde Jesus zur Provokation.

Das gilt auch für heute, aber es gilt nicht mehr uneingeschränkt. In der Gegenwart ist Jesus für viele, die nichts von ihm wissen (wollen), keine Provokation mehr. Vielleicht hat man sich allzu sehr an ihn gewöhnt. Möglicherweise ist sein Leben und Werk durch andere Lebenserfahrungen verdrängt worden und in Vergessenheit geraten. Womöglich traut man ihm nicht mehr so viel zu, weil man sieht, wie die Christen leben. Ganz sicher weiß man auch nicht mehr genug über ihn.

Es wäre gut, wenn er auch heute wieder zu einer Provokation würde, weil seine Person auch den Zeitgenossen viel zu sagen hat, die sich für Religion nicht sehr interessieren. Er kann unserer Welt wichtige Impulse geben. Würden sich die Menschen nach seinem Programm richten, brauchte man sich um die Zukunft nicht so viele Sorgen machen. Wir dürften auf eine bessere Welt hoffen. Darum darf die Erinnerung an Jesus nicht verblassen.

George Grosz (1893–1959),
Maul halten und weiter dienen
(Christus mit der Gasmaske), 1935/6.

1 Was bedeutet es für unsere Zeit, dass viele in Jesus keine Herausforderung mehr sehen?

2 Geht auf aktuelle Ereignisse und Probleme ein und zeigt, welche Herausforderung Jesus dafür sein könnte.

3 Christen erinnern sich auf vielfache Weise an Jesus. Was wisst ihr darüber? (→ S. 192 ff ZdF und → S. 184 t)

4 Untersucht Texte, Lieder, Songs, Bilder, Filme, Fernsehsendungen, die von Jesus handeln. Wie weit stimmen sie mit der Bibel überein? Wie weit sind sie eher Ausdruck ihrer Zeit und Ansicht ihrer Autoren?

5 Warum steht Jesus in der Mitte des christlichen Glaubensbekenntnisses (→ S. 18)?

6 Für die Europäer ist Jesus meist ein Weißer, für die Afrikaner ein Schwarzer, für die Asiaten ein Gelber. Wie erklärt ihr euch diese Tatsache? Wie mag er wirklich ausgesehen haben?

»Was is mit Jesus?«

In Fynns Roman »Hallo Mister Gott, hier spricht Anna« (→ S. 73) gibt es eine Szene, in der ein fünfzehnjähriges Mädchen namens Skipper stirbt. Während ihrer Beerdigung entfaltet sich ein Gespräch zwischen ihren Freundinnen und Freunden über das Sterben, über Himmel, Hölle und Engel. Auch Jesus kommt in diesem Gespräch vor.

»Was is mit Jesus?«
»Was soll mit dem sein?«
»Na guck dir mal die Bilder von dem an. Sicht aus wie'n Süßer.«
»In Wirklichkeit hat der bestimmt nicht so ausgesehen.«
»Sein Alter war Zimmermann.«
»Und er selber auch.«
»Na, stell dir mal vor, den ganzen Tag Holz sägen, da kriegste ganz schön Muskeln. Jesus hatte bestimmt auch Muskeln. Dem sein Alter hat ihn nicht rumgammeln lassen, der musste auch arbeiten.«
»Der war bestimmt ein ganz dufter Typ.«
»Klar. Und konnte schwer einen heben.«
»Woher weißt du das?«
»Steht in der Bibel. Hat Wasser in Wein verwandelt.«
»Das is prima. Mein Alter kann sowas nicht.«
»Dein Alter kann überhaupt nix.«

Fynn »Hallo Mister Gott, hier spricht Anna«

Ich vergesse so viel

Ich vergesse so viel
Das meiste
Nur einiges nicht
…
…
Jesus wer soll das sein?
Ein Galiläer
Ein armer Mann
Aufsässig
Eine Großmacht
Und eine Ohnmacht
Immer
Heute noch.

Marie Luise Kaschnitz (1901–1974), deutsche Lyrikerin

Für mich

Was Jesus für mich ist?
Einer, der für mich ist.
Was ich von Jesus halte?
Dass er mich hält.

Lothar Zenetti, Pfarrer

Immerwährende Kreuzigung

dogmen machen ihn dingfest
herrschaft legt ihn aufs kreuz
begriffe nageln ihn fest
kirchen hissen ihn hoch

Kurt Marti (geb. 1921)

Georg Baselitz (geb. 1938), Tanz ums Kreuz, 1983.

Jesus, du hast

jesus
du hast alles auf den kopf gestellt
du hast die frommen
der unmenschlichkeit überführt
den tempelbetrieb
und den opferlärm
als geschäftemacherei entlarvt
du hast bei samaritanischen atheisten
eine neue gläubigkeit entdeckt
du hast dirnen und zöllnern
mehr sensibilität
nachgesagt für das reich gottes
als schriftgelehrten
und hohenpriestern
du hast polizeivorschriften
bürgerliche übereinkünfte
in frage gestellt und durchbrochen
du hast tempelgesetze
links überholt
und lächerlich gemacht
wenn sie sich zu wichtig nahmen
du hast dich zu allen
an den tisch gesetzt
und alle zu dir an den tisch
geladen
in dir jesus
sind gerade die negativitäten
die leerstellen
die blinden stellen des lebens
als stellen gottes sichtbar
geworden

Wilhelm Willms (geb. 1930), Pfarrer

Jesus – Brücke zwischen Gott und den Menschen

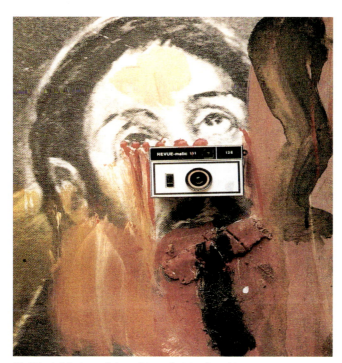

Wolf Vostell (geb.1932), Jesus fotografiert das Unrecht der Menschen, 1978/9.

Guido Muer (1927–2000), Maßgeber, 1988.

Passionslied

Der den Wein austeilt,
muss Essig trinken.
Der die Hand nicht hebt zur Abwehr
wird geschlagen.

Der den Verlassenen sucht,
wird verlassen.
Der nicht schreien macht,
schreit überlaut.

Der die Wunde heilt,
wird durchbohrt.
Der den Wurm rettet,
wird zertreten.

Der nicht verfolgt, nicht verrät,
wird ausgeliefert.
Der nicht schuld ist, der Unschuldige
wird gequält.

Der lebendig macht,
wird geschlachtet.
Der die Henker begnadigt,
stirbt gnadenlos.

Rudolf Otto Wiemer (1905–1998), deutscher Dichter

Die Leute kommen von ihm nicht los

Cingiz Ajtmatov, ein kirgisischer russischsprachiger Dichter, von Geburt Muslim, Atheist, hat 1986 den Roman »Der Richtplatz« veröffentlicht, in dem er mutig die Probleme der damaligen Sowjetunion anprangert. Darin würdigt er das Programm Jesu als ein Kontrastprogramm zu den unmenschlichen Verhältnissen unserer Zeit.

Seit dem Tag, da er ans Kreuz stieg, kommen die Geister nicht von ihm los! Dabei ist seit jenen Tagen so vieles, das mit dem Anspruch auf Unsterblichkeit daherkam, längst vergessen und in Schutt und Asche. Das Leben der Menschen verbessert sich täglich: Was heute neu, ist morgen schon alt, was heute besser scheint, verblasst morgen vor noch Schönerem. Warum veraltet denn das Wort Jesu nicht und verliert nicht an Kraft?

Cingiz Ajtmatov (geb. 1928), kirgisischer Dichter

Zum guten Schluss

1. Stellt euch vor, Jesus käme zu euch auf den Schulhof. Was würde er euch sagen?
2. Stellt euch vor, Jesus käme in eure Stadt. Wo wäre er anzutreffen? Mit wem würde er Kontakt haben? Wen würde er kritisieren? Für was würde er sich einsetzen?
3. Stellt euch vor, Jesus käme zum Papst nach Rom. Was würden sich die beiden sagen?

Geheimnis Leben

1. Im Strom des Lebens

Es klingt wie eine Selbstverständlichkeit und es ist unumstößlich richtig: Wir Menschen sind lebendige Wesen. Wir alle haben Anteil am Leben. Darin unterscheiden wir uns von Sonne, Mond und Sternen, von Bergen und Flüssen, von Maschinen, Bauten und Büchern.

Was ist das – das Leben?

Immer haben sich Menschen diese Frage gestellt. Viele Antworten wurden gegeben und verworfen. Auf jeden Fall kann man Folgendes sagen:

- Das Leben ist uns von anderen Lebewesen, den Eltern, weitergegeben worden.
- Wir haben keine Erinnerung an den Anfang unseres Lebens.
- Das Menschenleben verändert sich stets und bleibt keine Minute dasselbe.
- Das Leben durchläuft eine Entwicklung von der Geburt über die Kindheit und Reifezeit bis zum Alter und Tod, wenn es nicht schon vorher durch Krankheit, Unglück oder Gewalt endet.
- Zum täglichen Leben brauchen wir Essen und Trinken, Wasser und Luft, Rechte und Geld, andere Menschen, Verständnis und Liebe.
- Unter den vielen Milliarden Menschen, die bisher gelebt haben und heute leben, gibt es niemanden zweimal.
- Das Leben kann glücklich oder unglücklich sein oder wechselhaft zwischen Glück und Unglück verlaufen.
- Das Leben ist vielfach bedroht, z. B. von den kleinsten Viren und Bakterien oder den größten Naturkatastrophen und Kriegen.
- Das Leben wird weithin von den Genen, dem Erbgut des Menschen, bestimmt. Wir kennen ihren Aufbau, wissen aber noch nichts über ihre Wirkungsweisen.
- Alles Leben will leben. Es lebt inmitten von Leben, das auch leben will.

Hans Baldung, gen. Grien (1484–1545), Die sieben Lebensalter der Frau.

Geheimnisvolles Leben

Je mehr man sich mit dem Leben befasst, umso mehr gerät man ins Staunen. Je mehr man über das Leben nachdenkt, umso mehr verliert es seine Selbstverständlichkeit. Dann kommt man zu der Erkenntnis: **Das Leben ist ein Geheimnis.**

Heute gibt es vor allem in den **Naturwissenschaften** manche Versuche, das Leben als ein Rätsel, das noch aufgelöst werden könne, aber nicht als ein bleibendes Geheimnis zu deuten. Es wird als das Ergebnis einer komplizierten Entwicklung erklärt (»Evolutionstheorie«). Alles Leben gehe auf

Für Christen ist **Gott** selbst das **Leben**. Alles Leben kommt von ihm und ist sein **Geschenk**. Darum ist es von unschätzbarem Wert. Gott hat die Menschen ins Dasein gerufen und jeden Einzelnen als sein Bild geschaffen (→ S. 74). Jeder ist ein einmaliges Wunder. Es gibt kein einziges unwertes Menschenleben.

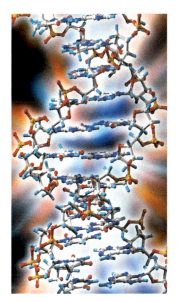

DNA – Baustein des Lebens

1. Schreibt einen kleinen Aufsatz zum Thema: Was in meinem Leben wichtig war, wichtig ist und wichtig sein wird. Diesen Aufsatz braucht ihr nicht unbedingt in der Schule vorzulesen. Er ist wie euer Tagebuch vor allem für euch bestimmt.
2. Richtet für eine Zeit lang eine Pinnwand zum Thema »Das Leben der Menschen« ein. Schreibt auf Zetteln wichtige Eigenschaften des Lebens auf. Ihr könnt auch zum Thema passende Bilder (Fotos) suchen. Fasst am Ende in ein paar Sätzen eure Eindrücke zusammen.
3. Was erfahrt ihr in Fächern wie Biologie, Deutsch und Geschichte über das Leben der Menschen? Wie kann der Religionsunterricht dieses Wissen ergänzen? Könnt ihr das Thema auch in einem fächerverbindenden Unterricht erarbeiten?

materielle Faktoren zurück und verdanke sich einem großen Prozess von Zufall und Notwendigkeit. Der Zufall habe im Lauf langer Zeiten immer neue Gestaltungen hervorgebracht, die dann einer eigenen Gesetzmäßigkeit unterworfen wurden. So sei auch der Mensch entstanden. Darum sei er letztlich ein **Zufallsprodukt der Evolution**.

Christen brauchen die einzelnen Erkenntnisse dieser Theorie nicht zu bezweifeln, halten aber die Theorie im Ganzen – ähnlich wie manche Naturwissenschaftler – für ergänzungsbedürftig. Für Christen ist der Mensch zwar das Produkt der Evolution, aber zugleich ein **Geschöpf Gottes**.

Die Einstellung der Christen zum Leben geht in eine doppelte Richtung.

■ Christen sind einerseits davon überzeugt, dass sich alle Menschen an der **Schönheit der Schöpfung** und der Geschöpfe erfreuen dürfen. Alle sollen gern leben und in der Welt wie in einem guten Haus wohnen dürfen. Alle sollen Liebe empfangen und schenken. Niemand soll nur darauf warten, dass er möglichst rasch vom irdischen Leben ins jenseitige Leben kommt. Wer so denkt, würde das Leben vor dem Tod überflüssig machen. Er könnte nicht erklären, warum ihm Gott dieses Leben gegeben hat.

■ Christen sehen andererseits, dass das Leben vielfach bedroht ist. Die Gesetze der Natur können grausam sein. Es gibt **kein Leben ohne Schmerzen**. Vielfach gilt als Gesetz des Lebens: Fressen oder gefressen werden. Auch Menschen beteiligen sich daran. Das Leben des einen kann das Leben des anderen beschädigen oder auslöschen. Darum ist das Leben der Schöpfung nicht vollendet. Christen sind aufgerufen, alles dafür zu tun, dass das Leben lebenswert wird. Sie glauben, dass Gott am Ende der Tage die Schöpfung von allem Schmerz befreien wird (Röm 8, 18–25).

Was die Bibel über das Leben sagt

- Adam nannte seine Frau Eva (d. h. Leben), denn sie wurde die Mutter aller Lebendigen (Gen 3, 20)
- Alles, was der Mensch besitzt, gibt er hin für sein Leben (Ijob 2, 4)
- Denk daran, dass mein Leben nur ein Hauch ist (Ijob 7, 7)
- Du (Gott) zeigst mir den Pfad zum Leben (Ps 16, 11)
- Meine Lebenszeit ist vor dir wie ein Nichts (Ps 32, 4)
- Folge meinen Geboten und du wirst leben (Spr 4, 4)
- Auf, lasst uns die Güter des Lebens genießen (Weish 2, 6)
- Die Gerechten aber leben in Ewigkeit (Weish 5, 15)
- Das Leben eines Menschen dauert höchstens hundert Jahre. Wie ein Wassertropfen im Meer und wie ein Körnchen im Sand, so verhalten sich die wenigen Jahre zu der Zeit der Ewigkeit (Sir 18, 9–10)
- Der Mensch lebt nicht nur vom Brot, sondern von jedem Wort, das aus Gottes Mund kommt (Mt 4, 4)
- Wer von euch kann mit all seiner Sorge sein Leben auch nur um eine kleine Zeitspanne verlängern? (Mt 6, 27)
- Jesus: Wer sein Leben retten will, wird es verlieren, wer aber sein Leben um meinetwillen und um des Evangeliums willen verliert, wird es retten (Mk 8, 35)
- Was nützt es einem Menschen, wenn er die ganze Welt gewinnt, aber dabei sein Leben einbüßt? (Mk 8, 36)
- Der Sinn des Lebens besteht nicht darin, dass ein Mensch aufgrund seines großen Vermögens im Überfluss lebt (Lk 12, 15)
- Jesus: Ich bin der Weg und die Wahrheit und das Leben (Joh 14, 6)
- In ihm (Gott) leben wir, bewegen wir uns und sind wir (Apg 17, 28)

Geheimnis Leben

Der Sperling

Papst Gregor der Große sandte gegen Ende des 6. Jahrhunderts Bendiktinermissionare (→ S. 164ff ZdF) aus Rom nach England. Sie hatten den Auftrag, dort die Frohe Botschaft von Jesus ohne jede politische Nebenabsicht zu verkünden. Einem von ihnen, Paulinus, gelang es, bis in das ferne Northumberland vorzudringen, wo der dort herrschende Fürst, König Edwin, sich anfänglich sehr zurückhaltend gegenüber der neuen Lehre verhielt. Nach einiger Zeit des Zweifels beschloss König Edwin, eine Versammlung von Weisen einzuberufen. Bei dieser Zusammenkunft stand einer der Ratgeber auf und sagte: »König, du sitzt beim Mahl mit deinen Häuptlingen und Mannen in der Winterzeit, auf dem Herd in der Mitte flammt das Feuer, und warm ist die Halle, draußen aber rast überall der Sturmwind mit Kälte, Regen und Schnee; dann kommt ein Sperling herein und fliegt in den Saal. Durch die eine Tür fliegt er herein, durch die andere hinaus. Für die paar Augenblicke, wo er drinnen ist, wird er durch das Unwetter des Winters nicht getroffen, aber sobald er deinen Blicken entschwindet, kehrt er in den dunklen Winter zurück. Ähnlich verhält es sich, so scheint mir, mit dem menschlichen Leben. Wir wissen nicht, was ihm voraufgeht, noch wissen wir, was danach kommt. Wenn diese Lehre uns einige Sicherheit darüber bringt, ist sie wert, dass wir ihr folgen.«

Glaubensverkündigung für Erwachsene. Deutsche Ausgabe des Holländischen Katechismus

4 Ergänzt den Satz: Das Leben ist wie …
5 Ergänzt die beiden ersten Zeilen des Gedichts »Kostbar« und vergleicht eure Versuche.
6 Die schwierige, aber wichtige Erzählung von Abraham (→ S. 53 ZdF) und Isaak zeigt, dass Gott ein Gott des Lebens ist. Lest Gen 22 und zeigt an dem Text, dass Gott das Leben will.
7 Christen unterstellt man bisweilen, ihnen sei das Leben auf Erden nicht so wichtig, weil sie die Welt als ein Jammertal ansehen und auf ein besseres Leben im Jenseits hoffen. Das irdische Leben sei für sie nur eine Durchgangsstation auf dem Weg ins eigentliche Leben. Darum könnten Christen an den Freuden des Lebens nicht in vollem Maß Anteil haben und müssten sich ständig vor seinen Verlockungen in Acht nehmen. Prüft, ob sich diese Auffassung auf die Bibel stützen kann.

Kostbar

In einer Schule war die Aufgabe gestellt worden, die beiden ersten Zeilen dieses Gedichts zu ergänzen. Eine Schülerin hat dies so getan:

*Ach, dass meine Jahre
wie Schafe abgezählt sind.*

Das zu wissen lässt
jeden einzelnen Tag kostbar
und unwiederholbar erscheinen.
Deshalb müsste man eigentlich
jeden Tag so leben
als wär es der letzte.

Aber wären die Jahre
nicht wie Schafe abgezählt,
dann würden die einzelnen Tage
ihre Kostbarkeit verlieren.
Die Zeit würde unwichtig werden,
bis sich das Leben schließlich
hinzöge in unendlicher Qual.

Katharina Philipps

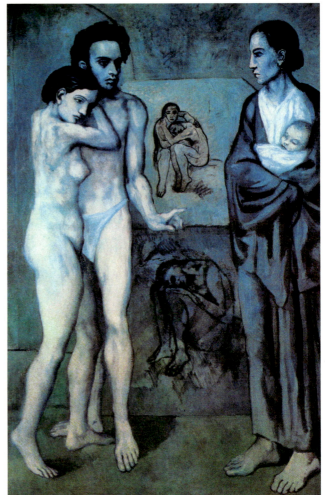

Pablo Picasso (1881–1973),
La vie (Das Leben), 1903.

Geheimnis Leben

2. Der Tod – das Ende des Lebens

Wir alle müssen sterben

Unser Leben ist befristet. Wie das Leben einen Anfang hat, so hat es auch ein Ende. Wenn es für uns eine Gewissheit gibt, so ist es diese: Wir alle müssen sterben. Mit jedem Moment unseres Lebens gehen wir auf den Tod zu, ob wir daran denken oder nicht. Jeder Augenblick bringt uns dem Tod näher. Wenn er da ist, trennt er uns endgültig von all unseren Lieben. Er durchkreuzt alle unsere Lebenspläne, die wir im Moment seines Kommens noch haben. Unerbittlich nimmt er uns alle Möglichkeiten, über die wir im Leben verfügen konnten. Nichts mehr von dem, was uns dann noch wichtig ist, können wir weiterführen. Oft sind schwere Krankheiten seine Vorboten. In der Regel ängstigen wir uns vor dem Tod. Der Gedanke an unseren Tod jagt uns einen tiefen Schrecken ein. Wir möchten vor ihm fliehen, obwohl wir wissen, dass er unabwendbar ist.

Der Tod gehört nicht von Anfang an zur Welt. In der Entwicklung (»**Evolution**«) der Erde hat er einen späten Platz. Die ältesten Gebilde der Welt wie chaotische Gasnebel, leuchtende Sternenhaufen, gigantische Feuerbälle und energiegeladene Materiekomplexe sind zwar auch vergänglich, hatten aber kein Leben und konnten daher auch nicht sterben. Erst als in der Evolution das organische Leben entstand, kam auch der Tod in die Welt. Er ist eine neue, besondere Form der Vergänglichkeit. Er ist der **Preis für das Leben.** Nur das lebendige Einzelne, das durch Selbstvermehrung oder sexuelle Fortpflanzung entstanden ist, kann sterben. Nur die Lebewesen, die darauf angewiesen sind, sich selbst durch Nahrungssuche zu erhalten, verfallen dem Tod.

Der Tod macht **alle Menschen gleich,** so unterschiedlich sie auch im Leben gewesen sind. Er trifft Mächtige und Schwache, Reiche und Arme, Junge und Alte, Gute und Böse. Er ist wie ein Schnitter, der das ganze bunte Feld des Lebens mäht. Für manche steht der Tod am Ende eines glücklichen Lebens, für manche kommt er schon dann, wenn sie noch gar nicht bewusst gelebt haben.

In der Regel wissen wir nicht, wann wir sterben. Ein altes Sprichwort sagt: **Der Tod ist gewiss, die Stunde des Todes ist ungewiss.** Wer heute 80 oder 90 Jahre lebt, hat ein hohes Alter erreicht. Wissenschaftler wollen aber die Lebensspanne des Menschen verlängern – auf 125 Jahre und mehr. Ihr Optimismus stützt sich auf Versuche an Tieren, deren Lebenszeit schon heute beträchtlich ausgeweitet werden kann.

Der Tod hat **viele Gesichter.** Manchmal setzt er dem Leben ein jähes, unverhofftes Ende, manchmal müssen Leidende lange auf ihn warten. Einer stirbt zu Hause, ein anderer im Krankenhaus, auf der Autobahn oder bei

---

> Über den **Tod** selbst wissen wir nichts Verlässliches. Wir können zwar das Sterben anderer Menschen beobachten und miterleben, aber was der Tod selber ist, bleibt ein Geheimnis. Denn niemand, der über den Tod spricht oder nachdenkt, hat den Tod selbst erlebt. Keiner kann aus eigener Erfahrung etwas über den Tod sagen. Der Tote aber spricht nicht mehr über seinen Tod. Er kann uns auch nicht mitteilen, was ihm widerfahren ist.

WAS DEM LEBEN SINN VERLEIHT, GIBT AUCH DEM TOD SINN.
Antoine de Saint-Exupéry (1900–1944), französischer Dichter (→ S. 201; 207)

Pablo Picasso (1881–1973), Am Ende der Straße, 1898/9.

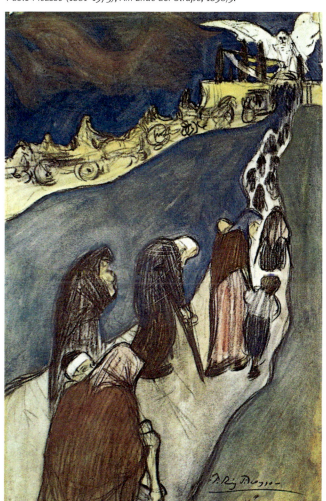

Geheimnis Leben

einer Bergwanderung. Manche finden durch die Hand anderer Menschen einen gewaltsamen Tod, manche nehmen sich aus Verzweiflung selbst das Leben. Viele Menschen sterben durch unheilvolle Katastrophen wie Krieg, Hungersnot, Erdbeben oder ansteckende Krankheiten.

Der Mensch ist auch darin ein geheimnisvolles Wesen, dass er **weiß, dass er sterben muss.** Eine Pflanze weiß nichts von ihrem Tod, Tiere können ihren herannahenden Tod immerhin erahnen. Aber der Mensch kann sich die Tatsache seines Todes jederzeit bewusst machen. Allerdings gibt es Menschen, die nicht an ihren Tod erinnert werden wollen. Sie möchten leben, ohne durch den Gedanken an den Tod gestört zu werden. Je älter ein Mensch ist, desto mehr denkt er gewöhnlich an seinen Tod. Aber auch viele Mädchen und Jungen machen sich ihre Gedanken über das Sterben und den Tod. Darum ist der Tod nicht nur ein Thema für alte Leute.

Edvard Munch (1863–1944), Am Totenbett, 1896.

Die Gedanken, die sich jemand über den Tod macht, haben große Auswirkungen auf sein Leben. Es macht einen Unterschied, ob einer den Tod für die größte Katastrophe ansieht oder ob er mit dem Tod auch Hoffnung auf das ewige Leben verbindet.

Arten der Beisetzung

Wie unsere Zeit über den Tod denkt, zeigen die verschiedenen Formen der Beisetzung.

- Es gibt die **Beerdigung** (»Erde«) in einem Grab, die **Seebestattung**, die **Einäscherung** (»Urne«).
- In letzter Zeit ist auch die **anonyme Bestattung** häufig geworden, bei der der Tote auf einem Gemeinschaftsfeld beigesetzt wird, ohne dass die Angehörigen den Zeitpunkt oder den Ort der Bestattung kennen. So verschwindet der Tote aus dem Gedächtnis der Überlebenden und macht niemandem Arbeit mit dem Grab.
- Vereinzelt gibt es schon eine Bestattung im **Weltall**, wobei eine kleine DNA-Probe und ein Foto des Toten mit einer Rakete ins All geschossen werden. Damit verbunden ist die Hoffnung, dass man vielleicht in fernen Welten mit Hilfe der DNA-Probe noch einmal geklont wird.
- Die Konservierung eines Menschen in einem **Tiefkühlschrank** geschieht in der Erwartung, dass später einmal seine Krankheit geheilt werden kann.

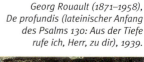

Georg Rouault (1871–1958), De profundis (lateinischer Anfang des Psalms 130: Aus der Tiefe rufe ich, Herr, zu dir), 1939.

Zum Tod verurteilt

Man stelle sich eine Anzahl Menschen vor, in Ketten gelegt und alle zum Tode verurteilt, von denen immer einige Tag für Tag vor den Augen der anderen hingerichtet werden; so dass die, die zurückbleiben, ihre eigene Lage in der ihresgleichen sehen und voller Schmerz und ohne Hoffnung aufeinander schauen und warten, dass die Reihe an sie komme. Das ist ein Bild der Lage des Menschen.

Blaise Pascal (1623–1662), französischer Mathematiker und Philosoph

Kleine Fabel

»Ach«, sagte die Maus, »die Welt wird enger mit jedem Tag. Zuerst war sie so breit, dass ich Angst hatte, ich lief weiter und war glücklich, dass ich endlich rechts und links in der Ferne Mauern sah, aber diese langen Mauern eilen so schnell aufeinander zu, dass ich schon im letzten Zimmer bin, und dort im Winkel steht die Falle, in die ich laufe.« – »Du musst die Laufrichtung ändern«, sagte die Katze und fraß sie.

Franz Kafka (1883–1917), österreichischer Dichter

Definition

Ein Hund
der stirbt
und der weiß
dass er stirbt
wie ein Hund

und der sagen kann
dass er weiß
dass er stirbt
wie ein Hund
ist ein Mensch

Erich Fried (1921–1988), deutscher Lyriker

Marc Chagall (1887–1985), Der Tote auf der Straße, 1908.

1 Die Kirche hat ein Sakrament, das bei einer schweren Krankheit gespendet wird. Was wisst ihr darüber? (→ S. 204 ZdF)
2 Sammelt aus einer Zeitung oder Illustrierten Bilder, Nachrichten und Anzeigen, die etwas mit dem Tod zu tun haben. Daraus könnt ihr eine Ausstellung zusammensetzen mit dem Thema »Der Tod eines Tages«.

Sterben bedeutet
- von einer schweren Krankheit erlöst werden
- keine Pläne mehr machen können
- nicht mehr lachen und weinen können
- in eine letzte Panik geraten
- alle Ängste los werden
- sich endgültig auf Gott besinnen
- ...

Ergänzt die Reihe.

Soldatenfriedhof

Einfach nicht mehr da

Tot. Ende, Schluss, aus vorbei.
Tot. So viele Träume nicht mehr gelebt.
Tot. Endgültig.
Tot, tot.
Tot. Nur noch der nackte Name
in einer Zeitungsannonce.
Tot. Fremd, unfassbar.
Tot. Einfach nicht mehr da.
Tot, tot.
Tot. Gestern noch ganz fröhlich und lebhaft,
heute schon ganz kalt.
Tot. Warum?
Tot. Selbst die Erinnerung
bleibt ohne Hoffnung.
Tot.

Viola Voss, Schülerin

3 Was könntet ihr einer Freundin/einem Freund schreiben, der einen Menschen verloren hat, an dem er sehr gehangen hat?
4 Wer hat schon einmal den Tod eines Menschen miterlebt? Welche Erfahrungen habt ihr dabei gemacht? Was war euch in der Trauer hilfreich, was hat euch eher abgestoßen? Vielleicht mag derjenige, der einmal dabei war, gar nicht davon reden.
5 Führt in eurer Klasse eine Befragung zu dem Thema durch »Was würde ich tun, wenn ich noch einen Tag zu leben hätte.«
6 Was erfahrt ihr in anderen Fächern über den Tod, z. B. im Biologie- oder Geschichtsunterricht?
7 Wenn ihr die Möglichkeit habt, gemeinsam einen Friedhof zu besuchen, solltet ihr euch die Gräber genauer ansehen und ihre Inschriften und Symbole zu entschlüsseln versuchen.
8 Stellt euch vor, ein Mensch, der vor 300 Jahren gestorben ist, käme heute wieder. Wie würde er sich in unserer Welt zurechtfinden?

Worte der Bibel über Sterben und Tod

- Zwischen mir und dem Tod liegt nur ein Schritt (1 Sam 20, 3)
- Wir müssen alle sterben und sind wie das Wasser, das man auf die Erde schüttet und nicht wieder einsammeln kann (2 Sam 14, 14)
- Wenn einer stirbt, lebt er dann wieder auf? (Ijob 14, 14)
- Der eine stirbt in vollem Glück, ist ganz in Frieden, sorgenfrei. Der andere stirbt mit bitterer Seele und hat kein Glück genossen (Ijob 21, 23. 25)
- Weise sterben; genauso gehen Tor und Narr zugrunde (Ps 49, 11)
- Tod und Leben stehen in der Macht der Zunge (Spr 18, 21)
- Menschen und Tiere haben ein und dasselbe Geschick. Wie diese sterben, so sterben jene (Koh 3, 19)
- Stark wie der Tod ist die Liebe (Hld 8, 6)
- Gott hat den Tod nicht gemacht und hat keine Freude am Untergang der Lebenden (Weish 1, 13)
- Heute König, morgen tot (Sir 10, 10)
- Stirbt ein Mensch, so wird ihm Moder zuteil, Maden, Geschmeiß und Gewürm (Sir 10, 11)
- Es ist ein ewiges Gesetz: Alles muss sterben (Sir 14, 17)
- Wenn das Weizenkorn nicht in die Erde fällt und stirbt, bleibt es allein; wenn es aber stirbt, bringt es reiche Frucht (Joh 12, 24)
- Der Tod wird nicht mehr sein (Offb 21, 4)

Geheimnis Leben

100

Viele **Philosophen** (→ S. 21) haben über das Leben, Sterben und den Tod des Menschen nachgedacht. Sie haben sich gefragt, ob der Tod das Ende allen Lebens für den Menschen ist. Mit Hilfe der Vernunft haben sie Argumente gesucht, die die **Unsterblichkeit** des Menschen beweisen sollen. Dazu sind sie verschiedene Wege gegangen. Diese Überlegungen sind nicht von derselben Art wie Beweise im Alltag, in der Mathematik oder in den Naturwissenschaften (> S. 216 f). Ob und in welchem Sinn diese philosophischen Überlegungen überzeugen und als Beweise anzusehen sind, ist bis heute umstritten.

1 Schaut euch die Argumente für die Unsterblichkeit genau an. Von wo nehmen sie ihren Ausgang? Welche weiteren Schritte gehen sie? Welches Ergebnis steht an ihrem Ende? Wie beurteilt ihr ihre Beweiskraft?
2 Habt ihr eigene Überlegungen zur Unsterblichkeit?
3 In Deutschland, wo die Distanz zur Religion größer ist als in den meisten anderen Ländern der Welt, glaubt immerhin jeder zweite an die Unsterblichkeit des Menschen, im Osten des Landes allerdings nur jeder vierte. Wie erklärt ihr euch das?

3. Gedanken über die Unsterblichkeit

Die Philosophen

Unweigerlich stellt sich uns die Frage, ob der Tod das Ende des Lebens ist oder ob es ein Weiterleben nach dem Tod gibt. Ist der sterbliche Mensch doch unsterblich? Wer an ein Weiterleben glaubt, wird sich auch fragen, wie und in welcher Form der Mensch weiter existiert. Wird der ganze Mensch in ein unsterbliches Wesen verwandelt? Lebt allein seine Seele im Jenseits fort? Wird der Mensch mit Leib und Seele auferstehen? Oder wird er im Diesseits wieder geboren? Mit diesen Fragen haben sich überall in der Welt die Philosophen befasst.

Argumente für die Unsterblichkeit

▶▶ Der Mensch besteht aus Leib und Seele. Der menschliche Leib ist körperlich (materiell), die menschliche **Seele** ist unkörperlich (immateriell). Was materiell ist, hat Teile und kann daher in verschiedene Bestandteile zerfallen. Was immateriell ist, hat keine Teile und kann daher auch nicht in verschiedene Bestandteile zerfallen. Was nicht zerfallen kann, ist unvergänglich, d. h. unsterblich. Also ist die menschliche Seele unsterblich.

▶▶ Der menschliche **Geist** kennt in mancher Hinsicht **keine Grenzen**. Mit seiner Erkenntnisfähigkeit ist er in der Lage, über **alles** nachzudenken, was in seinen Blickpunkt kommt. Es gibt nichts, für das er sich nicht interessieren kann. Was immer in seinen Horizont tritt, damit kann er sich befassen, sei es noch so klein oder groß. Die am weitesten entfernten Sterne im Weltall werden vom Menschen ebenso untersucht wie die am längsten zurückliegenden Ereignisse der Geschichte. Die Bewegungen der kleinsten Elementarteilchen finden ebenso seine Aufmerksamkeit wie die Gefühle der Menschen oder die Gesetze der Mathematik. Auch über Zeit und Ewigkeit und selbst über Gott kann der Mensch nachdenken. Diese Ausrichtung auf »alles« ist ein Beweis dafür, dass der menschliche Geist nicht in Raum und Zeit aufgeht. Also ist er auch selbst ohne räumliche und zeitliche Grenzen und damit unvergänglich und unsterblich.

▶▶ Manche Menschen geben sich viel Mühe und sind eher gerecht, andere handeln egoistisch, brutal und ungerecht. Es gibt solche, die man eher als »gut« und solche, die man eher als »böse« bezeichnen kann. Nun geht es aber den **Gerechten** in der Welt oft nicht gut und den **Ungerechten** oft nicht schlecht. Insofern stimmt in der Welt etwas Wesentliches nicht. Die ganze **Ordnung der Welt** wäre aber sinnlos, wenn es dabei sein Bewenden hätte. Wenn die Welt wirklich einen Sinn hat, dann muss es einen Ausgleich geben. Dann müssen die Gerechten ihren Lohn und die Ungerechten ihre Strafe erhalten. Da dies nicht immer in diesem vergänglichen Leben geschieht, muss es ein anderes unvergängliches Leben geben. Es ist ein Leben der Unsterblichkeit.

Die Religionen

Die meisten Völker und Kulturen kennen die Hoffnung auf Unsterblichkeit. Die besten und weisesten Menschen aller Zeiten haben an die Unsterblichkeit des Menschen geglaubt. Alle **Religionen** der Menschheit sind davon überzeugt, dass der Tod für den Menschen nicht das absolute Ende ist, sondern ein Tor, durch das er in ein anderes Leben eintritt.
Schon die alten Ägypter glaubten, dass der Mensch in einem Totengericht von den Göttern geprüft und entsprechend seinen Taten belohnt oder

bestraft werde. Wie die Sonne nicht sterbe, wenn sie abends am Horizont untergehe, so lebe auch der Mensch weiter, wenn er gestorben sei. Darum richteten sie ihr gegenwärtiges Leben auf das zukünftige aus. Auch die Römer und Griechen, die Germanen und Gallier, die Indianer und Eskimos hatten und haben eigene Vorstellungen vom Weiterleben und von der Welt, die sie nach dem Tod erwartet. Da gibt es eine Unterwelt, Festsäle, ewige Jagdgründe, Wälder, Höhlen und Hallen, in denen die Toten ihr Dasein fristen. Manche glauben, dort sei es schlechter als im irdischen Leben, andere sind davon überzeugt, dort besser und glücklicher leben zu können.

Eine so weit verbreitete Auffassung kann – so meinen manche Philosophen – kaum falsch sein. Sie verdient unseren Respekt und unsere Aufmerksamkeit. Sie halten es daher für sinnvoll, an die Unsterblichkeit zu glauben.

> Alle bedeutenden **Religionen,** die heute auf der Welt verbreitet sind, glauben an ein **Weiterleben.** Das gilt insbesondere für das Judentum, das Christentum und den Islam, in abgewandelter Weise auch für die Religionen Asiens, also für den Hinduismus und den Buddhismus. Der weitaus größte Teil auch der gegenwärtig lebenden Menschheit ist davon überzeugt, dass der Tod nicht das endgültige Ende des Menschen ist.

Auf der Suche nach Leben

Ein altes babylonisches Epos, das um 2000 vC entstanden ist, erzählt von Gilgamesch, dem König von Uruk. Als sein Freund Enkidu starb, wurde ihm auch seine eigene Sterblichkeit schmerzlich bewusst. Er fragte sich, ob er ihr entgehen könne, und machte sich auf die Suche nach Unsterblichkeit. Schließlich stieß er auf Ziusudra (anderer Name: Utnapischtim), der allein mit seiner Frau eine Sintflut überstanden hatte. Dieser sagte:

Herbert Falken (geb. 1932), Nacht und Engel, 1983.

Gilgamesch, ich will dir noch ein Geheimnis enthüllen, von dem nur die Götter Kenntnis haben. Es gibt in der Tiefe des Meeres ein Gewächs, das ist dem Stechdorn ähnlich. Wie eine Rose sticht sein Dorn deine Hand. Wenn du dieses Gewächs heraufholst, wirst du das Leben finden.

Kaum hatte Gilgamesch dies vernommen, band er schwere Steine an seine Füße und warf sich in das Wasser. Die Steine zogen ihn nieder bis auf den Grund und dort fand er das Gewächs. Es stach seine Hand, doch er zog sie nicht zurück. Er hielt es fest, als hielte er das Leben selbst in der Hand, riss es aus und schnitt die Steine von seinen Füßen. So tauchte er empor und die Flut warf ihn an Land. Hier erwartete ihn der Schiffer mit seinem Boot. Gilgamesch fröstelte, alles erschien ihm unbekannt. Er stieg in das Boot und der Schiffer ruderte ihn über das weite Meer. Doch alles war verändert. Sie legten an einer Küste an und gingen einen Weg, auf dem es kein Gasthaus am Meer, keinen finstern Berg gab. Sie zogen durch eine flache Steppe mit Gräsern, Tieren und Brunnen. Menschen trafen sie nicht. Gilgamesch betrachtete immer wieder das Stechkraut, durch das er das Leben finden

Geheimnis Leben

102

> Der Mensch soll an Unsterblichkeit glauben, er hat dazu ein Recht, es ist seiner Natur gemäss.
>
> *Johann Wolfgang von Goethe (1749–1832)*

sollte. Welches Leben? Immer jung bleiben, immer wieder jung werden? Er dachte an die alten Menschen in Uruk, denen er von diesem Kraut zu essen geben wollte. Reichte das Gewächs für alle? Würde es weiter wachsen? Er konnte nicht mehr nur an sein eigenes ewig junges Leben denken. Er dachte daran, dass er nun für immer die Angst vor dem Tod vertreiben konnte und ewige Jugend allen Menschen beschieden sei. Aber er wurde bei diesem Gedanken nicht froh.

Am Abend rasteten sie an einem Brunnen. Es war derselbe Brunnen, den er mit seinem Freund Enkidu gegraben hatte. Da verlockte ihn die Kühle des Wassers, in ihm zu baden. Er legte das Stechkraut auf den Brunnenrand, trank und stieg in den Brunnen. Zum ersten Mal auf seiner Fahrt fühlte er sich völlig frei und glücklich. Er vergaß das Kraut, vergaß seine Mühen und sein Leid, vergaß alles, was ihn bedrückt hatte. Aber nur kurz war dieser Augenblick des Freiheits- und Glücksgefühls. Als er aus dem Brunnen stieg, gerann ihm das Blut in den Adern. Er sah, dass eine Schlange das Lebenskraut auf dem Brunnenrand mit dem Maul ergriffen hatte und es gerade verschlang. Gilgamesch stürzte sich auf sie, ihr die Beute abzujagen, doch die Schlange entkam. Er verfolgte sie und gerade, als er die Hand ausstreckte, sie zu ergreifen, geschah etwas Seltsames. Die Schlange entwand sich ihrer Haut, schlüpfte verjüngt und glänzend aus dem alten Schlauch und verschwand. Gilgamesch hielt die leere Schlangenhaut in seiner Hand. Er schrie laut auf und stand dann wie versteinert in seinem Schmerz.

Als sich seine Erstarrung löste, vernahm er eine Stimme in seinem Herzen: »Gilgamesch, *das* Leben, das *du* suchst, wirst du nicht finden!« Und er begriff. Welches Leben hatte er gesucht? Die ewige Jugend hatte er gesucht, das Unveränderliche, Bleibende. Welch einen Weg war er dafür gegangen? Wie viele Wandlungen hatte er durchgemacht? Plötzlich erkannte er, dass er mehr war als die Schlange, dass die Verwandlung, die sich an ihm vollzogen hatte, nicht die äußere Hülle, sondern ihn selbst betraf, seine Seele, sein Wesen, das verwandelt doch er selbst blieb, und dass dies das eigentliche Leben war. Es war ihm nicht mehr erstrebenswert, immer gleich in ewiger Jugend dahinzuleben. Er begriff, dass so, wie er durch den Schlaf gegangen und verwandelt er selbst geblieben war, er auch durch den Tod gehen würde, verwandelt und doch er selbst in einer neuen Daseinsform. Er fürchtete den Tod nicht mehr.

aus dem Gilgamesch-Epos

Volkstümliche Darstellung eines Sterbenden, dessen Seele von einem Engel in Empfang genommen wird.

4 Viele Leute sagen heute:
Ich sterbe, aber ich lebe in meinen Kindern weiter. –
Ich sterbe, aber mein Lebenswerk wird dauernden Bestand haben. –
Ich sterbe, aber die Menschheit wird eine große Zukunft haben.
Wie wird hier Unsterblichkeit verstanden?

5 Warum fällt es den Menschen in Wohlstandsgesellschaften wie Deutschland und der westlichen Welt oft viel schwerer, an ein Leben nach dem Tod zu glauben als den Menschen, die anderswo leben?

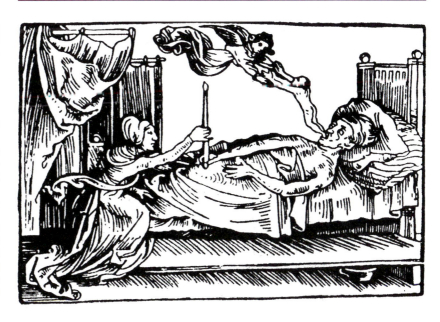

Geheimnis Leben

Wir sind auf der Erde nicht zu Hause

Der Dichter Heinrich Böll hat einmal gesagt: »Jeder Mensch ist ein Gottesbeweis.« Auf die Frage, wie er das meine, gab er zur Antwort:

Die Tatsache, dass wir alle eigentlich wissen – auch wenn wir es nicht zugeben –, dass wir hier auf der Erde nicht zu Hause sind, nicht ganz zu Hause sind. Dass wir also noch woanders hingehören und von woanders herkommen. Ich kann mir keinen Menschen vorstellen, der sich nicht – jedenfalls zeitweise, stundenweise, tageweise oder auch nur augenblicksweise – darüber klar wird, dass er nicht ganz auf diese Erde gehört.

Heinrich Böll (1917–1985), deutscher Schriftsteller, Nobelpreis für Literatur 1972

Karl Barth (1886–1968), ein großer evangelischer Theologe, wurde einmal gefragt: »Werden wir nach dem Tod unsere Lieben wiedersehen?« Seine Antwort: »Ja, aber die anderen auch.«

On Kawara (geb. 1933), Datum des Tages.

Der Künstler stellt ausschließlich Tagesdaten dar, um so auf die Wichtigkeit jedes Augenblicks hinzuweisen. Seine vielen Bilder machen darauf aufmerksam, dass man keinen Augenblick festhalten kann.

Wolfgang Mattheuer (geb. 1927), Osterspaziergang II, 1971.

Geheimnis Leben

Viele Menschen haben ihre **Probleme mit der Unsterblichkeit.** Sie glauben nicht an ein Weiterleben nach dem Tod. Für sie ist das irdische Leben das einzige Leben. Die Gedanken, die die Unsterblichkeit des Menschen beweisen sollen, finden bei ihnen keine Zustimmung. Dagegen spricht ihre Lebenserfahrung, die nichts anderes zulässt, als das, was sie mit ihren Augen sehen, mit ihren Händen greifen und mit ihrem Verstand berechnen können. Heute ist diese Einstellung vor allem in Europa weit verbreitet.

○ Welche Argumente leuchten euch mehr ein – die, die Unsterblichkeit zu beweisen, oder die, die sie zu widerlegen versuchen?

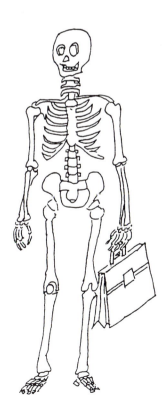

4. Kritik am Jenseits

Argumente gegen die Unsterblichkeit

Die Philosophen haben auch einige Überlegungen (»Beweise«) entwickelt, in denen sie die Kritik am Jenseits formulieren.

▶▶ Mit dem Tod des Menschen sterben sein **Leib** und seine **Seele** in gleicher Weise. Der Leib zerfällt in seine materiellen Teile, die Seele verliert ihre Lebenskraft und vergeht wie die Melodie eines Liedes, die sich ins Nichts verliert. Ohne die leiblichen Organe des Menschen kann die Seele nichts mehr tun und nicht mehr sein.

▶▶ Der Mensch besteht gar nicht aus Leib und Seele. Er ist ein rein **materielles Gebilde**. Wenn sich sein Körper im Tod auflöst, bleiben zwar die materiellen Teilchen erhalten, aber nicht mehr in der Zusammenstellung, die den Menschen bildete. Diese »Kombination Mensch« ist dann unwiederbringlich tot, während die materiellen Teilchen andere Kombinationen im Kreislauf der Natur eingehen.

▶▶ Man kann **keinen Toten befragen**, ob es ein Jenseits gibt, in dem Menschen auf ewig leben. Denn niemand ist jemals von da zurückgekommen, der Auskunft gegeben hätte.

▶▶ Alle Menschen sehnen sich nach Glück und Freude, sind aber oft glück- und freudlos. Sie möchten in Frieden leben und nicht vom Tod bedroht werden, wissen sich aber in ständigen Konflikten und dem Tod ausgeliefert. Aus ihrer Sehnsucht nach Glück entwickeln sie Bilder einer besseren Welt, in der es nicht mehr die Mühen und Leiden dieser Welt gibt. Da ist der Mensch nicht mehr dem Tod verfallen. Da kann er ohne Sorgen und Schmerzen auf immer leben. Diese Bilder der Sehnsucht sind nicht realistisch. Sie kommen aus der Hoffnung, es könnte tatsächlich einen so guten Zustand geben. Der Glaube an die Unsterblichkeit ist nichts als **Illusion und Phantasie**. Er ist die Kehrseite eines beschädigten Lebens.

Gedanken über die Seele

- **Heraklit** (ca. 550–480 vC), griechischer Philosoph:
  »Die Grenzen der Seele wirst du nicht finden, auch wenn du alle Wege durchwanderst, so tiefen Grund hat sie.«
- **Wilhelm von Humboldt** (1767–1835), deutscher Forscher und Staatsmann:
  »Es ist unglaublich, wie viel Kraft die Seele dem Körper zu leihen vermag.«
- Ein **Indischer Fürst** unternahm schon vor zweitausend Jahren den Versuch, die Nichtexistenz einer leiblosen Seele zu beweisen. Er ließ Verbrecher in verschlossenen Kisten sterben und befahl zu beobachten, ob man eine Seele entweichen sehe oder ob das Gewicht der Kiste abnehme.
- Der bekannte deutsche Arzt **Rudolf Virchow** (1821–1903) urteilte kaum anders, als er einmal sagte:
  »Ich habe schon tausende Menschen operiert, aber in ihnen noch nie eine Seele gesehen.«
- Der griechische Philosoph **Plato** (427–347 vC) sagte bei einem ähnlichen Problem zu einem seiner Schüler:
  »Du hast zwar gute Augen im Kopf, aber keinen Verstand.«

5. Der Tod Jesu

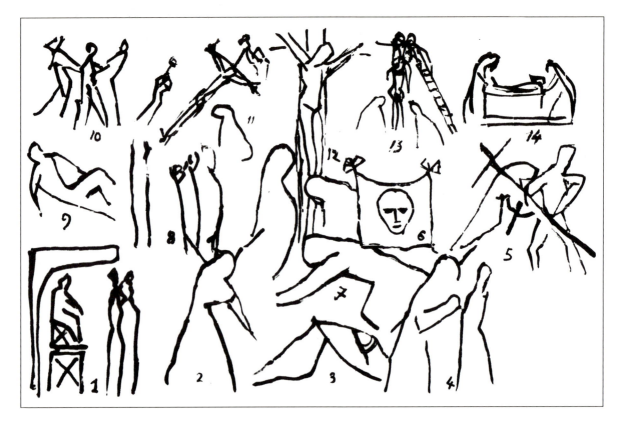

Für Christen ist Jesus das wichtigste Modell des Lebens und Sterbens, des Lebens vor dem Tod und des Lebens nach dem Tod. Darum nähern sich Christen am ehesten dem Geheimnis des Lebens, wenn sie das Leben, den Tod und die Auferweckung Jesu betrachten. Vom Tod Jesu und von dem

PROJEKT

Für das Projekt **»Stationen und Personen in den Passionserzählungen«** könnt ihr vier Arbeitsgruppen bilden, die sich jeweils mit einem der vier Evangelien befassen. Gemeinsam sollt ihr ein **biblisches Lexikon** über die Orte und Personen erstellen, die in den Evangelien erwähnt werden. Sucht dazu die entsprechenden Stellen und Situationen heraus und ordnet sie alphabetisch. Achtet in einem weiteren Schritt darauf, worin die Evangelien übereinstimmen und worin sie sich unterscheiden (→ S. 60f). Hilfen findet ihr S. 94ff und 115 ZdF.

1. **Orte** auf dem Leidensweg Jesu: Abendmahlssaal – Amtssitz des Pilatus – Getsemani – Golgota – Ölberg – usw.
2. **Menschen** der Passionsgeschichte: Barabbas – Hannas – Herodes – Magd – usw.
3. **Drei Worte Jesu**, seiner Freunde und Gegner heraussuchen, die euch typisch erscheinen
4. Für den Schluss des Lexikons einen kurzen **Artikel** schreiben, was der Tod Jesu für ihn selbst, für seine Anhänger und Gegner, für unsere Zeit bedeutet.
5. Die eine oder andere Szene in einem **Rollenspiel** (→ ZdF S. 48) darstellen, z. B. den Verrat des Judas, das Verhör vor dem Hohenpriester oder die Verleugnung des Petrus

Henri Matisse (1869–1954), Kreuzweg in der Rosenkranzkapelle in Vence, Südfrankreich, 1949–51.

Die einzelnen Stationen:

1. Jesus wird zum Tod verurteilt
2. Jesus nimmt das Kreuz auf sich
3. Jesus fällt zum ersten Mal unter dem Kreuz
4. Jesus begegnet seiner Mutter
5. Simon von Kyrene hilft Jesus das Kreuz tragen
6. Veronika reicht Jesus das Schweißtuch
7. Jesus fällt zum zweiten Mal unter dem Kreuz
8. Jesus begegnet den weinenden Frauen
9. Jesus fällt zum dritten Mal unter dem Kreuz
10. Jesus wird seiner Kleider beraubt
11. Jesus wird an das Kreuz genagelt
12. Jesus stirbt am Kreuz
13. Jesus wird vom Kreuz abgenommen
14. Der Leichnam Jesu wird ins Grab gelegt

Christen glauben: Gott ist das Leben. Gott schenkt das Leben. Gott nimmt das Leben. Gott bewahrt das Leben über den Tod hinaus. Niemand ist Herr über das Leben als Gott allein. Weil das Leben mit Gott zu tun hat, bleibt es ein **Geheimnis**, das man nicht in jeder Hinsicht ergründen kann.

Die Todesstunde Jesu wird von Markus mit drei auffälligen Zeichen beschrieben.
1. Die Sonnenfinsternis über dem ganzen Land ist ein religiöses Zeichen, das die Endzeit und das letzte Gericht ankündigt.
2. Mit dem Zerreißen des Vorhangs im Allerheiligsten des Tempels (→ S. 96f ZdF), das nur der Hohepriester (→ S. 120 ZdF) betreten durfte, steht der Weg zu Gott nun allen Menschen offen. Der Jerusalemer Tempelkult verliert seine Bedeutung. An seine Stelle tritt das Kreuz.
3. Ausgerechnet der römische Hauptmann, der die Hinrichtung Jesu durchgeführt hat, spricht als erster Mensch aus, wer Jesus ist.

Weg, der dahin führte, erzählen die **Passionsgeschichten** (Passion, lat.: »Leiden«) der vier Evangelien (→ S. 58 f) auf unterschiedliche Weise (Mt 26–27; Mk 14–15; Lk 22–23; Joh 18–19). Diese Texte sind ausführlicher und zusammenhängender als die zu allen Themen, welche sonst in den Evangelien zur Sprache kommen.

Der älteste Bericht vom Tod Jesu

33 Als die sechste Stunde kam (gegen 12 Uhr), brach über das ganze Land eine Finsternis[1] herein. Sie dauerte bis zur neunten Stunde. 34 Und in der neunten Stunde rief Jesus mit lauter Stimme: Eloï, Eloï, lema sabachtani? das heißt übersetzt: Mein Gott, mein Gott, warum hast du mich verlassen? (Ps 22, 2) 35 Einige von denen, die dabei standen und es hörten, sagten: Hort, er ruft nach Elija! (→ S. 44 f) 36 Einer lief hin, tauchte einen Schwamm in Essig, steckte ihn auf einen Stock und gab Jesus zu trinken (Ps 69, 22). Dabei sagte er: Lasst uns doch sehen, ob Elija kommt und ihn herabnimmt. 37 Jesus aber schrie laut auf. Dann hauchte er den Geist aus. 38 Da riss der Vorhang im Tempel[2] von oben bis unten entzwei. 39 Als der Hauptmann[3], der Jesus gegenüberstand, ihn auf diese Weise sterben sah, sagte er: Wahrhaftig, dieser Mensch war Gottes Sohn. 40 Auch einige Frauen sahen von weitem zu, darunter Maria aus Magdala (→ S. 129 ZdF), Maria, die Mutter des Jakobus dem Kleinen und Joses, sowie Salome; 41 sie waren Jesus schon in Galiläa nachgefolgt und hatten ihm gedient. Noch viele andere Frauen waren dabei, die mit ihm nach Jerusalem hinaufgegangen waren.

aus dem Evangelium nach Markus 15, 33–41

Alfred Manessier (1911–1993), Dornenkrone, 1952.

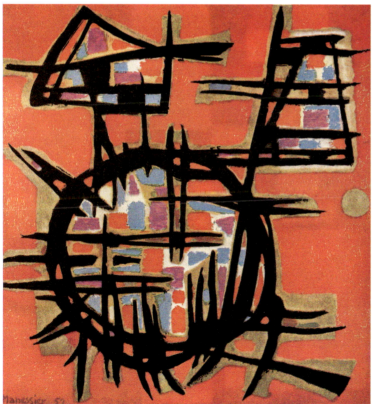

Die sieben letzten Worte Jesu

- »Mein Gott, mein Gott, warum hast du mich verlassen?« (Ps 22, 2) (Mk 15, 34; ähnlich auch Mt 27, 46)
- »Vater, vergib ihnen, denn sie wissen nicht, was sie tun.« (Lk 23, 34)
- »Amen, ich sage dir: heute noch wirst du mit mir im Paradies sein.« (Lk 23, 43)
- »Vater, in deine Hände lege ich meinen Geist (Ps 31, 6).« (Lk 23, 46)
- »Frau, siehe dein Sohn! ... Siehe deine Mutter!« (Joh 19, 26 f).
- »Mich dürstet (Ps 22, 16).« (Joh 19, 28)
- »Es ist vollbracht.« (Joh 19, 30)

Die Strafe der Kreuzigung

Die Kreuzigung war eine der brutalsten Strafen, die die Antike kannte. Ihr ging oft eine Geißelung voran, bei der die Soldaten mit Lederpeitschen auf den Verurteilten so lange einschlugen, bis seine Haut blutete. Dann musste er den Querbalken des Kreuzes bis zum Ort der

Geheimnis Leben

Kreuzigung schleppen. Der Weg sollte durch eine dicht bewohnte Gegend führen, damit von der Prozedur eine abschreckende Wirkung ausging. An der Hinrichtungsstelle wurde der Gekreuzigte wahrscheinlich unbekleidet mit beiden Armen an den Querbalken genagelt, wobei die Nägel nicht durch die Hände, sondern die Handgelenke am Unterarm getrieben wurden. Der Balken wurde dann an dem senkrecht stehenden Pfahl befestigt. Die Füße wurden entweder angebunden oder angenagelt. Ein Sitzpflock sollte den Gekreuzigten festhalten und sein rasches Ende verhindern. Die Qualen der Wunden, des Durstes und der Hitze waren furchtbar. Oft trat der Tod nicht infolge von Verblutung, sondern Erschöpfung ein, wenn der Gekreuzigte nicht mehr atmen konnte und erstickte, oder wenn sein Kreislauf versagte. Antike Autoren bezeichnen die Kreuzesstrafe als die grausamste und schändlichste aller Todesarten. Im Römischen Reich durften römische Bürger nicht gekreuzigt werden. Diese ehrenrührige Strafe war für Fremde und Sklaven reserviert. Die entsprechende jüdische Strafe war die Steinigung.

> Die Freunde Jesu hatten ein großes Interesse daran, die Erinnerung an den **Tod Jesu** festzuhalten, weil dieser Tod für sie nicht nur ein **historisches Datum**, sondern das **Ereignis des Heils** ist, das zusammen mit der Botschaft von der Auferstehung Jesu im Mittelpunkt ihres Glaubens steht.

Matthias Grünewald (um 1480–1528), Die Kreuzigung Jesu, Isenheimer Altar, um 1512.

Die Unterstellung, die Juden seien **für den Tod Jesu verantwortlich**, lieferte den Christen oft eine fatale Begründung für blutige Verfolgungen der **Juden**. Ausgerechnet der Tod Jesu bot ihnen einen Anlass, jüdisches Leben vieltausendfach zu zerstören. Dabei ist an der Verantwortlichkeit des **Pilatus** nicht zu zweifeln, so sehr der Tod Jesu auch dem **Hohen Rat** willkommen war.

Herbert Bayer (1900–1985), Deposition (lat.: »Aufbewahrung«, »Hinterlegung«), 1940. Das Bild zeigt die Leidenswerkzeuge Jesu.

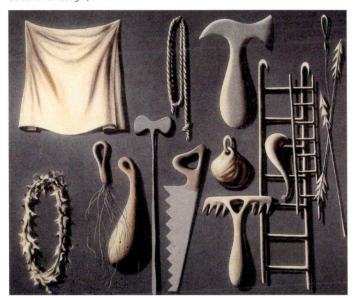

1 Wie das Kreuz von Christen gedeutet wird: Mk 8, 34; Röm 5, 8–11; 1 Kor 1, 18–23.
2 Wo kommt das Kreuz im Leben der Christen vor? Fertigt eine Liste an, auf der ihr aufschreibt, wo sich Kreuze in eurer Umwelt befinden. Sammelt Bilder, Postkarten, Fotos mit Kreuzen und vergleicht die Darstellungen miteinander. Warum ist das Kreuz das wichtigste Zeichen der Christen geworden? (→ S. 190 f ZdF und S. 160 f)
3 Wie erinnern sich Christen in der Liturgie (→ S. 185) der Karwoche an das Leiden und Sterben Jesu?
4 Welche Lieder handeln vom Leiden und Sterben Jesu? Beispiele findet ihr im Gotteslob. Was wollen sie vermitteln? Wie wirken sie auf euch?

Warum wurde Jesus zum Tode verurteilt?
Historiker und Theologen geben Antwort

▸▸ Manche Fachleute nehmen an, der Hohe Rat und die Schriftgelehrten (→ S. 120 ZdF) seien gegen ihn eingestellt gewesen, weil er die Thora (→ S. 260) zu frei ausgelegt und oft scharfe Kritik an den Pharisäern (→ S. 118 f ZdF) geübt habe. Letztlich sei er wegen seines **messianischen Selbstbekenntnisses** (Mt 26, 63 f; → S. 263) vor dem Hohen Rat verurteilt worden, wo man ihm auch Gotteslästerung vorwarf. Da der Hohe Rat aber ein Todesurteil nicht vollstrecken durfte, habe man Jesus dem Pilatus (→ S. 125 ZdF) überstellt und ihm dabei aufwieglerische Tendenzen unterstellt, die allein für Pilatus als todeswürdiges Verbrechen gelten konnten.

▸▸ Dem halten andere entgegen, dass ein messianischer Anspruch bei den Juden nicht als ein todeswürdiges Verbrechen angesehen wurde und dass das Bekenntnis Jesu historisch auch nicht eindeutig gesichert sei. Jesus habe sterben müssen, weil er kritisch gegenüber dem **Tempel von Jerusalem** (→ S. 96f ZdF) eingestellt war, der auch für die Römer ein Symbol für die politische Stabilität im Land war. Ein Drohwort gegen den Tempel und eine Aktion im Tempel konnten als der Beginn eines Aufstands angesehen werden und erfüllten für die Behörden juristisch und politisch den Tatbestand der Rebellion (Mk 11, 15–19; 14, 57). Tatsächlich wurde »König der Juden« auch als Grund seiner Verurteilung auf dem Kreuzestitel angegeben. Insgesamt werden religiöse und politische Motive zu seiner Verurteilung geführt haben.

▸▸ Historisch falsch und zugleich absurd ist es, **die Juden und das ganze jüdische Volk** für den Tod Jesu verantwortlich zu machen (→ S. 276). Man kann beobachten, dass in den später entstandenen Evangelien, vor allem bei Johannes, **Pilatus** mehr und mehr von der Schuld entlastet und die Juden immer mehr belastet werden. In dieser Tendenz spiegeln sich die frühen Auseinandersetzungen zwischen Juden und Christen wider. Die Christen waren enttäuscht, dass die meisten Juden dem Ruf Jesu nicht gefolgt, sondern ihrer Lehre treu geblieben waren. Daraus entwickelten sie harte Vorwürfe gegen die Juden. In den Evangelien erscheinen diese mehr und mehr als die eigentlichen Betreiber von Jesu Tod. Der nicht historische Blutschrei der Juden vor Pilatus »Sein Blut komme über uns und unsere Kinder« (Mt 27, 25) hat in der Geschichte viel Unheil angerichtet.

▸▸ Der **Glaube** der Evangelisten leuchtet auf, wenn sie an wichtigen Stellen betonen, dass alles »nach den Schriften« geschehe und Jesus leiden »musste« (Lk 24, 26f). Damit zeigen sie, dass Jesus nicht durch ein blindes Schicksal überrascht wurde, sondern seiner Sendung treu blieb. Darin erfüllte er die Aufgabe seines Lebens. Schon früh bekannten die Christen: Jesus gab sein Leben **für die Menschen** hin (1 Kor 15, 3). Er starb, weil wir so sind, wie wir sind. Durch sein Leben und seinen Tod hat er auf seinen Weg zu Gott aufmerksam gemacht. Er hat gezeigt, dass wir alle auf Erlösung angewiesen sind und im Leiden und Tod auf die Liebe Gottes hoffen dürfen.

6. Die Auferweckung Jesu

Für die Anhänger Jesu bedeutete sein Tod zunächst die Erschütterung all ihrer Hoffnung, die sie auf ihn gesetzt hatten. Schrecklicher und unsinniger konnte das Leben Jesu nicht enden. Es musste so scheinen, dass Jesu Verkündigung des Reiches Gottes, sein Ruf zu einer neuen Freiheit und seine Forderung nach unbegrenzter Liebe endgültig gescheitert waren. Er war das Opfer von brutaler Gewalt geworden. Auch in seinem Fall hatten offensichtlich, wie so oft in der Geschichte, blinder Fanatismus und politische Berechnung über Liebe und Gerechtigkeit gesiegt.

Mit dieser Katastrophe hätte die Sache Jesu wohl auch ein Ende gehabt, wenn nicht bald nach seinem Tod eine unerhörte Botschaft verkündet worden wäre, die den Tod Jesu in einem ganz neuen Licht sehen ließ. Sie lautet: Der gekreuzigte **Jesus wurde von Gott auferweckt** und lebt. Die Freunde Jesu glaubten nun endgültig, dass der Gott Jesu ein Gott des Lebens ist, der den Tod überwindet. Damit begann für sie eine neue Zeit. Dieser Glaube war auch für sie selber eine Art Auferweckung aus Verzweiflung und Ratlosigkeit zu neuer Hoffnung und Freude.

Kreuz und Auferstehung gehören untrennbar zusammen. Erst die Auferweckung deutet das Kreuz Jesu. Sie nimmt ihm seine Anstößigkeit und Schande. Durch sie bleibt der Tod Jesu nicht ein tragisches Geschehen ohne Sinn. Er wird zu einem Ereignis, das in der Geschichte einmalig ist. Gott hat Jesus endgültig bestätigt.

Egbert-Codex, Die Frauen am Grab, um 1000.

Die Bedeutung der Auferstehung

■ Ohne den Auferstehungsglauben würden wir heute kaum mehr viel von **Jesus** wissen. Niemand hätte sich lange für den gekreuzigten Juden interessiert, der ein Schicksal wie viele andere erlitten hatte.

■ Nur weil die Jünger Jesu an seine Auferweckung glaubten und diese Botschaft auch anderen mitteilen wollten, entstand das **Neue Testament,** das vor allem von der Auferstehung Jesu handelt. Um der Auferstehung willen wurden auch die anderen Begebenheiten des Lebens und Sterbens Jesu erzählt.

■ Im Glauben an ihn entstanden auch die **ersten Gemeinden.** Bis heute kann man die Christenheit als die Gemeinschaft ansehen, die glaubt, dass Gott den gekreuzigten Jesus auferweckt und so seinen Anspruch und seine Botschaft bestätigt hat.

■ Der gekreuzigte und auferstandene Jesus ist zu einer bedeutenden Gestalt der **Weltgeschichte** geworden. Von ihm wird seit zweitausend Jahren in ununterbrochener Überlieferung erzählt. Von ihm ist auch heute täglich unzählige Male in Kirchen, Häusern, Schulen, Hochschulen, auf Plätzen und in den Medien die Rede. Er ist zum Grund dafür geworden, dass viele Menschen ihrem Leben Sinn und Hoffnung geben können, indem sie wie er in ihrem Leben und Sterben auf Gott vertrauen.

1. Eine synoptische Zuammenstellung der Evangelientexte von der Auferstehung Christi findet ihr S. 61. An ihr lassen sich viele interessante Beobachtungen machen.
2. Macht anhand der vier Evangelien eine Aufstellung der Szenen, die von der Auferweckung Jesu erzählen. Achtet dabei auf die verschiedenen Situationen, Erscheinungen, Personen und Worte. Für eure Arbeit könnt ihr vier verschiedene Gruppen bilden, die jeweils einen Evangelientext untersuchen. Anregungen findet ihr im Projekt: → S. 106.

3 In den Auferstehungstexten gibt es viele Stellen mit Symbolcharakter. Macht euch dies an einem Beispiel klar.

4 Betrachtet die Abbildungen über die Auferstehung in diesem Kapitel und sucht auch noch andere Bilder zu diesem Thema. Welche Abbildung gefällt euch am besten? Welche entspricht den Bibeltexten am ehesten? (→ S. 112 f ZdF)

Matthias Grünewald (um 1480–1528), Auferstehung Christi, um 1512.

Das älteste Zeugnis von der Auferstehung Christi

Das älteste Zeugnis von der Auferstehung Jesu findet sich nicht in den Evangelien, sondern im 1. Brief des Paulus (→ S.146 f ZdF) an die Korinther, der um ca. 56/57 nC geschrieben wurde. Die im Text genannte »Überlieferung« von der Auferstehung ist gewiss noch älter und geht auf die Zeit unmittelbar nach dem Tod Jesu zurück, also etwa das Jahr 40 nC. Paulus spricht hier – anders als später die Evangelien – in aller Kürze, ohne jede Veranschaulichung, vom Tod, Begräbnis und von der Auferstehung Jesu. Außerdem enthält der Text eine alte Liste der Zeugen, denen Jesus nach seinem Tod erschienen ist. Auch sie unterscheidet sich in mancher Hinsicht von den Angaben der Evangelien.

3 Denn vor allem habe ich euch überliefert, was auch ich empfangen habe: Christus ist für unsere Sünden gestorben, gemäß der Schrift, 4 und ist begraben worden. Er ist am dritten Tag auferweckt worden gemäß der Schrift, 5 und erschien dem Kephas (Petrus), dann den Zwölf. 6 Danach erschien er mehr als fünfhundert Brüdern zugleich; die meisten von ihnen sind noch am Leben, einige sind entschlafen. 7 Danach erschien er dem Jakobus, dann allen Aposteln. 8 Als letztem von allen erschien er auch mir, dem Unerwarteten, der »Missgeburt«. 9 Denn ich bin der geringste von den Aposteln; ich bin nicht wert, Apostel genannt zu werden, weil ich die Kirche Gottes verfolgt habe.

aus dem 1. Brief des Paulus an die Korinther 15, 3–9

Die Evangelien

Die bekanntesten und ausführlichsten Texte zur Auferstehung Jesu finden sich am Ende der vier **Evangelien.** In ihnen haben wir nicht die ältesten biblischen Zeugnisse für diesen Glauben, sondern die jüngsten. Sie entstanden wohl, weil die Gemeinden über die Auferstehung Jesu mehr hören wollten. Erstmals erzählen sie konkreter über Ereignisse nach dem Tod Jesu. Manche Einzelheit über die Vorgänge in den Ostertagen mag sich auf Erinnerungen stützen und somit auch historisch von Wert sein. Aber häufig sind wohl ältere Aussagen vom leeren Grab Jesu und von seinen Erscheinungen neu ausgemalt und veranschaulicht worden. So gilt auch für die Auferstehungstexte der Evangelien, dass sie nicht exakte Protokolle der Auferstehung

Geheimnis Leben

sind. Sie sind nicht so sehr Beschreibungen, sondern **Deutungen** eines Geschehens, das Raum und Zeit überschreitet und darum in der Sprache der Geschichtsschreibung letztlich nicht fassbar ist. **Keine Reportage** konnte festhalten, was damals geschah. Ein Fernsehteam hätte von Ostern nichts aufnehmen können. Alle Berichte, die wir aus den Zeitungen oder aus den Medien kennen, beschreiben nur Vorgänge, die in den Grenzen unserer Welt geschehen. Die Auferstehung ist aber ein Übergang von unserer sichtbaren Welt in die unsichtbare Welt Gottes. Darüber lässt sich nur in **Bildern** (→ S. 98 f ZdF) reden.

■ In den **Erscheinungen** Jesu vor Maria von Magdala, vor den Emmausjüngern, vor dem »ungläubigen« Thomas ist von realer Nähe und zugleich von unendlicher Distanz die Rede. Jesus ist hier für seine Gesprächspartner zugleich ganz vertraut und völlig fremd. Er ist derjenige, der er immer war und der doch völlig neu ist. Diese Spannung durchzieht alle Erscheinungserzählungen.

■ Die Angabe, Jesus sei »**am dritten Tag**« auferstanden (1 Kor 15, 4), bezeichnet in der Bibel kein kalendarisches Datum, sondern den Augenblick, in dem Gott wirkt und Heil schafft (Hos 6, 2).

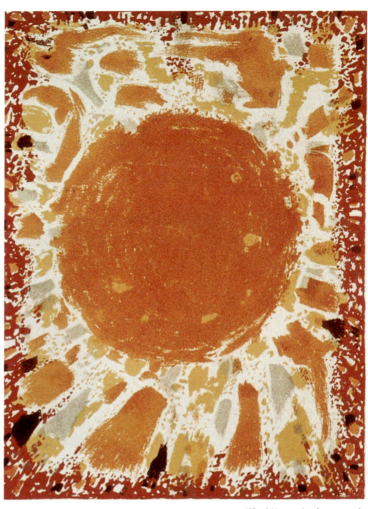

Alfred Manessier (1911–1993), Auferstehung, 1949.

In vielen Details beschreiben die Evangelien den Tod und die Auferweckung Jesu in der religiösen Bildsprache ihrer Zeit, in der die Erwartung lebendig war, das Ende der Welt und das Gericht Gottes seien nahe. Engel, himmlische Gestalten und Aufsehen erregende Wunder, z. B. Sonnenfinsternis, Einsturz des Firmaments, ungewöhnliche Sternenbahnen, Überflutungen oder Erdbeben leiteten danach das Ende ein. Auch die Auferstehung der Toten gehörte zu den religiösen **Vorstellungen des damaligen Judentums**. Die Evangelisten waren von diesen Vorstellungen beeinflusst. Aber sie haben ihnen gegenüber auch erhebliche Vorbehalte gehabt. In den Evangelien gibt es **keine genaue Ausmalung** der endzeitlichen Ereignisse, wie sie in der damaligen Zeit üblich war. Da werden nur ein paar Naturvorgänge erwähnt, z. B. eine Sonnenfinsternis und ein Erdbeben in Jerusalem. Die Auferweckung selbst wird an keiner Stelle detailliert beschrieben. Da ist von keiner Lichtgestalt die Rede, die sich im Dunkel der Nacht zum Himmel hin bewegt. Was mit den Mitteln der Sprache nicht zu beschreiben ist, haben die Evangelisten nur vorsichtig in Worte zu fassen versucht. Sie wussten, dass sich die Auferweckung Jesu als ein Werk Gottes allen Vorstellungen entzieht. Phantasievolle Veranschaulichungen der Auferweckung Jesu waren späteren Schriften und Bildern der Kunst vorbehalten.

5 Macht selbst einen Versuch, die Auferstehung zu malen oder zu zeichnen. Es gibt mehrere Möglichkeiten, z. B. (1) eine indirekte Darstellung, indem der auferstandene Jesus Frauen oder Männern erscheint, (2) eine symbolische Darstellung, z. B. ein offenes Grab, eine Sonne in der Finsternis oder ein Mensch, der sich von seinen Fesseln befreit. Überlegt selbst, wie ihr das Thema bearbeitet. Was spricht für, was gegen jede Entscheidung.

6 Informiert euch über die Liturgie (→ S. 185) der Osternacht, über Osterbräuche und Osterlieder.

7 Warum ist der Auferstehungsglaube der Mittelpunkt des christlichen Glaubens?

8 Welche Schwierigkeiten, welche Chancen hat der christliche Auferstehungsglaube in der heutigen Welt?

Geheimnis Leben

Wer an die Auferstehung Jesu glaubt, weigert sich, das Leben allein aus den Gesetzen der Natur verstehen zu wollen. Er vertraut darauf, dass Gott nicht ein fernes, jenseitiges Wesen ist, sondern dass er in der Welt wirkt und den Menschen nahe ist. Als er Jesus von den Toten auferweckte, hat er sich selbst als ein »**Gott des Lebens**« erwiesen, der nicht will, dass am Ende Tod und Vernichtung stehen. In der Auferweckung Jesu liegt die Verheißung, dass alles Leben der Menschen von Gott bewahrt wird. Das Leben bleibt ein Geheimnis, weil es in Gott gründet.

1 Sprecht über den Satz: »Die Menschen lebten früher 40 Jahre plus ewig, heute leben sie nur noch 90 Jahre.«

2 Überlegt, wie der christliche Auferstehungsglaube zu folgenden Vorstellungen steht:
- Die menschliche Seele ist unsterblich.
- Es gibt ein Leben nach dem Tod.
- Der Tod ist ewige Ruhe/ewiger Schlaf.
- Im Tod kehrt der Mensch in den Kreislauf der Natur zurück.
- Mit dem Tod ist alles aus.

3 Könnt ihr zeigen, warum der Auferstehungsglaube die Christen nicht allein auf das Leben nach dem Tod ausrichtet, sondern gerade auch für dieses Leben weitreichende Folgen hat.

4 Raupe – Puppe – Schmetterling: ein Symbol für Tod und Auferstehung. Könnt ihr euch auf eine Phantasiereise zu den einzelnen Stationen begeben?

7. Ewiges Leben

Probleme mit dem Glauben an die Auferstehung

Gegenwärtig können viele Menschen nicht an die Auferweckung glauben. Sie sind der Auffassung, dass die Gesetze des Lebens und Todes, wie wir sie kennen, ausnahmslos gelten und nicht durchbrochen werden können. Wenn der Mensch gestorben sei, kehre er mit seinen materiellen Bestandteilen in den Kreislauf der Natur zurück und komme nie wieder. Wie sollte er schon mit seinem Leib und seiner Seele auferstehen? Der Auferstehungsglaube sei eine schöne Illusion.

Solche Zweifel lassen sich nicht ein für alle Mal widerlegen. Sie können auch einen gläubigen Christen befallen und beunruhigen. Aber wer sich so auf die Gesetze der Natur beruft, muss sich auch fragen lassen, warum die Natur uns als Menschen hervorgebracht hat, die über den Horizont des Todes hinausschauen und die hoffen, dass sie endgültig bei Gott leben können. Wenn dieser Glaube nur eine Illusion oder ein Produkt der Phantasie wäre, hätte sich die Natur mit den Menschen einen üblen Scherz erlaubt. Dann wären sie elender als jedes Tier, weil sie auf etwas hoffen, das niemals Wirklichkeit wird, während die Tiere vermutlich nicht mit einer solchen Enttäuschung leben müssen. Wäre dieser Glaube an das Weiterleben abwegig, so wäre das Leben für viele Menschen sinnlos.

Die Auferweckung von den Toten

Paulus hat sich als Erster mit der Frage befasst, was die Auferstehung Jesu für die Christen bedeutet. Er schreibt dazu in seinem ersten Brief an die Gemeinde von Korinth (→ S. 111):

- Ist Christus nicht auferweckt, dann ist unsere Verkündigung leer und euer Glaube sinnlos (1 Kor 15, 14).
- Wenn wir unsere Hoffnung nur in diesem Leben auf Christus gesetzt haben, sind wir erbärmlicher daran als alle anderen Menschen (1 Kor 15, 19).
- Wenn Tote nicht auferweckt werden, dann lasst uns essen und trinken; denn morgen sind wir tot (1 Kor 15, 32).
- Was gesät wird (d. h. der Leib), ist verweslich, was auferweckt, unverweslich. Was gesät wird, ist armselig, was auferweckt wird, herrlich. Was gesät wird, ist schwach, was auferweckt wird, stark. Gesät wird ein irdischer Leib, auferweckt ein überirdischer Leib (1 Kor 15, 42–44).
- Verschlungen ist der Tod vom Sieg. Tod, wo ist dein Sieg? Tod, wo ist dein Stachel? (1 Kor 15, 55).

113

Geheimnis Leben

Der Grund christlicher Hoffnung

Die Auferweckung Jesu begründet die Hoffnung, dass Gott das Leben aller Menschen in gleicher Weise zu Ende führt wie das Leben Jesu. Christen hoffen, dass ihr Leben im Tod nicht ausgelöscht, sondern verwandelt wird. Die scheinbare Allmacht des Todes ist besiegt. Gott hat dem Tod seinen Schrecken genommen. Der Tod braucht nicht mehr als das endgültige Ende des Lebens angesehen werden. Er ist nicht die letztlich allein herrschende Macht in der Natur, sondern die Durchgangsstation zum Ewigen Leben bei Gott. Wie Christus auferweckt wurde, so werden alle Menschen auferweckt werden. Ihr sterblicher Leib wird neu, ohne dass jemand jetzt schon sagen könnte, wie er aussehen wird. Gewiss wird er keine Dublette des sterblichen Leibes sein, wohl aber ein jetzt noch nicht vorstellbarer Leib, der den unverwechselbaren Charakter des Menschen bewahrt.

So ist die Auferweckung Jesu der wichtigste **Grund christlicher Hoffnung.** Sie gibt dem Leben einen letzten Sinn. Selbst das Leben der Menschen, die nur Not und Ungerechtigkeit erfahren haben, kann nicht umsonst gewesen sein, wenn sie von Gott auferweckt werden.

das leere grab

ein grab greift tiefer
als die gräber gruben

denn ungeheuer
ist der vorsprung tod

am tiefsten greift
das grab das selbst
den tod begrub

denn ungeheuer
ist der vorsprung leben

*Kurt Marti (geb. 1912),
Schweizer Pastor und Dichter*

Nicht mutig

Die Mutigen wissen
Dass sie nicht auferstehen
Dass kein Fleisch um sie wächst
Am jüngsten Morgen
Dass sie nichts mehr erinnern
Niemandem wiederbegegnen
Dass nichts ihrer wartet
Keine Seligkeit
Keine Folter
Ich
Bin nicht mutig.

*Marie Luise Kaschnitz (1901–1974),
deutsche Dichterin*

Wenn ein Kind stirbt

Die Schauspielerin, Sängerin und Autorin Hildegard Knef schildert in ihrem Buch »Das Urteil« die Stationen ihrer vielen Krankheiten. Einmal wurde sie mit ihrer Tochter von einem befreundeten Priester eingeladen, sich in seinem dörflichen Pfarrhaus zu erholen. Schon bald ließ sie sich überreden, an einem Abendgottesdienst teilzunehmen. Während die Gemeinde das Vaterunser sprach, kam ihr unwillkürlich der Gedanke: Wann habe ich es zum letzten Mal gehört? – wann gesprochen? – nicht einmal den Text kann ich mehr ... Im Bombenkeller vor dreißig Jahren.

Auf dem Weg zum Pfarrhaus fragte sie den gläubigen, wenn auch eigenwilligen und kritischen Priester: »Was sagst du, wenn ein Kind stirbt? Was sagst du den Eltern?« Der Priester: »Ein Fünfjähriger starb vor zwei Wochen. Ich habe gesagt: Ich will euch sagen, warum ich ein Christ bin – weil die Welt unglaublich geschwätzig ist, laut und vorlaut, solange alles gutgeht. Nur wenn jemand stirbt, dann wird sie verlegen, dann weiß sie nichts mehr zu sagen. Genau an dem Punkt, wo die Welt schweigt, richtet die Kirche eine Botschaft aus. Ich liebe die Kirche um dieser Botschaft willen. Ich liebe sie, weil sie im Gedächtnis einer arroganten Welt sagt, dass der Mensch ein Ziel hat, weil sie dort ihren Mund aufmacht, wo alle anderen nur die Achseln zucken.«

nach Hildegard Knef »Das Urteil«

*Günther Brus (geb. 1938),
Sichtgrenze, 1989.*

*Rechte Seite: Hieronymus Bosch
(um 1450–1516), Aufstieg zum
ewigen Licht.*

Geheimnis Leben

Geheimnis Leben

Mehr als ein halbes Jahrtausend

1. Wenig interessant?

Ein Wort zuvor: Dieses Kapitel stellt nicht das ganze Mittelalter dar, für das die Gelehrten die Zeit von etwa 500 bis 1500 ansetzen. Stationen des ersten Teils findet ihr in dem Band »Zeit der Freude«: → S. 136 ff. Da genaue zeitliche Abgrenzungen in der Geschichte schwierig sind, gibt die Überschrift nur einen ungefähren Rahmen für dieses Kapitel an. In manchen Punkten führt es über das Jahr 1500 hinaus.

Mancher von euch mag sich fragen, weshalb er sich mit Kaisern und Päpsten, Hexen und Heiligen, Ordensgründern und Rittern, Nonnen und Ketzern des Mittelalters beschäftigen soll. Das alles scheint doch weit zurück zu liegen und uns kaum mehr etwas anzugehen. Dafür kann man nur mäßiges Interesse aufbringen. Gibt es nicht aktuellere und wichtigere Themen? Die Antwort kann nur lauten: Natürlich sind viele Themen des Religionsunterrichts für Schülerinnen und Schüler von unmittelbarerem Interesse. Aber es gibt gute Gründe, auch dieses Thema zu bearbeiten.

Auf Spurensuche

■ Man kann in der mittelalterlichen Geschichte gelegentlich Spuren suchen, wie es findige Kriminalkommissare in Büchern oder Fernsehsendungen tun. Das ist eine spannende Sache. Wenn ihr z. B. auf eurem Speicher, in eurem Keller oder in einem nahen Schuppen auf eine alte Kiste, vergilbte Fotos, unmoderne Andenken oder verblichene Briefe stoßt, weckt das eure Neugierde. Ihr könnt dann versuchen herauszubekommen, was

> Es gibt eine **Schwierigkeit**, das Mittelalter (etwa 500–1500) zu verstehen. Das Mittelalter ist eine weithin fremde Welt. Die Leute haben damals vieles anders erlebt, gesehen und bewertet, als wir es heute tun. Ihre Interessen waren nicht mit den unseren deckungsgleich. Von ihren Voraussetzungen aus war manches sinnvoll und richtig, was uns unverständlich oder falsch erscheinen kann. Um diese Zeit richtig zu sehen, sollte man immer auf die Brille achten, die man dabei trägt. Es gibt eine »mittelalterliche« und eine »neuzeitliche« Brille. Ab und zu sollte man einen **Brillenwechsel** vornehmen, sein neuzeitliches Sehgestell ablegen und mit den Augen einer Frau oder eines Mannes von damals zu schauen versuchen. Das macht die Sache spannend, dient einem besseren Verständnis und kann vor leichtfertigen Urteilen schützen.

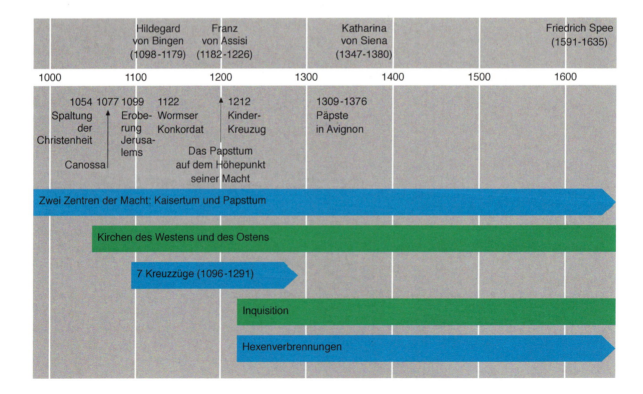

116

PROJEKT

Das Projekt »**Leben im Mittelalter**« könnt ihr zusammen mit dem Geschichts- und dem evangelischen Religionsunterricht durchführen. Dabei stellen sich Fragen wie diese: Was war damals anders? Was war ähnlich? War das Mittelalter wirklich so »dunkel«, wie man manchmal sagt? Oder war es eher die »gute alte Zeit«, in der die Welt noch in Ordnung war? Oder ... ? Was geht es uns heute an? Zur Beantwortung dieser Fragen sind verschiedene Schritte möglich, z. B.:

1 Auf **Spurensuche** gehen und fragen, was die Spuren vom alltäglichen Leben im Mittelalter (→ S. 131) verraten, z. B.
   * Zeugnisse/Reste des Mittelalters in eurer Stadt und Umgebung beschreiben, Fotos dazu sammeln bzw. anfertigen und daraus einen Stadtführer oder eine Diaserie erstellen
   * in ein Museum gehen, das Gegenstände aus dem Mittelalter ausstellt, und daraus einige Stücke auswählen, an denen sich etwas entdecken lässt
   * Bücher, Filme und Computerspiele besorgen, die vom Mittelalter erzählen und Bilder zeigen
   * die Ergebnisse in einer »Chronik« oder auf einem Plakat festhalten
2 Szenen dieses Kapitels in einem **Rollenspiel** (→ S. 48 ZdF) darstellen, z. B. Papst und Kaiser in Canossa; Kreuzritter bzw. Kinder unterwegs nach Jerusalem; Franz von Assisi und sein Vater Bernardone; Katharina von Siena und der Papst in Avignon; Friedrich Spee, die Richter und die Hexen.
3 Den **Lebenslauf** eines Kreuzfahrers, einer Nonne im Kloster der Hildegard, eines Gefährten des Franziskus, einer zum Tod verurteilten Hexe, eines unbekannten Mädchen oder Jungen entwerfen.

❍ In diesem Kapitel wird die Kenntnis der Kapitel »Die ersten 1000 Jahre«, »Kirchen – Künste – Katakomben« und »Eine einzigartige Gemeinschaft« (Abschnitt 6 über das Papsttum) aus dem Band »Zeit der Freude« (5/6) vorausgesetzt. Auch die Kapitel »Kanzeln – Kuppeln – Kathedralen« und »Die Reformation – Umbruch und Aufbruch« aus dem vorliegenden Band gehören in sein Umfeld.

diese alten »Quellen« über eure Eltern oder Großeltern sagen. Ähnlich können Quellen aus dem Mittelalter, z. B. Texte, Bilder und Bauten, euch vieles aus der Vergangenheit der Christenheit verraten, wenn ihr euch neugierig an ihre Entschlüsselung macht.

■ Das Thema zeigt, dass der christliche Glaube in allen Zeiten lebendig war und wie die **Botschaft Jesu** jeweils aktualisiert wurde.

■ Es lässt erkennen, welche Probleme **Christen** früher hatten, wie sie lebten, sich bewährten und versagten. Manche Fragen, die damals gestellt wurden, leben auch heute in veränderter Form weiter. Die Erfahrungen von damals sind auch für uns bedenkenswert.

■ Es führt in eine Zeit zurück, in der **Europa** noch weithin eine gemeinsame Geschichte hatte. Diese Geschichte wird heute im Zusammenhang mit den Bemühungen um die europäische Einigung wieder wichtiger.

■ Es macht deutlich, wie heutige Auffassungen von **Staat und Kirche**, von weltlicher und geistlicher Macht, entstanden sind. Was man heute für selbstverständlich hält, war nicht immer selbstverständlich. Es ist in mühsamen Prozessen entstanden.

Mehr als ein halbes Jahrtausend

2. Kaisertum und Papsttum

Morgenland und Abendland

Heute teilen wir die Erde in fünf Erdteile ein: Europa, Amerika, Afrika, Asien und Australien. Im Mittelalter gab es diese Einteilung noch nicht, da die Welt, die man damals kannte, erheblich kleiner war. Amerika und Australien mussten erst noch entdeckt werden. Die Welt von damals wurde von Europa aus im Wesentlichen in Morgenland und Abendland eingeteilt. In dem einen Land ging am Morgen die Sonne im Osten auf (lat.: »**Orient**«), in dem anderen Land ging sie am Abend im Westen unter (lat.: »**Okzident**«). Morgenland und Abendland gehörten in den Tagen des alten Römischen Reiches eine Weile zusammen. Beide waren im Lauf der Zeit aber auch wieder auseinander gefallen. Seitdem gab es manche Konflikte zwischen Abendland und Morgenland. Beide Teile entwickelten sich unterschiedlich. Im heutigen Europa leben viele Traditionen des Abendlandes weiter.

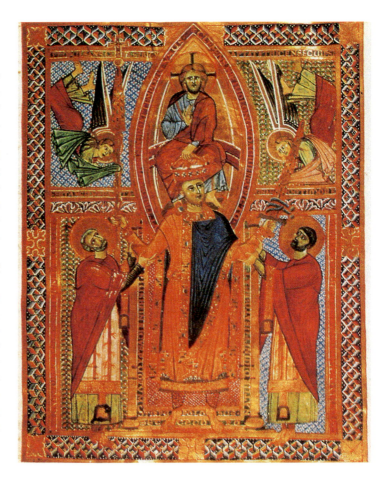

Zwei Zentren der Macht

Die Einheit des Abendlandes hatte zuerst **Karl der Große** (768–814; → S. 174 f ZdF) grundgelegt. Es war eine Einheit, die geistlich und weltlich zugleich war. Viele Völker lebten hier in ihrer jeweiligen Verschiedenheit zusammen, sie wurden aber durch das Band des christlichen Glaubens und des Kaisertums vereint. Hier gab es **zwei Zentren der Macht:** das Papsttum für den **geistlichen** (→ S. 207 f ZdF) und das Kaisertum für den **weltlichen** Bereich. Beide Bereiche waren damals noch nicht so getrennt wie heute. Ein Reichsfürst konnte Bischof oder Abt, ein Papst ein Kriegsherr und ein Kardinal ein Minister sein. Es gab zahllose Überschneidungen. Daraus entstanden gewaltige Probleme. Immer wieder stellte sich die Frage, wer in einer Angelegenheit das Sagen habe. Darum lebten beide Mächte oft nicht friedlich miteinander, sondern kämpften heftig gegeneinander. Manchmal hatte der Papst, manchmal der Kaiser die Oberhand.

■ Der **Papst** war in Italien in einem eigenen Staat, dem Kirchenstaat, ein weltlicher Herrscher. Aber er erhob auch den Anspruch, kraft seines geistlichen Amtes den anderen weltlichen Herrschern überlegen zu sein. Er dürfe ihnen als Stellvertreter Christi und als Nachfolger des heiligen Petrus Vorschriften machen.

■ Der **Kaiser** war nicht nur ein weltlicher Herrscher, sondern hatte eine hohe religiöse Würde. Auch er wusste sich von Gott auserwählt. In einer feierlichen Weihe wurde er in sein Amt berufen. Dabei trug er priesterliche und bischöfliche Gewänder. Den Bischöfen galt er als Teilhaber des geistlichen Amtes.

Papst und Kaiser, die beiden Spitzen des Abendlandes, wurden im Mittelalter oft im Anschluss an ein Jesuswort (Lk 22, 38a) mit zwei Schwertern verglichen. Das eine weltliche Schwert liege in der Gewalt des Kaisers, das andere geistliche Schwert in der Hand des Papstes. Papst Gregor VII. (1073–1085) war mit dieser Auslegung der »**Zwei-Schwerter-Theorie**« nicht einverstanden. Für ihn ist die Kirche im Besitz beider Schwerter. Der Papst leiht dem Kaiser nur das weltliche Schwert. Er soll es im Namen der Kirche führen. Damit machte sich der Papst gewissermaßen zum obersten Herrn aller weltlichen Mächte in Europa. Als dieser päpstliche Anspruch später nicht mehr anerkannt wurde, kam es zur Trennung von Staat und Kirche. Sie hat bis heute Bestand.

Mehr als ein halbes Jahrtausend

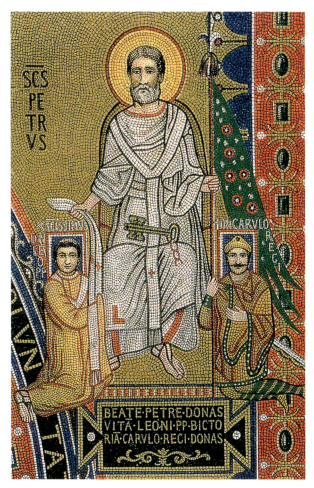

Petrus überreicht Karl dem Großen die Fahne und Papst Leo III. die Stola als Zeichen weltlicher und geistlicher Macht. Mosaik, Lateranpalast, um 799 (später rekonstruiert).

Linke Seite: Kaiser Heinrich II. wird von Christus gekrönt. Neben dem Kaiser St. Ulrich und St. Emmeran, die Schutzheiligen Bayerns. Ottonische Buchmalerei, um 1000.

Die Macht der Kaiser

Im 10. und 11. Jahrhundert waren meist die Kaiser stärker als die Päpste. Sie boten der Kirche Schutz, nahmen sich aber auch Rechte, die in der geistlichen Sphäre liegen. So setzten sie von sich aus Bischöfe und Äbte als Reichsfürsten ein, weil so gesichert war, dass deren Lehen (Land, Amt) wegen ihrer Kinderlosigkeit nach ihrem Tod wieder an die Kaiser zurückfiel. Sie ließen sogar Päpste absetzen. Dadurch wurde die **Kirche von den Kaisern abhängig.**

Das wollte die Kirche aber nicht für alle Zeiten hinnehmen. Es entstand im burgundischen Kloster **Cluny** eine kirchliche **Reformbewegung,** die eine innere Erneuerung der Kirche, die Freiheit der Kirche und eine Einschränkung der kaiserlichen Macht anstrebte. **Gregor VII.** (1073–1085), ein starker Papst, der Mönch in Cluny gewesen war, machte es sich zur Aufgabe, die Kirche zu reformieren. Er kämpfte nicht nur gegen die damals weit verbreitete Priesterehe und gegen die »Simonie« (Kauf geistlicher Ämter; → S. 234), sondern suchte vor allem die Kirche von den Eingriffen weltlicher Herrscher zu befreien. Er verbot die **Laieninvestitur** (Einsetzung in ein geistliches Amt durch Laien), bei der Bistümer und Abteien durch weltliche Herrscher vergeben werden. Damit stand der Papst gegen eine lange herrschende Praxis. Er widersetzte sich der Auffassung, dass der König gleichzeitig auch Kleriker sei. Sich selbst sah er als Haupt der ganzen Christenheit. Für ihn stand der Papst über den Rechten sowohl der Bischöfe als auch der weltlichen Herrscher.

Otto II. setzt Adalbert zum Bischof von Prag ein. Bronzetür des Gnesener Domes, 12. Jh.

Mehr als ein halbes Jahrtausend

Die Macht des Papsttums

Damit geriet Gregor in Konflikt mit **König Heinrich IV.**, der, wie es bisher üblich war, Bischöfe und Äbte in seinen Dienst bestellte. Der Papst drohte ihm schwere Strafen an, wenn er diese Praxis nicht aufgäbe. Diese Forderung löste beim König einen Schock aus. Die bisherige Zuordnung von Reich und Kirche war bedroht. Der König sollte seine wichtigsten Leute nun nicht mehr selbst bestimmen können. Auf einer Synode in Worms 1076 geschah dann etwas Ungeheuerliches. König Heinrich IV. erklärte den **Papst Gregor VII. für abgesetzt.**

> ### Steig herab vom Stuhl des heiligen Petrus
>
> Heinrich, nicht durch Gewalt, sondern durch Gottes weise Anordnung König, an Hildebrand, nicht mehr den Papst, sondern den falschen Mönch. Das ist der verdiente Gruß für dich, der du jeden Stand in der Kirche statt mit Ehre mit Schmach, statt mit Segen mit Fluch überhäuft hast. (...) Wir ertrugen dies alles, weil wir des apostolischen Stuhles Ehre zu wahren suchten. Du aber hieltest unsere Demut für Furcht, erhobst dich darum auch gegen die uns von Gott verliehene königliche Gewalt und wagtest zu drohen, du wolltest uns ihrer berauben, als hätten wir das Reich von dir und als ob die Königs-und Kaiserkrone in deiner und nicht in Gottes Hand läge, in der Hand unseres Herrn Jesu Christi, der uns zur Herrschaft, nicht aber dich zum Priestertum berufen hat. (...) Du also, durch diesen Fluch und durch aller unserer Bischöfe und unseren eigenen Richterspruch also verdammt, steig herab und verlass den angemaßten Stuhl des heiligen Petrus!
>
> Brief König Heinrichs IV. an Papst Gregor VII.

Die mittelalterliche Ständeordnung, Holzschnitt von 1492. Jesus sagt hier zu den Klerikern (links oben): »Bete demütig«, zu den Fürsten (rechts oben): »Schütze«, zu den Bauern: »Arbeite«.

König Heinrich IV. bittet Abt Hugo von Cluny und die Markgräfin Mathilde von Tuszien um Fürsprache bei Papst Gregor VII., Buchmalerei 1114.

Die Antwort des Papstes war ebenso schockierend. Er verhängte über den König die **Exkommunikation** (lat.: »Ausschluss aus der Kirche«, »Kirchenbann«). Damit war das bisherige Verhältnis von Kaiser und Papst erschüttert. Die Folgen waren für den König fatal. Jetzt war er kein Mitglied der Kirche mehr und konnte deshalb auch nicht mehr das christliche Reich leiten. Niemand brauchte ihm mehr den Treueid zu halten. Die Fürsten wandten sich gegen ihn. Sie forderten von Heinrich, dass er innerhalb eines Jahres vom Bann gelöst sein müsse, wenn er noch König bleiben wolle.

In dieser äußerst schwierigen Situation kam es zu einer Szene von weltgeschichtlicher Bedeutung. Im Januar 1077 trat der König einen demütigenden Gang an. Er zog über die Alpen zur Burg **Canossa** in Norditalien, wo sich Papst Gregor VII. damals gerade aufhielt. Dreimal erschien der König bei bitterer Kälte im Büßergewand vor der Burg. Der Papst ließ ihn lange ungerührt stehen, bis er ihn schließlich in die Burg einließ und vom Kirchenbann löste. So hatte sich der Papst zunächst im Streit um die Investitur gegen den deutschen König durchgesetzt. Er schien aus diesem Kampf siegreich her-

Mehr als ein halbes Jahrtausend

vorgegangen zu sein. Dabei war Gregor persönlich bescheiden, aber als der Nachfolger des Petrus stellte er hohe Ansprüche. Die Macht, die er für sich selbst nicht brauchte, wollte er für das Amt und die Kirche sichern.

Ein folgenreicher Konflikt

In den folgenden Zeiten blieb es nicht bei dieser Vormachtstellung des Papstes. Es kam zu weiteren Verwicklungen. Oft standen sich Kaiser und Papst feindselig gegenüber. Immer wieder gab es gegenseitige Absetzungen. Einen gewissen **Kompromiss** in diesem **Investiturstreit** fand man 1122 im **Wormser Konkordat.** Damals verzichtete Kaiser Heinrich V. feierlich darauf, Bischöfen und Äbten Ring und Stab als Zeichen der geistlichen Gewalt zu geben. Ihre Wahl sollte nach den kirchlichen Bestimmungen erfolgen. Aber der Kaiser durfte bei der Wahl der Würdenträger anwesend sein und ihnen nach der Wahl das Zepter als Symbol der weltlichen Macht überreichen. So schwand die Abhängigkeit der Bischöfe und Äbte vom Kaiser.

Dieser Kompromiss war nicht von Dauer. Schon bald entbrannte der Kampf zwischen Papst und Kaiser von Neuem. Unter **Innozenz III.** (1198–1216) erreichte das Papsttum den Höhepunkt seiner Macht. Weil er starke geistliche und weltliche Macht in seiner Person vereinte, nannte man ihn den »Papstkaiser«. Er erweiterte den Kirchenstaat, war Schiedsrichter der Welt und oberster Herrscher der Christenheit. Er unterstützte neue Orden (→ S.163 ZdF; 134) und förderte das Vorgehen der Inquisition gegen Ketzer (→ S. 141). Die Nachfolger Innozenz' III. konnten seine Machtfülle nicht halten. Kaiser Friedrich II. (1194–1250) bedrohte noch einmal ernstlich den Papst und den Kirchenstaat. Doch hat 1245 ein Konzil diesen mächtigen Kaiser für abgesetzt erklärt. Das war ein letzter Sieg des Papsttums, der ihm aber teuer zu stehen kam. Weil die beiden mächtigsten Instanzen sich ständig bekämpften, zerfiel allmählich das ganze christliche Reich. Der Niedergang des Kaisertums schwächte auch das Papsttum. Denn an die Stelle des einen Kaisers traten viele Könige, die sich dem Papst nicht mehr unterwerfen wollten. An die Stelle des abendländischen Völkerverbundes traten mehrere Nationalstaaten, die ihr Handeln selbst bestimmen wollten und dem Papst kaum mehr Mitspracherechte zugestanden.

○ Staat und Kirche – welche Aufgaben nehmen sie heute gemeinsam wahr?

Der Papst triumphiert über den Kaiser. Der Holzschnitt von 1500 bezieht sich auf den Frieden von Venedig. Friedrich Barbarossa musste sich 1177 dem Papst beugen – allerdings nicht in dem Ausmaß, wie es die Abbildung zeigt, wo Papst Alexander III. den Fuß auf den Nacken des am Boden liegenden Kaisers setzt. Rechts der Doge von Venedig.

Sonne und Mond

1198, im Jahr seiner Wahl zum Papst, beschreibt Innozenz III., wie er sich das Verhältnis von geistlicher und weltlicher Macht denkt.

Wie Gott, der Schöpfer des Alls, am Himmel zwei große Lichter geschaffen hat, ein größeres, das den Tag, ein kleineres, das die Nacht regieren sollte (Gen 1, 16), so hat er in der katholischen Kirche, die mit dem Himmel gemeint ist, zwei große Herrscher eingesetzt, einen höheren über die Seelen und einen niedrigeren über die Leiber, die sich zueinander verhalten wie Tag und Nacht: Das sind die Autorität des Papstes und die Macht des Königs. Wie nun der Mond sein Licht von der Sonne erhält und zugleich kleiner und im Hinblick auf Helligkeit, Stellung und Wirksamkeit unbedeutender ist, so erhält die königliche Macht ihren Glanz von der Autorität des Papstes.

Innozenz III. (1198–1216)

Mehr als ein halbes Jahrtausend

3. Der Bruch zwischen West und Ost

Die Christenheit ist nicht eins und einig. In ihr gibt es viele Kirchen, die sich in wichtigen Punkten unterscheiden. Ursache der **Trennung** waren oft **Fragen des Glaubens,** über die sich Christen nicht einigen konnten. Nicht selten führten auch **Probleme mit den Ämtern** und den Amtsträgern zur Spaltung. Meistens spielten auch **menschliche Unzulänglichkeiten** der für die Kirche Verantwortlichen eine Rolle. Im Gefolge der Spaltungen kam es zu Auseinandersetzungen, zu Verketzerungen und Verleumdungen und gelegentlich sogar zu Kriegen. Die Spaltung der Christenheit ist ein Zeichen dafür, dass die Christen nicht so leben, wie es vom Evangelium gefordert ist.

Der Weg zur Spaltung

Schon im 4. Jahrhundert vollzog sich die Trennung des ehemals mächtigen Römischen Reiches in eine östliche und westliche Hälfte. Seitdem lebten sich auch die Christen in Ost und West auseinander. So entwickelten sich zuerst noch langsam zwei Kirchen, die bisweilen ihre Gemeinsamkeiten vergaßen. Die Kirche im Westen hatte ihren Mittelpunkt in **Rom**, wo der **Papst** (→ S. 207 f ZdF) die letzte Entscheidungsbefugnis in religiösen, aber auch in disziplinarischen und politischen Fragen für sich in Anspruch nahm. Der Untergang des weströmischen Kaisertums im Jahr 476 hatte die Stellung des Papstes erheblich gefestigt. – Die Kirche im Osten lag im Einflussbereich von **Konstantinopel** (Byzanz), wo der **Kaiser** seinen Sitz hatte. Der hohe Anspruch des römischen Papstes führte zu Konflikten mit den Kirchen im Osten, die sich als gleichberechtigt ansahen. Der Patriarch von Konstantinopel reklamierte für sich den gleichen Rang wie der Papst in Rom. Er argumentierte damit, dass **Byzanz** als Sitz des **Kaisers** an die Stelle von Rom getreten sei. Der Bischofssitz von Byzanz sei das »neue« oder »zweite« Rom. Vor allem beanspruchten die Kaiser von Byzanz oft für sich das letzte Wort in weltlichen und kirchlichen Fragen. Sie bestimmten über die Einberufung von Konzilien (→ S. 208 ZdF) und die Ernennung hoher kirchlicher Würdenträger. Das konnte die Kirche des Westens nicht akzeptieren. Als sich die Päpste vom 8. Jahrhundert an unter den Schutz der Franken stellten und als Papst Leo III. im Jahr 800 den Frankenkönig Karl (→ S. 174 f ZdF) in Rom zum Kaiser des Westens krönte, bedeutete das nicht nur den Verlust der politischen Reichseinheit. Auch die kirchliche Spaltung rückte näher. Im Jahr 1054 kam es nach gehässigen gegenseitigen Anschuldigungen zu einer

> Die Kirchen des Ostens zählen sich zur »**orthodoxen Kirche**« (d. h. »Kirche der rechten Lehre« und »die Kirche, die Gott auf die rechte Weise preist«; → S. 216 ZdF). Damit verbinden sie den Anspruch, den Glauben der Bibel und der alten Konzilien getreu zu bewahren. Sie sind in der Auseinandersetzung mit der Kirche des Westens entstanden. In einem langen historischen Prozess wurde die Einheit der Kirche zum ersten Mal empfindlich gestört. Seit 1054 gibt es die Spaltung der Christenheit in eine **Kirche des Westens und Ostens.**

Die Leiter, die zum Himmel führt, Ikone aus dem 12. Jh., Katharinenkloster auf dem Sinai

Mehr als ein halbes Jahrtausend

Der byzantinische Kaiser Constantin IX. Monomachos und Kaiserin Zoe neben Christus, Mosaik, Hagia Sophia, Konstantinopel 1042.

Trennung zwischen Ost und West, in der man den Anfang der **endgültigen Kirchenspaltung** sehen kann. Beide Seiten exkommunizierten sich gegenseitig und sprachen den Bann gegeneinander aus. Die entscheidende Ursache für diesen Bruch liegt wohl in der unterschiedlichen Auffassung von der Kirche. Während der Westen eher die kirchliche Einheit unter der Leitung des Papstes sieht, betrachtet man im Osten die Kirche eher als einen Verbund selbstständiger Einzelkirchen. Bis heute sind die orthodoxen Kirchen von Konstantinopel, Alexandrien, Jerusalem, Moskau, Athen u. a. weitgehend voneinander unabhängig.

Heute leben ca. 300 Millionen orthodoxe Christen in vielen Ländern der Welt. Sie gehören z. B. zur koptischen, syrischen, armenischen, griechischen, russischen, serbischen, rumänischen und bulgarischen Kirche.

1 Welche christlichen Kirchen und Gemeinschaften kennt ihr? Wie erklärt und beurteilt ihr die Tatsache, dass die eine Christenheit in viele Kirchen gespalten ist? (→ S. 163)
2 Wer kann von einem orthodoxen Gottesdienst berichten, an dem er z. B. in den Ferien teilgenommen hat?
3 Habt ihr einmal eine russische oder griechische Ikone genauer betrachtet? Was habt ihr gesehen?

Ein Patriarch wird gebannt

Als der Streit zwischen den Kirchen im Westen und Osten wieder einmal heftig wurde, kam 1054 der römische Kardinal Humbert im Auftrag des Papstes Leo IX. nach Konstantinopel. Er konnte sich mit dem byzantinischen Patriarchen Michael Kerularios nicht verständigen. In einer dramatischen Aktion legte der Kardinal daraufhin in der Hagia Sophia (griech.: »Heilige Weisheit«), der Hauptkirche von Konstantinopel, vor vielen Gläubigen eine Bannbulle auf den Altar der Kirche.

Michael, durch Missbrauch Patriarch, in Wirklichkeit ein Neuling, der das Kleid eines Mönches nur durch Furcht bekommen hat, jetzt auch durch viele schlimmste Verbrechen geschändet, und alle seine Gefolgsleute, die in derselben irrigen Vorstellung befangen sind, sie seien verflucht mit allen Ketzern, ja mit dem Teufel und all seinen Engeln, falls sie nicht etwa Vernunft annehmen sollten.

Differenzen zwischen Ost und West

Manche davon erscheinen heute eher unwichtig, erregten aber früher die Gemüter heftig.

▸▸ Im 2. Jahrhundert stritten sich Christen in Ost und West über den **Ostertermin**. Seitdem feiern sie Ostern an verschiedenen Tagen.

▸▸ Im Westen feiert man die **Eucharistie** mit ungesäuertem, im Osten mit gesäuertem Brot. Fanatische Christen beider Seiten traten gelegentlich die geweihten Brote der anderen mit Füßen.

▸▸ Anders als die **Priester** im Westen dürfen die Priester im Osten heiraten, während auch in der Ostkirche die Bischöfe ehelos leben. Sie werden meist aus dem Mönchsstand gewählt.

▸▸ Im Osten besteht seit der Antike die Neigung, **Jesus** vor allem in seiner Göttlichkeit zu verehren. Im Westen tritt dagegen das Menschsein Jesu mit den Einzelheiten seines Lebens und Sterbens stärker in den Blick des Glaubens.

▸▸ In der **Kunst** des Osten sind die altehrwürdigen Traditionen der Ikonenmalerei allein bestimmend. Die **Ikonen** (→ S. 76 f) sind für die Gläubigen Fenster zum Himmel, durch die sie die Heiligen und auch Christus anschauen können. Umgekehrt gilt auch, dass die Gläubigen von den Ikonengestalten, also von Christus, der Gottesmutter und den Heiligen, angeblickt werden. In den Ikonen leuchtet die Wahrheit Gottes auf. Demgegenüber gibt es im Westen eine Fülle unvergleichlich lebendiger Stile und Einzelwerke. Die Kunstepochen von Romanik (→ S. 187 ff ZdF), Gotik, Renaissance und Barock (→ S. 164 ff) sind für die Kirchen im Westen charakteristisch.

Schritte aufeinander zu

Es hat mehrere Versuche gegeben, die **Einheit der beiden Kirchen** wiederherzustellen. Zeiten der Einheit dauerten aber nicht lange, weil die gewachsenen Strukturen, aber auch Rechthaberei und Intoleranz stärker waren als der Wille zur Einheit. Im 20. Jahrhundert haben sich die Spannungen entschärft. Papst Paul VI. und der Patriarch Athenagoras von Konstantinopel haben 1965 die gegenseitige Exkommunikation aufgehoben. Beide Kirchen lassen in Notfällen die eucharistische Tischgemeinschaft zu. Beide Kirchen arbeiten in der Ökumenischen Bewegung (→ S. 161 ff) mit. Kleinere Teile der orthodoxen Kirchen sind auch in die Gemeinschaft mit dem Papst in Rom zurückgekehrt, haben aber ihre Eigenarten in Frömmigkeit und Liturgie (→ S. 185) gewahrt. Man nennt sie »unierte« (lat.: »vereinte«) Kirchen.

Kuppelkreuze in Moskau
Russisch-orthodoxer Gottesdienst

Mehr als ein halbes Jahrtausend

> In der Äbtissin **Hildegard von Bingen** (1098–1179) verbinden sich praktischer Sinn im Alltag, ungewöhnliche Kenntnisse im naturwissenschaftlichen und medizinischen Wissen der Zeit, hohe Musikalität, Mut zu einem kritischen Wort in der Kirche und vor allem mystische Erfahrungen mit Gott. Mit dieser reichen Begabung ist sie zu einer der eindrucksvollsten Frauen des Mittelalters geworden. Heute gehen viele Menschen innerhalb und außerhalb der Kirchen ihren Spuren wieder intensiv nach.

4. Hildegard von Bingen. Eine Mystikerin von Welt

Dass eine Frau fromm und emanzipiert zugleich und eine Nonne ein Energiebündel voll Schwung und Originalität sein kann, zeigt das Leben der **Hildegard von Bingen.** Sie wurde in einer bewegten Zeit geboren. Im Jahr ihrer Geburt war der erste Kreuzzug auf dem Weg nach Jerusalem. In den meisten Jahren ihres Lebens stritten Kaiser und Papst um die Vorherrschaft. Ketzerbewegungen (→ S. 141) breiteten sich aus, neue Orden (→ S. 163 ZdF) entstanden in der Kirche, Reformbewegungen gewannen an Bedeutung, christliche Ritter zogen zum Schutz von Armen und Schwachen in den Kampf, große Frauenklöster entstanden in Europa. Diesen Vorgängen hat Hildegard immer ihre Aufmerksamkeit gewidmet.

Nonne, Lehrerin, Visionärin

Hildegard gehörte dem Hochadel an. Sie wurde 1098 als zehntes und letztes Kind des begüterten Edelfreien Hildebert und seiner Frau Mechthild zu Bermersheim bei Alzey in Rheinhessen geboren. Über ihre Kindheit wissen wir nicht viel, nur dass sich ihre ungewöhnliche Begabung schon früh zeigte und dass sie oft kränkelte. Mit acht Jahren wurde sie in Disibodenberg nahe ihrem Heimatort der Einsiedlerin Jutta von Sponheim übergeben, wo sie in einer **Klause** in der Nähe eines Benediktinerklosters wohnte und zusammen mit anderen Mädchen erzogen wurde. Das war ein Schritt, der damals durchaus üblich war, weil die Klöster die besten Stätten der Bildung, Frömmigkeit und Kultur waren. Fast 30 Jahre lang war sie Schülerin Juttas. Nach deren Tod übernahm sie die Leitung der Klause und erzog nun ihrerseits die jungen Mädchen, die dort lebten. Fast ihr halbes Leben hat sie auf dem Disibodenberg verbracht. Hier las sie die Bibel und die Kirchenväter, nahm regelmäßig an den Gottesdiensten teil und erwarb sich eine gewisse Bildung. Da sie als Frau nicht so viel lernen konnte wie Männer, war es nicht nur Bescheidenheit, dass sie sich selbst als ungebildet und einfältig bezeichnete. Ihr Latein, die damalige Sprache der Geistlichen und Gelehrten, war nicht besonders gut. Schon 1112–1115 legte Hildegard ihre **Ordensgelübde** ab. Zuerst verlief ihr Leben in der ruhigen Bahn des damals üblichen Klosterlebens.

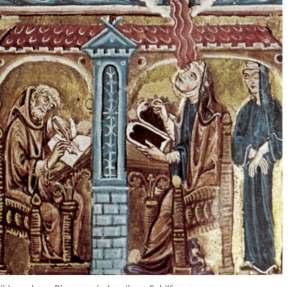

Hildegard von Bingen zwischen ihren Gehilfen, um 1230.

Schon als Kind besaß sie die **Gabe der visionären Schau,** die sie Dinge sehen ließ, die anderen verborgen sind. Zunächst sprach sie nicht darüber. Erst später schrieb sie das auf, was sie sah, weil sie im Jahr 1141 den inneren Befehl vernahm: »Sage und schreibe nieder, was du siehst und hörst!« In den Jahren bis 1147 hatte sie Visionen, in denen sie Bilder, Klänge und Worte empfing, die sich auf Gott, Christus, die Engel, den Himmel und das Ewige Leben bezogen. Diese **mystischen** Erfahrungen hat sie in der Schrift »**Scivias**« (lat.: »Wisse die Wege«) festgehalten. Als Papst Eugen III. 1146–1147 auf der Synode von Trier den versammelten Bischöfen aus ihren Schriften vorlas, erhielt Hildegard begeisterte Zustimmung und die Erlaubnis, ihre Visionen zu verbreiten. Auch der berühmte Zisterzienserabt Bernhard von Clairvaux war damals anwesend, der selbst mystische Erfahrungen hatte.

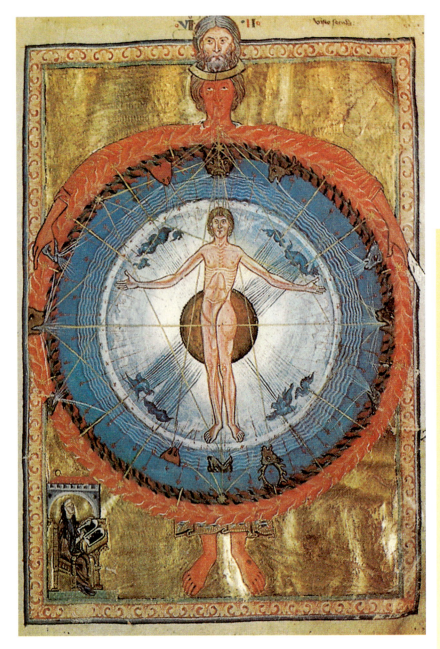

Hildegard von Bingen (1098–1179), Die göttliche Schöpferkraft mit Kosmos und Mensch, um 1230. Die rote Gestalt, die den Weltkreis umfasst, ist eine Personifikation der göttlichen Liebe, aus der die Schöpfung hervorgeht. Überragt wird ihr Haupt vom Gesicht der göttlichen Güte. Der Mensch in der Mitte ist zugleich ein Bild Gottes und ein Kosmos im Kleinen. Wie ein Kreuz steht er in der Mitte des Weltenrades.

Die Visionen der Hildegard

Die Gesichte, die ich schaue, nehme ich nicht in traumhaften Zuständen, nicht im Schlafe oder in Geistesgestörtheit, nicht mit den Augen des Körpers oder den Ohren des äußeren Menschen in mich auf, sondern wachend empfange ich sie, besonnen und mit klarem Geiste, mit den Augen und Ohren des inneren Menschen, an allgemein zugänglichen Orten, so wie Gott es will. Wie das geschieht, ist für den mit dem Fleische umkleideten Menschen schwer zu verstehen ... Als ich die Mädchenjahre überschritten hatte und zu gereiftem Alter gekommen war, hörte ich eine Stimme vom Himmel sagen: Ich bin das lebendige Licht, welches das Dunkel erleuchtet.

Hildegard von Bingen

Mit **Mystik** (von griech.: »sich schließen«, »[Augen und Ohren] schließen«) bezeichnet man oft den Bereich **außerordentlicher** religiöser Erfahrungen, die einem Menschen zuteil werden können. Der **Mystiker** fühlt sich spürbar von Gott ergriffen. Er kann z. B. Licht sehen und Bilder schauen (»Visionen«) sowie Worte und Klänge hören (»Auditionen«), die nicht von dieser Welt sind. Wenn diese Verbindung mit dem Göttlichen auch noch auf das innere Einswerden mit ihm zielt, weist das mystische Erlebnis ähnliche Züge auf wie eine große Liebe zwischen Menschen. Es erfüllt den Mystiker mit tiefem Glück. Manche Mystiker fallen aber auch in ein dunkles seelisches Tief, wenn die einmal erlebte Beziehung zu Gott später wieder ausbleibt.

Von den mystischen Erfahrungen zu sprechen stößt oft auf erhebliche Schwierigkeiten, weil die alltäglichen Worte dazu wenig geeignet sind. Nicht selten schenkt man den Erfahrungen der Mystiker keinen Glauben.

Manchmal bezeichnet man mit »Mystik« auch **elementare** religiöse Erfahrungen, die man im Gebet, in der Zuwendung zum Nächsten und zur Welt, in der Meditation (→ S. 77 f ZdF) macht. Dann kann jeder Christ ein Mystiker sein.

Im Christentum und in den meisten Religionen gibt es viele Mystiker.

Mehr als ein halbes Jahrtausend

1. Warum hat Hildegard von Bingen in letzter Zeit ein so breites Interesse bei uns gefunden?
2. Andere Bilder der Hildegard von Bingen: → S. 17 und 67.
3. Andere bedeutende Frauen des Mittelalters sind Elisabeth von Thüringen: → S. 213 f ZdF und Katharina von Siena: → S. 137.
4. Ein Beispiel für Mystik im Judentum: → S. 271.

Äbtissin, Forscherin, Künstlerin

Im Alter von ca. 50 Jahren, zwischen 1148 und 1150, gab Hildegard ihrem Leben eine Wende. Gegen viele Widerstände gründete sie auf dem **Rupertsberg** nahe bei Bingen am Rhein ein Frauenkloster in der Tradition der Benediktiner (→ S. 164 ff ZdF), in dem sie die **Äbtissin** wurde. Dass sie dies als Frau tat, war für die damalige Zeit nicht üblich, da die Klöster im Allgemeinen von Männern gegründet wurden. Nun beschäftigte sie sich mit naturkundlichen Fragestellungen und untersuchte Pflanzen, Edelsteine und Metalle. Darin fand sie, wie es in ihrer Zeit üblich war, noch manches Magische, doch beobachtete sie die Natur genauer als alle ihre Zeitgenossen. Sie wollte zeigen, welche Heilkräfte in der Natur liegen, fragte nach den Ursachen der Krankheiten und war auf der Suche nach Heilmitteln, so dass sie auch als Ärztin gilt. In dieser Zeit entstanden auch ihre musikalischen **Kompositionen und 77 Lieder,** in denen sie Gott, Christus und viele Heilige verehrte. Ihre Lieder sind nicht, wie heute oft angenommen, esoterische Highlights für sphärische Gefühle. Für Hildegard ist die Musik zur Ehre Gottes da. Musik ist für sie eine Gabe Gottes für die Menschen.

In dem neuen Kloster bei Bingen hörte das abgeschiedene Ordensleben für Hildegard endgültig auf. Unerhört waren die Strapazen, die sie auf ihren vielen Reisen zu Schiff oder zu Pferd auf sich nahm. Dass sie öffentlich vor begeisterten Volksmassen predigte, war nicht ohne Risiko, weil das damals vor allem Leute taten, die als Ketzer angesehen wurden. Oftmals geriet sie in den Blickpunkt kirchlicher und weltlicher Mächte.

Die scharfe Kritikerin

Als sich der mächtige **Kaiser Friedrich Barbarossa** (1152–1190) mit dem Papst überworfen hatte, redete Hildegard ihm ins Gewissen: »Gib Acht, dass der höchste König dich nicht deutlich zu Boden streckt wegen der Blindheit deiner Augen, die nicht richtig sehen, wie du das Zepter zum rechten Gebrauch in deiner Hand halten musst.« Sie tadelte »schlafende Prälaten«, nannte den **Bischof** von Speyer »eine feiste Natur« und den **Erzbischof** von Köln einen »räuberischen Habicht«. Der **Klerus** wurde von ihr wegen seiner Geldgier heftig attackiert.

Rupertsberg

Mit 67 Jahren gründete sie ein zweites Kloster in **Eibingen** bei Rüdesheim. Sie war nun Äbtissin zweier Klöster. Den Elan, mit dem sie das alles trotz ständiger Krankheit und hohen Alters tat, bewunderten schon ihre Zeitgenossen. Zweimal wöchentlich überquerte sie mit ihren Nonnen in einem Kahn den Rhein, um auch in Eibingen am klösterlichen Gotteslob teilzunehmen. Mit 80 Jahren ist sie im Kloster Rupertsberg gestorben. Die Kirche feiert ihr Fest am 17. September, obwohl sie nie offiziell heilig gesprochen wurde.

Mehr als ein halbes Jahrtausend

5. Die Kreuzzüge

Ein gewaltiges Unternehmen

Im 7. Jahrhundert war in Arabien der Islam (→ S. 244 ff ZdF) als neue Religion entstanden. Im Mittelpunkt seines Bekenntnisses steht der Glaube an den einen Gott (arab.: »Allah«), dessen Prophet Mohammed (570–632 nC) ist. Schon bald nach dem Tod Mohammeds konnten die Heere des Propheten weite Gebiete Vorderasiens und Afrikas erobern. Im Jahr 638 nahmen sie Jerusalem (→ S. 96 f ZdF) ein, das damals zum christlichen Kaiserreich von Byzanz gehörte. In dieser Stadt befinden sich viele christliche Gedenkstätten, so der Abendmahlssaal, der Ölberg und die Grabeskirche, die an das Leben Jesu erinnern. Seit eh und je pilgerten Christen hierhin, weil sie darin eine Möglichkeit sahen, an dem Leben Jesu Anteil zu nehmen. Zunächst übten die Muslime ihre Herrschaft in Jerusalem und im Heiligen Land eher friedlich aus, so dass christliche Pilger auch weiterhin die heiligen Stätten besuchen konnten. Doch seit dem 11. Jahrhundert änderte sich die Situation. Seldschukische Muslime behinderten nun in der Türkei den Durchzug der Pilgergruppen. Im Heiligen Land wurden die einheimischen Christen unterdrückt, die christlichen Pilger misshandelt. Schließlich bat der byzantinische Kaiser den Westen um Söldnertruppen zur Befreiung der Gebiete, die die Seldschuken erobert hatten. Als man davon im Abendland erfuhr, empfand man diesen Zustand als große Schmach. So entstand die Idee, aus der friedlichen Wallfahrt eine bewaffnete Wallfahrt zu machen. Am 27. November 1095 hielt Papst Urban II. (1088–1099) in Clermont (Südfrankreich) eine leidenschaftliche Rede, die weltgeschichtliche Bedeutung erlangte. Vor hunderten von Bischöfen und Äbten und tausenden von Rittern rief er unter freiem Himmel zum Marsch nach Jerusalem und zum Kampf gegen die »Ungläubigen« auf, damit das Heilige Land aus deren Hand befreit werde. In seiner Rede versprach er allen, die sich auf den Weg machten, die Vergebung ihrer Sünden und das Ewige Leben. Seine Aufforderung löste eine unvorstellbare Begeisterung aus, in der sich religiöser Eifer mit Hoffnung auf Beute und Abenteuerlust mischten. Alle riefen: »Deus lo volt!« (d. h. »Gott will es!«) Im Auftrag des Papstes zogen nun viele Prediger durch die Lande und riefen zum Kreuzzug auf. Tausende Ritter konnten gewonnen werden. Sie hefteten sich ein rotes Kreuz auf ihren Mantel, das zum Zeichen der **Kreuzfahrer** wurde. Die ers-

> Die **Kreuzzüge** hatten das Ziel, das Heilige Land zu befreien, das sich damals unter islamischer Herrschaft befand. Der erste Kreuzzug, der sehr blutig verlief, dauerte von 1096–1099. Bis zum Ende des 13. Jahrhunderts gab es sechs weitere Kreuzzüge. Keiner hatte nachhaltigen Erfolg. Einige Züge erreichten nicht einmal Jerusalem, sondern scheiterten schon unterwegs. Wie wenig erfolgreich sie waren, zeigt die Tatsache, dass Sultan Saladin schon 1187 Jerusalem wieder für die Muslime einnehmen konnte. Später ging die Stadt noch einmal an die Kreuzfahrer, wurde aber endgültig 1244 von den Muslimen erobert. Als diese 1291 auch Akko eroberten, war die Geschichte der Kreuzzüge zu Ende.

Papst Urban II. ruft 1095 in Clermont zum Kreuzzug auf, Buchmalerei, 1490.

Mehr als ein halbes Jahrtausend

ten Gruppen, die meist noch planlos loszogen, erreichten ihr Ziel nicht. Doch als einige reiche Fürsten viel Geld in das Unternehmen gesteckt hatten, konnte ein besser gerüstetes Heer 1096 aufbrechen. Der lange Marsch war höchst beschwerlich. Viele Kreuzfahrer wurden unterwegs durch Krankheiten dahingerafft. Durst, Hunger und Hitze forderten viele Opfer. Auf dem Weg mussten feindliche Städte niedergekämpft werden. Dabei entstanden oft große Verluste. Doch als die Kreuzfahrer nach vier mühevollen Jahren 1099 Jerusalem erreichten, war die Begeisterung unbeschreiblich. Vier Wochen belagerten sie Jerusalem, bis sie in die Stadt eindrangen und sie in Besitz nahmen. In ihrem Siegesrausch richteten sie ein entsetzliches Blutbad an. Sie metzelten fanatisch und erbarmungslos zugleich die muslimische wie auch die jüdische Bevölkerung nieder. Zehntausende Menschen verloren damals ihr Leben. Den Felsendom, das nach Mekka und Medina wichtigste Heiligtum der Muslime, machten sie zu einer christlichen Kirche, der Halbmond wurde durch ein Kreuz ersetzt. Nun entstand als Kreuzfahrerstaat das **Königreich Jerusalem,** das den Schutz des Heiligen Grabes garantieren sollte. Damals wurden mehrere bedeutende Ritterorden, die

Jerusalem wird von den Kreuzfahrern unter Führung von Gottfried von Bouillon angegriffen, Buchmalerei, 1377.

Templer und die Johanniter (Malteser), gegründet, die sich den Schutz der Pilger und die Pflege der Kranken und Verwundeten zur Aufgabe machten. Damals entstand auch der Deutsche Ritterorden, der später lange für die Sache des Christentums im Osten Europas tätig war.

Die Eroberung Jerusalems im Jahr 1099

Ein anonymer christlicher Schreiber hat überliefert, was bei der Eroberung Jerusalems geschah. Manches ist an seinem Bericht übertrieben, da sich bei ihm damals übliche literarische Schlacht- und Siegesschemata finden. Aber furchtbar war das Geschehen auf jeden Fall. Nach diesem Bericht griffen die Kreuzfahrer die Stadt am ersten Tag nach ihrer Ankunft an, zogen am zweiten Tag in einer Prozession betend um die Stadt und gaben am dritten Tag das Zeichen zum Generalangriff. Dem lothringischen Herzog Gottfried von Bouillon und seinen Leuten gelang es, auf die Stadtmauer zu klettern.

Als ihm das gelungen war, ergriffen alle Verteidiger die Flucht. Unsere Leute verfolgten sie auf der Mauer und durch die Stadt und töteten und verstümmelten sie. Das ging bis zum Tempel; dort gab es dann ein solches Gemetzel, dass wir bis zu den Knöcheln im Blut der Feinde standen. ... Bald liefen unsere Leute durch die ganze Stadt und machten Beute von Gold, Silber, Pferden und Maultieren, indem sie die Häuser voller Güter plünderten. Dann kamen sie alle voll Begeisterung und vor lauter Freude weinend am Grab unseres Heilands Jesus zusammen; sie beteten es an und weihten ihm ihr Leben. Am nächsten Morgen stiegen sie leise auf das Dach des Tempels, griffen die Männer und Frauen der Sarazenen an und schlugen ihnen mit dem blanken Schwert den Kopf ab.

Die Folgen

Es ist nicht ganz einfach die Kreuzzüge richtig zu beurteilen. Über ein paar Punkte sollte man nachdenken:

■ **militärisch/politisch:** Die Kreuzzüge haben ihr Ziel, das Heilige Land von der muslimischen Herrschaft zu befreien, dauerhaft nicht erreicht. Aber sie trugen dazu bei, dass die Christen in Europa zu einem stärkeren Gefühl der Zusammengehörigkeit fanden.

■ **christlich-jüdisch:** Oft zerstörten die Kreuzfahrer schon unterwegs jüdische Gemeinden und ermordeten viele Juden mit dem Argument, man solle nicht erst im Heiligen Land die Ungläubigen bekämpfen (→ S. 276 ff).

■ **christlich-islamisch:** Die Kreuzzüge haben zu einer nachhaltigen Feindschaft zwischen Christentum und Islam geführt, deren Auswirkungen bis heute fortdauern.

■ **ethisch:** Die Kreuzfahrer selbst waren von widersprüchlicher Gesinnung. Auf der einen Seite gab es religiöse Begeisterung und glaubwürdige Bußgesinnung. Auf der anderen Seite standen Fanatismus, Machtstreben, Habgier und Brutalität.

■ **kulturell/wirtschaftlich:** Die Beziehungen Europas zum Orient wurden vertieft. Handel und Gewerbe blühten auf. Nun wurde im Abendland die Kultur der Byzantiner und Araber bekannt, die in vieler Hinsicht Europa überlegen war, z. B. in Mathematik, Technik, Kunst, Musik, Städtebau, Verwaltung, Philosophie, Medizin. Daraus hat Europa viel gelernt.

Kreuzritter, Buchmalerei, 13. Jh.

Ein Kinderkreuzzug

1212 fand ein Kinderkreuzzug statt, an dem mehrere tausend Mädchen und Jungen im Alter zwischen 6 und 16 Jahren teilnahmen. Unter Führung des Hirtenknaben Stephan sammelten sich die Kinder in Frankreich. In Deutschland scharten sie sich um den zehnjährigen Nikolaus von Köln. Viele Kinder stammten aus dem Rheinland. Niemand hatte sie zu diesem Unternehmen aufgerufen. Trotz ernsthafter Mahnungen besonders auch der Geistlichkeit zogen sie los. Ihre Begeisterung für die Sache Christi, aber auch ihre Abenteuerlust ließen es nicht zu, dass sie auf die Stimme der Vernunft hörten. Sie wollten nicht mit dem Schwert kämpfen, sondern sich mit Liebe und Gebet für die Kreuzzugsidee einsetzen. Was den Kreuzfahrerheeren nicht mit Gewalt gelang, wollten sie mit ihrer Wehrlosigkeit erreichen.

Das Unternehmen endete furchtbar. Die französischen Kinder kamen teils bei einem Schiffbruch im Mittelmeer ums Leben, teils gerieten sie in die Hände christlicher (!) Sklavenhändler, die mit ihnen ein gutes Geschäft machten. Die meisten deutschen Kinder erlagen in den Alpen den Strapazen des Weges. Nur wenige Kinder gelangten bis Süditalien, wo sie zur Umkehr bewogen wurden. Kaum ein Kind sah seine Heimat wieder.

Der Entschluss, die Sache des Christentums mit dem Schwert durchzusetzen und dabei den Tod vieler tausender unschuldiger Menschen zu verursachen, ist mit den Weisungen Jesu nicht vereinbar. Im Unterschied zu damals ist es unserer Zeit unmöglich, einen solchen Krieg als heilig oder gottgewollt anzusehen. Schon damals gab es Christen, die **Kreuzzüge** als Teufelswerk bezeichneten. Bis heute haben die Kreuzzüge dem Ansehen des Christentums geschadet.

○ Kennt ihr andere heilige Kriege, Religionskriege oder Kriege, die aus angeblich guten Motiven geführt werden? Diskutiert ihre Problematik.

Mehr als ein halbes Jahrtausend

Cimabue (um 1240 – nach 1320), Franz von Assisi.

6. Franz von Assisi. Die neue Liebe zur Armut

Leben im Mittelalter

Im Mittelalter war das Leben in Europa in vieler Hinsicht anders als heute. Die Städte waren klein und übersichtlich, meist von einer Mauer umgeben, um Angriffe von anderen Städten oder von Banden abzuwehren. In der Mitte der Städte erhob sich eine Kirche oder ein Dom. Die Bewohner lebten von Handwerk, Dienstleistungen und Handel. Die Bauern auf dem Land standen meist in Abhängigkeit von reichen Grundbesitzern. Oft fehlte ihnen das Nötigste zum Leben. Vergnüglicher war der Alltag auf den Höfen der Adeligen und auf den Ritterburgen, wenn nicht gerade Kämpfe zu bestehen waren. Dort fanden Turniere und Spiele statt, dort traten Sänger (»Troubadoure«) auf, die mit ihren neuartigen Melodien den Damen freundliche Komplimente machten. Die meisten Leute kamen damals kaum einmal über ihre engere Heimat hinaus. Von einer Gleichberechtigung der Frauen konnte nicht die Rede sein. Alle, ganz gleich ob sie mächtig oder einflusslos waren, fürchteten sich vor großen Epidemien. Viele Kinder starben schon früh, weil es noch keine Medikamente gab, die ihnen helfen konnten. Überall war das Christentum tonangebend.

Ein heiterer Christ

In dieser Zeit lebte in der umbrischen Stadt **Assisi**, die zwischen Florenz und Rom liegt, der reiche Tuchhändler Pietro Bernardone. Seine Frau Piva stammte aus der Provence (Südfrankreich), wo er sie auf einer Handelsreise kennen gelernt hatte. Als beide 1182 einen Sohn bekamen, tauften sie ihn auf den Namen »Giovanni« (»Johannes«), nannten ihn aber meist »Francesco«, was »Französlein« (»Franz«) bedeutet. Damit spielten sie auf die Herkunft seiner temperamentvollen und lebenslustigen Mutter an. Der Junge war intelligent, musisch begabt, lustig und liebenswürdig zugleich. Zudem hatte er viel Geld, das die reichen Eltern ihm zusteckten. Damit finanzierte er schöne Feste, zweigte aber immer auch für die Armen beträchtliche Summen ab. Weil er gut singen und tanzen konnte, war er bei den jungen Leuten Assisis beliebt. Kein Wunder, dass er rasch **im Mittelpunkt seiner Heimatstadt** stand. Seinem Vater passte es allerdings nicht, dass er Ritter oder Sänger werden wollte, um in die Welt zu kommen und an den Höfen seine Gedichte und Lieder vorzutragen. Er wollte ihn als Mitarbeiter und Nachfolger in seinem Tuchgeschäft haben.

Auch Franz gefiel dieses heitere, aber oberflächliche Leben auf die Dauer nicht. Als er bei einem Krieg seiner Heimatstadt Assisi gegen das benachbarte Perugia 1202 gefangen wurde und dort für ein Jahr in harte Kerkerhaft kam, fand er viel Zeit zum Nachdenken. Er befand sich auf einmal in einer **Lebenskrise.** Hier wurde ihm klar, dass er sein Leben ändern müsse. Zwar kaufte ihn der Vater los, aber Franz kehrte verunsichert und krank nach Assisi zurück. Drei Jahre dachte er voll innerer Unruhe über seinen weiteren Lebensweg nach.

Franz von Assisi (1182–1226, → S. 41f ZdF) hat wie kein anderer Heiliger mit seinem ganzen Leben gezeigt, was es heißt, Jesus nachzufolgen. Er hat die Welt, so weit er in ihr die gute Schöpfung Gottes sah, geliebt und gepriesen; und er hat gegen die Welt, so weit sie von Menschen beschädigt wurde, protestiert. So wurde er zu einem getreuen Bild Christi. Vor allem hat er die Armut geliebt. Er hat bewiesen, dass es möglich ist, nicht von äußerem Besitz abhängig zu sein. Dafür fand er inneren Reichtum. Er war radikal und fröhlich zugleich. Er konnte singen und tanzen, überzeugen und kämpfen. Immer hat er sich für Liebe, Frieden und Gewaltlosigkeit eingesetzt. Unzähligen Menschen ist er bis heute zum Vorbild geworden.

Mehr als ein halbes Jahrtausend

Franz findet einen neuen Weg

Franz hatte drei ungewöhnliche Erlebnisse, die sein Leben in eine neue Richtung wiesen.

▶▶ Im Jahr 1206 traf er nahe bei Assisi auf einen **Aussätzigen.** Der Gestank, der von den Wunden des Kranken ausging, rief seinen Ekel hervor. Aber er überwand seinen Widerwillen, stieg von seinem Pferd zu dem Kranken herab, schenkte ihm eine Goldmünze und küsste ihm die Hand. Auch der Aussätzige gab ihm einen Kuss. Dieses Erlebnis wandelte Franz völlig um. Schon bald ging er in das Haus, wo die Aussätzigen erbärmlich lebten, schenkte ihnen sein Geld und pflegte sie.

▶▶ Kurz darauf hörte er in der baufälligen Kirche San Damiano nahe bei Assisi, wie der gekreuzigte Jesus zu ihm sagte: **»Geh und richte meine Kirche wieder auf!«** Erschrocken dachte er zunächst nur an die alte Kirche, in der er gebetet hatte. Darum begann er, Mörtel heranzuschleppen, Steine auszubessern, die Wände zu reinigen und die Mauern zu reparieren. Erst später wurde ihm klar, dass das Wort Jesu einen viel tieferen Sinn hatte. Er verstand, dass sich sein Auftrag auf die ganze Kirche beziehen sollte, die damals viel Ansehen verloren hatte, weil sie sich dem Reichtum und der Macht verschrieben hatte.

▶▶ Zuerst versuchte Franz aber noch, den bettelarmen Priester von San Damiano zu unterstützen. Er verkaufte Tuchballen aus dem Geschäft seines **Vaters** und brachte das Geld dem Priester. Da dieser die Gabe nicht annehmen wollte, warf Franz das Geld in die Kirche. Der Vater verstand seinen Sohn nicht mehr. Er war empört und wollte sein Geld zurückhaben. Weil er es nicht bekam, ließ er Franz einsperren. Der Bischof der Stadt, ein weiser Mann, machte ihm klar, weshalb sein Vater so erzürnt war. Mit freundlichen Worten redete er auf Franz ein, das Geld zurückzuholen und dem Vater zu erstatten. Tatsächlich schien er Franz überzeugen zu können. Denn dieser holte das Geld aus San Damiano herbei. Aber dann passierte etwas Ungeheuerliches. Franz sagte: »Nicht nur das **Geld,** das meinem Vater gehört, will ich ihm zurückgeben, sondern auch die **Kleider.**« Er zog sich aus und legte nackt in der Gegenwart vieler Zeugen die Münzen und die Kleider vor dem Bischof und vor dem Vater auf den Boden. Dabei sagte er: »Bis heute habe ich Pietro Bernardone meinen Vater genannt. Aber da ich vorhabe, dem Herrn ganz zu dienen, gebe ich ihm sein Geld zurück, das ihm so viel Sorgen macht, und auch die Kleider, die ich von ihm habe. Von nun an will ich nicht mehr sagen: Vater Pietro Bernardone, sondern Vater unser im Himmel.« Der Vater nahm betroffen das Geld und die Kleider zu sich. Der Bischof aber umarmte Franz, weil er in dieser öffentlichen Demonstration ein Zeichen Gottes sah.

Im **Mittelalter** gab es zahlreiche Klöster überall im Land. In nicht wenigen Orten hatten **Ordensleute** und Bürger Hospize errichtet, in denen die Kranken und Sterbenden betreut wurden. Aber die Kirche war nicht überall beliebt. Damals lebten viele **Bischöfe** und **Päpste** in großem Reichtum, führten Kriege mit anderen Bischöfen und gingen gegen alle, die ihnen nicht rechtgläubig erschienen, mit schlimmen Strafen vor. Besonders einige Strömungen in Frankreich und Italien waren ihnen unbequem, weil hier engagierte Christen die reichen Kirchenfürsten heftig kritisierten und selbst arm lebten. In ihrer radikalen Kritik lehnten sie jedoch auch manche Glaubenslehre der Kirche ab. Sie wurden als **Ketzer** bezeichnet und oft von der Inquisition (→ S. 141) blutig verfolgt.

Der Verzicht auf allen Besitz

Nun versuchte Franz so anspruchslos zu leben, wie Jesus gelebt hatte. Er verstand einige Stellen des Evangeliums ganz wörtlich und verzichtete auf allen Besitz. Wenn er durch Umbrien zog, nahm er keinen Vorrat mit, kein zweites Hemd und auch keinen Wanderstab. Er trug nur noch einen Kittel aus grobem Stoff, gürtete sich mit einem billigen Strick und lief im Sommer und Winter barfuß über die Straßen. Die Armut nannte er seine Braut. Seine radikale Lebensform rief überall Staunen hervor. Manche hielten ihn für völlig verrückt, andere wurden nachdenklich.

Es fanden sich bald **Leute, die ihm nachfolgen wollten.** Zuerst kamen ein Kaufmann, ein Jurist, ein Bauer und ein Priester zu ihm, die bereit waren, auf jeden Besitz zu verzichten. Mit diesen Gefährten, denen sich bald viele andere anschlossen, zog er in die Städte und Dörfer und verkündete als Laie die Frohe Botschaft Jesu.

Mehr als ein halbes Jahrtausend

Giotto di Bondone (1267–1337), Die Vogelpredigt, um 1300. Eine Legende erzählt, dass Franz mit den Vögeln gesprochen habe. Diese seien gekommen, hätten sich zu seinen Füßen versammelt und seinen Worten aufmerksam zugehört. Er habe sie aufgefordert, Gott zu loben und zu danken. Am Ende seien sie mit frohen Liedern weggeflogen.

Der Sonnengesang

1 Welche Einstellung zur Welt und zu den Tieren zeigt sich im Sonnengesang und in der Vogellegende? Vergleicht sie mit unseren Einstellungen zur Natur und zu den Tieren. Franz – ein Grüner (»Öko«)?

Im Jahr 1225, kurz vor seinem Tod, schuf Franziskus seinen berühmten **Sonnengesang**. Das Lied ist ein frühes Dokument dafür, wie ein Christ die Schönheit der Natur entdeckt.

Gelobt seist du, Herr, mit all deinen Kreaturen,
der edlen Herrin, vor allem Schwester Sonne,
die uns den Tag macht und freundlich Licht durch ihn spendet.
Schön ist sie in den Höhen und prächtig in mächtigem Glanze:
Dein Gleichnis birgt sie, Erhabener.
Gelobt seist du, Herr, durch Bruder Mond und die Sterne.
Du schufst sie, dass sie funkeln am Himmel köstlich und schön.
Gelobt seist du, Herr, durch Bruder Wind und Luft
und Wolke und jegliches Wetter, mildes und anderes auch,
wodurch du belebst, was du erschufst.
Gelobt seist du, Herr, durch Bruder Feuer, durch den du leuchtest in der Nacht.
Es glüht mild und sprüht gewaltig und kühn.
Gelobt seist du, Herr, durch unsere Schwester,
die Mutter Erde, die stark und gütig uns trägt
und bringt mancherlei Frucht mit farbigen Blumen und Gras.
Gelobt seist du, Herr, durch die, die vergeben um deiner Liebe willen
und Pein und Betrübnis geduldig tragen:
Selig, die's überwinden in deinem Frieden!
Sie werden gekrönt von dir, dem Höchsten.
Gelobt seist du, Herr, durch unseren Bruder, den leiblichen Tod,
dem kein lebendiger Mensch entrinnt. Ach wehe, die sterben in ihren Sünden.
Und selig, die er findet in deinem heiligsten Willen,
denn sie berührt nicht der zweite Tod.
Lobt und preist den Herrn und dankt und dient ihm in großer Demut. Amen.

Franz sammelte viele **Gefährten** um sich. Unterwegs in Umbrien waren sie voll **Fröhlichkeit**, sangen Lieder, spielten auf selbst gefertigten Geigen und entdeckten staunend wie kaum jemand vor ihnen die Schönheit von Sonne, Mond und Sternen. Sie hatten ein herzliches Verhältnis untereinander sowie zu Tieren und Pflanzen. Trotzdem waren sie nicht überall gern gesehen. Nicht selten wurden sie geschmäht, verprügelt und vertrieben.

Mehr als ein halbes Jahrtausend

Erneuerung der Kirche

Franz hielt auch Bischöfen und Kardinälen vor, ein schlechtes Beispiel zu geben und nicht so zu leben, wie Jesus es geboten hatte. Nicht wenige Leute witterten in Franz und seiner Begleitung eine öffentliche Gefahr. Sie mussten sogar fürchten, als **Ketzer** angeklagt und verurteilt zu werden.

Doch die junge Bewegung um Franz wuchs rasch zu einer **größeren Gemeinschaft** heran. Franz und seine Freunde kritisierten zwar die Kirche mit ihrem Reichtum und mit ihrer Macht, aber sie versuchten zugleich, die Kirche von innen heraus zu erneuern. Vor allem bemühte sich Franz um eine offizielle Anerkennung seiner Lebensform. Tatsächlich gelang es ihm, dieses Anliegen 1210 **Papst Innozenz III.** in Rom vorzutragen. Diese Begegnung war ganz ungewöhnlich. Auf der einen Seite stand der damals mächtigste Mann des Abendlandes, auf der anderen Seite ein armer barfüßiger Bettler. Der Papst erfüllte ihm schließlich seine Bitte. Franz durfte arm leben und als Laie predigen. Im Jahr 1223 wurde seine Gemeinschaft als **Orden** mit eigener **Regel** von Papst Honorius III. bestätigt.

Giotto di Bondone (1267–1337), Der Traum von Papst Innozenz III., um 1300. Im Traum sieht der Papst, wie Franz von Assisi die wankende Kirche stützt.

So sympathisch Franz auch immer war, so streng hielt er an der **Armut** (→ S. 163 ZdF) fest. Im Geld sah er die größte Gefahr, weil es das Herz eines Menschen voll in seinen Bann schlagen kann und weil es sich leicht mit Macht verbindet. Er hat einmal gesagt: Wer Geld hat, muss sein Hab und Gut schützen. Er kauft sich Waffen und verteidigt seinen Besitz mit Gewalt. Durch Geld entstehen Streitigkeiten in der Familie und Kriege zwischen den Völkern. Für seine Gemeinschaft wollte Franz die Macht des Geldes brechen. Seine Brüder sollten für ihren Unterhalt arbeiten und, wenn es dafür nicht reichte, bei ihren Mitmenschen betteln. Sie sollten keinen Besitz haben. Dies war das Grundgesetz seiner Regel. Wer sie nicht halten wollte, musste den Orden verlassen.

In den folgenden Jahren wuchs der Orden der **Franziskaner** auf über 5000 Brüder an. Schon 1221 sind sie in ganz Europa, in Nordafrika und Palästina zu finden. Gleichsam über Nacht waren Franziskus und seine Bewegung in aller Munde. Er selbst zog als Prediger die Menschen in seinen Bann. Viele sahen in ihm einen Heiligen, der die Kirche wieder glaubwürdig machte. 1219 brach Franz nach **Ägypten** auf, das damals von Muslimen besetzt war. Christliche Kreuzfahrerheere (→ S. 128 ff) waren dorthin gezogen, um von da aus die Heimat Jesu für die Christenheit wiederzugewinnen und sie der Macht des Sultans zu entreißen. Franz selbst kam waffenlos, weil er alle Gewalt ablehnte. Den Kreuzfahrern riet er von aller Gewalttätigkeit ab, erntete dafür aber nur Hohn. Er sagte ihnen das Scheitern ihres blutigen Projekts voraus. Franz selbst gelang es, mehrmals mit dem **Sultan** Melek el Kamil zu sprechen. Dieser war ein gebildeter Mann und interessierte sich für Franz, der so ganz anders als die christlichen Kreuzfahrer war. Die Gespräche hatten keine Auswirkung auf die Geschichte. Der Sultan erfuhr zwar, dass es auch friedliche Christen gibt, aber die Kreuzfahrer setzten ihren Krieg fort.

2 So sympathisch Franz auch ist, so radikal hat er das Christentum gelebt. Könnt ihr aufzeigen, wo er sich entschieden gegen Trends und Tendenzen seiner Zeit aufgelehnt hat? Gegen welche Einstellungen, die auch heute verbreitet sind, hat er Widerstand geleistet?

3 Einige Bibelworte haben das Leben des Franz von Assisi völlig verändert: Mt 10, 5–10; 16, 24; 19, 21; Lk 9, 3. Lest die Stellen und denkt darüber nach, welche Konsequenzen Franz daraus gezogen hat. Welche Bedeutung haben die Texte heute für Christen?

4 In derselben Zeit entstand ein anderer großer Bettelorden in der Kirche. Er wurde von Dominikus (1170–1221) in Spanien gegründet und heißt nach ihm »Dominikanerorden«. Versucht ein paar Einzelheiten ausfindig zu machen.

Mehr als ein halbes Jahrtausend

Klara gründete in San Damiano eine kleine Frauengemeinschaft, aus der später der »**Zweite Orden**« (Orden für Frauen; → S. 165 f. ZdF) wurde. Ihre Mitglieder werden nach der Gründerin »**Klarissen**« genannt. Bis heute ist sie die einzige Frau in der Geschichte der Kirche, die eine Ordensregel für Frauen geschrieben hat.

Armut

Alle Brüder sollen sich bestreben, unserem Herrn Jesus Christus in seiner Demut und Armut nachzufolgen und daran zu denken, dass wir von der ganzen Welt nichts zu haben brauchen, als, wie der Apostel sagt (1 Tim 6, 8): »Wenn wir Nahrung und Kleidung haben, lasst uns damit zufrieden sein.« Und sie sollen sich freuen, wenn sie mit geringen und verachteten Leuten verkehren, mit Armen, Schwachen, Kranken, Aussätzigen und solchen, die am Wege betteln.

Und wenn es notwendig ist, sollen sie um Almosen ausgehen und mögen sich nicht schämen, sondern vielmehr bedenken, dass sich unser Herr Jesus Christus nicht schämte, für uns arm und Fremdling zu werden.

Franziskus von Assisi, aus der 2. Regel, um 1120/21

Klara von Assisi

In einem Palast in Assisi lebte 1211 ein siebzehnjähriges Mädchen aus adeligem Haus, das von umfassender Bildung und außerordentlicher Schönheit gewesen sein muss. Sie hieß **Klara** (1194–1253), hatte viele Verehrer, wollte aber mit ihnen nichts zu tun haben. Weil sie von Franz gehört hatte, suchte sie ihn persönlich kennen zu lernen. Beide trafen sich, verstanden sich auf Anhieb, waren voneinander begeistert und gaben sich gegenseitig viele Anregungen. In ihren vielen Gesprächen ging es aber nicht um die Liebe, wie sie für junge Leute natürlich und üblich ist, sondern um die Frage, wie sie in unruhiger Zeit Jesus nachfolgen könnten. Auch Klara entschloss sich arm zu leben. Sie verließ den elterlichen Palast, legte all ihren kostbaren Schmuck ab und ließ sich von Franz ihre langen blonden Haare abschneiden. Von nun an trug auch sie einen rauhen Bauernkittel und lebte in einem ärmlichen Haus.

Es ist nicht erstaunlich, dass die Leute in Assisi über Franz und Klara allerlei Vermutungen in die Welt setzten, die die beiden in ein schiefes Licht rückten. Man tuschelte über sie, obwohl man nichts Genaues wusste. Damit mussten die beiden leben. Sie waren stets davon überzeugt, dass sie gemeinsam für ihre Zeit neue Wege des Glaubens suchen sollten. Dazu war ihnen eine tiefe Liebe zueinander geschenkt worden. Ohne Klara ist Franz nicht zu verstehen. Ohne sie hätte Franz nicht eine so erstaunliche Wirkung gehabt. Nach seinem Tod hat Klara sein Werk tatkräftig fortgeführt. Sie hat ihn besser verstanden als die meisten Männer im Umkreis des Heiligen.

Franz nimmt das Ordensversprechen Klaras entgegen, Buchmalerei, um 1475.

Ich liebe ...

Weinend sagte Franziskus eines Tages zu Gott: Ich liebe die Sonne und die Sterne. Ich liebe Klara und ihre Schwestern. Ich liebe das Herz der Menschen und alle schönen Dinge. Herr, du musst mir verzeihen. Denn nur dich sollte ich lieben.

Lächelnd antwortete der Herr: Ich liebe die Sonne und die Sterne. Ich liebe Klara und ihre Schwestern. Ich liebe das Herz der Menschen und alle schönen Dinge. Mein Franziskus! Du musst nicht weinen. Denn das alles liebe ich auch.

Aus den Legenden

Franziskus vor dem Sultan, Altartafel, um 1250.

Die letzten Jahre und der Tod

Die letzten Lebensjahre brachten Franz viel **Leid und Aufregung.** Er machte sich Sorgen, dass nicht alle Brüder, die sich zu seiner Bewegung zählten, auch in seinem Sinne lebten. Faulpelze waren darunter, die nicht arbeiten wollten. Ehrgeizige erhofften sich hier eine gute Karriere. Vielen gelang es nicht, allem Besitz zu entsagen. Da Franz sein Augenlicht verlor, konnte er nicht mehr alles bemerken, was um ihn geschah.

1224 empfing er auf dem Berg La Verna die **Wundmale Christi** (»Stigmatisation«). Seine Hände und Füße schienen wie von Nägeln durchbohrt. Die rechte Seite seines Körpers wies eine Wunde auf, wie sie von einem Lanzenstich verursacht wird. So wurde er Jesus, den er so geliebt hatte, auch äußerlich ähnlich. Er versuchte, diese Zeichen geheim zu halten. 1226 verschlechterte sich sein Gesundheitszustand zusehends. Alles ärztliche Bemühen war vergeblich. Trotzdem behielt er seine Fröhlichkeit und sagte, als ein Arzt ihn auf sein nahes Ende hinwies: »**Willkommen, Bruder Tod!**« In Assisi verfasste er sein Testament, in dem er alle Brüder nochmals auf die radikale Armut verpflichtete. Am 4. Oktober 1226 starb er in der Nähe der Kapelle, die er früher einmal wiederhergestellt hatte. Noch im letzten Augenblick seines Lebens lobte er Gott. Bei seinem Tod lag er nackt auf dem Boden seiner armseligen Zelle.

Sein Tod rief überall große Trauer hervor. Bereits zwei Jahre später wurde er heilig gesprochen. Er ist im Dom von Assisi begraben. Unzählige Menschen strömen bis heute an seine letzte Ruhestätte. Die Kirche feiert sein Fest am 4. Oktober. Kaum ein anderer Christ wird auch außerhalb der Christenheit so verehrt wie Franz.

Heute gibt es in verschiedenen Gemeinschaften und Gruppen an die 34 000 Franziskaner **(Erster Orden)** und etwa 18 000 Klarissen **(Zweiter Orden).** Weit über eine Million Frauen und Männer leben im Geist von Klara und nach der Regel des Franziskus in weltlichen Berufen **(Dritter Orden).** Viele von ihnen arbeiten in den ärmsten Ländern der Welt an sozialen Brennpunkten. Oft sind sie die Einzigen, die den Armen helfen und auf ihre Not öffentlich aufmerksam machen. Sie sind ein lebendiges Zeichen für die Welt.

5 Versucht herauszufinden, ob es in eurer Nähe Franziskaner oder Klarissen gibt. Wenn ja, solltet ihr mit ihnen Kontakt aufnehmen und euch von ihrem Leben und von ihrer Arbeit erzählen lassen. Zur Vorbereitung könnt ihr einen Fragenkatalog erstellen.

6 Ist Franz ein Heiliger, der unserer Zeit etwas zu sagen hat?

Mehr als ein halbes Jahrtausend

7. Katharina von Siena. Eine Christin auf Reformkurs

Katharina von Siena (1347–1380) gehört zu den bedeutendsten Frauen der Kirche. Obwohl sie nur 33 Jahre alt wurde, hat sie nachhaltige Spuren in der Geschichte hinterlassen. Obwohl sie unter den katastrophalen Zuständen der Kirche von damals litt, liebte sie die Kirche von ganzem Herzen. Obwohl sie schwach war, wurde sie zu einer anerkannten Autorität. Obwohl sie ein einfaches Gemüt war, durchschaute sie die komplizierten Vorgänge ihrer Zeit. Obwohl sie sich vor der Pest fürchtete, pflegte sie die ekelhaften Wunden der Kranken. Obwohl sie über keine Machtmittel verfügte, konnte sie mit ihrem Willen zum Frieden Gewalttaten der Herrschenden verhindern. Obwohl sie in ihren Gebeten und Schriften eine für uns befremdliche Sprache spricht, hat sie unserer Zeit viel zu sagen. Sie beschützte die Armen und kritisierte Könige, Kardinäle und Päpste. Vor allem wirkte sie daran mit, dass die Päpste 1377 aus ihrem unwürdigen Exil von Avignon nach Rom zurückkehrten. Energisch und hartnäckig setzte sie sich für eine Reform der Kirche ein.

Manchmal gibt es in der Kirche Frauen, die sich nicht mit der Rolle begnügen, auf die sie in ihrer Zeit festgelegt sind. Sie wollen nicht nur den Männern dienen, gute Hausfrauen und Mütter sein und immer in der zweiten Reihe stehen. Sie wollen in der Politik nicht nur schweigen, sondern ein offenes Wort mitreden. Sie wollen auch in der Kirche nicht nur passive Christinnen sein, sondern aktiv an wichtigen Entscheidungen mitwirken.

Eine tatkräftige Frau

Eine solche Frau war im 14. Jahrhundert Katharina. Sie kam als vierundzwanzigstes (!) Kind in der Familie des wohlhabenden Wollfärbers Jacobo Benincasa und seiner Frau Lapa 1347 in Siena zur Welt. Die schöne italienische Stadt in der Toskana hatte in dieser Zeit in ganz Europa einen hervorragenden Ruf, weil in ihr bedeutende Maler, Architekten und Gelehrte gewirkt hatten. Doch wurde die Stadt auch mehrfach von der furchtbaren Pest heimgesucht, so vor allem 1348, im Jahr nach Katharinas Geburt.

Die Mutter, die bei den vielen Kindern kaum einmal Ruhe fand, war temperamentvoll, geradlinig und praktisch, konnte aber auch ganz gut schimpfen. Der Vater war geduldig, fromm und gütig. Von ihm hörte sie nie ein böses Wort. Von beiden hatte Katharina etwas. Sie war ein fröhliches und lebhaftes Kind, das schon früh eine ungewöhnliche Religiosität zeigte. Mit sieben Jahren gelobte sie Jesus ihr ganzes Leben zu widmen und nicht zu heiraten. Als die Eltern sie mit zwölf Jahren verheiraten wollten, wehrte sie sich erfolgreich gegen deren Pläne. Sie arbeitete im Elternhaus wie eine Magd, lebte zeitweilig nur von Kräutern und Wasser und fastete wochenlang. Schließlich trat sie 1364/65 in den Dritten Orden (Laienorden neben dem ersten Orden für Mönche und dem zweiten Orden für Nonnen) des Dominikus ein, zu dem damals in Siena etwa 100 Frauen gehörten. Zu Hause bekam sie eine Zelle, wo sie in völliger Abgeschiedenheit ihren Lebensweg suchte, viel meditierte (→ S. 77 ZdF) und nur für Gott lebte.

Um 1368 tauschte sie ihr bis dahin stilles Leben im Elternhaus gegen ein aufregendes Leben in der Stadt. Nun wurde der Orden ihre Heimat. Sie tat vieles, was bisher nur Männern oder alten Frauen vorbehalten war. Sie ging zu den Kriminellen ins Gefängnis, sie half unverheirateten Müttern, sie trug Verwundete aus dem Getümmel der Straßenschlachten, sie schützte Juden und nichteheliche Kinder vor Steinwürfen, sie begleitete zum Tode Verurteilte auf ihrem letzten Weg zum Schafott, sie pflegte im Jahr 1374 die Pestkranken mit ihren widerwärtigen Wunden. Oft erntete sie für ihr Tun nur Schimpf und Spott. Es war, als wollte man sagen: »So etwas tut eine Frau nicht.« Tatsächlich musste sie sich 1374 vor einem kirchlichen Gericht rechtfertigen, doch wurde ihr Wirken damals gutgeheißen.

Einmischung in die Politik

Ab 1370/72 dehnte Katharina ihr Interessengebiet nochmals weit aus, als sie begann zu kirchenpolitischen Fragen Stellung zu nehmen. Dabei setzte sie sich vor allem für den Frieden zwischen den italienischen Stadtstaaten ein. Den geistlichen

Papstpalast in Avignon.

Mehr als ein halbes Jahrtausend

und weltlichen Herrschern, die sich damals grausam befehdeten, rief sie energisch zu: »Frieden. Haltet Frieden!« In Siena vermittelte sie einen Waffenstillstand, in anderen Städten verhinderte sie Mord und Totschlag.
Von größter Bedeutung für die Kirche wurde ihre Vermittlungsrolle im Streit zwischen der Stadt Florenz (→ S. 171) und dem Papst, der damals nicht in Rom, sondern in der südfranzösischen Stadt **Avignon** residierte. Die Päpste, die dort seit 1309 mehr oder weniger freiwillig Hof hielten, waren in Avignon in ihren Entscheidungen nicht frei, weil sie unter dem starken Einfluss des französischen Königs und der französischen Kardinäle standen. Im Streit zwischen Florenz und dem Papst Gregor XI. reiste sie nach Avignon und führte selbst die Friedensverhandlungen zwischen beiden Parteien. Der Papst legte die Entscheidung über Krieg und Frieden in ihre Hand. Er war von dieser Frau sehr angetan. Mit ihren Friedensbemühungen, die letztlich allerdings wenig erfolgreich waren, verband Katharina ein noch weiteres Ziel. Sie wollte unbedingt erreichen, dass der Papst endlich Avignon verließ und nach Rom zurückkehrte, weil sie diese »**Babylonische Gefangenschaft der Kirche**« (→ S. 68 f ZdF) für unerträglich hielt.

Benvenuto di Giovanni, Rückkehr Papst Gregors XI. aus Avignon nach Rom am 17.1.1377, links Katharina von Siena, Wandmalerei, 1501.

Eine Frau erteilt dem Papst Ratschläge

Katharina schrieb dem Papst 14 bewegende Briefe, in denen sie ihn zur Rückkehr nach Rom und zu einer radikalen Kirchenreform aufrief. So erinnerte sie ihn an die ursprüngliche Berufung der Kirche.

Ihr befragt mich wegen Eures Herkommens, und ich antworte Euch im Namen Christi des Gekreuzigten, dass Ihr kommen sollt, sobald Ihr nur könnt. Kommt vor dem September, und wenn Ihr nicht früher könnt, so zögert nicht länger als bis zum September. Achtet auf keinen Widerspruch, den Ihr erfahrt; sondern kommt wie ein mannhafter Mann und ohne jegliche Furcht. Und hütet Euch, so lieb Euch das Leben ist, mit einem kriegerischen Heer zurückzukehren, sondern kommt mit dem Kreuz in der Hand. So handelnd, werdet Ihr Gottes Willen erfüllen.

Katharina von Siena, Brief an Papst Gregor XI.

In der Kirche wird Katharina als Heilige verehrt. Der 30. April ist ihr Gedenktag. 1970 ernannte Papst Paul VI. sie zur **Kirchenlehrerin.** Diese Ehre ist bisher nur wenigen Frauen zuteil geworden. Damit zeigt die Kirche, dass sie willens ist, aus dem Leben und den Lehren dieser Frau auch heute zu lernen.

Trotz starken französischen Widerstands war ihr Bemühen erfolgreich. Dass der Papst 1377 nach Rom zurückkehrte, ist auch Katharinas Verdienst. Leider erfüllten sich damit nicht alle Kirchenträume der Frau aus Siena. Das Papsttum blieb weiter ein Problem, als schon bald darauf in Rom ein Papst und ein Gegenpapst gewählt wurden und die Glaubwürdigkeit der Kirche erneut unerhörten Schaden nahm. Gegen Ende ihres Lebens war sie über die kirchlichen Verhältnisse verzweifelt, ohne dass ihre Liebe zur Kirche ins Wanken geriet. 1378 rief der Papst sie noch einmal nach Rom. Hier wirkte sie bis zu ihrem Tod unermüdlich für eine Reform der Kirche, ohne damit nennenswerten Erfolg zu haben. Am 29. April 1380 starb sie.

1 Welche drei Phasen im Leben der Katharina lassen sich unterscheiden?
2 Wie könnte Katharina von Siena heute für die Christenheit beispielhaft und anregend sein?

Mehr als ein halbes Jahrtausend

Friedrich Spee von Langenfeld (1591–1635) lebte in der dunklen Zeit, in der viele Frauen als Hexen diskriminiert, gefoltert und verbrannt wurden. Als Seelsorger dieser Frauen wurde er in die Hexenprozesse einbezogen. Mit seinen Schriften deckte er den Wahnsinn dieser Hexenprozesse auf. Dieser Mut brachte ihn innerhalb der Kirche in eine bedrohliche Situation. Während seines Lebens hatte er kaum Erfolg. Aber seine Schriften hatten einen erheblichen Anteil daran, dass die Hexenprozesse im 18. Jahrhundert eingestellt wurden.

Francisco de Goya (1746–1828), Eine feine Lehrmeisterin, 1797–98. Mit der Zeichnung ging der Künstler gegen verbreitete Anschauungen seiner Zeit vor (→ S. 140).

8. Die Hexen und der Ordensmann

Hexenglaube

Schon immer haben Menschen an **Hexen** geglaubt. Hexen sind – so meinte man – böse Frauen, die übermenschliche Macht haben und damit anderen Schaden zufügen. Mit ihrem bösen Blick, mit Zaubersprüchen und Zaubergetränken können sie Kinder töten, Missernten heraufbeschwören, Häuser in Brand setzen, Männer betören, das Wetter bestimmen und Menschen und Tiere krank machen. Das alles tun sie nicht aus eigener Kraft. Sie stehen mit dem Teufel/Satan (→ S. 242 f ZdF; 241 ff) im Bund und treiben mit ihm auf schändliche Weise Unzucht. Durch einen **Pakt mit dem Teufel** erhalten sie gefährliche Zauberkräfte, mit denen sie die Welt in Unordnung bringen. Dafür versprechen sie ihm ihre Seele auf ewig. Am **Hexensabbat** oder in der Walpurgisnacht reiben sie sich mit Salben ein, fliegen scharenweise – oft auf Besen oder Stöcken – in Begleitung von Ziegenböcken durch die Lüfte, treffen sich nachts in unheimlichen Gegenden mit dem Teufel, feiern dort wilde Orgien und beten ihn an. Dabei nähern sie sich ihm auf Knien oder im Handstand, reichen ihm Kerzen aus Nabelschnüren von Kindern und küssen ihn auf das Hinterteil. Und dann feiern sie auch noch mit ihm eine Messe, in der sie dem Teufel kleine Kinder zum Opfer anbieten. Wer das alles liest, wird heute eher den Kopf schütteln oder gar lachen. Aber wer in vergangenen Zeiten als Hexe beschuldigt wurde, dem war nicht zum Lachen zumute. Ihm standen meist schlimme Qualen bevor. Christen müssten eigentlich sagen, aller Hexenglaube sei Aberglaube (→ S. 232), dem keine Realität zukommt. Er entspringe einer ausufernden und kranken Fantasie. Christliche Aufgabe sei es, gegen diesen Hexenglauben vorzugehen und allen Frauen beizustehen, die in den Verdacht geraten, Hexen zu sein. Aber im Mittelalter fand dieser in aller Welt verbreitete Volksglaube auf einmal auch in der Kirche starken Anklang. Vom 13. Jahrhundert an ging man jedenfalls gegen die angeblichen Satanstöchter vor. Im 16. und 17. Jahrhundert steigerte sich der Hexenwahn, an dem das Volk, die weltliche Obrigkeit, aber auch die katholische und evangelische Kirche maßgeblich beteiligt waren.

Man glaubte, mit den Hexen **das Böse in der Welt erklären** zu können. Deshalb brauchte niemand mehr das Böse in sich selbst zu suchen. Wahrscheinlich boten Hexen vor allem Männern die Chance, an missliebigen Frauen Rache zu nehmen, Eifersucht abzureagieren und sich an ihrem Vermögen zu bereichern. Frauen konnten mit den Hexen Konkurrentinnen los werden.

Inquisition

Eine Frau, die in den Verdacht geraten war, eine Hexe zu sein, kam vor ein kirchliches Gericht. Sie wurde der »**Inquisition**« übergeben. Die Anklage lautete, vom christlichen Glauben abgefallen zu

Mehr als ein halbes Jahrtausend

sein und mit dem Teufel im Bund zu stehen. Man machte ihr einen kurzen Prozess und versuchte, unter Anwendung grausiger Foltern (Daumenschrauben, Halseisen, Gliederziehen, Ertränken) ein Geständnis zu erpressen. Gestand sie ihren Pakt mit dem Teufel nicht, so war das ein Zeichen besonderer Verstocktheit, zugleich ein guter Beweis für ihre Schuld. Bekannte sie sich aber unter der fürchterlichen Tortur für schuldig, so hatte man erst Recht eine plausible Begründung für ihre Bestrafung. Sie kam auf den Scheiterhaufen und wurde verbrannt. Nicht selten löste ein Hexenprozess eine Lawine weiterer Prozesse aus, da die beschuldigten Frauen gezwungen wurden, auch die Namen anderer Hexen preiszugeben. So verbreitete sich das Feuer der Scheiterhaufen rasch über ganze Landstriche. Zugleich wuchs die Hysterie, die an eine gigantische Weltverschwörung des Teufels glaubte. Die Bosheit der Hexen sei ein sicheres Zeichen dafür, dass das Ende der Welt bevorstehe. Nach neuesten Forschungen wurden etwa 40 000 Frauen als Hexen verbrannt, etwa 10 000 Männer erlitten dasselbe Schicksal. Andere Angaben, die von hunderttausenden bis drei Millionen Frauen sprechen, sind willkürliche Übertreibungen. Die letzte als Hexe verurteilte Frau starb 1793 in Posen (Polen). Im Kirchenstaat sind nie Hexen verbrannt worden.

Friedrich Spee von Langenfeld

Nur wenigen nachdenklichen Christen kamen in dieser Zeit Zweifel, ob die Hexenverfolgung mit dem christlichen Glauben vereinbar sei. Unter ihnen ist besonders Friedrich Spee von Langenfeld zu nennen, ein kluger und empfindsamer Mann, der aus einem alten Adelsgeschlecht stammte. Er wurde 1591 in Kaiserswerth bei Düsseldorf geboren, ging in Köln in die

1 Informiert euch (in einer Bücherei, beim Heimatverein o. ä.), ob es in eurer Stadt/Gegend alte Hinweise auf Hexen gibt.
2 Warum nennen sich manche moderne Frauen stolz »Hexen«?
3 Der Inquisition sind auch Männer, u. a. Priester und Ordensleute, als »Zauberer« zum Opfer gefallen. Aber die Zahl der Frauen war dreimal so hoch. Könnt ihr dafür Gründe finden?
4 Heute wird bei uns niemand mehr verbrannt. Trotzdem gibt es verbreitete Methoden, Frauen und Männer fertig zu machen (»Hexenjagd«). Was wisst ihr darüber?
5 Wisst ihr, wie Hexen in Märchen aussehen und was sie da tun? Sucht ein paar Beispiele. Welches Bild von Hexen vermitteln die Märchen? Vergleicht dieses Bild mit den Vorwürfen gegen die Hexen im Mittelalter.
6 Wie erklärt ihr euch, dass sich sowohl die Hexenverfolger wie die Anwälte der unschuldig Verurteilten »Christen« nennen?
7 Ihr könnt im »Gotteslob«, dem katholischen Gebetbuch, Friedrich Spees Gedichte und die dazu gehörigen Melodien finden.

Mehr als ein halbes Jahrtausend

Inquisition (lat.: »gerichtliche Untersuchung/Befragung«) ist die kirchliche Behörde zur Aufspürung und Verurteilung von **Ketzern** und **Irrgläubigen.** Ihnen sagte man nach, vom rechten Glauben abgefallen zu sein oder ihn zu verfälschen oder den Papst und die Kirche in Frage zu stellen oder mit dem Teufel im Bunde zu stehen. Die Inquisition kam im 13. Jahrhundert auf und wurde 1231 unter Papst Gregor IX. eine päpstliche Einrichtung. Bei einem Prozess hatten die Beschuldigten keinen Rechtsbeistand. Die Namen der Zeugen blieben geheim. Viele Geständnisse wurden durch die Folter erzwungen. Wer verurteilt war, konnte keine höhere Instanz anrufen. Der Tod auf dem Scheiterhaufen wurde damit begründet, dass so wenigstens die Seele des Verurteilten vor dem ewigen Höllenfeuer gerettet werde. Schuldig gesprochene Frauen und Männer wurden staatlichen Stellen zur Verurteilung übergeben. Durch die Inquisition wollte die Kirche den Glauben rein erhalten. In Wirklichkeit hat sie damit den Glauben verdunkelt, unzähligen Menschen Unrecht angetan und die Kirche in Verruf gebracht. Die Inquisition ist ein Schandfleck in ihrer Geschichte. Papst Johannes Paul II. hat im Jahr 2000 die Schuld der Kirche öffentlich bekannt.

O Heiland, reiss die
Himmel auf,
herab, herab vom
Himmel lauf.
Reiss ab vom Himmel Tor
und Tür, reiss ab, wo
Schloss und Riegel für.

Friedrich Spee, 1622

Friedrich Spee von Langenfeld (1591–1635), zeitgenössisches Gemälde.

Titelseite des Erstdrucks der »Cautio Criminalis«.

Linke Seite: Francisco de Goya (1746–1828), Inquisitionsprozess, um 1812/14.

Schule und trat mit 19 Jahren in den Jesuitenorden (→ S. 157 ff) ein. In Würzburg, Speyer, Worms und Mainz studierte er Philosophie und Theologie und gewann Erfahrungen im Schuldienst. 1622 empfing er die Priesterweihe und wurde danach Philosophieprofessor in Paderborn. In seinen Predigten wetterte er, wie es damals üblich war, stark gegen die Protestanten, andererseits konnte er, wie es damals noch nicht üblich war, Gott mit einer Mutter vergleichen, »die vor lauter Liebe toll und närrisch geworden ist«. Friedrich Spee hat viele Gedichte geschrieben, die vertont wurden. Manche in den Kirchen weit verbreitete Liedtexte stammen von ihm, z. B. »O Heiland, reiß die Himmel auf«, »Zu Betlehem geboren ...«, »Schönster Herr Jesus ...«, »Es führt drei König Gottes Hand ...«, »O Traurigkeit, o Herzeleid ...«.

Als Beichtvater bekam er mit vielen Frauen Kontakt, die wegen Hexerei verurteilt worden waren. Er begleitete sie auf ihrem letzten Gang zum Scheiterhaufen, sah ihre Verzweiflung und Wut, hörte ihre Schreie in der Todesnot. Er durchforschte ihre Gerichtsakten und sprach mit den Richtern, die sie verurteilt hatten. Dabei kam er zu der Überzeugung, dass die Prozesse gegen die Frauen unverantwortlich seien. Seine Bedenken

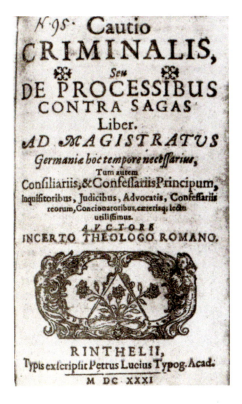

legte er 1631 in einer Schrift nieder, die den Titel »**Cautio criminalis**« (d. h. »Vorsicht beim Strafprozess« gegen die Hexen) trägt. Diese Schrift musste anonym erscheinen, weil sie Kritik an den mächtigen Fürsten und an der kirchlichen Inquisition bedeutete. Sie erregte schon bald großes Aufsehen. Die einen waren empört über so viel freche Besserwisserei, die anderen bewunderten den Mut dieses Autors. Spee aber folgte in diesem Buch seinem Glauben an den barmherzigen Gott, der solche Quälereien auf keinen Fall wollen konnte. Auch hörte er auf sein Gewissen und seine Vernunft, die ihm sagten, dass hier das Recht und die Würde der Frauen verletzt werden. Im Orden sprach sich herum, wer der Verfasser war. Das brachte Friedrich Spee erhebliche Schwierigkeiten und hätte für ihn gefährlich wer-

Mehr als ein halbes Jahrtausend

den können. Es war nicht auszuschließen, dass er selber angeklagt und hingerichtet wurde. Aber er wurde nur nach Trier versetzt. Als sich in der Stadt die Pest ausbreitete, kümmerte er sich um die Verletzten und Kranken. Dabei steckte er sich an. Er starb am 7. August 1635 im Alter von nur 44 Jahren.

Hexen und Hexenprozesse

In seiner Schrift »Cautio criminalis« bezeugt Friedrich Spee unter Eid, dass er noch keine verurteilte Hexe zum Scheiterhaufen geleitet habe, von der er hätte sagen können, sie sei schuldig. Ein paar Sätze aus dieser Schrift:

- Der Glaube an eine Unmenge von Hexen wird aus zwei Quellen genährt. Deren erste heißt Unwissenheit und Aberglaube des Volkes. ... Die zweite Quelle heißt Neid und Missgunst.
- Die Beamten (bei den Prozessen) schieben immer die Verantwortung auf die Fürsten, da sie nur auf deren Befehl tätig seien. So hat neulich einer erklärt: »Ich weiß wohl, dass auch Unschuldige in unsere Prozesse hineingeraten, aber ich mache mir darum keine Sorgen, denn wir haben ja einen gewissenhaften Fürsten, der uns immer drängt. Der wird jedenfalls wissen und in seinem Gewissen bedacht haben, was er befiehlt. Der wird schon zusehen. Ich habe nur zu gehorchen.«
- Häufig sind die Richter, denen die Hexenprozesse anvertraut sind, schamlose, niederträchtige Menschen; die Folter wird oft übermäßig und grausam angewandt; viele Indizien (lat.: »Anhaltspunkte für die Schuld«) sind unzuverlässig und gefährlich und das Verfahren nicht selten gegen Gesetz und Vernunft.
- Deshalb halte ich es mit einem Manne, der witzig und wahr zugleich zu sagen pflegt: »Was suchen wir so mühsam nach Zauberern? Hört auf mich, ihr Richter, ich will euch gleich zeigen, wo sie stecken. Auf, greift Kapuziner, Jesuiten, alle Ordenspersonen und foltert sie, sie werden gestehen. Leugnen welche, so foltert sie drei-, viermal, sie werden schon bekennen. ... Wollt ihr immer noch mehr, dann will ich euch selbst foltern lassen und ihr dann mich. Ich werde nicht in Abrede stellen, was ihr gestanden habt. So sind wir schließlich alle Zauberer.«
- Man wird den Fürsten raten müssen, nicht nur die Prozesse so vorsichtig wie möglich führen zu lassen, sondern ganz einfach überhaupt keine Hexenprozesse führen zu lassen.

Mehr als ein halbes Jahrtausend

Guido Muer (1927–2000), Jesus weint über Jerusalem, 1985.

Das Schuldbekenntnis eines Papstes

Für die Fehler in der Geschichte der Kirche hat sich im Jubiläumsjahr 2000 Papst Johannes Paul II. bei einem feierlichen Gottesdienst entschuldigt. Im Namen der Kirche legte er ein Schuldbekenntnis für die kirchlichen Verfehlungen der Vergangenheit ab. Damit verbunden war die Bitte um Vergebung vor Gott und den Menschen (→ S. 163 und 285).

Herr, unser Gott, ... in manchen Zeiten der Geschichte haben Christen bisweilen Methoden der Intoleranz zugelassen. Indem sie dem großen Gebot der Liebe nicht folgten, haben sie das Antlitz der Kirche entstellt. ... Oft haben die Christen das Evangelium verleugnet und der Logik der Gewalt nachgegeben. Die Rechte von Völkern und Stämmen haben sie verletzt, deren Kulturen und Traditionen verachtet. ... Christen haben sich schuldig gemacht, indem sie Menschen ausgrenzten und ihnen Zugänge verwehrten. Sie haben Diskriminierungen zugelassen auf Grund unterschiedlicher Rasse und Hautfarbe. Verzeih uns und gewähre uns die Gnade, die Wunden zu heilen, die deiner Gemeinschaft auf Grund der Sünde noch immer innewohnen, damit wir uns alle als deine Söhne und Töchter fühlen können.

Papst Johannes Paul II. am 12. März 2000 in der Peterskirche in Rom

---

Linke Seite, oben: Wasserprobe an einer der Hexerei beschuldigten Frau, Holzschnitt, um 1500.

Mitte: Folter und Hexenverbrennung, Schweizer Handschrift, 1514.

Unten: Drei Frauen werden bei lebendigem Leib verbrannt. Links das Treiben der Hexen mit dem Teufel, Schweizer Handschrift, 1514.

8 Hinweise auf spätere geschichtliche Entwicklungen im 15. und 16. Jahrhundert findet ihr in den Kapiteln über die Reformation, S. 144 ff, über die Kunst der Renaissance S. 170 ff und über das Judentum, S. 277 f.

Überlegungen zum guten Schluss

Die Arbeit mit diesem Kapitel war sicher nicht immer einfach. Ihr musstet von der Gegenwart in die Vergangenheit reisen. Ihr musstet bei manchen Themen von euren persönlichen Problemen absehen. Ihr musstet euch in eine andere Welt versetzen. Da seid ihr auf viel Licht und auf viel Dunkel gestoßen. Wie zu allen Zeiten haben Christen damals versagt und sich bewährt. Großartiges steht neben Entsetzlichem, Heiliges neben Kriminellem.

Am Ende könnt ihr euch Fragen wie diese stellen:

(1) Wie ist die Sache Jesu in der Geschichte des Mittelalters erkennbar geblieben? Wo ist sie vergessen oder verraten worden? Warum versteht man die **Kirche** besser, wenn man etwas vom Mittelalter weiß?

(2) Was war im Mittelalter anders als heute, was ist heute so ähnlich wie damals? Warum versteht man unsere **heutige Welt** besser, wenn man einige Grundzüge des Mittelalters kennt?

(3) Wozu habt ihr keinen Zugang gefunden? Was hat euch besonders angesprochen? Warum versteht ihr **euch selbst** besser, wenn ihr euch in der mittelalterlichen Geschichte umseht?

Mehr als ein halbes Jahrtausend

Die Reformation – Umbruch und Aufbruch

1. Die Krise der Kirche

Am Ende des Mittelalters sind Welt und Kirche anders als an seinem Anfang. Während sich der Welt gute Perspektiven für die Zukunft bieten, steht die Kirche vor alten Problemen, für die sie keine Lösung findet.

Eine Wendezeit für Europa

In der Welt gab es einerseits große **Ängste**. Verheerende Pestepidemien hatten hunderttausende Tote gefordert. Missernten hatten Hungersnöte zur Folge. Die Kindersterblichkeit war groß. Der unaufhaltsame Vormarsch der Türken in Europa löste allseits Besorgnis aus. Um 1500 erwarteten viele voll Angst das Ende der Welt.

Anderseits verbreitete sich ein **neues Lebensgefühl**. Unerhörte Neuerungen und Entdeckungen erweiterten den Horizont der Menschen in Europa auf bislang nicht gekannte Weise. Die Erwartung, am Anfang eines besseren Zeitalters zu stehen, wurde von vielen geteilt. Um 1450 hatte **Johannes Gu-**

Johannes Gutenberg, Holzschnitt, 16. Jh.

Nikolaus Kopernikus, Holzschnitt, 16. Jh.

PROJEKT

Das Projekt »**Die Reformation in unserer Heimat**« sollet ihr mit den Schülerinnen und Schülern des evangelischen Religionsunterrichts gemeinsam erarbeiten. Hilfen findet ihr im Internet, in den Pfarreien und Kirchengemeinden, bei einem Heimatverein, in der Stadtbibliothek usw.

1 Zur **Vorbereitung** könnt ihr die Fragen (→ ZdF S. 216) und die Grundbegriffe (→ S. 219 ZdF) aus dem Kapitel »Eine bunte Vielfalt« wiederholen und Sätze an die Tafel schreiben, von denen ihr meint: »typisch katholisch« und »typisch evangelisch«.
2 Im **Mittelpunkt** sind in verschiedenen Gruppen **Arbeiten** wie diese möglich:
* ein Verzeichnis, eine Kurzbeschreibung und evtl. auch Bilddokumentation von den Spuren der Reformation in eurer Stadt bzw. Umgebung erstellen
* eine Zeitleiste mit Daten zur Reformation in eurer Heimat anfertigen
* eine Karte entwerfen, auf der ihr katholische und evangelische Kirchen und Einrichtungen eintragt
* eine Statistik grafisch darstellen, die den katholischen und protestantischen Anteil an eurer Klasse, Schule, Stadt und an der Bevölkerung der Bundesrepublik zeigt
* ein Plakat entwerfen, das für ökumenische Aktivitäten heute wirbt
* auf einem Kassettenrekorder oder einer Diskette Antworten zu der Frage sammeln: »Was bedeutet es dir/Ihnen, katholisch bzw. evangelisch zu sein?«
3 Am **Ende** könnt ihr bei einer Art **Talkshow** Fragen wie diese behandeln:
* Wie hat sich vor Ort das Verhältnis der Konfessionen in den letzten Jahrzehnten und Jahren entwickelt? Wie ist es heute?
* Wie sehen evangelische und katholische Christen heute Luther und den Papst?
* Wie stellen die evangelischen und katholischen Schulbücher für den Religionsunterricht sowie die Geschichtsbücher die Reformation dar? Was wird gesagt, was weggelassen? Wie sind jeweils die Kirchen beschrieben und beurteilt?
* Warum haben Schülerinnen und Schüler heute mit dem Verständnis der Reformation so große Schwierigkeiten?
4 Eine **praktische Aufgabe**: Etwas in der Klasse oder Schule zur Verbesserung des gegenseitigen Verständnisses tun.

Christoph Kolumbus, zeitgenössisches Gemälde

1 Was ist mit dem Grundsatz gemeint: »Die Kirche muss sich ständig erneuern. Sie ist stets reformbedürftig«?
2 Erstellt einen kleinen Lexikonartikel über Gutenberg, Kolumbus, Kopernikus und Hus.
3 In der Reformationszeit hat die Kirche die Kunst sehr gefördert: → S. 170 ff.

Jan Hus (1370–1415), ein frommer und sittenstrenger Mann, setzte sich in Prag für eine bessere Kirche ein und entwickelte dabei einige Auffassungen, die mit der kirchlichen Lehre nicht ganz übereinstimmten. Vor allem wandte er sich gegen den Reichtum der Kirche und das Finanzsystem der Päpste, kritisierte den Reliquienkult und forderte, dass das Abendmahl nicht nur Priestern, sondern auch Laien unter den beiden Gestalten von Brot und Wein (»Laienkelch«) gespendet werde. Er war nur deshalb zum Konzil nach Konstanz gekommen, weil ihm der deutsche Kaiser Sigismund Schutz zugesagt und einen Brief für freies Geleit gegeben hatte. Da Hus seine Lehre nicht widerrufen wollte, wurde er trotz des kaiserlichen Ehrenwortes öffentlich verbrannt. Dies löste nicht nur in Böhmen helle Empörung aus. Die Kirche hatte für lange Zeit bei vielen Menschen ihr ganzes Vertrauen verspielt.

tenberg (um 1400–1468) die Buchdruckerkunst erfunden und damit den Weg für eine große Geschichte des Buches eröffnet. Von nun an konnten neue Ideen und Erfahrungen rasch und preiswert verbreitet werden. Das Medienzeitalter stand an seinem Anfang. – Im Jahr 1492 entdeckte **Christoph Kolumbus** (1451–1506) auf einem Seeweg, der ihn nach Indien führen sollte, einen neuen Kontinent, der später »Amerika« genannt wird. Eine größere Erde trat in den Blick. – Das alte Weltbild, das auf die Antike zurückging, wurde durch den Frauenburger Domherrn **Nikolaus Kopernikus** (1473–1543) in Frage gestellt. Er wies nach, dass sich die Erde nicht im Mittelpunkt der Welt befindet, sondern um die Sonne kreist. Mit der Erde verlor auch die Menschheit ihre herausragende Stellung in der Welt. – In der **Renaissance** (→ S. 170 ff) löste ein neues Denken viele Grundvorstellungen des Mittelalters ab. Der Mensch begann sich vor allem für sich selbst zu interessieren. Damit war eine neue Zuwendung zur Welt verbunden.

Eine Problemzeit für die Kirche

In der **Kirche** war dieses Hochgefühl nicht vorhanden. Sie befand sich in einer der tiefsten **Krisen** ihrer Geschichte. Überall herrschten schreckliche **Missstände,** an deren Beseitigung kaum gearbeitet wurde.

■ Im 14. Jahrhundert waren die Päpste so geschwächt, dass es den französischen Königen möglich war, sie von Rom nach **Avignon** an der Rhone zu holen, wo sie 1309–1376 fast 70 Jahre unter deren Regie residierten (→ S. 137 ff). Weil das Geld hier für die Päpste knapp wurde, erfanden sie ein Finanzsystem, mit dem sie große Summen aus ganz Europa für sich herauspressten, was überall dauerhaften Ärger verursachte.

■ Als die Päpste wieder in Rom waren, brach in der Kirche das totale Chaos aus. Mehrere Päpste erhoben gleichzeitig den Anspruch auf Gehorsam. Sie exkommunizierten sich gegenseitig und verunsicherten die ganze Christenheit (**»Abendländisches Schisma«**). Auf dem Konzil zu Konstanz (1414–1418) wurden zwei Päpste abgesetzt, einer trat freiwillig zurück, ein neuer wurde gewählt.

■ Auf demselben Konzil wurde 1415 **Jan Hus,** ein böhmischer Reformer, zum Tod verurteilt und auf einem Scheiterhaufen verbrannt.

■ Es gab viel zu viele **Priester,** von denen nicht gerade wenige mit Frauen zusammen wohnten, obwohl sie ehelos (»zölibatär«) leben sollten. Überall lungerten sie herum und lebten von dem bisschen Geld, das ihnen die Leute für das Lesen der Messe gaben. Selbst Ordensleute waren so schlecht ausgebildet, dass sie kaum das Vaterunser und das Glaubensbekenntnis auswendig konnten.

■ Beim **höheren Klerus** war die Sache anders. Äbte und Bischöfe waren zugleich weltliche Herrscher. Sie hatten ihre Ämter oft für viel Geld vom Kaiser oder Papst gekauft. Niemand fragte danach, ob sie für ihre Ämter berufen und geeignet waren. Um die Seelsorge kümmerten sie sich kaum. Sie wohnten in schönen Schlössern, hatten viel Dienstpersonal und machten sich mit ihren Freunden und Freundinnen ein lustiges Leben. Sie gingen auf die Jagd, sammelten kostbare Kunstwerke und veranstalteten rauschende Feste. Das Geld dazu trieben sie von ihren Untertanen ein.

■ Noch schlimmer sah es zu Beginn des 16. Jahrhunderts in Rom bei den **Päpsten** (→ S. 172) aus.

Jan Hus wird verbrannt, aus der Konzilschronik des Ulrich von Richental, 15. Jh.

Die Reformation – Umbruch und Aufbruch

Sie kümmerten sich nur wenig um die Kirche, machten als Herren des Kirchenstaates Politik, führten Kriege und bauten sich herrliche Paläste. Sie waren so mächtig wie weltliche Fürsten. Für Geld konnte man von ihnen alles haben. Denn sie brauchten viel Geld für neuartige Bauten, für ihr aufwendiges Leben, für ihre Frauen und Kinder.

■ Das **Volk** selbst war oft nicht mehr auf das Wesentliche ausgerichtet. Die Bibel spielte keine Rolle. Die Sakramente wurden nicht würdig gespendet und empfangen. Nur wenige gingen zur Kommunion. Es kam vor, dass die Hostien im Tabernakel verschimmelten. Die Leute verehrten blutende Jesusbilder, sammelten Reliquien von Heiligen, suchten Abenteuer auf langen Wallfahrten. Der Glaube an Gott und an Jesus Christus trat in den Hintergrund. Stattdessen beherrschte der Glaube an den Teufel (→ S. 242 ZdF; 241 f), an kuriose Wunder, an Hexen (→ S. 139) die Szene.

■ Im März 1517 endete in Rom ein **Konzil** (→ S. 208 ZdF), das Reformen in Gang bringen sollte. Tatsächlich hat es nichts bewirkt.
Wenige Monate später begann in Deutschland die Reformation, die die Kirche, Deutschland und weite Teile Europas erschütterte und veränderte.

Albrecht Dürer (1471–1528), Christus erscheint Papst Gregor I. bei der Messe, 1511.

Jan Hus (um 1370-1415)	Martin Luther (1483-1546) Huldrych Zwingli (1484-1531)	Ignatius von Loyola (1491-1546) Johannes Calvin (1509-1564)					
1400	1500	1600	1700	1800	1900	2000	
15. Jh. Abendländisches Schisma, zahlreiche kirchliche Missstände 1414-1418 Konzil zu Konstanz 1415 Tod des Jan Hus auf dem Scheiterhaufen	1513/14 oder 1518 Turmerlebnis Luthers 1516 Ablassstreit 1517 95 Thesen über den Ablass 1519 Disputation mit Eck 1521 Luther vor dem Reichstag zu Worms 1525 Heirat mit Katharina von Bora 1555 Augsburger Religionsfrieden 1545-1563 Konzil von Trient	1618-1648 Dreißigjähriger Krieg				1999 Einigung über die Rechtfertigung	

Spaltung der Kirche des Westens

1535 Anglikanische Kirche

Gegenreformation, katholische Reformen

Ökumene

Die Reformation – Umbruch und Aufbruch

Das lateinische Wort »**Reformation**« heißt »Erneuerung«, »Umgestaltung«. Wenn man von der Reform der Kirche spricht, meint man, dass sie sich wieder auf die Bibel zurückbesinnen, den Weisungen Jesu folgen und alle Missstände abbauen soll, die sich im Lauf der Zeit eingestellt haben. Nur so kann sie die Menschen auf den Weg zu Gott bringen. Luther wollte eine solche Reform der Kirche. Er wollte eine erneuerte, nicht aber eine neue Kirche. Es ist anders gekommen. Die Einheit der Kirche zerbrach. Am Ende der Entwicklung gab es zwei Kirchen, die sich feindlich gegenüberstanden. Beide Seiten – Luther und die Kirche – tragen Verantwortung für dieses Geschehen.

Lucas Cranach d. Ä. (1472–1553), Luthers Eltern, Margarethe und Hans Luther, 1527.

2. Martin Luther – Die reformatorische Entdeckung

Die **Reformation** begann in Deutschland. Am Anfang stand nicht ein heftiger Protest gegen die Missstände in der Kirche, sondern das Ringen eines Mannes um das richtige Verständnis von Gott, Jesus Christus und seiner Botschaft. Da war ein Mönch, der das Evangelium für sich selbst neu verstehen wollte. Im Stillen bereitete sich das vor, was wir die »**reformatorische Entdeckung**« (→ S. 42 f ZdF) nennen. Sie machte ihm Mut sowohl zum inneren Glauben wie zum öffentlichen Protest.

Innere Angst und Unruhe

Der Mann, der die Reformation auf den Weg gebracht hat, ist **Martin Luther** (1483–1546). Er wurde 1483 in Eisleben (Ostharz) als Sohn des Hüttenmeisters Hans Luther und seiner Frau Margarethe geboren. Die Erziehung im Elternhaus war streng. In Mansfeld, Eisenach und Magdeburg ging er zur Schule. An der Universität Erfurt nahm er 1501 zunächst das Grundstudium der Philosophie auf und wandte sich dann dem Jurastudium zu. Ein gefährliches Erlebnis führte ihn plötzlich auf einen anderen Lebensweg. 1505 geriet er in Stotternheim nahe bei Erfurt in ein Gewitter, bei dem in seiner unmittelbaren Nähe ein Blitz einschlug. Tief erschrocken gelobte er: »Hilf, heilige Anna, ich will ein Mönch werden.« Obwohl er wusste, dass ein in Todesgefahr ausgesprochenes Gelübde nicht unbedingt eingehalten werden muss, hielt er sich an sein Versprechen und trat wenige Tage später in das Kloster der Augustiner-Eremiten in Erfurt ein, ohne sich vorher mit seinen Eltern verständigt zu haben. Er wollte von nun an Gott als Mönch dienen und dadurch sein Heil vor Gott finden. Im Kloster begann für ihn eine harte Zeit. Er legte sich große Anstrengungen auf, betete inständig, fastete streng und hielt sich korrekt an alle klösterlichen Bestimmungen. Wenn ihm etwas nicht so gelang, wie es vorgeschrieben war, plagte ihn das Gewissen. Er machte sich selbst viele Vorwürfe und bekam es mit der Angst vor Gott zu tun. Dann fragte er sich, wie er »einen gnädigen Gott« finden könne. 1507 wurde er zum Priester geweiht und studierte nun Theologie. 1510 reiste er nach Rom, wo er die vielen kirchlichen Missstände zwar sah, aber noch kaum kritisierte. 1512 wurde er in Wittenberg Doktor der Theologie und Professor für die Auslegung der Bibel.

Luther lehrte an der Universität zunächst das, was er selbst gelernt hatte: Der Mensch kann sich von sich aus für das Gute entscheiden. Wenn er »gute Werke« tut, kann er Gott zufrieden stellen. Wer betet, fastet und Almosen gibt, dem wird die Zuwendung Gottes zuteil. Der Mensch kann sich seine Gerechtigkeit vor Gott verdienen. Gott wird ihn nach seinen Taten richten. – Diese Lehre beunruhigte ihn und verursachte in ihm starke innere Glaubenszweifel. Er hielt Gott für streng und wusste nicht, ob dieser strenge Gott mit ihm zufrieden war. Je mehr er sich bemühte, Gott zufrieden zu stellen, desto mehr fragte er sich, ob er nun schon genug getan habe. Er zweifelte schließlich daran, dass er sich mit seinen Anstrengungen Gottes Wohlgefallen verdienen könnte.

Die Geburtsstunde der Reformation

Da hatte er im Jahr 1513/14, vielleicht auch erst 1518, im Turmzimmer seines Klosters ein Erlebnis, das man als die Geburtsstunde der Reformation bezeichnet. Er las die Worte über die Gerechtigkeit Gottes im Römerbrief des Paulus (→ S. 146 f ZdF): »**Der aus Glauben Gerechte wird leben**« (1, 17). Auf einmal ging ihm auf, dass an dieser Stelle nicht vom richtenden Gott die Rede ist, der die Guten belohnt und die Bösen bestraft, sondern vom barmherzigen Gott, der die Sünder auf Grund ihres Glaubens (→ S. 13) annimmt. Nun wusste er: Die Menschen werden allein durch Gottes Gnade, nicht aber durch ihre eigenen Werke gerechtfertigt. Diese Einsicht war zwar nicht so neu, wie sie Luther in diesem Moment erschien. Aber in Luthers Zeit war sie in den Kirchen fast vergessen.

Luther-Karikatur, 1521.

Hans Sebald Beham (1500–1550), Luther als Evangelist, 1524

Das Turmerlebnis

Luther beschreibt am Ende seines Lebens das Erlebnis, das er im Turm seines Wittenberger Klosters hatte, so:

Der Begriff der »Gerechtigkeit Gottes« war mir verhasst. ... Ich fühlte mich, obwohl ich als Mönch ein untadeliges Leben führte, vor Gott als einen von Gewissensqualen verfolgten Sünder, und da ich nicht darauf vertrauen konnte, Gott durch meine Werke versöhnt zu haben, liebte ich nicht diesen gerechten, die Sünde strafenden Gott, sondern ich hasste ihn. ... Bis nach tage- und nächtelangem Nachsinnen sich Gott meiner erbarmte, dass ich den inneren Zusammenhang der beiden Stellen wahrnehme: »Die Gerechtigkeit Gottes wird im Evangelium offenbar« und wiederum »Der Gerechte lebt aus seinem Glauben«. Da fing ich an, die Gerechtigkeit Gottes so zu begreifen, dass der Gerechte aus Gottes Gnade selig wird, nämlich durch den Glauben: dass die Gerechtigkeit Gottes, die durch das Evangelium offenbart werde, in dem Sinn zu verstehen ist, dass Gott in seiner Barmherzigkeit uns durch den Glauben rechtfertigt. ... Nun fühlte ich mich geradezu wie neugeboren und glaubte, durch weit geöffnete Tore ins Paradies eingetreten zu sein. Und sofort erschien mir die ganze Schrift (Bibel) neu.

Martin Luther (1483–1546), aus der Vorrede zum ersten Band seiner lateinischen Werke, 1545

> Luther stellt die **»Gnade allein«** (lat.: »sola gratia«), die **»Bibel allein«** (lat.: »sola scriptura«) und den **»Glauben allein«** (lat.: »sola fides«) in den Mittelpunkt seiner Lehre. Die guten Werke sind nun nicht mehr die Voraussetzung für die **Rechtfertigung** des Menschen, sondern es ist umgekehrt: Wer von Gottes Gnade erfüllt ist, der wird auch gute Werke tun. Aus dem Glauben kommt die Liebe zu Gott und aus dieser Liebe ein freies und fröhliches Leben. Daraus folgt die Fähigkeit, dem Nächsten zu dienen. Dazu genügt die Bibel allein. Auf die Worte der Tradition, die Bestimmungen der Päpste und die Lehren der Konzilien kommt es Luther weniger an. Auch der menschlichen Vernunft sollte man nicht zu viel zutrauen.

1 Warum war die Entdeckung von der Rechtfertigung des Menschen durch den Glauben für Martin Luther eine innere Befreiung?

2 Wie würdet ihr die Fragen heute beantworten: Wer lebt richtig? Wie wird man vor Gott gerecht?

3 Warum wird einer, der Gutes tut, oft stolz und selbstgerecht? Warum hat er nach der Auffassung Luthers dazu kein Recht?

4 Luther hat viele Texte für Kirchenlieder verfasst, in denen er dem christlichen Glauben neuen Ausdruck verschafft. Sie fanden bei den Leuten größeren Anklang als die lateinischen Messen, die sie nicht verstanden. Bis heute werden sie gern gesungen. Drei Beispiele: »Ein feste Burg ist unser Gott« oder »Aus tiefer Not schrei ich zu dir, Herr Gott, erhör mein Rufen« oder das Weihnachtslied mit den Worten des Engels: »Vom Himmel hoch da komm ich her, ich bring euch eine gute Mär«. Könnt ihr einen Text ausfindig machen und ein Lied gemeinsam singen?

Die Reformation – Umbruch und Aufbruch

Holzschnitt, 1520.

Nach kirchlicher Lehre vergibt Gott dem Menschen im **Bußsakrament** (→ S. 203 f ZdF) seine Sünden, wenn er aufrichtig Buße tut und seine Sünden dem Priester bekennt. Dazu gehört, dass ihm seine Schuld Leid tut und er den Vorsatz fasst, so weit wie möglich nicht mehr zu sündigen. Dann braucht er vor der ewigen Strafe keine Angst mehr zu haben. Auch davon ist er freigesprochen. Der Mensch muss aber damit rechnen, die zeitlichen Sündenstrafen eine Zeit lang im Fegefeuer abbüßen zu müssen. Diese können durch gute Werke wie Beten, Fasten oder Nächstenliebe getilgt werden. Als ein solches gutes Werk galt auch der **Ablass**, bei dem der Sünder Geld für eine gute Sache spendete. Durch den Ablass werden also nicht die Sünden vergeben, wohl aber die zeitlichen Sündenstrafen gemindert oder getilgt. Ob man einen Ablass für Verstorbene erwerben kann, ist umstritten.

3. Der öffentliche Protest

Der Ablasshandel

Martin Luther ist erst an die Öffentlichkeit getreten, als in seiner Umgebung Dinge geschahen, die er für skandalös hielt. Da erregte 1516 in Jüterbog nahe bei Wittenberg der Dominikanerpater **Johann Tetzel** (1465–1519) lautes Aufsehen. Marktschreierisch versprach er den Leuten das Blaue vom Himmel, wenn sie von ihm **Ablassbriefe** kaufen würden. Damit sollten ihnen die Sündenstrafen nachgelassen werden, die sie für ihr Lügen, Betrügen und Huren verdient hatten. So würden die zu erwartenden Qualen des Fegefeuers ein rasches Ende finden. Selbst für Verstorbene sollte der Ablass wirksam sein. Der Erlös der Ablassbriefe war teils für den Papst zum Bau der neuen Peterskirche in Rom (→ S. 171 ff), teils für Albrecht von Brandenburg, dem Erzbischof von Magdeburg, bestimmt, der damit seine hohen Schulden tilgen wollte, die er beim Kauf seines Amtes gemacht hatte. Abends zählten und verteilten Beamte das Geld für beide Parteien. Tetzel wird die griffige Formulierung zugeschrieben: »Sobald das Geld im Kasten klingt, die Seele aus dem Fegefeuer in den Himmel springt.«

Protest und Streit

Luther war außer sich, als er davon hörte. Hatte er sich doch gerade zu der Einsicht durchgerungen, dass man Gottes Gnade nicht durch gute Werke verdienen könne. Erst recht konnte man Gottes Zuwendung nicht für Geld kaufen. Wessen Seele in den Himmel springen sollte, der musste zuerst im Glauben auf Gott vertrauen und dann ernsthaft Buße für seine Sünden tun. Luther war sicher: Gott lässt sich auf ein Geldgeschäft nicht ein.

Um sich nicht durch Schweigen mitschuldig zu machen, verfasste Luther **95 lateinische Thesen**, in denen er den Ablass, wie Tetzel ihn verkündete, heftig kritisierte. Er sagte, Jesus Christus wolle, dass wir alle Buße tun. Wer allein wegen der Ablassbriefe seiner Seligkeit gewiss sei, werde auf ewig verdammt werden. Jeder Christ, der wahre Buße tue, erhalte auch ohne Ablass die Vergebung von Sünden und Sündenstrafen. Der reiche Papst in Rom solle die Peterskirche mit seinem eigenen Geld und nicht mit dem seiner armen Gläubigen bauen.

Luther schickte diese Thesen an den Erzbischof Albrecht von Magdeburg und bat ihn dringend, die Missstände abzustellen. Erfolg hatte er damit nicht. Ob Luther sie am 31. Oktober 1517 auch öffentlich an der Schlosskirche zu Wittenberg angeschlagen hat, gilt heute eher als unwahrscheinlich. Der Tag wurde später zum »Reformationstag«, an dem sich evangelische Christen bis heute an den Beginn der Reformation erinnern.

Kurz darauf wurden diese brisanten Thesen ohne das Wissen Luthers ins Deutsche übersetzt und veröffentlicht. Die neu erfundene Buchdruckerkunst ermöglichte ihre rasche Verbreitung. Die Wirkung war unglaublich, da diese Thesen aus dem Ernst des Glaubens kamen und verständlich formuliert waren. Es war, als hätte ein Funke ein Pulverfass zur Explosion gebracht. Mit einem Schlag war der Mönch aus Wittenberg berühmt. Überall bewunderte man den Mut, mit dem er sich gegen Papst Leo X. (1513–1521) in Rom gewandt hatte. Als dieser von den Unruhen in Deutschland hörte, nahm er sie nicht ernst und kommentierte sie nur mit dem Wort »Mönchsgezänk«.

Aber schon 1518 wurde Luther in Rom wegen Ketzerei angeklagt. Der Papst ließ Luther durch einen Kardinal in Augsburg verhören, aber Luther lehnte einen Widerruf ab. 1519 fand zur Klärung der Fragen in Leipzig eine Disputation statt, bei der Luther mit dem Theologen **Johannes Eck** über Gottes Gnade, menschliche Werke und das Papsttum stritt. Am Ende konnte der scharfsinnige Eck Luther in die Enge treiben und ihn zu Aussagen veranlassen, die mit der Lehre der Kirche nicht vereinbar waren, so wenn Luther sagte, der Papst und selbst die Konzilien könnten irren und hätten sich auch geirrt. Für ihn sei die Bibel die alleinige Autorität in Fragen des Glaubens. Das war für Eck eine Irrlehre. Er hatte Luther klar überführt. Eck schien der Sieger der Disputation zu sein.

In Acht und Bann

1520 drohte der Papst Luther schriftlich den **Kirchenbann** an, wenn er nicht innerhalb von 60 Tagen seine Lehre widerrufe. Luther aber verbrannte die päpstliche Schrift vor dem Elstertor in Wittenberg. Zugleich verbrannte er Bücher mit kirchlichen Gesetzen und päpstlichen Vorschriften. Mit dieser Tat, die viel Eindruck machte, brach er in aller Öffentlichkeit mit der Papstkirche in Rom. Der Papst sprach 1521 den Bann über ihn aus, so dass Luther nun aus der Kirche ausgeschlossen war. Keiner durfte mehr mit Luther sprechen oder Gemeinschaft mit ihm haben. Nach damals geltendem Recht musste **Kaiser Karl V.** (1519–1555) jetzt auch die **Acht** des Reiches über Luther aussprechen, durch die einer aus der Rechtsgemeinschaft ausgeschlossen wurde. Man durfte ihn nicht aufnehmen und ihm nichts zu essen und zu trinken geben. Wer ihn fand, sollte ihn gefangen nehmen und den Behörden ausliefern. Karl lud Luther 1521 zum Reichstag nach **Worms** ein und gab ihm die Zusage freien Geleits. Die Reise wurde für Luther zu einem Triumphzug. Überall jubelte man ihm zu. Es zeigte sich, dass es in Deutschland eine starke antipäpstliche Stimmung gab. In Worms wurde der kleine Mönch vor dem großen Kaiser verhört. Er weigerte sich tapfer, seine Lehren zu widerrufen, da er sich ihnen in seinem Gewissen verpflichtet fühlte. Darauf zeigte sich Karl entschlossen, gegen den Mönch vorzugehen, der es gewagt hatte, seine private Meinung gegen den Glauben der Christenheit zu stellen. Im folgenden Monat verhängte er die Acht über Luther. Aber er hielt sein Geleitversprechen. Der Landesherr Luthers, der Kurfürst Friedrich der Weise von Sachsen, ließ ihn zum Schein überfallen und brachte ihn auf der **Wartburg** in Thüringen in Sicherheit. Während sich Luther dort aufhielt, wuchs seine Bewegung rasch. Der Prozess der Kirchenspaltung war nun in vollem Gang.

Im Jahr 1525 heiratete Luther die ehemalige Zisterzienserin **Katharina von Bora,** nachdem er längst die Gültigkeit der Mönchsgelübde bestritten und sein eigenes Mönchsgewand ausgezogen hatte. Damit gab er vielen anderen Priestern und Ordensleuten das Signal ebenfalls zu heiraten.

Luther begann auf der Wartburg die **Bibel** in die deutsche Sprache zu **übersetzen.** Dabei »schaute er dem Volk aufs Maul«, so dass er bis 1534 eine sprachgewaltige und zugleich sympathische Übersetzung schaffen konnte. Sie wurde volkstümlich, weil sie dem Volk die Bibel in seiner Muttersprache nahe brachte.

Die Reformation – Umbruch und Aufbruch

Linke Seite, oben: Luther verbrennt die Bannandrohungsbulle, Holzschnitt, 1557.

Linke Seite, unten: Lucas Cranach d. Ä. (1472–1553), Titelblatt der vollständigen Bibelausgabe Luthers, 1534.

Paul Thumann, Luther in Worms, 1872.

Luther, die Frau Käthe und liebe Jugend, Kupferstich, um 1750.

Die Entscheidung des Gewissens

Auf dem Reichstag zu Worms 1521 trafen der mächtige Kaiser Karl V. und der einfache Mönch Martin Luther aufeinander. Damals entstand eine Situation voll dramatischer Spannung, als man von Luther eine klare Antwort auf die Frage verlangte, ob er widerrufe oder nicht. In diesem historisch bedeutsamen Moment sagte Luther, dass er eine Antwort geben wolle, »die weder Hörner noch Zähne habe«.

Wenn ich nicht überwunden werde durch die Zeugnisse der Schrift (Bibel) oder mit klaren Vernunftgründen, so bleibe ich von den Schriftstellen besiegt, die ich angeführt habe, und mein Gewissen ist im Wort Gottes gefangen. Denn ich glaube weder dem Papst noch den Konzilien allein, weil feststeht, dass sie oft geirrt und sich selbst widersprochen haben. Widerrufen kann und will ich nichts, weil es weder gefahrlos noch heilsam ist, gegen das Gewissen zu handeln. Gott helfe mir. Amen!
(Nach einem alten Bericht soll er noch hinzugefügt haben: »Hier stehe ich. Ich kann nicht anders.«)

Martin Luther (1483–1546)

Die Reformation – Umbruch und Aufbruch

4. Die Spaltung der Christenheit

Luthers Tod

Luther fand in den nächsten Jahren im Volk, bei den Theologen und bei den deutschen Fürsten viele Anhänger. Der Papst, der Kaiser und deutsche Reichstage beschäftigten sich mit seiner Lehre. Weil der **Kaiser** in Europa in andere Kämpfe verwickelt war, konnte er sich aber um die Vorgänge in Deutschland nicht so kümmern, wie es eigentlich seine Pflicht gewesen wäre. Um sich vom Kaiser abzusetzen, wandten sich viele **Fürsten** vor allem in Norddeutschland der Reformation zu.

Am 18. Februar 1546 ist Luther in Eisleben gestorben, vier Tage später wurde er in der Schlosskirche zu Wittenberg begraben. Seine letzte Aufzeichnung lautet: »Wir sind Bettler. Das ist wahr.«

Ein trauriger Friede

Nach Luthers Tod gingen die Auseinandersetzungen zwischen Protestanten und Katholiken heftig weiter. Sie nahmen oft kriegerische Formen an. Doch auf Dauer wurde der Ruf nach einem Frieden immer lauter. Die Leute waren die ständigen Streitereien leid. Da eine Einigung in den zentralen religiösen Fragen zwischen den Katholiken und den Anhängern der Reformation nicht zu erwarten war, suchte man wenigstens eine praktische Lösung, um Ruhe und Ordnung im Land wiederherzustellen. So kam es schließlich zu einem Reichstag in Augsburg. Dort vereinbarten beide Seiten 1555 den **Augsburger Religionsfrieden**, der übrigens vom katholischen Kaiser Karl V. (1500–1558) nicht gebilligt wurde und der deshalb zurücktrat, weil er ihn mit seinem Glauben und Amtsverständnis für unvereinbar hielt. Hier kam es zur rechtlichen und politischen Anerkennung der Reformation. Damals wurde festgesetzt, dass das katholische und evangelische Bekenntnis gleichberechtigt seien. Die Reichsstände könnten die Religion für ihr Gebiet nach dem Grundsatz festlegen: »Cuius regio, eius religio«, (lat.: »Wer über die Gegend bestimmt, bestimmt auch die Religion der Leute«). In einem Land mit einem katholischen Fürsten sollten daher auch die Untergebenen katholisch sein. Unter einem evangelischen Herrscher sollten nur Protestanten leben. Diese Entscheidung nahm auf das Gewissen der Landesbewohner keine Rücksicht. Von Religionsfreiheit konnte nicht die Rede sein. Widerstrebenden blieb nichts anderes übrig als die Konfession zu wechseln oder auszuwandern.

Mit diesem traurigen Frieden waren die Glaubenskämpfe in Deutschland allerdings nur vorläufig beendet. In der Folgezeit wurden sie noch heftiger.

> Es gab viele **Streitigkeiten** zwischen den Anhängern Luthers und denen des Papstes. Sie wurden mit Bitterkeit und Schärfe geführt. Beide Seiten ließen am Gegner kein gutes Haar und sahen in ihm nur den Antichrist oder eine Teufelsbrut. Die Reformatoren und die Papstanhänger setzten erfolgreich auch Flugblätter ein, die ihre Lehre populär und den Gegner mit Karikaturen lächerlich machten.

Lucas Cranach d. Ä. (1472–1553), Martin Luther, 1526.

Die Reformation – Umbruch und Aufbruch

Lucas Cranach d. J. (1515–1586), Das Abendmahl der Evangelischen und die Höllenfahrt der Katholischen, 1546.

Unversöhnlicher Streit

Am Ende der Entwicklung war eine neue tief greifende **Spaltung der Christenheit** eingetreten. Gab es seit 1054 getrennte Kirchen im Osten und im Westen (→ S. 122), so war nun auch die Einheit der westlichen Kirche dahin. Jetzt gab es Anhänger der Reformation und Anhänger des Papstes. Es gab nun die katholische und die evangelische(n) Kirche(n). Mit dieser Spaltung bekamen Deutschland und Europa ein neues Gesicht. Im Dreißigjährigen Krieg (1618–1648), in den halb Europa verwickelt war, standen beide Konfessionen gegeneinander. Sie bekämpften sich mit unvorstellbarer Grausamkeit und entsetzlichem Fanatismus. Am Ende war Deutschland so verwüstet wie noch nie in seiner Geschichte. Unzählige Menschen waren Opfer dieses Religionskrieges geworden.

Luther triumphiert, Flugblatt, 1568.

Die **Folgen der Reformation** waren für die Christenheit verheerend. Die Glaubwürdigkeit der Kirche war weithin erschüttert. Der Wahrheitsanspruch des Christentums, der bis dahin kaum bestritten wurde, zerbrach, weil offenkundig geworden war, dass die Christen selber nicht mehr in der Wahrheitsfrage einig waren. Die Auswirkungen der Reformation reichen bis heute.

5. Zwingli und Calvin

Neben Martin Luther gab es fast zur gleichen Zeit auch andere Persönlichkeiten, die Kritik an der Kirche übten und Ideen für eine Neuorientierung der Christenheit entwickelten. Auch sie wollten ursprünglich keine neue Kirche gründen, sondern die alte Kirche erneuern. Ohne sie ist die Reformation nicht zu verstehen.

> ICH HABE VOR ZEHN JAHREN ANGEFANGEN, GRIECHISCH ZU LERNEN, DAMIT ICH DIE LEHRE CHRISTI AUS IHREM EIGENEN URSPRUNG ERLERNEN MÖCHTE. WIE WEIT ICH DAS ERREICHT HABE, MÖGEN ANDERE BEURTEILEN; JEDOCH HAT MICH LUTHER NICHT ANGEWIESEN, DESSEN NAME MIR NOCH ZWEI JAHRE UNBEKANNT GEWESEN IST.
>
> *Huldrych Zwingli, 1523*

Carl von Haeberlin, Zwingli predigt, 1900.

Zwingli

Ulrich/Huldrych Zwingli (1484–1531) führte die Reformation in Zürich ein. Als »Leutpriester« am Großmünster in Zürich war er so etwas wie der oberste Pfarrer der Schweiz. 1519/20 erkrankte er an der Pest und geriet in eine tiefe Lebenskrise. Bald hielt er eine grundlegende Änderung des kirchlichen Lebens für nötig. Er wollte eine Volkskirche unter der Aufsicht der weltlichen Obrigkeit. Für diesen Plan konnte er Teile der Schweiz und einige süddeutsche Städte gewinnen. Doch schon 1531 unterlag er in der Schlacht von Kappel den Truppen der Kantone, die katholisch geblieben waren. Dabei fand er den Tod. Sein Leichnam wurde geviertelt und verbrannt. Bis heute leben seine Anhänger vor allem in Zürich.

Während Luther in einem persönlichen Ringen zu seinen Anschauungen gekommen war, wurde Zwingli von der weltoffenen demokratischen Tradition der Schweiz bestimmt. Er ließ sich von praktischen Erwägungen leiten. Luthers Auffassung von Bibel, Glaube und Rechtfertigung übernahm er und ließ nur das gelten, was sich auf die Bibel stützen kann. Er verwarf die sichtbare Kirche, das Papsttum, die Tradition, den Zölibat, die Messe, die Ordensgelübde, Fegefeuer, Ablass, Fasten und Feiertage. Vieles schaffte er ab, was bisher zum Erscheinungsbild der Kirche gehört hatte: Heiligenbilder, Klöster, Prozessionen, Orgelspiel, Gesang, Firmung, Krankensalbung und Messe. Sein Gottesdienst war nüchtern, karg und schmucklos.

Zwingli und Luther kamen 1529 in Marburg zu einem Religionsgespräch über das **Abendmahl** (→ S.201f ZdF) zusammen, um dort ihren Streit über dieses wichtige Thema beizulegen. Zwingli glaubte, dass Brot und Wein auf symbolische Weise den Leib und das Blut Christi bezeichneten, es aber nicht wirklich seien. Demgegenüber hielt Luther mit der katholischen Tradition am buchstäblichen Sinn des Jesuswortes »Das ist mein Leib« fest. Für ihn waren Leib und Blut Jesu im Abendmahl **Realität** und nicht **Symbol.** Der Streit zwischen beiden Reformatoren konnte in Marburg nicht beigelegt werden. Erst im 20. Jahrhundert fanden beide Seiten zu einem gegenseitigen Verständnis.

Die Reformation – Umbruch und Aufbruch

Johannes Calvin (1509–1564) war neben Luther die bedeutendste Gestalt der Reformation. Durch ihn wurde Genf neben Wittenberg zum zweiten Zentrum der Reformation. Auf ihn geht der »**reformierte**« **Protestantismus** bzw. »**Calvinismus**« zurück. Von Genf aus breitete sich Calvins Lehre rasch aus. Seine Anhänger hießen in Frankreich »**Hugenotten**«, in England »**Puritaner**« und in Schottland »**Presbyterianer**«. Sie kamen auch nach Holland, Deutschland und Ungarn. Schon früh hatten sie auch in Amerika großen Einfluss. Heute gibt es an die 700 reformierte Kirchen auf der Welt. Zahlenmäßig wurde sie zur größten Kraft des Protestantismus. Die Zahl der Reformierten in Deutschland beträgt an die 2, 5 Millionen.

GOTT MACHTE SICH MEIN WEIT ÜBER MEIN ALTER HINAUS VERHÄRTETES HERZ DURCH EINE PLÖTZLICHE BEKEHRUNG GEFÜGIG.
Johannes Calvin

Jan Luyken (1649–1712), Calvinistischer Bildersturm, um 1680.

Calvin

In Johannes Calvin verbinden sich ernste Religiosität und zielbewusste Energie, Klarheit des Denkens und ein unbeugsamer Wille. Er war in gleicher Weise Reformator und Politiker, Prophet und Organisator, Lehrer und Diplomat. Calvin wurde 1509 in Noyon in Nordfrankreich geboren. Er sollte eigentlich Priester werden, studierte dann aber vor allem in Paris Rechtswissenschaften. 1530 kam er mit den Ideen Luthers und Zwinglis in Kontakt. In diese Zeit fällt seine »Bekehrung«. In dem Bericht über dieses Ereignis sagt er, dass er lange dem Aberglauben des Papsttums ergeben gewesen sei, sich aber plötzlich davon abgewandt habe, weil Gott sein

Johannes Calvin, Kupferstich, 17. Jh.

Herz berührt habe. Er habe nun Geschmack an der wahren Frömmigkeit gefunden und allmählich seine anderen Studien beiseite geschoben. Dann habe sich seine neue Lehre entwickelt und viele seien gekommen, um von ihm belehrt zu werden. 1533 musste Calvin das katholische Paris verlassen, weil er sich offen zur Reformation bekannte. In Basel schrieb er sein theologisches Hauptwerk »**Institutio christianae religionis**« (lat.: »Unterricht in der christlichen Religion«), in dem er sich scharf vom Dogma, Sakrament und Kult des Katholizismus absetzt und die evangelische Lehre zusammenfasst. Es wurde eines der meist gelesenen Bücher der Reformation.
1536 erhielt er in **Genf** ein kirchliches Amt mit dem Auftrag, das Leben der Stadt an den Grundsätzen der Reformation auszurichten. Er wollte die

1. Manchmal wurde für die Calvinisten Ansehen, Erfolg und Reichtum zum Zeichen dafür, dass sie von Gott auserwählt seien. Wie erklärt ihr euch diese Auffassung? Wie ist sie mit der Auffassung Jesu von Armut und Reichtum vereinbar? Lest dazu Mt 19, 16–26.
2. Gibt es in eurer Nähe reformierte Christen? Was könnt ihr über sie in Erfahrung bringen?

Die Reformation – Umbruch und Aufbruch

Aufrichtung des Reiches Gottes auf Erden (→ S. 81). Dazu führte er eine strenge Kirchenherrschaft ein, die alle Lebensfreude unterdrückte und die Gewissen der Menschen kontrollierte. Der ganze Alltag mit Politik, Schule und Wirtschaft sollte nichts als Gottesdienst sein. Kirchliche Verordnungen wurden Staatsgesetze. Spiel, Tanz, Gesang, teure Mode, Würfelspiel, Gasthausbesuch, Theater und unterhaltsame Literatur waren verboten. Fluchen, Scherzen und leichtsinniges Reden wurden bestraft. Auf Ehebruch stand die Todesstrafe. Öffentliche Sünder wurden ermahnt, vom Abendmahl ausgeschlossen und auch mit Haft oder Verbannung bestraft. In fünf Jahren sprach der Rat 56 Todesurteile aus.

1559 wurde in Genf eine Akademie gegründet, an der Theologen aus ganz Europa studierten. Calvin starb 1564 in Genf, erhielt dort aber auf seinen Wunsch hin keinen Grabstein, weil er sich nicht wichtig genommen wissen wollte. Manche nennen das Genf Calvins das »protestantische Rom« und seine Herrschaftsform »Theokratie« (griech.: »Gottesherrschaft«).

Michael Servet, Kupferstich, 1748.
Der Arzt Michael Servet, der die Lehre von der Dreifaltigkeit leugnete und auf der Flucht vor der Inquisition nach Genf gekommen war, wurde 1553 auf Betreiben Calvins öffentlich auf dem Scheiterhaufen verbrannt.

Calvins Lehre

In zwei Punkten weicht Calvin von der katholischen und lutherischen Lehre ab.

» Gott ist die absolute Majestät, die sich selbst zur Ehre da ist und die Menschen nach unerforschlichem Ratschluss erwählt oder verwirft. Er glaubt an die »**Prädestination**« (lat.: »Vorherbestimmung«) des Menschen durch Gott. Zur Kirche gehören nur die Auserwählten. Sie dürfen sich ihres Heiles sicher sein, müssen aber alle sittlichen Kräfte anspannen, um ihren Alltag zu heiligen.

» Im **Abendmahl** werden Brot und Wein nicht wirklich zu Jesu Fleisch und Blut. Sie sind, ähnlich wie bei Zwingli, nur Zeichen des Leibes und Blutes Christi. Aber er erkennt mit Luther an, dass die Auserwählten himmlische Nahrung empfangen, während die Verworfenen nur Brot und Wein zu sich nehmen.

Die reformierte Kirche

Die reformierte Kirche hat manche Härte Calvins nicht übernommen. Sie versteht sich als die nach Gottes Wort erneuerte Gemeinde. Ihr Aufbau ist eher demokratisch als hierarchisch, da sie ihre Presbyter (griech.: »Älteste«) auf Synoden (griech.: »Zusammenkünfte«) wählt und zwischen Priestern und Laien Gleichheit besteht. Die »Reformierten« mischen sich stark in die Politik und Kultur ein, unterstellen aber die weltliche und kirchliche Gemeinde ganz dem Gesetz Gottes. Sie sind davon überzeugt, dass die Kirche immer reformiert werden müsse. Im Kampf gegen die katholische Kirche waren sie aktiver als die Lutheraner. Das Bewusstsein, von Gott erwählt zu sein, gab ihnen viel Kraft für ihr Leben im Alltag. Es wurde für sie ein Ansporn zu größtem Fleiß und zu hoher Arbeitsmoral. Weil die Calvinisten damit Erfolg hatten, gab es unter ihnen viele reiche Leute.

Früher hielten die Anhänger Calvins nicht viel von Toleranz. Heute sind sie eine treibende Kraft in der Ökumene. Nicht von ungefähr ist Genf Sitz des »Weltrats der Kirchen«. Von der reformierten Kirche sind wichtige Anregungen auf das neuzeitliche Denken in Politik und Wirtschaft ausgegangen.

Die Kirchen der Reformation werden unter dem Namen »**Protestantismus**« zusammengefasst. Der Ausdruck geht auf den Protest der Luther-Anhänger auf dem 2. Reichstag zu Speyer 1529 zurück, als diese sich einem Mehrheitsbeschluss widersetzten, der von ihnen forderte, den alten katholischen Glauben wieder anzunehmen. Sie protestierten gegen die Anwendung des Mehrheitsprinzips in Glaubensfragen und erklärten, dass vor Gott jeder nur für sich selbst Rechenschaft ablegen könne. So war ihr Protest einmal Widerstand gegen die kirchlichen und staatlichen Autoritäten und zum anderen ein neues Bekenntnis zum Evangelium aufgrund der Entscheidung des eigenen Gewissens. Diese Einstellung hat den Protestantismus bis heute stark geprägt.

Die Reformation – Umbruch und Aufbruch

DER ABFALL VON DER KIRCHE
IST EINGETRETEN, WEIL DIE
DEUTSCHEN DAS BEDÜRFNIS
HATTEN UND HABEN, FROMM
ZU SEIN.

NICHT DURCH KETZER UND
PHILOSOPHEN, SONDERN
DURCH MENSCHEN, DIE WIRK-
LICH NACH EINER RELIGION
FÜR DAS HERZ VERLANGTEN,
IST DIE REFORMATION VER-
BREITET WORDEN.

Clemens Maria Hofbauer (1751–1820)
Apostel Wiens, 1909 heilig gesprochen

6. Die katholische Antwort

Die Reformation stellte eine ungeheure Herausforderung für die katholische Kirche dar. Musste sie doch erleben, dass etwa 20 Millionen Christen – ein Drittel der abendländischen Christenheit – nicht mehr katholisch sein wollten, sondern sich der Reformation anschlossen. Dabei sah sie nicht nur besorgt auf den Bruch der äußeren Kirchenorganisation, der schon verheerend genug war. Es kam hinzu, dass es in vielen Punkten eine Gemeinsamkeit des Glaubens nicht mehr gab. Belastend war für die katholische Kirche vor allem, dass sie sich eingestehen musste, für diese Entwicklung maßgeblich mitverantwortlich zu sein, da sie lange Zeit reformunfähig war und die offenkundigen kirchlichen Missstände nicht beseitigt hatte.

Der päpstliche Hof – Anfang aller Übel

Mitten in den Unruhen der Reformation ließ der deutsche Papst Hadrian VI. auf dem Reichstag zu Nürnberg 1523 durch seinen Gesandten ein Schuldbekenntnis verlesen, das für die damalige Zeit ganz unerhört war. Leider hat es zunächst noch nicht viel bewirkt, da der Papst bald danach starb und seine Nachfolger noch wenig einsichtig waren.

Wir bekennen aufrichtig, dass Gott diese Verfolgung seiner Kirche geschehen lässt wegen der Sünden der Menschen, besonders der Priester und Prälaten. … Wir wissen wohl, dass auch beim Heiligen Stuhl (Papstamt) schon seit manchem Jahr viel Verabscheuungswürdiges vorgekommen ist: Missbräuche in geistlichen Dingen, Übertretungen der Gebote, ja, dass alles sich zum Argen verkehrt hat. … Wir alle sind vom Weg des Rechts abgewichen. Deshalb sollst du (der päpstliche Gesandte) in unserem Namen versprechen, dass wir allen Fleiß anwenden wollen, damit zuerst der Römische (päpstliche) Hof, von dem vielleicht alle die Übel ihren Anfang genommen haben, gebessert werde; wie von hier die Krankheit ausgegangen ist, wird dann auch von hier die Gesundung beginnen.

Papst Hadrian VI. (1522–1523)

Neue Kräfte
In dieser Krise entstanden in der katholischen Kirche aber auch neue Kräfte, die bewirkten, dass sie zu einem neuen Selbstbewusstsein fand. Sie hatten eine doppelte Stoßrichtung.
(1) Einerseits war die katholische Kirche auf Abwehr gerichtet. Sie kämpfte leidenschaftlich gegen die Reformation, die als Aggression verstanden wurde. Alles wurde aufgeboten, um der Reformation Grenzen zu setzen. Dabei mobilisierte sie den Kaiser, Bischöfe und Fürsten, Priester und Laien. Man nennt diese katholische Bewegung »**Gegenreformation**«.
(2) Andererseits richteten viele katholische Christen damals auch den Blick auf ihre eigene Kirche. Sie wussten, dass die Kirche selbst eine Erneuerung nötig hatte. Die Fehlentwicklungen der letzten Jahrhunderte konnten auf keinen Fall weiter hingenommen werden. Tatsächlich bemühten sich in dieser Zeit viele Christen um den Prozess, den man »**Katholische Reform**« nennt. Sie begann in dem Augenblick Erfolge zu verzeichnen, als sich in der Mitte des 16. Jahrhunderts das Papsttum in Rom endlich den Reformideen öffnete.
An beiden Aufgaben waren neue Orden beteiligt, unter ihnen besonders die Jesuiten, deren Gründer **Ignatius von Loyola** ist. Beide Aufgaben suchte auch ein großes **Konzil** zu erfüllen, das 1545–1563 in **Trient** stattfand.

Ignatius von Loyola

Inigo/Ignatius wurde 1491 als elftes Kind eines baskischen Edelmanns auf Schloss **Loyola** in Nordspanien geboren. Er war ein Patriot, hatte ein hohes Selbstbewusstsein, nicht viel Geld und den Glauben an eine große Karriere. Mit 15 Jahren begann er als Page am Hof des königlichen Schatzmeisters seinen Dienst. Dort machte er seinen Herzensdamen charmant den Hof. Man sagte ihm auch nach, ein Raufbold zu sein. Er war ritterlich und kühn, konnte aber auch aufbrausend und leidenschaftlich sein.

Mit 26 Jahren trat er in den Dienst des spanischen Vizekönigs. 1521 wurde er bei der Verteidigung der nordspanischen Stadt **Pamplona** schwer verwundet. Eine Kugel zerschmetterte sein rechtes Bein. Monatelang musste er liegen und qualvolle Operationen über sich ergehen lassen. Zweimal brachen die Ärzte erneut sein Bein und einmal sägten sie ihm ohne wirksame Betäubung ein Stück des Knochens ab. Während der Krankheit langweilte er sich sehr. Im Hospiz gab es nur Bücher zum Leben Jesu und Biographien der Heiligen, die ihn nicht interessierten. Da er aber nichts Spannenderes fand, begann er darin zu lesen. Allmählich kam er aus dem Staunen nicht mehr heraus. Da war von ritterlichen Taten die Rede, die nicht im Dienst eines Fürsten oder einer Dame vollbracht wurden, sondern im Dienste des Höchsten. Da gab es große Ziele, die nichts mit Geld oder Ruhm zu tun hatten. Die Bücher öffneten ihm die Augen für eine andere Welt.

Sein Leben erfuhr eine innere Wende. Er fragte sich, was der Wille Gottes für ihn sei. In einer Höhle bei **Manresa** begann er 1522 ein strenges Bußleben. Er kleidete sich erbärmlich, fastete, schnitt sich weder die Fingernägel noch die Haare. Hier hatte er nach harten inneren Kämpfen die Erleuchtung, die ihm viele Fragen beantwortete und neue Perspektiven für seine Zukunft gab. Dazu half ihm die Lektüre der Bibel. Er las sie so, dass ihre Erzählungen plastisch vor seinem inneren Auge standen. Was er dort sah und hörte, sah und hörte er nicht als etwas Vergangenes. Es war, als wäre es ihm selbst gezeigt und zu ihm gesprochen worden, so dass er sich selbst in den Texten wieder fand. Er beschloss, sein bisheriges Leben aufzugeben und machte eine Pilgerfahrt ins **Heilige Land**, um die Stätten mit eigenen Augen zu sehen, wo Jesus einst gelebt hatte. Danach be-

Der Gründer der Jesuiten war **Ignatius von Loyola** (1491–1556). Er schuf einen neuen Ordenstyp, der ursprünglich nicht zur Bekämpfung der Reformation gegründet worden war, aber sich dann doch selbst die Aufgabe setzte, die katholische Kirche überall zu verteidigen, zu erhalten und zu vergrößern. Die Jesuiten verpflichten sich zum besonderen Gehorsam gegenüber dem Papst. Ihre exzellente Ausbildung verschaffte ihnen große Erfolge.

Heute ist der Jesuitenorden mit ca. 22 800 Mitgliedern einer der größten Orden der Kirche. Viele Aufgaben, die die Jesuiten früher erfüllt haben, sind aktuell geblieben. Wichtige Impulse zur Modernisierung der Kirche und zur Bekämpfung der Armut in der Welt gehen auch in der Gegenwart von den Jesuiten aus.

Unterschrift des Ignatius von Loyola

Maler unbekannt (17. Jh.), Papst Paul III. (1534–1549) bestätigt 1540 den Jesuitenorden, kniend der Gründer der Gesellschaft Jesu Ignatius von Loyola.

1 Wenn es in eurer Nähe Jesuiten gibt, solltet ihr einen Besuch bei ihnen vereinbaren und mit ihnen über ihren Orden, ihre Aufgaben und Ziele sprechen. Vielleicht könnt ihr auch einen Jesuitenpater zu einem Gespräch in den Unterricht einladen.

2 Friedrich Spee – ein faszinierender Jesuit: → S. 139 ff.

3 Stellt einen Vergleich der Jesuiten mit den Benediktinern (→ S. 164 ff ZdF) und den Franziskanern (→ S. 136) an. Was ist den Orden gemeinsam? Worin unterscheiden sie sich?

Die Reformation – Umbruch und Aufbruch

Malteo Ricci d. J. (1552–1610), ideenreicher Chinamissionar

Martin Thomas S J (1932–1977), in Lateinamerika ermordet.

Oswald von Nell-Breuning S J (1890–1991), Fachmann für Sozialwissenschaften und Börsenmoral, Ghostwriter päpstlicher Sozialenzykliken.

Karl Rahner S J (1904–1984), einer der anregendsten Theologen des 20. Jh.

gann er in Salamanca und Paris das Studium der Philosophie und Theologie, um »Seelen zu retten«. Mühsam quälte er, der schon ältere Offizier, sich unter lauter Jungen das Latein an, das er für seine Studien brauchte. Von nun an nannte er sich nicht mehr spanisch »Inigo«, sondern lateinisch »Ignatius«.

Mit sechs Freunden legte er 1534 auf dem Montmartre in **Paris** das Gelübde ab, arm und ehelos zu leben. Sie übten sich in der Kunst der Selbstbeherrschung, unterdrückten kleine Launen und schalteten ablenkende Gedanken aus. Immer wollten sie für andere sympathisch sein. Vor allem gedachten sie, sich ganz dem Papst in Rom zur Verfügung zu stellen und ihm in besonderer Weise gehorsam zu sein. Der Papst war für sie das Haupt der Weltkirche mit einem universalen Auftrag, den er von Christus selbst erhalten hatte. Sie zogen nach **Rom**, wo Ignatius 1537 zum Priester geweiht wurde. 1540 bestätigte Papst Paul III. den neuen Orden, der sich »Societas Jesu« (lat.: »Gesellschaft Jesu«) nannte. Seine Mitglieder heißen deshalb »Jesuiten«. Ignatius wurde auf Lebenszeit ihr erster Generaloberer. Er starb nach schweren Krankheiten 1556 in Rom. Bei seinem Tod umfasste der Orden schon mehr als 1000 Mitglieder, die in vielen Ländern der Welt tätig waren. Sein Wahlspruch: »Alles zur größeren Ehre Gottes«.

Die Jesuiten

Die Jesuiten halten sich mitten in der Welt, oft an Brennpunkten des Lebens, auf. Man findet sie da, wo etwas los ist. Sie sind ähnlich wie ein militärischer Verband organisiert. An ihrer Spitze steht der »General«. Ihm und dem Papst sind alle Jesuiten zu besonderem Gehorsam verpflichtet. Der Ordensobere kann sie als die getreuen Soldaten da einsetzen, wo sie gebraucht werden. Dadurch werden sie zu einem wirksamen, manchmal auch unbeliebten Instrument der Kirche. Anders als andere Ordensleute haben sie kein festes Chorgebet und sie tragen auch keine eigenen Ordensgewänder, sondern sind wie Priester gekleidet. Aber so weltlich sie auch erscheinen, so geistlich ist ihr Leben. Jeden Tag lesen sie in der Bibel und meditieren über die heiligen Texte. Die Bibel und die Eucharistie sind die Quellen, aus denen sie ihre Kraft schöpfen. Wie ihr Ordensgründer wollen sie alles zur größeren Ehre Gottes tun. Unvergleichlich ist ihre intensive jahrelange Ausbildung. Sie machen Küchendienst, bestellen Gärten und pflegen Kranke, sie studieren Philosophie und Theologie. Oft sind sie auch in anderen Disziplinen kompetent, z. B. in Mathematik, Astronomie oder in den Naturwissenschaften, in Fremdsprachen und in Geschichte. Nach dem Kürzel für ihren Orden »SJ« (von »Societas Jesu«) nennt man sie liebevoll »Schlaue Jungs«.

Die Jesuiten – Ein neuer Orden

Mögen die übrigen religiösen Genossenschaften uns durch Fasten und Nachtwachen sowie durch andere Strenge in Nahrung und Kleidung übertreffen, so müssen unsere Brüder durch wahren und vollkommenen Gehorsam, durch den freiwilligen Verzicht auf eigenes Urteil, hervorleuchten ... Überhaupt darf ich nicht mir gehören wollen, sondern meinem Schöpfer und dessen Stellvertreter.
Ignatius von Loyola

Der Orden war von Anfang an auf zwei Gebieten aktiv. Einmal stellte er sich in den Dienst der Weltmission, wo er es in vielen Ländern, z. B. in Lateinamerika, in Indien und China, zu großen Erfolgen brachte. Zum

Die Reformation – Umbruch und Aufbruch

Das Konzil von Trient, zeitgenössisches Gemälde.

anderen war er maßgeblich an der Gegenreformation und an der katholischen Reform beteiligt. Die Jesuiten predigten in den Städten leidenschaftlich und wortgewandt gegen die Protestanten und eröffneten höhere Schulen, um der Jugend die katholische Lehre nahe zu bringen. Als Prinzenerzieher und Beichtväter übten sie großen Einfluss in Fürstenhäusern aus. Sie verfassten beliebte Theaterstücke, die anschaulich zeigten, was »katholisch« ist. An Hochschulen bereiteten sie künftige Priester auf ihren Dienst vor. So ist es ihnen zuzuschreiben, dass große Teile Deutschlands vor allem im Rheinland und im Süden sich nicht der Reformation anschlossen, sondern der katholischen Kirche erhalten blieben.

4 Zum Barock, der Kunst dieser Zeit: → S. 176 ff.

Das Konzil von Trient

Immer wenn im späten Mittelalter die Missstände in der Kirche unerträglich erschienen, verlangten viele Christen die Einberufung eines Konzils (→ S. 208 ZdF), das eine »Reform an Haupt und Gliedern« bringen sollte. Nur von dort erwarteten sie sich eine Verbesserung der kirchlichen Situation. Auch Luther hatte ein Konzil gewollt, das über seinen Streit mit dem Papst urteilen sollte. Aber in der Kirche gab es während der frühen Reformationszeit viele Widerstände gegen ein Konzil. Die Päpste fürchteten um ihren Einfluss und viele Fürsten waren dagegen, weil der Kaiser dafür war. So kam es allzu lange zu keinem Konzil. Erst nach langen Wirren fand 1545–1563 das **Konzil zu Trient** statt.

Das Konzil kritisierte grundlegende Lehren der Protestanten als einseitig. Dem »**Allein-Prinzip**« Luthers (→ S. 148) setzte es das katholische »**Sowohl-als-auch-Prinzip**« entgegen. (1) Es soll nicht der Glaube allein für das Leben der Christen maßgeblich sein, sondern auch die guten Werke. (2) Die Kirche darf sich nicht auf die Schrift (Bibel) allein berufen, sondern muss auch die lange Überlieferung der Kirche berücksichtigen. (3) Der Mensch wird gut nicht durch die Gnade Gottes allein, sondern auch durch seine guten Taten. Sündig wird er durch das Böse, das er tut, und durch das Gute, das er unterlässt.

Mit dem Trienter Konzil waren für die katholische Kirche nicht alle Schwierigkeiten beseitigt. Es hat den katholischen Glauben zwar gesichert, aber es war mehr auf Bewahrung als auf Erneuerung der Kirche aus.

Das **Konzil von Trient** lehrt Folgendes:
- Es schreibt die **Siebenzahl der Sakramente** (→ S. 200 ff ZdF) fest, während die Protestanten nur die Taufe und das Abendmahl als Sakramente gelten lassen. Es bekräftigt die Auffassung, dass im Abendmahl (→ S. 201 f ZdF) unter den Gestalten von Brot und Wein Jesu Leib und sein Blut wirklich gegenwärtig sind.
- Der **Ablass** (→ S. 149) wird von seiner Verbindung mit Geld gelöst.
- Die Päpste werden aufgefordert, sich an die Spitze der **kirchlichen Reform** zu stellen. Die Bischöfe und Priester werden auf ihre geistlichen Pflichten hingewiesen. Die Priester sollen in eigenen Seminaren besser ausgebildet werden. Alle Geistlichen werden daran erinnert, dass sie ehelos (»zölibatär«) leben und den Armen dienen sollen.

Die Reformation – Umbruch und Aufbruch 160

1 Macht eine Aufstellung, in der ihr eintragt, (1) worin Katholiken und evangelische Christen überein stimmen, (2) wo es zwischen ihnen Differenzen gibt und (3) welche Schritte aufeinander zu heute möglich sind. (→ S. 216 ff ZdF)

Die größten Kirchen der Christenheit, die nicht in voller Gemeinschaft miteinander leben, sind die **römisch-katholische Kirche**, die **orthodoxen Kirchen** des Ostens (→ S. 122 f) und die **Kirchen der Reformation**. Die Begriffe »katholisch« (»allumfassend«), »orthodox« (»rechtgläubig«) und »evangelisch« (»evangeliumgemäß«) sind zur Selbstbezeichnung der drei größten christlichen Kirchen geworden. Im Grund können die Kirchen aber diese Eigenschaften nicht allein für sich beanspruchen. Katholizität, Orthodoxie und Orientierung am Evangelium sind nicht Eigenschaften einer einzelnen Kirche, sondern unaufgebbare Eigenschaften der einen Kirche Christi.

Das griechische Wort »Ökumene« bezeichnet die ganze bewohnte Welt. Es ist sinnverwandt mit dem Wort »katholisch« (»allumfassend«), hat aber heute eine weitere Bedeutung. Die ökumenische Bewegung versucht, das Zusammengehörigkeitsgefühl aller Christen auf der ganzen Welt zu fördern. Sie hat sich als Nahziel ein besseres gegenseitiges Verständnis der Kirchen und als Fernziel eine neue Einheit der Christen gesetzt.

7. Miteinander auf dem Weg

Die ökumenische Bewegung

Nach den jahrhundertelangen Streitigkeiten zwischen den Kirchen bzw. Konfessionen bekamen ernsthafte Christen Zweifel daran, ob diese Feindschaft berechtigt sei. Sie erinnerten sich daran, dass Jesus selbst eine einige Gemeinschaft gewollt hatte (Joh 17, 21). Und sie konnten darauf verweisen, dass es neben dem Trennenden doch auch viele Gemeinsamkeiten gibt. Sollte man diese nicht höher gewichten als die Unterschiede? Waren die Unterschiede so gewaltig, dass man deshalb in verschiedenen Kirchen leben musste? Gaben Christen mit ihren quälenden Auseinandersetzungen der Welt nicht ein verheerendes Beispiel?

Mit diesen Fragen entstand seit dem 19. Jahrhundert zunächst innerhalb des **Protestantismus** die ökumenische Bewegung, die 1910 auf der Weltmissionskonferenz in Edinburgh zum ersten Mal öffentlich in Erscheinung trat und dann immer stärker wurde. Die **römisch-katholische Kirche** war – abgesehen von einzelnen Stimmen – zuerst noch der Auffassung, Ökumene könne nur die Rückkehr der anderen Konfessionen zur katholischen Kirche bedeuten, da sie allein in der Wahrheit des Glaubens stehe. Einen Umschwung brachte erst der reformfreudige Papst Johannes XXIII., der das **2. Vatikanische Konzil** (1962–1965) zu mutigen Reformschritten anregte. Damals erkannte die katholische Kirche ihre Mitschuld an der Kirchenspaltung an, nannte andere christliche Gemeinschaften nun auch »Kirchen« und forderte eine intensivere Zusammenarbeit aller Christen. Von einer »Rückkehr« der anderen Kirchen zur katholischen Kirche war nun nicht mehr die Rede. Noch weiter ging die Enzyklika »Ut unum sint« (lat.: »Dass sie eins seien«, → Joh 17, 21) **Johannes Pauls II.** aus dem Jahr 1995, in der der Papst den berechtigten Wünschen der anderen Kirchen weit entgegenkommt, die Stellung des Papsttums in der Kirche als »Diener der Diener Gottes« formuliert, auf die menschlichen Schwächen des Petrus (→ S. 123 ZdF) und der Päpste hinweist und die anderen Kirchen um Verzeihung für schmerzliche Erfahrungen mit dem Papsttum bittet. Er möchte eine zeit- und situationsgemäße Form des Petrusamtes finden, ohne auf das Wesentliche dieses Amtes zu verzichten. Dabei denkt er an eine Gemeinschaft aller Teilkirchen mit der Kirche von Rom, die »den Vorsitz in der Einheit und in der Liebe« führt.

Einen weiteren Schritt aufeinander zu taten die Kirchen, als sie am 31. 10. 1999 (»Reformationstag«) in Augsburg eine gemeinsame Erklärung zur Rechtfertigung (→ S. 148) verabschiedeten, einem Thema also, das in der Reformation vor allem umstritten war und wesentlich zur Spaltung der westlichen Christenheit beigetragen hatte. Nun bekennen die Kirchen gemeinsam: Gott kommt allein aus Gnade auf uns zu. Nicht wegen unserer Leistungen, sondern durch den Glauben werden wir vor Gott gerecht. Das steht im Zentrum der Botschaft Jesu. Das ist das Herzstück des Glaubens. Schließlich hat Papst Johannes Paul II. im Rahmen des umfassenden kirchlichen Schuldbekenntnisses, das er im Jahr 2000 in Rom ablegte (→ S. 163), auch die Schuld der Kirche gegen die Einheit der Kirche bekannt. Damit war ein weiterer wichtiger Schritt zur Versöhnung der Kirchen getan.

Trotz mancher Rückschläge hat die ökumenische Bewegung inzwischen beachtliche **Erfolge** erzielt. In Deutschland gibt es an vielen Orten gemeinsame Aktivitäten der Kirchen und der konfessionsverschiedenen Christen. In den Gemeinden finden ökumenische Bibellesungen statt. Kulturelle und soziale Aufgaben vor Ort werden gemeinsam angegangen. Ökumenische Gottesdienste sind nicht nur auf Kirchen- und Katholikentagen längst eine Selbstverständlichkeit. Die Kirchenleitungen sind mit wichtigen Erklärungen zum Asylrecht oder zu Fragen der sozialen Gerechtigkeit gemeinsam an die Öffentlichkeit getreten. Der Religionsunterricht darf zeitweise gemeinsam erteilt werden. Allmählich wächst zusammen, was zusammen gehört. Aber auch die **Schwierigkeiten** auf dem Weg zur Einheit sind immer noch unübersehbar. Dabei spielen beim Kirchenvolk die Lehrunterschiede, die einmal zur Kirchentrennung geführt haben, kaum mehr eine Rolle. Sie werden weithin nicht mehr verstanden und fast nur noch in Fachzirkeln diskutiert. Demgegenüber bemängeln Christen in allen Kirchen, dass ihre Kirchen nicht noch entschiedener aufeinander zugehen und ihre eigenen Ansprüche nicht genug zurücknehmen. Sie bedauern vor allem, dass es zwischen den Kirchen noch keine Gemeinschaft des Abendmahls gibt.

Einheit in versöhnter Verschiedenheit

Die ökumenische Bewegung strebt heute eine Einheit an, die nicht auf voller Übereinstimmung in allen Fragen beruht. Die verschiedenen Organisationsformen, die unterschiedlichen Lebenswelten und das Grundgefühl der Gläubigen sollen, so weit sie sich nicht gegenseitig ausschließen, in der Einheit bewahrt bleiben. Ökumenische Vielfalt darf nicht länger als Mangel, sie muss als Reichtum angesehen werden. Ziel ist heute eine Kirchengemeinschaft, die »**Einheit in versöhnter Verschiedenheit**« lebt.

Die **Glaubwürdigkeit** des Christentums und sein Gewicht in der zukünftigen Welt hängen nicht zuletzt davon ab, ob die Kirchen ihre alten Streitigkeiten beenden und sich auf ihre wesentlichen Aufgaben in der Welt besinnen. Die Einheit der Christen könnte ein wirksames Zeichen für die Welt sein, allen gefährlichen Zwiespalt und überflüssigen Streit zu beenden. Darin könnte die eine christliche Kirche in der pluralen Vielfalt ihrer Gemeinschaften ein Beispiel für die Menschheit werden.

2 Neben den großen Kirchen gibt es noch zahlreiche kleinere christliche Gemeinschaften, so z. B. die sogenannten »Evangelischen Freikirchen«, zu denen in Deutschland z. B. die Baptisten, Methodisten, die Mennoniten und die Heilsarmee zählen. Könnt ihr darüber etwas in Erfahrung bringen?

3 Gegeneinander – nebeneinander – miteinander – durcheinander: Was trifft auf das Verhältnis der Kirchen zu?

4 Welche Aufgaben könnte eine nicht mehr gespaltene Kirche in unserer heutigen Welt besser wahrnehmen? Welche gemeinsamen Aktivitäten sind in den Ortsgemeinden und Schulen möglich und wirklich?

5 Was könntet ihr selbst tun, um die Ökumene weiter zu fördern?

6 Eine Karte zur Konfessionsverteilung in Deutschland und der Welt: → S. 288f.

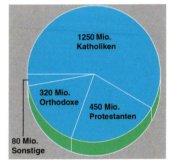

Ökumenischer Gottesdienst mit dem koptischen Geistlichen El-Amba (links), der evangelischen Bischöfin Maria Jepsen (Mitte) und Joseph Kardinal Ratzinger (rechts).

Die Reformation – Umbruch und Aufbruch

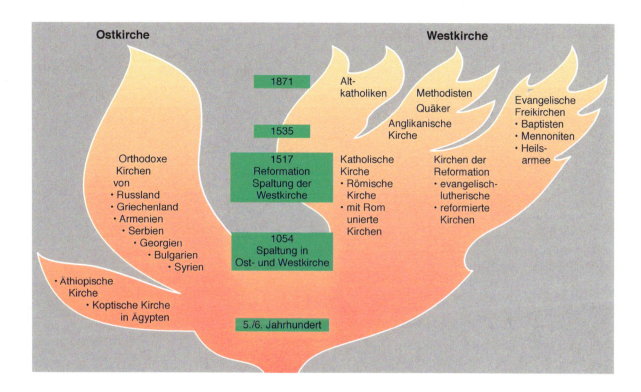

Das kirchliche Schuldbekenntnis

Barmherziger Vater, am Abend vor seinem Leiden hat dein Sohn darum gebetet, dass die Gläubigen in ihm eins seien. Doch sie haben seinem Willen nicht entsprochen. Gegensätze und Spaltungen haben sie geschaffen. (...) Sie haben einander verurteilt und bekämpft. Wir rufen inständig dein Erbarmen an und bitten dich um ein reumütiges Herz, damit sich alle Christen in dir und untereinander versöhnen.

Papst Johannes Paul II. am 12. März 2000 in der Peterskirche in Rom (→ S. 143)

Leonardo da Vinci (1452–1519), Das Abendmahl, 1495–97.

Die Reformation – Umbruch und Aufbruch

Kanzeln – Kuppeln – Kathedralen

1. Himmelstürmende Gotik

Eine neue Vision

Im 12. Jahrhundert entstanden in Westeuropa Kirchen, die sich auffällig von den romanischen Kirchen unterscheiden. Man nennt sie wie ihre Vorgänger »**Kathedrale**« (von griech./lat.: bischöflicher »Stuhl«, »Sitz«, »Thron«) oder »**Dom**« (von lat.: »Haus«) oder auch »**Münster**« (von lat.: »Kloster«). Wer diese Kirchen damals zum ersten Mal sah, musste denken, dass eine neue Zeit angebrochen war. Vielerorts war man von dem neuen Stil so begeistert, dass man ältere romanische Bauten abriss und an ihrer Stelle neue gotische Kirchen errichtete. Darum wurden die neuen Dome und Kathedralen gelegentlich auf dem Fundament älterer Bauten errichtet. So finden wir häufig noch eine ältere Krypta unter dem Fußboden gotischer Kirchen. Anderswo führte man romanisch begonnene Kirchenbauten im gotischen Stil weiter.

Aber nicht von Anfang an wurde die Gotik überall geschätzt. Ihr ging es so wie vielen neuen Kunstrichtungen (→ S. 176), die zuerst großes Befremden auslösten, weil sie alten Sehgewohnheiten nicht entsprachen. Solange man an die Romanik gewöhnt war, musste die Gotik eine Herausforderung für die Leute sein. Das Wort »**Gotik**« kann dies belegen. Es wurde im 16. Jahrhundert in Italien erfunden, wo man es von dem germanischen Stamm der Goten ableitete, die in Italien keinen guten Ruf hatten. Darum war »Gotik« zunächst **abwertend** gemeint. Goten galten als kulturlos und barbarisch. Sie hatten keine lebendige Beziehung zur klassischen Antike, die damals als der Gipfel aller Kultur angesehen wurde. Deshalb konnten sie auch nicht die

> In Europa wird die Epoche der Romanik (→ S. 187 ff ZdF) allmählich von der **Gotik** verdrängt, die sich von der ersten Hälfte des 12. Jahrhunderts bis in die Anfänge des 16. Jahrhunderts erstreckt. Die Gotik zählt zu den herausragenden Epochen der europäischen Kunst. Noch heute erheben sich in den mittelalterlichen Städten vor allem in Frankreich, England, Spanien und Deutschland gotische Kathedralen, die zu den Wundern der Baukunst gezählt werden. Daneben finden wir in Europa unzählige kleinere gotische Kirchen und Klöster. Auch Rathäuser, Burgen und Hospize sind in diesem Stil erbaut. Neben der Architektur gibt es aus dieser Stilepoche auch zahlreiche Werke der Malerei, Goldschmiede- und Bildhauerkunst. Die Gotik ist ein eindrucksvolles Zeugnis dafür, wie der christliche Glaube damals das Leben prägte und die Kunst inspirierte.

PROJEKT

Für das Projekt »**Eine Kirche vor Ort erkunden und erleben**« könnt ihr eine Zusammenarbeit mit dem Kunst-, Geschichts- und evangelischen Religionsunterricht vereinbaren. Vorschläge für mögliche Einzel- oder Gruppenarbeit:

1 **Besuch** eines gotischen Domes, einer Barockkirche oder einer im neugotischen Stil gebauten Kirche in eurer Nähe. Dabei solltet ihr Folgendes für eine Homepage im Internet kurz beschreiben: Lage, Grundriss, Aufbau, Inneres, Äußeres, Fenster, Grundideen, Hinweise auf die Bibel, Symbole, Bildwelt, Besonderheiten.

2 Ausarbeitung eines kleinen **geschichtlichen Führers** mit einer Zeittafel; die Anfänge und weitere Ereignisse der Geschichte; Steine zum Sprechen bringen; Erzählungen und Legenden, die sich hier abgespielt haben

3 Anfertigung eines **Modells** sowie Zeichnungen und Fotos der Kirche für eine Ausstellung oder Diavorführung

4 Blick vom **Dach oder Turm** auf die Umgebung; Beschreibung der Wirkung; eine Gegenüberstellung: Früher – Heute; Bedeutung für die Stadt und die Umgebung,

5 **Gespräch** mit Geistlichen und Laien, die in dieser Kirche arbeiten. Heutige Aktivitäten: Gottesdienst, Taufen, Veranstaltungen; Musik, Probleme und Chancen, Finanzierung, Interesse bei jungen Leuten

Weitere Anregungen für die Arbeit: → S. 180ff und 196f ZdF. Dort sind auch viele Begriffe erklärt, die in diesem Kapitel wieder vorkommen, so Romanik, Basilika, Apsis, Pfeiler, Krypta u. v. a.

Der Kölner Dom

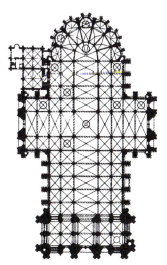

Der Kölner Dom, Grundriss

Fähigkeit haben, klassische, wohlproportionierte Kunstwerke hervorzubringen. Bei ihnen, so meinte man, war alles ohne Maß und Ziel. Dabei sind die Werke der Gotik nicht von Goten geschaffen worden, sondern von Christen in verschiedenen Ländern Europas. Ideenreiche Mönche und visionäre Mystiker (→ S. 126), geniale Architekten und fleißige Bauleute haben ihren Anteil an diesem neuen Kunststil Europas. Oft kennen wir die Namen der Baumeister nicht, weil diese ihren Nachruhm nicht für wichtig hielten.

Erst im 19. Jahrhundert verschwand diese negative Sicht der Gotik endgültig. Der junge Goethe hat diese **Neubewertung** gefördert, als er das Straßburger Münster 1771 sah. Es war für ihn nicht, wie er erwartet hatte, »ein missgeformtes und krausborstiges Ungeheuer«, sondern das Beispiel großer Kunst. Auch die europäischen Romantiker, von Gefühl, Stimmung und Fantasie geleitete Künstler, haben die Gotik sehr geschätzt, weil sie im Mittelalter eine Zeit sahen, die besser als ihre Gegenwart war. Seitdem gilt die Gotik als eine der großen Epochen der Kunstgeschichte. Sie wurde so geschätzt, dass ihre Grundformen und Stilelemente lange auch in der Neuzeit bei Kirchen, Rathäusern und Schlössern verwendet wurden. Die Zeugnisse dieser »**Neugotik**« sind in Deutschland weit verbreitet.

Ihren Anfang nahm die Gotik in **St. Denis** (»Dionysius«) nahe bei Paris, wo 1144 Abt Suger für den Heiligen eine Kirche einweihte, die zur Grundlage eines neuen Stils wurde. Bedeutende Kathedralen Frankreichs finden wir u. a. in Chartres, Reims und Paris, in Straßburg und Amiens. Berühmte gotische Dome Deutschlands liegen in Marburg und Freiburg, Köln und Altenberg, Frankfurt und Nürnberg, Lübeck und Soest, Brandenburg und Bremen. Je nach Entstehungszeit, Land und Region weisen die gotischen Kirchen erhebliche Unterschiede auf. Sie sind im Westen und Osten, im Norden und Süden Deutschlands jeweils anders.

Die Kathedralen wurden von Architekten, Steinmetzen, Zimmerleuten, Glasern, Schmieden und Maurern errichtet, die in Bauhütten wohnten und oftmals von Bau zu Bau wanderten. Noch heute wissen wir nicht genau, wie sie die Wunderwerke der Technik ohne großen technischen Aufwand errichten konnten. Damals kannte man weder Computer noch Motoren noch gepflasterte Straßen. Da die Bauleute kaum hinreichende mathematische Kenntnisse zur Statik hatten, vertrauten sie ihrem Gefühl für Maß. Sie ahnten, welchen Druck sie den Wänden und Pfeilern zumuten konnten. Aus wenigen geometrischen Grundfiguren (Quadrat, Kreis, Ellipse, Bogen, Kleeblatt) entwickelten sie ihre Bauten. Zirkel und Lot waren dabei wichtige Instrumente. Es bleibt für immer erstaunlich, welch himmelhohe Türme sie aufrichten konnten, wie sie die Fundamente so gewaltiger Bauten sicherten und auf welchen Wegen sie die Fülle des Materials herbeischafften. Es dauerte oft Jahrzehnte und Jahrhunderte, bis das Werk vollendet war.

Dreikönigsschrein, Kölner Dom, Prophet Jona (→ S. 51).

Elemente einer gotischen Kathedrale

■ Während die romanischen Kirchen von kräftigen Mauern umgeben sind, in denen Portale, Fenster und Türen nicht allzu viel Raum einnehmen, sind in vielen gotischen Kathedralen die **Mauern weitgehend aufgelöst.** Jetzt tragen nicht Mauern, sondern **Stützpfeiler** den Bau. Damit diese dem Druck des ganzes Gebäudes standhalten können, werden sie innen und außen von Bögen und Pfeilern gestützt, die dafür sorgen, dass das riesige Gebäude nicht zusammenstürzt. Dadurch erhält der ganze Bau eine bislang nicht gekannte Schwerelosigkeit und Eleganz. Der Innenraum wird stark ausgeweitet. Dem Dach geben Giebel, Strebepfeiler, Dachreiter und Skulpturen eine große Dynamik. Oftmals sind im Inneren Emporen errichtet, die der Absonderung bestimmter Gruppen (Hofstaat, Frauen) dienten. Auch sie sind vielfach mit Figuren, Bögen oder Pfeilern geschmückt.

■ Wo früher massive Wände waren, können nun großflächig **Fenster** eingesetzt werden, die durch ein geometrisch geordnetes Maßwerk aus Stein herrliche Strukturen aufweisen. Manche sind wie übergroße Rosen oder strahlende Sonnen. Auf dem damals kostbaren Glas sind biblische und kirchliche Szenen, Heilige und Bürger, Natursymbole und Ornamente in prächtigen Farben dargestellt. Sie leuchten in blau, rot, grün, lila, weiß und gelb. Alle verwendeten Farben haben symbolische Bedeutung. Durch diese »gläsernen Wände« strömt das **Licht,** das dem Bauwerk einen geheimnisvollen Charakter gibt. Wenn das Sonnenlicht auf diese Fenster fällt, erhalten die Kirchen einen überirdischen Glanz. Sie sollen daran erinnern, dass Gott selbst das Licht ist, das sich in vielen Farben äußert. Wo sich die Gottesdienstbesucher von diesem Licht innerlich treffen und erleuchten lassen, wird die Kunst der Gotik für sie lebendig und verständlich. Mehr noch: Sie können dabei auf anschauliche Weise lernen, ihr eigenes Leben im Licht des Glaubens zu verstehen.

■ Die gotische Kathedrale eröffnet zugleich einen **Weg des Glaubens,**

Meister Nikolaus von Verdun, Dreikönigsschrein, Kölner Dom, 1181–90.

Kanzeln – Kuppeln – Kathedralen

166

Der Kölner Dom, Blick zum Chor.

der von der Stadt durch die Portale auf dem Gang durch das **Mittelschiff** zum Chor führt. Oft stehen an den Seiten auf den Säulen und an den Pfeilern Heilige, die den Blick auf die Pilger und Beter richten. Nahe beim **Altar** befindet sich meist das größte Heiligtum der Kathedrale: der **Tabernakel** mit den geweihten Hostien, der Reliquienschrein eines Heiligen, ein **Gnadenbild** oder eine Mariendarstellung. Dieser Mittelpunkt ist von Lichtwänden überhöht, so dass er wie ein leuchtender Schrein wirkt. Der Hauptweg kann rechts und links durch zwei oder vier weitere **Seitenschiffe** ergänzt sein, die nun nicht mehr, wie in der romanischen Basilika, an der Apsis enden, sondern um den Chor herumführen.

■ So wunderbar die Kathedrale im Inneren ist, so großartig neu ist sie auch in ihrem Äußeren. Auffällig sind die hohen **Türme,** die den Himmel zu berühren scheinen. Sie erheben sich hoch über die kleine mittelalterliche Stadt. Ein steinerner Helm, der nach oben hin spitz ausläuft, erinnert in seiner feinen Struktur an die zarte Filigranarbeit von Goldschmieden.

■ Ein besonderer Schmuck der Kathedrale sind ihre großen **Portale,** die sich an den Seiten und vor allem am Haupteingang befinden. Sie sind ein Symbol für Jesus, der in der Bibel von sich sagt: »Ich bin die Tür. Wenn einer durch mich hineingeht, wird er Heil erfahren« (Joh 10, 9). Durch sie

1 Welche gotische Kirche liegt in eurer Nähe? Gibt es bei euch auch andere Zeugnisse der Gotik und neugotische Kirchen?

Kanzeln – Kuppeln – Kathedralen

findet man den Zugang in die himmlische Stadt. An den Portaleingängen finden wir meist ein detailreiches **Figurenprogramm,** z. B. Christus als Weltenrichter (→ S. 177 ZdF), das Endgericht mit Hölle und Himmel, Szenen aus dem Leben Jesu, Marias oder eines Heiligen, Symbole und Ornamente. An manchen Kathedralen hat man bis zu 5000 Figuren gezählt. Einige Portalplastiken gehören zu den schönsten Kunstwerken des Mittelalters.

■ Es wäre unzutreffend, den **Spitzbogen** als das wichtigste Kennzeichen der Gotik anzugeben, der sich deutlich von dem romanischen Rundbogen unterscheidet. Er war schon früher aus der arabischen Welt bekannt. Aus der romanischen Kunst werden manche Elemente übernommen und weiterentwickelt, so der **Grundriss** oder die **Doppelturmfassade,** der **Strebepfeiler** und das **Kreuzrippengewölbe.**

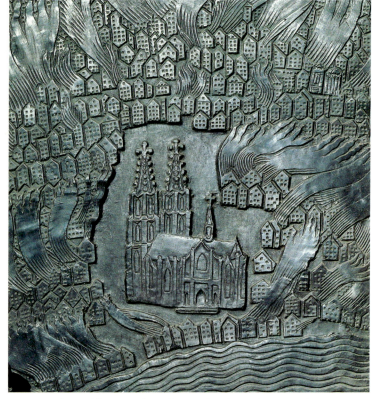

Ewald Mataré (1887–1965), Das brennende Köln, Ursulaportal, Kölner Dom, 1953.

Die heilige Stadt Gottes

Mit der Gotik entstand eine Kunstrichtung, die sowohl

(1) einen neuen **Höhepunkt der Technik** bildet,

(2) ein neues **Empfinden für Schönheit** offenbart und

(3) eine **neue Sicht des Glaubens** darstellt.

Theologie und Mathematik, Frömmigkeit und Handwerk, Mystik (→ S. 126) und Ästhetik (griech.: Lehre von der Schönheit) durchdringen sich hier. Der Dom dient der Ehre Gottes, aber auch dem Ruhm der Erbauer. In seiner religiösen Bedeutung stellt er die **heilige Stadt Gottes** oder **das himmlische Jerusalem** (Offb 20–21) dar. Hier wird die Herrlichkeit des Himmels gegenwärtig. In ihm ist man Gott nahe. Er verleiht das Vorgefühl ewiger Schönheit und ist ein Bild des Himmels. Aber die Kathedrale hat auch eine weltliche Bedeutung. Sie bildet den **Mittelpunkt der Stadt.** Auf sie ist alles Leben ausgerichtet. In ihrer Nähe befinden sich Markt und Friedhof, Schulen und Kneipen, vor allem die Wohnhäuser. Mit der Kathedrale setzen Klöster und Städte, Bischöfe und Mönche, Adelige und Bürger Gott und auch sich selbst ein Denkmal.

Fenster im Kölner Dom, Maria, um 1280.

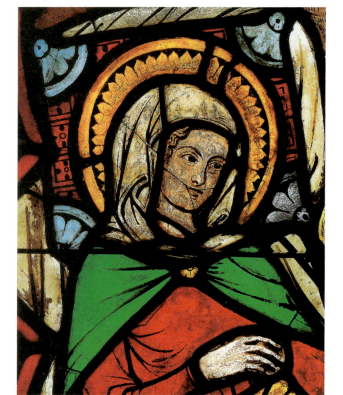

Kanzeln – Kuppeln – Kathedralen

Zu den Meisterwerken der Gotik gehört der **Kölner Dom**. Er ist dem heiligen Petrus (→ S. 123 ZdF) geweiht, um die Verbundenheit Kölns mit dem Apostel Petrus, dem ersten Papst, zu bekunden. Er ist auch die Kirche der Heiligen Drei Könige (Mt 2, 1–12), deren Gebeine hier in einem kostbaren goldenen Schrein verehrt werden. Damit hat der Dom eine der kostbarsten Reliquien, die im Mittelalter sehr beliebt waren und die ihn auch heute zum Ziel vieler Pilger aus aller Welt machen. Zu seinen Kostbarkeiten zählt auch das Gerokreuz (→ S. 191 ZdF).

Die Kathedrale – ein Gemeinschaftswerk

In diesem Jahr (1144) sah man zu Chartres (Stadt südlich von Paris) die Gläubigen sich vor den Karren spannen, die mit Steinen, Holz, Getreide und was man sonst bei den Arbeiten an der Kathedrale brauchte, beladen waren. Wie durch Zaubermacht wuchsen die Türme in die Höhe. So geschah es nicht nur hier, sondern allenthalben in Frankreich und andernorts. Überall demütigten sich die Menschen, überall taten sie Buße, überall vergaben sie ihren Feinden. Männer und Frauen sah man schwere Lasten quer durch Sümpfe schleppen und unter Gesängen die Wunder Gottes preisen, die vor ihren Augen aufwuchsen.

Robert von St. Michel, ein Zeitgenosse

Der Kölner Dom

Der Grundstein zum Dom wurde am 15. August 1248 unter Erzbischof Konrad von Hochstaden gelegt. Der Bau steht auf einer älteren Kirche, die damals als unmodern empfunden wurde. Sein Vorbild ist die Kathedrale in Amiens. Grundriss und Aufbau haben wohlproportionierte Formen. Bei allem Streben in die Höhe sind die Gesetze der Harmonie, die für die Schönheit wesentlich sind, beachtet. Die Zahlen und Maße zu Grundriss, Höhe und Ausdehnung entsprechen den biblischen Angaben über den Tempel bzw. das himmlische Jerusalem und haben deshalb eine symbolische Bedeutung. Sie sind voller Geheimnisse. An dem fünfschiffigen Bau waren die fähigsten Architekten Europas beteiligt.

Nach einem zügigen Baubeginn kam es zu großen Verzögerungen. Der Dom konnte im Mittelalter nicht vollendet werden. Am Ende des 15. Jahrhunderts waren die Türme erst begonnen. Es standen nur der Ostchor und ein Teil des Langhauses. Zwischen diesen beiden Teilen klaffte eine große Lücke. Auf dem bis zur halben Höhe errichteten Turm stand lange ein Baukran, der damals zum Wahrzeichen Kölns wurde. Der Bau ruhte für drei Jahrhunderte. Als Köln 1794 von den Franzosen besetzt wurde, hielt der damalige Gouverneur den Bau für abbruchreif.

Erst in der Romantik entdeckte man den Wert des Domes wieder. Bedeutende Philosophen, Schriftsteller und Kunstfreunde setzten sich dafür ein, dass er endlich fertig gestellt wurde. Als man am Anfang des 19. Jahrhunderts in einem alten hessischen Wirtshaus auch noch eine Planzeichnung für die Westfassade fand, war die Begeisterung groß. 1842 wurde der Grundstein für den Neubau gelegt, 1880 war der Dom vollendet. Seine neuen Teile sind »neugotisch« und atmen nicht mehr so stark den Geist der alten Gotik. Im Zweiten Weltkrieg wurde der Dom durch 14 Bomben so getroffen, dass neun Wölbungen des Langhauses einstürzten. Aber sofort nach dem Krieg begann man den Wiederaufbau, dessen Vollendung 1956 mit einem großen Fest gefeiert wurde. Der Bildhauer Ewald Mataré hat an den Türen des Südportals die brennende Stadt Köln dargestellt. Bei der Arbeit an den anderen Portalen war sein damaliger Schüler Joseph Beuys beteiligt, der heute weltberühmt ist.

Da am Dom immer etwas repariert werden muss, ist er eine ewige Baustelle. Jahr für Jahr müssen Verwitterungsschäden beseitigt werden. Heute bilden insbesondere die Abgase des Autoverkehrs und die Ströme der Touristen neue Gefahren für den Dom. Auch in der Gegenwart versammeln sich täglich unzählige Menschen im Dom, um hier zu beten und zu feiern, zu schauen und zu staunen.

Zustand des Kölner Doms zur Zeit der Einstellung des Baubetriebs 1560.

2 Einzelheiten über den Kölner Dom findet ihr im Internet: www.koelner-dom.de.

3 Der Kölner Dom ist wie viele andere Dome und Kathedralen ein interessanter Arbeitsplatz. Viele Leute können von ihrer Arbeit im Zusammenhang mit dem Dom ganz oder teilweise leben. Könnt ihr herausfinden, welche Berufe hier gefragt sind? Wer ist darüber hinaus hier ehrenamtlich tätig?

4 Früher überragte ein Dom/eine Kathedrale die Wohnhäuser der Stadt. Er bestimmte das Stadtbild und die Skyline. Wie ist das heute? Welche Gebäude sind in modernen Großstädten am höchsten? Was lässt sich an diesem Vergleich für unsere Zeit erkennen?

Kanzeln – Kuppeln – Kathedralen

2. Formvollendete Renaissance

Ein neues Zeitalter

Die Geschichte zeigt uns, dass es keinen Stillstand gibt. Nichts bleibt so, wie es einmal war oder ist. Manchmal gehen die Veränderungen so langsam vor sich, dass man sie zuerst kaum merkt. Manchmal werden sie durch Umbrüche bewirkt, die plötzlich auftreten. Aber fast nie kann man ein genaues Datum angeben, das den Menschen sagt: »Jetzt beginnt ein neues Zeitalter«. Solche Festlegungen werden meist erst aus dem Rückblick auf die Geschichte getroffen.

Die Zeit der Gotik wird durch die **Renaissance** abgelöst. An wenigen Orten fängt langsam ein Umbruch an, der dann rasch wichtige Grundvorstellungen der Zeit verändert. Voll Selbstbewusstsein beginnt eine Epoche, in der auf einmal ganz neue Ideen entwickelt, neue Maßstäbe gesetzt, neue Werte bevorzugt und neue Formen der Kunst entwickelt werden. Nun denkt man von Gott und der Welt, vom Menschen und vom Staat anders als bisher. Nun wird vieles von dem verworfen, was früher als selbstverständlich galt.

■ Bislang dachte man vor allem über das Verhältnis **Gottes** zum Menschen und zur Welt nach. Gott – so sagt der christliche Glaube – steht als Schöpfer über der Welt. Er lenkt alles Geschehen. Alle Menschen haben ihren Ort und ihre Aufgabe in seinem Plan. Nun rückt der **Mensch** mehr in den Mittelpunkt. Er versteht sich selbst als Schöpfer großer Werke und als ein vollkommener Mikrokosmos (griech.: »kleiner Kosmos«), der im Kleinen mit seinem Leib, seiner Seele und mit seinen vielfältigen Kräften den Kosmos abbildet. Von nun an interessiert man sich nicht mehr so sehr für Gott, Ewigkeit und Himmel, sondern für den Menschen, die Welt und die Natur.

■ Bislang stand der christliche **Glaube** im Einklang mit der Vernunft unangefochten im Zentrum des Lebens. Jetzt macht die menschliche Vernunft dem Glauben seinen Vorrang streitig und wird zur Konkurrenz (→ S. 20 f).

■ Bislang sah sich der Christ als Glied einer großen **universalen Einheit,** die geistlich und weltlich zugleich war. Jetzt entdeckt er sich als **Individuum,** das seine Belange auch ohne oder gegen die Gemeinschaft zu vertreten sucht.

Mit »**Renaissance**« (franz.: »Wiedergeburt«) bezeichnen wir die geschichtliche Epoche, in der sich die Neuzeit ankündigt. Das neue Denken bezieht sich nicht mehr allein auf die christlichen Traditionen, sondern greift in Kunst und Philosophie, in Literatur und Wissenschaft auf die römische und griechische Antike zurück. Die Epoche beginnt etwa im frühen 15. Jahrhundert in Italien und endet im späten 16. Jahrhundert. Auch in Deutschland und in anderen Ländern Europas hat die Renaissance nachhaltige Wirkungen ausgeübt.

Blick auf die Stadt Rom und den Petersplatz mit den Kolonnaden von Bernini, den beiden Brunnen von Maderna und dem ägyptischen Obelisken.

Kanzeln – Kuppeln – Kathedralen

1. Habt ihr schon einmal im Fernsehen oder in den Zeitungen Bilder/Fotos der Petrusbasilika in Rom gesehen? Was habt ihr davon in Erinnerung? Wie kommt euch der ganze Baukomplex vor? Wie wirkt er bei einer feierlichen kirchlichen Zeremonie? Welche Rolle spielt der Papst dabei?
2. Warum wird die Petruskirche nicht nur bewundert, sondern auch kritisiert?
3. Warum ist die Petrusbasilika eine typisch »katholische« Kirche? Zu Impulsen, die seit dem 20. Jahrhundert vom Vatikan ausgehen: → S. 161 und 284.
4. Eine Kostbarkeit im Untergeschoss von St. Peter ist eine Darstellung Jesu als Sonnengott: → S. 153 ZdF. Eine berühmte Figur stellt Petrus dar: → S. 207 ZdF.

> Bis heute ist die **Petrusbasilika in Rom** die größte Kirche der Christenheit. Sie versteht sich als der Mittelpunkt der katholischen Kirche. In das Bauwerk sind Vorbilder der Antike, Großleistungen der Organisation, Mathematik und Technik, der Kunstsinn der bedeutendsten Renaissance- und Barockkünstler eingegangen. Hier feiern die Päpste ihre glanzvollen Gottesdienste. Von einem Balkon aus halten sie ihre Ansprachen »urbi et orbi« (lat.: »für die Stadt Rom und den Erdkreis«). Von hier vermeldet nach dem Tod eines Papstes ein Kardinal den Christen, wen die Kardinäle zum neuen Papst gewählt haben (→ S. 208 ZdF). Hier fanden 1869–1870 und 1962–1965 die beiden letzten großen Konzilien statt. Hierhin strömen alljährlich Millionen Pilger aus aller Welt. Diese Kirche ist weder eine Burg Gottes, wie die romanischen Kirchen, noch ein Abbild des himmlischen Jerusalems, wie die gotischen Kathedralen. Sie symbolisiert ein **Haus der Menschheit, das sichtbare Zentrum der um den Papst gescharten Christenheit.** Sie veranschaulicht den Felsen (Petrus), auf den Jesus Christus seine Kirche erbauen wollte (Mt 16, 16).

■ Bislang wurde die Welt oft als verführerische »Frau Welt« betrachtet, die versucht, den Menschen vom rechten Weg abzubringen. Darum gab es in der Christenheit einen starken Hang zur **Weltflucht und Askese.** Nun wird die Schönheit der Welt stärker gesehen. Die Welt wird bejaht. **Freude und Genuss** werden zu Grundwerten des Lebens.

■ Bislang schöpfte man alle seine Weisheit aus der **Bibel und den Kirchenvätern.** Aus ihren Schriften erfuhr man, was für das Leben wichtig ist. Nun treten die bedeutenden **Autoren der Antike** stärker in den Blickpunkt. Hier sind vor allem der griechische Philosoph Platon (427–347 vC) und der römische Schriftsteller Cicero (106–43 vC) zu nennen.

Die Anfänge

Der Ursprung der Renaissance liegt in italienischen Städten wie **Florenz** und **Rom.** Hier lebten gebildete Fürsten und Päpste (→ S. 145 f), die die besten Wissenschaftler an ihren Hof zogen und neue Kunstwerke zur eigenen Ehre bestellten. Hier kam eine moderne Geldwirtschaft auf. Hier verdienten Bankiers, Kaufleute und Handwerker mehr Geld als anderswo. Hier gewann man seine Kenntnisse über die Natur nicht mehr aus alten Büchern, sondern stützte sich auf selbstgemachte Berechnungen und Beobachtungen. Hier interessierte man sich nicht mehr so stark dafür, ob ein Mensch ein Rechtgläubiger oder ein Ketzer war, sondern wie es um seine Bildung, seinen Geschmack und seine Originalität stand.

Die gotische Kunst hielt man damals für scheußlich und barbarisch. Man meinte, sie habe keinen Sinn für Maß und Form. Jetzt wollte man eine Kunst, die sich an den Werken der römischen und griechischen Blütezeit orientierte. Weil man ihre Werke für vollendet hielt, wollte man nun hier anknüpfen. So kam ein »weltlicher« Zug in die Kunst. Der Gott der Christen konnte nun wie der römische Jupiter und Jesus wie der griechische Gott Apoll (→ S. 154 ZdF) aussehen. Maria und die Apostel nahmen das Aussehen schöner und wohlproportionierter Gestalten der Antike an, sie konnten auch wie die vornehmen Damen und Herren der italienischen Gesellschaft im Bild erscheinen. Für die neuen Kirchen benutzte man viele

Bernini, Entwurf für den Petersplatz.

Kanzeln – Kuppeln – Kathedralen

Bauelemente der antiken Tempel, z. B. Grundrisse (z. B. von Rundtempeln, → S. 184 ZdF) und Dachformen, Gewölbe und Portale, Säulen und Kapitelle. Eine vielbestaunte Neuerung bestand darin, dass man da, wo man das nötige Geld hatte, den Kirchen **Kuppeln** aufsetzte, so dass sie eine bisher nie gesehene Form erhielten. Das große Vorbild war der mächtige Kuppelbau des Pantheon in Rom (→ S. 155 ZdF). Die erste große Kuppel der Neuzeit wurde 1436 für den Dom in Florenz errichtet.

Auffällig ist auch, dass der Anteil der religiösen Themen in der Kunst zurückging. Ein Trend, der sich schon etwas früher abzeichnete, setzte sich allmählich durch. Nun wurden die Porträts schöner Frauen und mächtiger Männer gemalt. Sie zeugen von einem neuen Selbstbewusstsein der Bürger und Herrscher. Es entstanden erstmals Landschaftsbilder ohne biblische Themen, die zeigen, dass die Freude an der Natur wuchs. Herrliche Gärten und Paläste wurden angelegt, in denen man sich an Kopien römischer und griechischer Götter und Göttinnen erfreute, die sich jetzt sogar – was vorher undenkbar schien – in natürlicher Nacktheit zeigen durften.

Die neue St. Petersbasilika in Rom

Auch das Papsttum in Rom zeigte sich von den Ideen der Renaissance beeindruckt. Schon bald setzten sich **Päpste** an die Spitze dieser geistigen Bewegung. Nun verstanden sie sich selbst als **Renaissancefürsten,** die in ihrem Kirchenstaat vor allem weltliche Macht ausübten. Sie holten sich die bedeutendsten Künstler und Gelehrten an ihren Hof im Vatikan, wetteiferten mit den Herrscherhäusern von Florenz oder Neapel um gesellschaftlichen Glanz, umgaben sich mit schönen Frauen, führten Kriege und schufen sich Denkmäler, die ihren Ruhm für alle Zeiten festhalten sollten.

Sankt Peter in Rom – Grundriss im Wandel

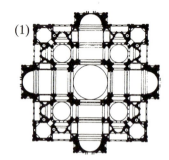

Bramante wollte einen Zentralbau.

Petrus – der Fels

Der religiöse Sinn der Petrusbasilika gründet im Neuen Testament. Als Jesus einmal mit seinen Freunden im Gebiet von Caesarea Philippi weilte, fragte er sie, für wen sie ihn hielten. Damals bekannte Petrus, Jesus sei der Messias (→ S. 262 f). Ihm antwortete Jesus:

¹⁸ Ich aber sage dir: Du bist Petrus und auf diesen Felsen will ich meine Kirche bauen und die Mächte der Unterwelt werden sie nicht überwältigen. ¹⁹ Ich werde dir die Schlüssel des Himmelreichs geben; was du auf Erden binden wirst, wird auch im Himmel gebunden sein; was du auf Erden lösen wirst, wird auch im Himmel gelöst sein.

aus dem Evangelium nach Matthäus 16, 18–19

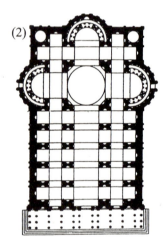

Raffael plante ein lateinisches Kreuz.

In dieser Zeit entstand auch der Plan, die alte Peterskirche, die über dem Grab des ersten Apostels Jesu (→ S. 23 ZdF) errichtet war, völlig zu erneuern. Sie war in ihrer frühesten Gestalt zur Zeit des römischen Kaisers Konstantin (306–337; → S. 159 ZdF) gebaut worden und hatte die Form einer langgestreckten Basilika (→ S. 184 f ZdF). Im Lauf von fast 12 Jahrhunderten hatte diese Kirche viele Veränderungen erfahren. Man hatte zahlreiche Seitenkapellen angebaut, die ihren ursprünglichen Grundriss kaum mehr erkennen ließen. Bunte gotische Glasfenster waren in die Mauern eingelassen, ohne zu dem ursprünglichen Stil des Baus zu passen. Überall gab es im Raum Altäre, Bilder, Statuen, Teppiche und Vorhänge, die fromme Leute zu Ehren des Petrus gestiftet hatten. So wirkte der Raum völlig überladen. Da diese alte Kirche im 15. Jahrhundert teilweise baufällig war und da sie

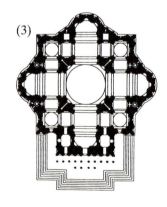

Michelangelo kehrte zu Bramantes Entwurf zurück.

Kanzeln – Kuppeln – Kathedralen

Blick in Michelangelos Kuppel und auf Berninis Baldachin.

die größer werdenden Pilgerströme nach Rom nicht mehr fassen konnte, entschlossen sich die Päpste, die alte Kirche abzureißen und eine neue glanzvolle Basilika zu erbauen.

An der neuen Basilika von St. Peter ist über 120 Jahre gebaut worden. Die größten Baumeister der damaligen Zeit haben Entwürfe für den Bau vorgelegt. Donato **Bramante** (1444–1514) sah 1506 ganz unkonventionell einen Zentralbau in der Form eines griechischen Kreuzes vor, das vier gleich lange Balken hat, über deren Schnittpunkt sich da, wo das Petrusgrab liegt, eine mächtige Kuppel erheben sollte. In dieser runden Bauform hätte sich leicht das Gefühl der Gemeinschaft einstellen können, da sich alle Versammelten in gleichem Abstand um den Altar befanden. Sie hätte dem Bau einen ruhigen, geheimnisvollen Charakter gegeben. **Raffael** (1483–1520) wollte aber 1515 lieber im Anschluss an die kirchliche Bautradition die Grundform eines lateinischen Kreuzes, wobei das Hauptschiff erheblich länger ist als die drei anderen Schiffe. Dadurch sollte ein eher dynamischer Eindruck entstehen und die Kirche zu einem Prozessionsweg werden, der zum Altar mit dem darunter liegenden Petrusgrab führt. **Michelangelo** Buonarotti (1475–1564) kehrte 1547 zu dem Zentralbau mit Kuppel zurück. Aber sein Nachfolger Carlo **Maderno** (1556–1629) fügte ab 1607 dem Bau doch ein großes Langhaus hinzu, so dass am Ende das lateinische Kreuz für den Grundriss bestimmend wurde. Außerdem setzte er vor die Kirche eine mächtige Vorhalle in der Form eines römischen Triumphbogens, die mit ihren fünf Portalen einen feierlichen Einzug in die Kirche ermöglicht. Das linke Portal wird nur in einem »Heiligen Jahr« geöffnet, zu dem die Päpste alle 25 Jahre die Christen zur Wallfahrt nach Rom einladen.

Am Ende hatten zwei der imposantesten Bauwerke Roms wichtige Anregungen für den neuen Kirchenbau gegeben: die mächtige Kuppel des römischen Pantheon (→ S. 155 ZdF) und die große Gerichtshalle (»Basilika«) des Kaisers Konstantin (→ S. 184 ZdF). Es war, als hätte man im Bau von St. Peter die Kuppel des Pantheon auf die weite Halle des Kaisers gesetzt. Etwas bis dahin nie Gesehenes war in Rom entstanden.

Den größten Anteil an der Inneneinrichtung hatte Gian Lorenzo Bernini 1598–1680), der schon nicht mehr der Renaissance, sondern dem Barock (→ S. 176 ff) zuzurechnen ist. Er ließ den kostbaren Baldachin über dem Petrusgrab gießen, den vier gewundene Riesensäulen tragen. Die dazu erforderliche Bronze hatte er zum Unwillen der Römer aus dem Pantheon genommen. Als sie aber das neue Werk sahen, waren sie begeistert und ein-

(4)

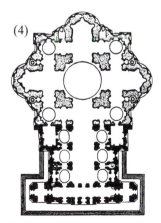

Maderno setzte vor den Zentralbau ein Langhaus.

Kanzeln – Kuppeln – Kathedralen

Kanzeln – Kuppeln – Kathedralen

Die Sixtinische Kapelle (genannt nach Papst Sixtus IV.) mit Blick auf das Jüngste Gericht von Michelangelo, 1512–15.

verstanden. In der Apsis errichtete Bernini die hohe »Cathedra Petri« (»Lehrstuhl des Petrus«) mit einem antiken Lehrstuhl, vier Kirchenlehrern und einem Fenster, das eine Taube als Symbol des Heiligen Geistes zeigt. Alle diese Details sind Anspielungen auf das Papstamt. Bernini entwarf auch den riesigen Platz vor St. Peter, der auch heute jeden Betrachter überwältigt. Die beiden Kolonnaden (ital.: »Säulengänge«) am Rand dieses Platzes sind wie gewaltige Arme, die die Pilger und Besucher empfangen. Neben zwei schönen Brunnen beeindruckt vor allem ein alter Obelisk im Mittelpunkt des Platzes, der im Jahr 37 nC von dem römischen Kaiser Caligula aus Ägypten nach Rom geschafft worden war. Für den Transport dieses 25 Meter langen und 330 Tonnen schweren Steines war damals ein eigenes Schiff gebaut worden. Auf dem Platz in Rom, wo er vorher stand, sind zur Zeit des Kaisers Nero (→ S. 123 ZdF) viele Christen als Märtyrer gestorben. So erinnert der Obelisk an die alte ägyptische Religion, an das Blutzeugnis vieler Christen und an den Triumph der Kirche, die sich hier über ihre weltweite Ausbreitung freut.

In der Nachbarschaft von St. Peter – im heutigen souveränen Vatikanstaat – liegen weitere wichtige Bauten und Institutionen des Papstes. Im päpstlichen Palast befinden sich die **Wohnräume des Papstes** und die **obersten Behörden der Kirche.** Hier werden die Entscheidungen getroffen, die die Kirche binden. In den **Vatikanischen Museen** sind unermesslich viele Kunstwerke zu bewundern. In der **Sixtinischen Kapelle,** die Michelangelo mit einem reichen Bildprogramm (→ S. 52) ausgemalt hat, finden die Papstwahlen statt.

Für den Bau dieser Kirche brauchten die Päpste viel **Geld.** Die Päpste Julius II. (1503–1513) und Leo X. (1513–1521) schrieben deshalb Ablässe (→ S. 149) aus. Die Christen sollten gegen eine Spende für den Neubau und unter der Voraussetzung, ihre Sünden zu bereuen, von ihren Sündenstrafen befreit werden. Als dieser **Ablass** in Deutschland marktschreierisch verkündet wurde, wandte sich der damals noch unbekannte Augustinermönch **Martin Luther** (→ S. 147 ff) in scharfer Form gegen diese Praxis. Er hielt es für unerträglich, geistliche Güter für Geld zu erwerben. Seine scharfe Kritik führte zur Reformation in Deutschland. So hat der Bau von St. Peter welt- und kirchengeschichtliche Auswirkungen gehabt, an die keiner der am Bau beteiligten Päpste und Künstler gedacht hat. Sie haben das Antlitz der Christenheit verändert.

Michelangelo (1475–1564), Pieta, 1499.

Kanzeln – Kuppeln – Kathedralen

3. Sinnenhaftes Barock

Überschwängliche Lebendigkeit

Das **Wort** »**Barock**« ist – darin dem Wort »Gotik« vergleichbar – ursprünglich keine schmeichelhafte Bezeichnung für den neuen Kunststil. Es kommt aus dem Portugiesischen und wird dort für Perlen benutzt, die nicht ganz ebenmäßig und kugelrund sind. Sein Sinn ist: »abwegig«, »absonderlich«, »bizarr«. Zuerst wurde das Wort nur für die Baukunst verwendet, die man als überschwänglich, unausgewogen und übertrieben ansah. Erst später wird der Begriff positiv gefasst und auch auf die Dichtung und Musik übertragen.

Der Stil selbst fand rasch Anklang. Damals entstanden viele neue Barockkirchen. Ältere Kirchen wurden »**barockisiert**«, d. h. dem neuen Geschmack angepasst. Auf einmal finden wir in romanischen oder gotischen Kirchen barocke Altäre und **Kanzeln.** Die alten strengen Heiligenskulpturen werden gegen neue lebhafte Figuren ausgetauscht.

Wie alle anderen Kunstrichtungen wird auch das Zeitalter des Barock von der **geschichtlichen Situation** bestimmt, in der es sich entfaltete.

Vierzehnheiligen (→ S. 179).

Wichtige Kennzeichen

■ Die Einheit der westlichen Christenheit war durch die Reformation zerbrochen. Die Christen standen sich seitdem in feindlichen Kirchen bzw. Konfessionen gegenüber. Während in Deutschland noch die Auseinandersetzungen anhielten, entwickelte die katholische Kirche zuerst in Rom, später auch an vielen Stellen Europas, ein umfassendes Programm der **Gegenreformation** (→ S. 157 ff), das die katholische Kirche wieder stabilisieren sollte. Der künstlerische Beitrag der Gegenreformation ist das Barock. In dieser Kunst zeigte sich die Kirche siegesgewiss und stellte sich in vielen triumphierenden Gesten dar. Sie betonte dabei vor allem die Punkte, die von den Reformatoren in Frage gestellt oder abgelehnt worden waren, z. B. das Papsttum, die Heiligenverehrung, die Anbetung der Eucharistie, den Reliquienkult. Und je entschiedener sich die reformierten Kirchen an das biblische Bilderverbot (→ S. 68 ff) hielten, umso reicher war die **Bilderwelt** in den neuen katholischen Kirchenbauten.

■ In der Epoche des Barock gab es für die Christen viele schreckliche Situationen. Kriege wüteten, Krankheiten forderten viele Opfer, Hungersnöte plagten die Menschen. Die Türken, die mit ihren Truppen weit in Europa standen, jagten Angst ein. So wurden die Menschen ständig an den

---

Die Zeit der Renaissance wird durch eine Epoche abgelöst, die man »**Barock**« nennt. Sie erstreckt sich, ohne dass man genau ihren Anfang und ihr Ende bestimmen kann, etwa von 1600–1770. Ihr Auftakt spielt in Rom. Von dort breitet sich die barocke Kunst in weiten Teilen Europas und seinen Kolonien aus. Überall hat das Barock eigene Formen entwickelt. In Deutschland finden sich seit etwa 1680 viele Zeugnisse dieses Stils. Hier gibt es fürstliche

Kanzeln – Kuppeln – Kathedralen

Blick ins Innere von Vierzehnheiligen.

Residenzen, anmutige Schlösser, weiträumige Gartenanlagen, kostbare Gemälde und schwungvolle Plastiken. Die zahlreichen barocken **Kirchen** atmen den Geist der katholischen Gegenreformation (→ S. 157 ff). Sie sind eher im katholischen Süden als im protestantischen Norden zu finden. In diesen Kirchen verbinden sich Sinnesfreude und Glaubensbegeisterung zu einer ungeheuren Dynamik. Das Barock endet mit der Zeit der Aufklärung.

Tod erinnert. Sie wussten: »Mitten im Leben sind wir vom Tod umfangen.« Das Wort »Memento mori!« (lat.: »Denke an das Sterben!«) war allen bewusst. Umso mehr wollte man in Deutschland vor allem nach dem schrecklichen Dreißigjährigen Krieg (1618–1648), in dessen Verlauf Katholiken und Protestanten gegeneinander zu Felde gezogen waren, eine Kunst der **Lebenslust.** Es entstanden neue künstlerische Formen von bislang unbekannter Dynamik. Man stellte köstliche Gelage, rauschende Feste, wilde Spiele und sinnliche Leidenschaften dar. Weltlust verband sich mit einer nie gekannten Freude am christlichen Glauben. Keine Kunst ist so sinnenfreudig wie das Barock.

■ Doch wer genauer hinschaut, wird auch in den vielen Kirchen die Erinnerung an das überstandene **Grauen** finden. Viele Totenköpfe sind dafür ein Beleg. In den üppigsten Szenen sehen wir einen Wurm, ein angebissenes Stück Brot oder eine faule Beere. Zu wichtigen Themen wurden damals die so genannten »Letzten Dinge«: Tod, Gericht, Hölle, Fegefeuer und Himmel. Sie wurden allegorisch dargestellt.

■ Das lebensfrohe Barock ist auch davon überzeugt, dass die Welt letztlich enttäuscht. Sie bietet mehr Schein als Sein. Nichts, was in der Zeit existiert, hat Bestand. Darum liegt die Hoffnung des Christen im Jenseits. Der **Himmel** selbst wird in vielen Kirchen sichtbar gemacht. An den Deckengemälden, die nicht wie der Abschluss des Raumes, sondern wie ein Blick in den Himmel wirken, sieht man Gott in seiner dreifaltigen Gestalt, die Himmelskönigin Maria und zahlreiche Heilige am Thron Gottes. Die vielen Engel, die nicht nur fromm und gesittet beten, tummeln sich vergnügt und manchmal auch etwas ungebärdig in allen möglichen Positionen. Wenn man auf den großformatigen Bildern das bewegte Himmelsleben sieht, merkt man nicht so leicht, dass die genialen Deckenmaler mit **Schein und Illusion** das sichtbar machen, was eigentlich unsichtbar ist.

■ Die Künstler des Barock liebten das **Kostbare.** Leuchtendes Gold, teure Steine, farbige Fresken finden sich in fast allen Kirchen. Stukkateure stellten originelle Schmuckformen her. Bildhauer schafften bewegte Figuren. Maler bearbeiteten die Säulen so, dass man meint, schöneren Marmor nie gesehen zu haben. Schmiede erschufen kunstvolle Tore und Gitter, Schreiner verarbeiteten in kostbaren Hölzern Perlmutt oder Messing. Auf der Empore zeigt sich als Schmuckstück eine Orgel, die Ohr und Auge zugleich erfreut.

Kanzeln – Kuppeln – Kathedralen

■ Nicht selten gehen die Grundformen der Kunst – Architektur, Malerei, Skulptur – ineinander über. Die **Grenzen der Künste** verwischen sich. Dann kann man die Malerei nicht mehr von der Architektur oder einer plastischen Figur unterscheiden. So sieht eine an einer Wand gemalte Säule wie eine steinerne Säule der Architektur, ein an der Decke gemaltes Engelbein wie eine Skulptur aus. Skulpturen wirken manchmal wie Malereien.

■ In einer Barockkirche ist alles in Bewegung. Nichts scheint in sich zu ruhen. Überall bewirken Kurven und Kugeln, Muschel- und Krabbenformen eine nie gekannte **Dynamik.** Alle Dinge sind in Schwung und in Fluss. Im Grundriss und in den Details sind nicht mehr gerade Formen wie Rechteck oder Viereck, sondern Kreis, Oval und Ellipse bestimmend. Der Altar ist nun nicht mehr ein einfacher Tisch, sondern ein hochragendes Stück Architektur, das von mächtigen Säulen getragen wird und in seinen Nischen auf mehreren Etagen Platz für große Heiligenfiguren hat. Im Zentrum des Altars befindet sich der Tabernakel. Die Heiligen selbst sind in starker Bewegung. Ihre Augen schauen zum Himmel, während ihre Körper schwingen und tanzen. Das Sonnenlicht, das nun nicht mehr durch bunte, sondern durch klare Fenster in die Kirche eindringt, erzeugt im Wechsel der Tageszeiten einen ständig sich wandelnden Rausch der Farben.

■ Alle Einzelelemente dienen dem Gesamtkonzept des Baus. Sie bilden zusammen ein **Gesamtkunstwerk.** Danach bildet der ganze Kirchenbau den **Thronsaal Gottes** (lat.: »Aula Dei«) ab. Er verbindet die schon triumphierende Kirche im Himmel (oben) mit der noch pilgernden Kirche auf Erden (unten).

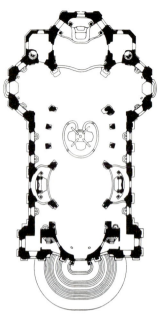

Vierzehnheiligen, Grundriss.

Vierzehnheiligen, Gnadenaltar.

Kanzeln – Kuppeln – Kathedralen

■ Auch von **außen** sind Barockkirchen leicht zu erkennen. Hier wiederholt sich der Schwung des Inneren. Oftmals sind die Kirchen weiß oder farbig bemalt und mit vielen Ornamenten versehen. Auf den Kirchen erheben sich anmutige Kuppeln und/oder lustige Zwiebeltürme.

■ Während sich die **evangelischen Christen** der von Rom inspirierten barocken Architektur und der Malerei eher reserviert gegenüber verhielten, schufen sie in dieser Zeit in der Philosophie, Dichtung und Musik ganz ungewöhnliche Werke. Ihre **Kirchenmusik** mit Meistern wie Heinrich Schütz (1585–1672) oder Johann Sebastian Bach (1685–1750) bildet bis heute einen glanzvollen Höhepunkt der Musikgeschichte.

Vierzehnheiligen

Eine der schönsten Barockkirchen in Deutschland liegt in Franken nahe bei Bamberg. Sie heißt »**Vierzehnheiligen**«, weil hier die 14 Nothelfer verehrt werden, die von Christen in vielen Situationen des Lebens angerufen werden. Sie sollen bei Krankheiten und Liebeskummer, beim Verlust von Dingen und bei schlechtem Wetter helfen. Irgendwann im Mittelalter soll hier ein armer Schäfer das Jesuskind gesehen haben. Später seien hier Wunder geschehen. Daraufhin kamen viele Pilger hierhin, so dass sich der Ort zu einem Wallfahrtszentrum entwickelte. Im Jahr 1742 erhielt **Johann Balthasar Neumann** (1687–1753), einer der berühmtesten Baumeister seiner Zeit, den Auftrag, hier eine Wallfahrtskirche zu errichten. Er schuf eine dreischiffige Säulenbasilika mit Querhaus, in der nach barocker Art Kreise und Ovale einbezogen sind. Die Gnadenstätte, an der früher die Wunder geschehen sein sollen, setzte er in die Mitte des Baus. Sie ist ein Juwel der Kirche, das von hervorragenden Künstlern elegant und leicht gestaltet wurde. Die ganze Kirche – ein Lichtraum – wird entsprechend ihrem Namen von 14 Säulen gestützt. Jede einzelne steht für einen Nothelfer. Altäre, Bögen, Emporen, Fenster, Fußboden, Stuckarbeiten, Deckengemälde sowie die Kanzel machen die Kirche zu einem königlichen Saal. Demgegenüber wirkt das Äußere eher traditionell. Da zeigt sich die Kirche als eine kreuzförmige Basilika (→ S. 185, 187 ZdF) mit geraden Umfassungsmauern und einer aufwändigen Fassade mit zwei großen Türmen. Aber wenn man vom Tal aus auf die Kirche blickt oder wenn man zu ihr pilgert, gewinnt man den Eindruck, sich einem heiligen Ort zu nähern, der inmitten einer lieblichen Landschaft liegt. Vierzehnheiligen wird so ein Zeichen Gottes in einer schönen Welt.

Vierzehnheiligen: Johann Michael Feichtmayr (1710–1772), Figur des hl. Christophorus am Gnadenaltar und Kanzel, nach 1764.

1 Vergleicht Kirchen der Romanik, der Gotik und des Barock miteinander. Fertigt eine Liste an, in die ihr eure Beobachtungen eintragt. Stichworte: Grundriss, Äußeres, Inneres, Wirkung auf den Betrachter etc.

2 Vergleicht eine moderne Kirche mit Kirchen aus früheren Zeiten. Welcher Stil sagt euch am ehesten zu? Begründet euer Urteil.

3 Die 14 Nothelfer, die in Vierzehnheiligen verehrt werden, sind: Katharina, Margarethe, Barbara, Erasmus, Blasius, Dionysius, Cyriakus, Eustachius, Ägidius, Christophorus, Achatius, Georg, Vitus und Pantaleon. Sucht ein paar Angaben über die eine oder andere Person herauszufinden.

4 Bekannte Lieder aus der Barockzeit sind z. B. »Großer Gott, wir loben dich«, »Nun danket alle Gott mit Herzen, Mund und Händen«, »Nun danket all und bringet Ehr, ihr Menschen in der Welt«, und »Dein Lob, Herr, ruft der Himmel aus«. Was sagen die Lieder über die damalige Zeit? Wie passen sie in unsere Zeit?

Kanzeln – Kuppeln – Kathedralen

Kreuz-Bilder – von der Gotik bis zum Barock

4

1 *Kruzifix, um 1304.* **2** *Michelangelo (1475–1564, → S. 153 ff), Kruzifix, um 1492/3.*
3 *Pieter Bruegel (1525–1569), Kreuztragung, 1564.* **4** *Peter Paul Rubens (1577–1640), Kreuzabnahme, 1612.*

Wozu die Kirche gut ist

1. Kritisiert und akzeptiert

Das Bild, das unsere Öffentlichkeit von der Kirche hat, ist wenig schmeichelhaft. Vieles hat man an der Kirche auszusetzen. Man meint, sie sei mit ihren Traditionen ein Relikt (lat.: »Überbleibsel«) von gestern. Sie spreche nicht die Sprache der Zeit. Sie bürde unmögliche Gebote auf. Sie lebe nicht nach den Grundsätzen, die sie verkünde. In der Geschichte habe sie oft versagt. Nicht einmal untereinander seien die Christen eins. Darum lehnen viele die Kirche ab. Die Zahl derer steigt, die sich für die Kirche nicht mehr interessieren, darunter sind auch viele Mädchen und Jungen (→ S. 39 ff).
Darum ist zu fragen: **Wozu ist die Kirche denn heute und in Zukunft gut?** Wofür steht sie? Was würde der Welt fehlen, wenn es keine Kirche gäbe?
Die erste Antwort, die man auf diese Frage geben kann, hat mit **Jesus** zu tun, auf den sich die Kirche beruft. Sein Programm muss auch das Programm der Kirche sein. Was er gewollt hat, muss auch die Kirche wollen. Die Maßstäbe, die er gesetzt hat, müssen auch für die Kirche gelten. Dazu finden sich Hinweise in dem Kapitel über Jesus: → S. 81 ff.

1 Sammelt in der nächsten Zeit alles, was im Fernsehen, in den Zeitungen und Illustrierten über die Kirche gesagt wird. Welches Bild von der Kirche ergibt sich daraus? Diskutiert darüber und prüft, wie weit es zutreffend ist.
2 Kritik an der Kirche – Kritik der Kirche: Was fällt euch dazu ein?
3 Die Kirche ist in ihrer Geschichte schon oft totgesagt worden und lebt doch noch. Meint ihr, dass dieser Satz auch für die Zukunft gilt?
4 Heute gängige Bilder der Kirche: moralische Anstalt – überholte Institution – Haus der Langeweile – religiöser Machtapparat – finanzielle Großmacht – Zuflucht nur für die Schwachen – theologischer Debattierclub. Überlegt, wie solche Begriffe entstanden sind und was sie wert sind.

Guido Muer (1927–2000), Das Leiden des Volkes Gottes an der Kirche, 1985. Der Papst huldigt dem Herrn in einem Armen, 1988.

Solange die Kirche besteht, wird sie kritisiert. **Kritik an der Kirche** ist nicht verboten. Viele heutige Kritikpunkte sind nicht unberechtigt, weil vieles von dem stimmt, was man der Kirche vorwirft. Das wird auch innerhalb der Kirche zugegeben. Viele Christen nehmen kein Blatt vor den Mund, wenn sie von den Fehlern und Schwächen der Kirche sprechen. Sie sind zugleich darüber empört und beschämt, verletzt und traurig.

Aber die Kirchenkritik darf nicht den Blick dafür trüben, dass es unverkennbar positive Züge der Kirche gibt. Auch heute vertritt die Kirche das Programm Jesu. Auch heute ist sie ein Anwalt für die Menschen. Ihre Kritik an den Fehlern unserer Gesellschaft ist heute nötiger denn je. Sie ist ein **Zeichen Gottes für die Welt.** Deshalb wird die Kirche auch heute von vielen Menschen bejaht und geliebt. Sie wissen: Ohne die Kirche wäre unser Leben ärmer, unsere Gesellschaft kälter, unsere Zeit eintöniger.

Unbestrittene Tatsachen

Heute ist auch viel vom Niedergang der Kirche die Rede. Daran ist sicher vieles berechtigt. Unbestreitbar sind aber auch folgende Tatsachen, die allerdings unterschiedlich interpretiert werden können.

- Die Zahl der Katholiken ist mit 1050 Millionen Menschen zu Beginn des 3. Jahrtausends größer als je in der Geschichte. Keine andere Religion hat so viele Mitglieder.
- Die katholische Kirche hat im 20. Jahrhundert ihren Bestand fast vervierfacht. Sie hat in dieser Zeit ca. 775 Millionen Menschen dazu gewonnen.
- Die Eucharistiefeier ist immer noch die meistbesuchte Sonntagsveranstaltung in Deutschland – noch vor Fußballspielen.
- Die katholische Kirche in Deutschland gibt aus ihren Kirchensteuereinnahmen viel Geld für ihre Arbeit in Schulen, Krankenhäusern, Kindergärten, an sozialen Brennpunkten aus. Sie war politisch und ökonomisch noch nie so unabhängig, auch wenn sie für ihre Aufgaben noch mehr Geld brauchen könnte.
- Nach Lourdes, einem Marienwallfahrtsort in Südfrankreich, pilgern jährlich mehr Gläubige als nach Mekka, dem größten Wallfahrtsort des Islam (→ S. 263 f ZdF).
- Kein Mensch in der gesamten Menschheitsgeschichte hat in Rom und auf seinen großen Reisen in alle Erdteile so viele Menschen angesprochen wie Papst Johannes Paul II. Niemals hat ein Mensch solch riesige Scharen von Jugendlichen überall in der Welt um sich versammeln können wie dieser Papst. Am Zusammenbruch des Kommunismus im Jahr 1989, dem letzten welthistorischen Ereignis, hat dieser polnische Papst nach Auffassung vieler Historiker und Politiker seine großen Verdienste.

Guido Muer (1927–2000), Kirche – touristische Attraktion, 1984.

5 Bilder, die die Kirche von sich selbst hat: Volk Gottes – Der Leib Christi – Heil der Menschen – Stadt auf dem Berg – Salz der Erde – Zeichen Gottes für die Welt. Was besagen diese Begriffe?

6 Welche Bilder schlagt ihr vor?

2. Den Alltag übersteigen

Der größte Teil unseres Lebens besteht aus Alltag. Da hat alles seine Zeit: das Wachsein und Schlafen, das Arbeiten und die Freizeit, das Essen und Trinken, die Schule und das Zuhause. Vieles davon wiederholt sich in schöner oder weniger schöner Regelmäßigkeit. Vieles davon scheint unveränderlich wie ein Naturgesetz. Manche Leute empfinden ihren Alltag als »grau«, andere als »bunt«. In der Regel verläuft der Alltag in mehr oder weniger festen Bahnen.

> **Die Kirche – kein Verein**
>
> Die Kirche ist keine reine Gesinnungsgemeinschaft, sie ist kein zukunftsorientierter Interessenverband. Sie gründet im Werk und auf der Stiftung Jesu Christi. Deshalb ist die Hoffnungsgemeinschaft unserer Kirche kein Verein, der sich selbst immer neu zur Disposition (in Frage) stellen könnte; sie ist in ihrer Gemeinschaftsform ein Volk –, pilgerndes Gottesvolk, das sich dadurch identifiziert und ausweist, dass es seine Geschichte als Heilsgeschichte Gottes mit den Menschen erzählt, dass es diese Geschichte im Gottesdienst immer wieder feiert und aus ihr zu leben sucht.
>
> *Gemeinsame Synode der deutschen Bistümer, Beschluss »Unsere Hoffnung«*

> Christen glauben, dass **das alltägliche Leben,** das sie führen, nicht alles ist, sondern dass sie es auf Gott hin übersteigen (lat.: »transzendieren«) können. In Gebet und Meditation, in Fest und Feier bewegen sie sich auf Gott hin. Sie glauben auch, dass es nicht allein Menschensache ist, den Alltag aufzubrechen und zu übersteigen. Sie sind davon überzeugt, dass Gott vielfältige Signale in den Alltag geschickt hat und schickt, die dort wahrgenommen werden können. Dadurch wird das Leben bereichert.

Wege in eine andere Welt

Das Christentum – ähnlich auch das Judentum und die anderen Religionen – ist davon überzeugt: Der Alltag ist nicht alles, sondern er ist in eine andere Sphäre einbezogen. Sie gilt es zu entdecken. Die Kirche zeigt **viele Wege,** die aus dem Alltag herausführen und in die höhere Sphäre weisen. So kann der Alltag eine andere Qualität gewinnen.

■ Die Kirche regt die Menschen zur **Meditation** an. Wer über einen Baum, das Brot oder einen Stern ruhig nachdenkt, wer ein kostbares Bild intensiv betrachtet, wer sich in ein Gesetz der Natur, in einen Text oder in eine Melodie versenkt, der wird allmählich über diesen Gegenstand hinausgeführt und zu seinem Ursprung gelangen. Meditierend kann man sein alltägliches Leben unterbrechen und auf eine andere Welt hin vertiefen. Einzelheiten über das Meditieren: → S. 77 f ZdF.

■ Die Kirche empfiehlt das **Beten.** Christen beten die Psalmen des Ersten Testaments und die Gebete Jesu des Neuen Testaments, vor allem sein »Vaterunser«. Sie beten die Gebete, die in der Christenheit im Lauf der Zeit entstanden sind, und sie beten spontan ohne jede vorgegebene Form. Das Beten kann ganz unterschiedlich sein: bitten und danken, loben und klagen, suchen und fragen, schreien und ruhig sein. Gebete sprechen unverstellt die Sprache des Herzens. Sie können aus buchstäblich jeder Situation erwachsen: aus Begeisterung, Freude, Sorge, Not, Angst, Ratlosigkeit oder Verzweiflung. In den Gebeten finden Christen Kontakt mit Gott. Gebete übersteigen den Alltag. Einzelheiten über das Beten: → S. 74 ff ZdF.

■ Die **Bibel** hält in ihren beiden Testamenten die Erinnerung an Gottes Taten mit dem Volk Israel und an das Wirken Jesu

Wozu die Kirche gut ist

184

Man nennt den Gottesdienst der Kirche »**Liturgie**«. Das aus dem Griechischen stammende Wort bedeutet ursprünglich »Tätigkeit in einem öffentlichen Amt«. In der Kirche war der Begriff manchmal auf die Feier der Eucharistie (→ S. 201 ZdF) eingegrenzt. Heute umfasst er eine große Vielfalt von Formen des Gottesdienstes. Mit den Priestern sollen auch die Laien an den liturgischen Feiern der Kirche aktiv teilnehmen.

fest. Sie ist eine Brücke, die von unserer Welt in eine andere Welt führt. Hier finden sich Weisungen, die die Welt verändern können. Wer die Bibel mit offenem Sinn liest, übersteigt seinen Alltag. Einzelheiten zur Bibel findet ihr in fast allen Kapiteln dieses Unterrichtswerks.

■ Die Kirche vollzieht heilige Symbolhandlungen, die Kontakt mit Gott herstellen. Sie heißen **Sakramente.** Durch sie werden Verbindungen geschaffen, die das alltägliche Leben so nicht kennt. So ist die Taufe ein sichtbares Zeichen dafür, dass ein Mensch von Gott angenommen ist und zur Gemeinschaft der Christen gehört. In der Firmung wird der Mensch mit dem Geist Gottes beschenkt, der Energien zu einem Leben verleiht, das nicht allein im Alltag aufgeht. Das zentrale Sakrament ist die Eucharistie, in der die Christen das Brot des Lebens, den Leib Christi, essen. Dieses Brot stellt zeichenhaft die Verbindung von Himmel und Erde her und verbindet die Christen zu einer universalen Gemeinschaft. In der Buße wird dem Christen die Vergebung seiner Schuld durch Gott zuteil. Die Krankensalbung stärkt ihn zum Leben und zum Sterben. In der Ehe versprechen sich Frau und Mann, ihre Gemeinschaft nicht nur aufeinander, sondern auf Gott hin zu begründen. In der Priesterweihe wird ein Christ aus dem Alltag herausgerufen, um die Menschen für Gottes Wirken zu öffnen. Nähere Einzelheiten: → S. 198 ff ZdF.

■ In ihren jährlich wiederkehrenden **Festen** und mit ihrem wöchentlichen **Sonntag** durchbricht die Kirche den alltäglichen Verlauf der Zeit. Sie weiß, dass der Mensch nicht nur arbeiten kann, sondern auch Zeit für andere Dinge braucht. Da gibt sie Raum zum Feiern. Die großen Ereignisse, von denen die Bibel erzählt, stehen im Mittelpunkt ihrer Feste. An diesen herausgehobenen Tagen erinnert sie an Gottes Schöpfung und seine Taten, vor allem an die Geburt und das Leben, den Tod und die Auferweckung Jesu. Hier lädt sie dazu ein, sich auszuruhen, sich zu freuen, sich zu besinnen und neue Kraft für den Alltag zu gewinnen. So gibt die Kirche der Zeit, die gleichförmig verströmt, eine Richtung zum Ewigen. Nähere Einzelheiten dazu: → S. 209 ff ZdF.

1 Was bedeutet euch der Alltag? Kennt ihr Wege, die aus dem Alltag herausführen?
2 Könnt ihr euch den Aufbau der Messfeier/ Eucharistie erarbeiten? Für diese Aufgabe müsstet ihr euch z. B. das »Gotteslob«, das katholische Gebetbuch, besorgen. Welche Hauptteile und welche einzelnen Elemente findet ihr hier? Zeigt auf, wie diese darauf zielen, unseren Alltag zu durchbrechen und über ihn hinauszuführen.
3 Könnt ihr euch an der Vorbereitung eines Gottesdienstes beteiligen und eigene Ideen einbringen?
4 Warum fällt es Mädchen und Jungen heute oft so schwer, sich auf die Wege zu Gott zu begeben, die sich in der Christenheit so lange bewährt haben? Was könnte die Kirche tun, um diese Schwierigkeiten zu überwinden?

Wozu die Kirche gut ist

3. Von Schuld befreien und Versöhnung schaffen

Eine wichtige Aufgabe der Kirche besteht darin, gegen das Böse in der Welt vorzugehen und die zu heilen, die durch ihre Schuld verwundet sind. Damit kann sie viel Gutes bewirken. Um zu sehen, dass dies keine harmlose Aufgabe ist, muss man den Blick auf eine andere Seite unseres Alltags richten und zugleich fragen, was denn Schuld ist.

Ob wir es zugeben oder nicht – in unserer Welt gibt es neben vielem **Guten** auch das **Böse** (→ S. 226 ff ZdF). Zu unserem Alltag gehören Ichsucht und Habsucht. Diese Mächte zerstören das Leben oder machen es schwer. Menschen sagen anderen Falsches nach, stiften Unfrieden, sind neidisch und eifersüchtig, betrügen sich, vergewaltigen, schädigen und beschädigen sich und andere, zerstören die Umwelt, gehen aggressiv miteinander um, sind ungerecht usw. Wenn so etwas geschieht, laden Menschen **Schuld** auf sich. Schuld richtet immer Schaden an.

Alltägliche Sprüche

- Was ist schon dabei?
- Man darf sich nicht erwischen lassen.
- Das geht niemanden was an.
- Das ist mein Problem.
- Da kann ja jeder kommen.
- Wo steht das geschrieben?
- Mir hilft auch keiner.
- ...

Schuld hat viele Gesichter

■ **Nicht jede Schuld ist gleich groß.** Das Ausmaß der Schuld hängt davon ab, wie schwer der angerichtete Schaden, wie klar die Erkenntnis und wie groß die Freiheit des Täters sind. Es ist ein Unterschied, ob jemand einem bei einer Schlägerei einen blauen Fleck zufügt oder ein Auge zerstört. Es ist ein Unterschied, ob einer sich durch Drogen selbst schadet oder ob einer mit dem Verkauf von Drogen ein Millionenvermögen verdient. Es ist ein Unterschied, ob ein kleines Kind beim Spiel mit Streichhölzern einen großen Brand entfacht oder ob ein Erwachsener vorsätzlich ein Haus anzündet. Es ist ein Unterschied, ob jemand aus Angst einen brutalen Menschen belügt oder ob einer aus Gewinnsucht einen Meineid leistet.

■ Viel Schaden entsteht in der Welt auch, ohne dass Menschen Schaden anrichten wollen. **Gedankenlosigkeit, Unaufmerksamkeit und Leichtsinn** haben oft schlimme Wirkungen. Wer im Wald gedankenlos eine brennende Zigarette wegwirft oder als unausgeruhter Lokführer ein Haltesignal überfährt, ist auch dann verantwortlich, wenn er den Schaden nicht gewollt hat. Auch für den Schaden, der durch »menschliches Versagen« entsteht, muss man so weit wie möglich haften. Es ist darum wichtig, dass wir bei all unserem Tun auch die möglichen Folgen im Auge haben.

■ Wir können auch mit Schuld zu tun bekommen, weil wir in einer **Gesellschaft** leben, in der Brutalität und Habsucht, Ungerechtigkeit und Gewalt vorherrschen. Die Schuld einer Familie, einer Klasse, einer Clique, einer Firma, einer Partei, eines Volkes und einer Religion kann den Einzelnen belasten, auch wenn er im Einzelfall für die bösen Taten nicht verantwort-

---

Um jemandem Schuld zusprechen zu können, müssen drei Bedingungen erfüllt sein:
(1) Der Handelnde richtet **Schaden** bei sich, bei anderen oder in der Welt an oder lässt Schaden dadurch zu, dass er ein Gebot (Gesetz, Weisung) übertritt, seine Pflicht nicht erfüllt, seinem Gewissen nicht folgt, Liebe verweigert.
(2) Der Handelnde muss bis zu einem gewissen Grad die **Erkenntnis** von dem Schaden haben, den er anrichtet.
(3) Der Handelnde muss die Tat in **Freiheit** wollen oder zulassen und in der Lage sein, auch anders handeln zu können.

1 Sammelt aus Zeitungen und Fernsehsendungen Nachrichten, in denen über das Fehlverhalten von Menschen berichtet wird, und stellt dabei folgende Fragen:
- Was ist geschehen?
- Wie ist es dazu gekommen?
- Wie soll man das Verhalten der beteiligten Personen beurteilen? Wer ist schuldig, mitschuldig und unschuldig?
- Wie wird der Schaden behoben?

Schuld richtet einen **dreifachen Schaden** an:
(1) **Mit dem Bösen schadet man sich selbst,** z. B. indem man sich leichtsinnig gefährdet oder seine Glaubwürdigkeit verliert.
(2) **Schuld nimmt anderen Lebenschancen** und mindert oft die Qualität ihres Lebens, z. B. indem man andere quält oder verletzt, sie in ein falsches Licht rückt, die Erde verunstaltet oder nur den eigenen Vorteil sucht. Schuld kann einen Einzelnen, eine Familie, eine Gruppe und ganze Völker bedrohen.
(3) Christen glauben: **Sünde trennt von Gott,** weil sie gegen seine Gebote verstößt, die dazu da sind, dass unser Leben gelingen kann.

Rembrandt (1606–1669), Die Rückkehr des verlorenen Sohnes, 1636. (→ S. 88 f)

2 Eine gute Auflistung verschiedener Arten von Schuld findet ihr in den Zehn Geboten (Ex 20, 2–17).

3 In unserer Gesellschaft tun Erwachsene und Jugendliche viele Dinge, die sie für normal halten, obwohl sie dadurch schuldig werden, z. B. in einem Kaufhaus etwas mitgehen lassen, in der Schule schwindeln, sich mit Alkohol ans Steuer setzen oder öffentliches Eigentum beschädigen. Kennt ihr andere Beispiele? Was meint ihr dazu?

lich ist. Aber oft wird man in einer Gruppe auch mitschuldig. Allzu leicht lässt man sich gedankenlos von dem mitreißen, was gerade so üblich ist. Man gerät so in den Sog des Bösen, dass man ihm verfällt oder zu wenig tut, um es zu verhindern. Wir werden leicht böse, weil die anderen böse sind. Oft braucht es große Anstrengung, um nicht mitzumachen, was die meisten tun.

▪ Schon wenn wir geboren werden, erben wir einen Teil der Schuld, der von Anfang an bis heute auf der Menschheit liegt. Diese Erblast ist keine persönliche Schuld, weil wir dafür nicht verantwortlich sind. Aber sie führt leicht dazu, dass wir auch persönlich schuldig werden. Den Anteil an diesem Unheil nennen Christen »Erbsünde«. Sie glauben, dass davon nur Gott befreien kann.

Der Umgang mit der Schuld

Es ist schwer, mit seiner Schuld umzugehen, weil da Offenheit gegenüber sich selbst und Selbstkritik verlangt wird. Viele Leute bringen dies nicht fertig.

▪ Oft finden die, die schuldig geworden sind, **Ausreden**. Sie versuchen, ihre **Schuld zu verdrängen** oder auf andere abzuschieben, z. B. auf die Umstände, auf andere Personen oder auf ihre Veranlagung. Wer in einer Schlägerei Schaden angerichtet hat, entschuldigt sich gern damit, dass er von anderen gereizt wurde oder gegen seinen Jähzorn nicht ankomme. So versucht man ein Unschuldslamm zu bleiben.

▪ Viele tun so, **als gäbe es keine Schuld**. Üble Nachrede, Stehlen oder Lügen seien im Grunde nicht so schlimm. Das täten doch alle.

▪ Schuld kann zu einer **inneren Last** werden, wenn man keinen Weg sieht, von der Schuld loszukommen. Man kann an seiner Schuld leiden und ständig die Anklage seines Gewissens hören. Wer einen Menschen leichtsinnig getötet hat, weil er sich nach kräftigem Alkoholkonsum ans Steuer gesetzt hat, wird oft seines Lebens nicht mehr froh.

Wozu die Kirche gut ist

Was Jesus über Schuld und Vergebung sagt

- Vater, erlass uns unsere Sünden, wie auch wir sie unseren Schuldnern erlassen (Mt 6, 12).
- Richtet nicht, damit ihr nicht gerichtet werdet (Mt 7, 1).
- Da trat Petrus zu Jesus und fragte: Herr, wie oft muss ich meinem Bruder vergeben, wenn er sich gegen mich versündigt? Sieben Mal? Jesus sagte zu ihm: Nicht sieben Mal, sondern siebenundsiebzig Mal (Mt 18, 21 f).

Vergebung der Schuld

Eine große **Aufgabe der Kirche** ist es, das, was Schuld ist, Schuld zu nennen und den Menschen Wege zu zeigen, von der Schuld befreit zu werden.
Dabei kann sie sich auf das **Beispiel Jesu** (→ S. 82 f) berufen. Wie kein anderer hat er denen, die schuldig geworden sind, die Gewissheit geschenkt, dass sie von der Last ihrer Schuld befreit werden können. Alle, die den Weg des Bösen verlassen und umkehren, dürfen auf Gottes Vergebung hoffen. Die Frohe Botschaft Jesu lautet: Gottes Liebe ist größer als alle Schuld der Menschen. Niemand wird von dieser Liebe ausgeschlossen, wenn er sich nicht selber ausschließt. Gottes Vergebung kennt keine Grenzen. Diese Botschaft kann für alle, die schuldig geworden sind, ein großer Trost sein. Die Vergebung der Schuld nimmt ihnen eine schwere Last vom Herzen und gibt ihnen eine Chance zu einem neuen Anfang.
Im Evangelium ist es der Auferstandene, der seinen Aposteln die Vollmacht erteilt, denen, die schuldig geworden sind, in Gottes Namen die Vergebung der Sünden zuzusprechen (Joh 20, 21–23). Vor allem im **Bußsakrament** nimmt die Kirche diese Vollmacht wahr. Einzelheiten dazu: → S. 203 f ZdF. Auch durch die Taufe, in der Eucharistiefeier, in einem Bußgottesdienst, im persönlichem Gebet oder mit guten Werken kann der Christ die Vergebung der Sünden erlangen.
Mit großer Entschiedenheit tritt die Kirche auch dafür ein, dass die Menschen untereinander **Versöhnung** schaffen. Wo Unfrieden in der Welt ist, da ruft sie zur Versöhnung auf. Versöhnen sollen sich die Familienangehörigen, die im Streit miteinander leben. Parteien, die um Wählerstimmen kämpfen, sollen nicht unversöhnlich miteinander umgehen. Versöhnen sollen sich Völker, die Krieg gegeneinander führen. Versöhnen sollen sich die Religionen, die sich bislang gegenseitig missachtet haben. Wo diese Versöhnung zwischen den Menschen beginnt, kann es auch eine Versöhnung zwischen Gott und den Menschen geben. Würde dieser Ruf zur Versöhnung gehört, sähe es in der Welt besser aus.

4 Schuld und Sünde – ist das dasselbe?

5 Wie Schuld konkret aussehen kann, dafür findet ihr manche Beispiele in dem Kapitel über die Verantwortung: → S. 198 ff.

6 Warum fällt es den Menschen oft so schwer, die eigene Schuld einzugestehen und anderen Vergebung zu gewähren?

7 Jesus erzählt in einem seiner schönsten Gleichnisse, wie liebevoll und barmherzig Gott zu den Sündern ist: Lk 15, 11–32; → S. 88 f. Arbeitet den Sinn des Textes heraus.

8 Andere biblische Texte, die von Schuld und Vergebung sprechen: Lk 18, 9–14; Joh 8, 2–11; Lk 23, 34.39–42. Gebete der Schuld: Ps 51, 1–7; 130.

9 Das Vaterunser (→ S. 87 ZdF) fasst die ganze christliche Auffassung von Schuld und Vergebung mit nur zwei Sätzen zusammen. Wer sie verstanden hat, hat das Wichtigste verstanden. Wie lauten diese Sätze?

10 Es gibt auch Schuld, die einzelne Parteien, ganze Völker und die Kirche im Lauf der Zeit auf sich geladen haben. Kennt ihr Beispiele? Diskutiert auch den Begriff der Kollektivschuld.

Pablo Picasso (1881–1973), Das Gesicht des Friedens, 1951.

Wozu die Kirche gut ist

DIE SIEBEN LEIBLICHEN UND GEISTIGEN WERKE DER BARMHERZIGKEIT

1. HUNGRIGE SPEISEN
2. DURSTIGEN ZU TRINKEN GEBEN
3. NACKTE BEKLEIDEN
4. FREMDE BEHERBERGEN
5. FÜR GEFANGENE SORGEN
6. KRANKE BESUCHEN
7. TOTE BEGRABEN

1. SCHULDIGE ZUM NACHDENKEN BRINGEN
2. UNWISSENDE BELEHREN
3. ZWEIFELNDEN RATEN
4. BETRÜBTE TRÖSTEN
5. LÄSTIGE ERTRAGEN
6. DENEN, DIE BELEIDIGEN, VERZEIHEN
7. FÜR LEBENDE UND TOTE BETEN

4. Für die Menschenrechte eintreten und gegen die Armut kämpfen

Aus ihrem biblischen Glauben weiß die Kirche: **Alle Menschen haben die gleiche Würde. Alle haben die gleichen Menschenrechte** (→ S. 18 ff ZdF). Wenn man diesen Glauben mit den Zuständen unserer Welt vergleicht, wird man ihn nicht als selbstverständlich abtun. Auf vielfache Weise werden heute die Menschenrechte verletzt. Noch immer erheben sich Menschen über andere und halten sich oder ihre Hautfarbe/Rasse für besser. Noch immer gibt es in unserer Gesellschaft Menschen, die viel mehr besitzen, als sie je brauchen können, und andere, die nicht das Nötigste zum Leben haben. Noch immer gibt es zum Himmel schreiende Ungerechtigkeit und Gewalt. Noch immer werden zahllose menschliche Föten abgetrieben. Noch immer bekämpfen sich Völker mit den fadenscheinigsten Argumenten und gehen brutal gegeneinander vor. Noch immer lässt es die Menschheit seelenruhig zu, dass es eine Erste, Zweite und Dritte Welt gibt, deren Lebenschancen sich erheblich voneinander unterscheiden. Auf der einen Seite stehen Überfluss, Luxus und Reichtum, auf der anderen Seite fehlt es an Wasser und Brot, an Medikamenten, Ausbildung und Berufschancen. Von all diesen Unterschieden sind besonders auch Mädchen und Jungen betroffen (→ S. 21–26 ZdF).

Den Leidenden eine Stimme verschaffen

Die Kirche findet sich mit diesen Verhältnissen nicht ab. Darum leiht sie den Leidenden ständig ihre **Stimme**. Unermüdlich mahnt sie im Wort ihrer

Pieter Bruegel (1525–1569), Die sieben Werke der Barmherzigkeit und die personifizierte Nächstenliebe (Mitte).

Wozu die Kirche gut ist

Päpste und Bischöfe, Priester und Laien, alles zu tun, um menschenwürdige Zustände zu schaffen. Wo die Armen auf der Welt von dieser kirchlichen Botschaft hören, sind sie dankbar. Viele sehen in der Kirche ihren wichtigsten Anwalt.

Mit den Armen solidarisch sein

Aber die Kirche setzt nicht nur ihre Stimme für die Benachteiligten ein. Sie ist vor allem durch **Taten** mit ihnen solidarisch. An vielen Brennpunkten der Not helfen Christen den Armen und Leidenden. Vielerorts gibt es Christen – Laien, Priester und Ordensleute –, die jahrelang oder auch lebenslang mit

starkem Engagement versuchen, die Situation der Armen zu verbessern. Sie sammeln in ihrer Heimat Gelder, um vor Ort lebenswichtige Projekte einleiten zu können. Sie vermitteln in Schulen elementare Bildung wie Schreiben, Rechnen und Lesen. Sie legen Straßen, Wasserleitungen und Felder an, fördern den Wohnungsbau und lehren neue Methoden für die Landwirtschaft und das Handwerk. Sie pflegen Kranke und bauen Krankenstationen. Sie schlichten Streitigkeiten zwischen den Einheimischen. Sie kümmern sich um obdachlose Kinder, unterstützen ledige Mütter und pflegen Alte in ihren Heimen. Sie beerdigen Tote. Sie kritisieren offen ungerechte soziale und politische Verhältnisse und bringen sich selber damit in Lebensgefahr.

Kritik an der Wohlstandsgesellschaft üben

Die Kirche schaut heute aber nicht nur auf die Missachtung der Menschenrechte durch Ungerechtigkeit und Unterdrückung. Sie sieht eine Gefährdung der menschlichen Würde gerade auch in einer **Wohlstandsgesellschaft,** die weitgehend nur noch auf Vergrößerung des Besitzes und Steigerung des Vergnügens ausgerichtet ist. Wo Geld und Lust, Einfluss und Macht die obersten Werte sind, bleibt die menschliche Würde auf der Strecke.

Gegen den Machbarkeitswahn protestieren

Unabsehbare Gefahren drohen der Menschenwürde auch von den **Wissenschaften,** die heute mehr denn je in der Lage sind, den Menschen zu manipulieren und seine Natur durch Eingriffe in die genetische Struktur zu verändern. Schon ist häufig von Menschenzüchtung die Rede, wobei Menschen bestimmen, wie Menschen sein und werden sollen. Dagegen erhebt die Kirche Einspruch, weil sie darin einen unerlaubten Eingriff in die Schöpfung Gottes sieht. Sie sagt, dass wir nicht alles machen dürfen, was wir machen können. Entschieden tritt sie gegen den heutigen **Machbar-**

Die Welt erwartet von den Christen, dass sie den Mund auftun, laut und deutlich, (...) dass sie dem blutüberströmten Gesicht gegenübertreten, das die Geschichte in unseren Tagen angenommen hat.

Albert Camus (1913–1960), französischer Schriftsteller, Nobelpreisträger, 1957

1 Die beste Hilfe ist »Hilfe zur Selbsthilfe«. Was versteht man darunter?

2 Nicht selten kann man hören, die Kirche solle sich nicht in Politik und in die öffentlichen Angelegenheiten einmischen, sondern sich nur um sich selbst kümmern. Warum kann sich die Kirche auf diese Auffassung nicht einlassen?

3 Kennt ihr Verstöße gegen die Menschenrechte in unserer Gesellschaft? Wie verhalten sich die Christen/Kirchen in diesen Situationen?

4 Nicht selten haben Christen auch selbst gegen die Menschenrechte verstoßen und damit ihren eigenen Glauben verraten. Kennt ihr dafür Beispiele?

5 Ein weiteres Bild zum Thema Armut: → S. 182.

Wozu die Kirche gut ist

Die Kirche setzt sich für die **Menschenrechte** ein, weil zum Kern ihres Glaubens gehört, dass Gott die Menschen geschaffen hat, jeden bei seinem Namen gerufen hat und alle Menschen liebt. Jeder Mensch ist ein Bild Gottes (→ S. 74). So verschieden die Menschen und Völker auch sind, darin sind sie alle gleich, dass sie von Gott die gleichen Menschenrechte erhalten haben, die ihnen garantieren sollen, dass sie menschenwürdig leben können, z. B. das Recht auf Leben und Freiheit, auf Nahrung und medizinische Versorgung, auf Wohnung und Eigentum, auf faire Gerichte und offene Meinungsäußerung. Wo die Menschenrechte verletzt werden, muss sich die Kirche einmischen und den Mächten des Bösen widersetzen.

GIB DEM HUNGERNDEN EINEN FISCH, UND ER HAT FÜR EINEN GANZEN TAG ZU ESSEN.
GIB IHM EIN BOOT UND EIN NETZ, UND ER HAT TÄGLICH ZU ESSEN.
Sprichwort aus Südamerika

keitswahn und für eine Kultur des Lebens ein, damit der Mensch Mensch bleiben kann. Diese Aufgabe wird in Zukunft noch an Bedeutung gewinnen.

Dass die Stimme der Kirche heute bei uns nicht so vernehmlich gehört wird, wie sie es verdient, liegt gewiss auch daran, dass sie in unserer Informationsfülle rasch untergeht und dass es bei uns Kräfte gibt, die ein Interesse daran haben, von den Forderungen der Kirche abzulenken.

Was die Bibel über Armut und Reichtum sagt

- Du sollst das Recht des Armen in einem Rechtsstreit nicht beugen (Ex 23,6).
- Wenn dein Bruder arm ist und sich neben dir nicht halten kann, sollst du ihn ... unterstützen, damit er neben dir leben kann (Lev 25, 35).
- An das Volk Israel: Eigentlich sollte es bei dir keine Armut geben (Dtn 15, 4).
- Wende deinen Blick niemals ab, wenn du einen Armen siehst, dann wird auch Gott seinen Blick nicht von dir wenden (Tob 4, 7).
- Der Arme ist nicht auf ewig vergessen (Ps 9, 19).
- Ich weiß, Gott führt die Sache des Armen, er verhilft den Gebeugten zum Recht (Ps 140, 13).
- Der Reiche tut Unrecht und prahlt noch damit (Sir 13, 3).
- Gut ist Reichtum, wenn keine Schuld an ihm klebt (Sir 13, 24).
- Wer den Armen verspottet, schmäht dessen Schöpfer (Spr 17, 5).
- Der Geist des Herrn entscheidet für die Armen, wie es recht ist (Jes 11, 4).
- Selig, die arm sind vor Gott, denn ihnen gehört das Himmelreich (Mt 5, 3).
- Ein Reicher wird nur schwer ins Himmelreich kommen. Eher geht ein Kamel durch ein Nadelöhr, als dass ein Reicher in das Reich Gottes gelangt (Mt 19,23).
- Wenn du ein Essen gibst, dann lade Arme, Krüppel, Lahme und Blinde ein (Lk 14, 13).

Willy Fries (1907–1980), Lazarus (Lk 16, 19–31), 1958.

Wozu die Kirche gut ist

Ein Beispiel für viele – Bischof Belo

Kaum jemand hat hier je von der kleinen Insel Timor gehört, die im Pazifik zwischen Java und Neuguinea liegt. Und doch richtete sich der Blick der Weltöffentlichkeit 1996 mit einem Schlag auf Ost-Timor, als Carlos Ximenes Belo, Bischof von Dili, zusammen mit dem timoresischen Politiker José Ramos Horta den Friedensnobelpreis erhielt, weil er sich in seinem Land unter Lebensgefahr für die Menschenrechte eingesetzt hatte.

Ost-Timor, das früher einmal zu Portugal gehörte, wurde 1975 unabhängig. Danach geriet es in den Strudel schlimmer politischer Wirren. Auf der einen Seite forderte eine Unabhängigkeitsbewegung Freiheit für das Land, auf der anderen Seite wurde Ost-Timor von Indonesien zur 27. indonesischen Provinz erklärt und von indonesischem Militär besetzt. In den blutigen Kämpfen starben seitdem bei einer Gesamtbevölkerung von knapp einer Million an die 150 000 bis 250 000 Menschen. Die Wirtschaft und die Infrastruktur wurden weitgehend zerstört. Die Menschen verloren alle Hoffnung auf Selbstbestimmung.

In dieser Situation trat Bischof Belo (geb. 1948 auf Timor), der dem Orden der Salesianer Don Boscos (→ S. 14 f ZdF) angehört, für sein Land ein. Er wurde zum Sprecher der Verfolgten und Ermordeten. Er half den Armen und organisierte Hilfen aus dem Ausland, besonders auch bei den Salesianern in Deutschland. Vor allem machte er Vorschläge zur Schaffung des Friedens und setzte sich für eine gewaltfreie Lösung des Konflikts ein. Dabei sprach er mit beiden Konfliktparteien, suchte Versöhnung in Gerechtigkeit zu bewirken und machte sich dabei auf beiden Seiten Freunde und Feinde. Obwohl er nicht immer verstanden wurde und teilweise isoliert war, ließ er sich von seiner Forderung nicht abbringen, dass der Streit durch einen Volksentscheid beizulegen sei. Weil er einem weltweit verbreiteten Orden angehörte, gelang es ihm, auch im Ausland auf das Leiden der Timoresen aufmerksam zu machen. Mit Hilfe der Vereinten Nationen (UN) suchte er einen friedlichen Entkolonialisierungsprozess einzuleiten.

Durch sein Eintreten für sein Land brachte er sich selbst in Lebensgefahr. Wie durch ein Wunder entkam er mehreren Mordanschlägen. Einmal hat man sein Haus beschossen und in Brand gesteckt. Dabei kamen mehrere Menschen ums Leben, die bei ihm Zuflucht gesucht hatten. Die indonesische Polizei und das Militär standen dabei, ohne gegen die Täter einzuschreiten. Seitdem lebt er auf engstem Raum, wo nicht einmal Platz für die wenigen Bücher ist, die ihm noch verblieben sind. Von dem Geld, das er bei der Verleihung des Nobelpreises erhielt, hat er keinen Cent für sich behalten. Er hat es für den Aufbau des Landes und für die Beseitigung von Not und Armut gestiftet. Bei den Timoresen ist er beliebt wie kein anderer. Als er 1999 von einer Auslandsreise zurückkam, wo er auf die Probleme Timors aufmerksam gemachte hatte, begrüßten ihn auf dem kleinen Flughafen von Dili 150 000 Menschen. Dass sich Timor heute mit Hilfe der Vereinten Nationen auf dem Weg zu einer neuen Unabhängigkeit befindet, ist vor allem ihm zu verdanken.

Die Kraft für sein Tun findet der Bischof in seinem Glauben. Er möchte dem Beispiel Jesu folgen. Das schließt für ihn die Bereitschaft zum Tod ein.

Man hat Bischof Belo mit dem Dalai Lama verglichen. Beide Friedensnobelpreisträger sind Sprecher eines kleinen Volkes. Das Oberhaupt der tibetischen Buddhisten setzt sich für die Menschenrechte des von China bedrängten Tibet, der Bischof für die Menschenwürde der Ost-Timoresen ein. Für beide darf es eine Lösung politischer und sozialer Probleme nur im Dialog und mit Gewaltlosigkeit geben.

Ich sage immer: die »Erste Welt« muss der »Dritten Welt« ihren Reichtum, ihre Technologie und ihre Wissenschaft geben. Sie kann jedoch von uns die Wertschätzung des Glaubens, der Religiosität und der menschlichen Werte lernen.

Carlos Ximenes Belo (geb. 1948), Bischof von Dili auf Ost-Timor, Friedensnobelpreis 1996

6 Eine Christin, die in Guatemala von einer einfachen Bäuerin zur Widerstandskämpferin wurde, ist Rigoberta Menchú (geb. 1959; → S. 53). Sie erhielt 1992 den Friedensnobelpreis. Könnt ihr etwas über diese Frau herausfinden?

Wozu die Kirche gut ist

PROJEKT

Das Projekt »**Was die Kirche heute für die Menschen tut**« kann euch einen Einblick in die heutige Arbeit der Kirche auf sozialem Gebiet ermöglichen. Material dazu wird euch von einem oder mehreren kirchlichen Hilfswerken zugesandt. Versucht auch, einen Vertreter dieser Institutionen zu euch einzuladen. Die Adressen:

Deutscher Caritas-Verband
(das lateinische Wort »Caritas«
heißt »Nächstenliebe«)

Karlstraße 40, 79104 Freiburg i. Br.
www.caritas.de
Katholisches Hilfswerk gegen
Not in Deutschland und in aller Welt

Misereor
(lat.: »Ich habe Mitleid«)

Mozartstraße 9, 52064 Aachen.
www.misereor.de
Das bischöfliche Hilfswerk verteilt vor allem
die Fastenspenden der deutschen Katholiken

Adveniat
(lat.: »Dein Reich komme«)

Porscheplatz 7, 45127 Essen
www.adveniat.de
Das Hilfswerk verteilt in Lateinamerika
die Gelder, die die deutschen Katholiken
in der Adventszeit spenden

Päpstliches Missionswerk
der Kinder

Stephanstraße 35, 52064 Aachen
www.kindermissionswerk.de
Hilfswerk »Kinder helfen Kindern«

Renovabis
(lat.: »Du wirst erneuern«)

Domberg 27, 85354 Freising
www.renovabis.de
Solidaritätsaktion der deutschen Katholiken
mit den Menschen in Mittel- und Osteuropa

Hinweise zu ähnlichen Projekten: → S. 26 und 212 ZdF
Anregungen für eure Arbeit:
1 Ein **Faltblatt** für die kirchlichen Dienste entwerfen, z. B.
- für die unterschiedlichen Aufgaben Logos erfinden und/oder Fotos suchen
- eine grafische Übersicht über die Zahl der Menschen, die erreicht werden, erstellen: die sozialen Gruppen, Nationalitäten, der Anteil von Christen und Nichtchristen usw.
- die Motivation der haupt- und nebenamtlichen Mitarbeiter charakterisieren;
- den finanziellen Rahmen vorstellen: Herkunft des Geldes; Ausgaben; Verwaltungskosten; den Wert von 100 Euro in Deutschland und in anderen Ländern vergleichen; Folgen der Geldknappheit usw.
- die Pläne und Aufgaben für die Zukunft beschreiben
2 Ein **einzelnes Projekt** näher kennen lernen:
- Eine Person, – vielleicht ein Mädchen oder einen Jungen – vorstellen, an der sich beispielhaft die Wirkung der Arbeit ablesen lässt
- eine Briefpartnerschaft zu einem Jugendlichen, zu einer Klasse, zu einer Schule, zu einer Gruppe, zu einer Gemeinde herstellen
- konkrete Hilfsmöglichkeiten organisieren, z. B. Geldsammlung, Bazar, Flohmarkt, Hungermarsch usw.

5. Den Glauben weitergeben

Die Kirche ist eine universale Gemeinschaft. Niemandem verwehrt sie einen Zugang zu sich. An alle Völker geht ihr Ruf. Darum gibt es **in der Kirche keine Ausländer.** Alle Menschen können bei ihr mitmachen. Was man heute »Globalisierung« nennt, gehörte schon immer zu ihrem Programm.

Sendung und Auftrag

Das Matthäusevangelium erzählt, dass Jesus seine Jünger zur Verkündigung des Gottesreiches ausgesandt hat (10,7–12). In einem grandiosen Schluss führt es den Leser auf einen Berg in Galiläa, wo der Auferstandene seinen Jüngern erscheint. Das letzte Wort Jesu in diesem Evangelium lautet:

¹⁸ Mir ist alle Macht gegeben im Himmel und auf der Erde. ¹⁹ Darum geht zu allen Völkern und macht alle Menschen zu meinen Jüngern; tauft sie auf den Namen des Vaters und des Sohnes und des Heiligen Geistes, ²⁰ und lehrt sie alles zu befolgen, was ich euch geboten habe. Seid gewiss: Ich bin bei euch alle Tage bis zum Ende der Welt.

aus dem Evangelium nach Matthäus 28, 18–20

> Das lateinische Wort **Mission** bedeutet »Sendung«. Davon abgeleitet sind die Worte »missionieren« und »Missionare«. In der Mission nimmt die Kirche den Auftrag Jesu wahr, alle Menschen zu taufen (→ S. 200 f ZdF) und ihnen seine Botschaft (→ S. 81 ff) zu verkünden. Dieser Auftrag hat eine zweifache Richtung. Er gilt **außerhalb der Kirche** für Nichtchristen, die das Christentum als Lebenspraxis kennen lernen sollen. Er gilt auch **innerhalb der Kirche** für alle Christen, die sich immer neu mit ihrem Glauben befassen sollen. Heute spricht man auch von »**Christianisierung**« und »**Evangelisation**«.

2000 Jahre Mission

Weil Christen davon überzeugt sind, eine Botschaft zu haben, die für alle Menschen gut ist, haben sie auch andern von ihrem Glauben erzählt und sie dafür zu gewinnen versucht. Diesen Prozess nennt man »**Mission**«. Christen können sich dafür auf ihre Gründungsurkunde, die Bibel, stützen. In den Evangelien wird erzählt, dass der auferstandene **Jesus** selbst seine **Jünger** in alle Welt aussandte, um das Evangelium zu verkünden. Das haben sie auch getan. **Paulus** hat auf seinen großen Reisen das Christentum über sein jüdisches Ursprungsgebiet hinaus weit in der Welt des Mittelmeerraums bekannt gemacht (→ S. 141 ff ZdF.)
Seitdem wurde die Ausbreitung des Christentums in vielen Jahrhunderten zu einer erstaunlichen **Erfolgsgeschichte**. Bereits in der Antike wurde das Christentum im Römischen Reich heimisch. Im Mittelalter wurden die Germanen (→ S. 167 ff ZdF) und andere europäische Völker christianisiert. In der Neuzeit kam das Christentum auch auf alle anderen Kontinente.
Zu Beginn des 3. Jahrtausends ist die Christenheit die Gemeinschaft, zu der etwa 30 Prozent der Weltbevölkerung gehören. Die **Katholiken** haben mit über 1,2 Milliarden Menschen einen Anteil von 17,8 Prozent an der Weltbevölkerung. Davon leben etwa 52 Prozent in Nord- und Südamerika, 27,2 Prozent in Europa. Die übrigen 20,8 Prozent verteilen sich auf Afrika (10,4), Asien (9,5) und Ozeanien (0,9).

Wallfahrt in den Hochanden

Wozu die Kirche gut ist

Die Schwestern der »Missionaries of Charity«, der von Mutter Teresa (1910–1997) in Indien gegründeten Gemeinschaft, setzen ihr Lebenswerk fort – hier bei der Kinderbetreuung in Buenos Aires, Argentinien (→ S. 197).

Viel Licht

Wenn die Missionare vor Christen und Nichtchristen Rechenschaft von ihrem Glauben geben, stellen sie eine **Frohe Botschaft** (»Evangelium«; → S. 54) in den Mittelpunkt, die in vielen Punkten quer steht zu dem, was in der Welt gilt. In ihr geht es nicht um politische Macht, äußeren Erfolg, pures Vergnügen oder Karrieremachen. Sie hat ein besseres Leben im Blick. Sie handelt von Jesus, seinem Leben, seiner Lehre, seinem Tod und seiner Auferstehung. Sie besagt, dass Gott alle Menschen liebt und ihr Wohl will. Sie spricht allen Menschen eine hohe Würde zu, weil sie Kinder Gottes sein dürfen und zu ewigem Leben berufen sind. Sie ruft zur Bewahrung von Gottes Schöpfung auf und nimmt das Leiden der Menschen ernst. Sie setzt sich für alles menschliche Leben ein. Sie will anstelle der Unkultur des Todes eine Kultur des Lebens. Sie ermutigt zu einem Leben in Glaube und Hoffnung und kennt als gültigen Maßstab für alles Handeln die Liebe zu Gott und zum Nächsten wie zu sich selbst. Wer sich dieser Botschaft anschließt, wird Mitglied einer universalen Gemeinschaft, die trotz aller Fehler einzigartige Perspektiven für die Welt hat.

Aber die Mission darf nicht nur eine Lehre verbreiten. Mit der Bibel und dem Katechismus allein kann man keine Menschen gewinnen. Überzeugender als jede Darlegung der Lehre ist eine **Lebenspraxis,** in der der christliche Glaube sichtbar wird. Nur wo Christen durch Taten zeigen, was das Christentum bedeutet, machen sie ihren Glauben für andere anziehend. Wenn Christen voll Lebensfreude sind, wenn sie sich für jedes Kind einsetzen, wenn sie Jugendliche zu einer sinnvollen Arbeit befähigen, wenn sie die Benachteiligung der Frauen nicht hinnehmen, wenn sie für die Menschenrechte eintreten, wenn sie Not lindern, wenn sie auf der Seite der Armen und Leidenden stehen und in der Welt Versöhnung schaffen, wenn sie sich der Ungerechtigkeit in dieser Welt widersetzen, dann sind sie die wirkungsvollsten Missionare. Dabei kann keiner **alle** Möglichkeiten des Christseins bei sich verwirklichen. Dazu ist das Spektrum zu groß. Es genügt schon, wenn einer **seine** Möglichkeiten des Christseins lebendig werden lässt.

In der Geschichte der Kirche haben unzählige Missionare (→ S. 133 ff; 169 ff ZdF) und Ordensfrauen beispielhaft gewirkt. Sie taten ihre Arbeit aus Liebe zu Gott und den Menschen. Oft haben sie nicht nur den Glauben verkündet, sondern auch wichtige Neuerungen mitgebracht. In vielen Ländern der Welt hat die Mission die medizinische Versorgung verbessert, für elementare Bildung gesorgt, die Ernteerträge gesteigert, grausame Strafen und den Sklavenhandel abgeschafft, die Rolle der Frau verbessert, mit Errungenschaften der Technik und Wissenschaft bekannt gemacht und die Kultur bereichert. So konnte die Mission oft die **Lebensqualität der Völker steigern.**

1 Wenn ihr mehr über die heutige Mission wissen wollt, solltet ihr euch an »Missio«, das Katholische Hilfswerk für die Verbreitung des Christentums, wenden. Die Adresse: Goethestraße 43, 52064 Aachen. (www.missio.de) Dort könnt ihr Material anfordern. Für die Arbeit könnt ihr euch ähnliche Fragen vornehmen, wie sie in dem Projekt S. 193 vorgeschlagen werden.

2 Erkundigt euch, ob es in eurer Nähe einen Orden oder andere kirchliche Gemeinschaften gibt, die in den Missionsländern tätig sind. Versucht, einen Missionar oder eine Ordensfrau zu einem Gespräch in die Klasse einzuladen.

3 Warum sollte es eine Judenmission (→ S. 274 ff) nicht geben? Über das Verhältnis der Kirche zu den nichtchristlichen Religionen: → S. 229.

4 Eine Weltkarte zu den christlichen Kirchen findet ihr auf der hinteren inneren Umschlagseite.

Wozu die Kirche gut ist

Manche Schatten

In Misskredit geriet die christliche Mission da, wo sie versuchte, das Evangelium mit **Gewalt** durchzusetzen. Zwangstaufen passen nicht zum Geist des Christentums, kamen aber nicht selten vor. Manchmal befanden sich in der Begleitung der Missionare sogar Soldaten, die das gerade christianisierte Land für Kolonialherren in Besitz nahmen. Feuer und Schwert sind nicht die richtigen Mittel der Christianisierung. Wo die Frohbotschaft zu einer Drohbotschaft verfälscht wurde, hat das Christentum sein Ansehen ruiniert. – Verhängnisvoll für die Glaubwürdigkeit der christlichen Mission war auch der Umstand, dass manchmal **Missionare der verschiedenen Konfessionen** in dieselben Länder und Orte kamen und sich gegenseitig heftig Konkurrenz machten.

Inkulturation

Ein schwieriges Problem entsteht für das Christentum immer da, wo es in andere **Kulturen** (→ S. 180 ZdF) kommt. Paulus musste die Botschaft Jesu, die ganz vom Judentum geprägt war, so übersetzen, dass sie in der griechisch-römischen Antike zu verstehen war. Ein Beispiel dafür ist seine Rede in Athen (Apg 17, 16–34), wo er an die griechische Religion und Philosophie anknüpfte. Überdies wollte er den Heiden die jüdischen Speisevorschriften (→ S. 261) oder die Beschneidung (→ S. 269) nicht zumuten. Ähnlich verfuhren die Mönche und Wanderprediger bei den Germanen. Sie benutzten deren Vorstellungen, wenn sie Jesus zu einem »Helden« und seine Anhänger zu »Gefolgsleuten« machten (→ S. 169 ff ZdF). Erst recht verschärfte sich das Problem, als das Christentum von Europa aus zu den Völkern in anderen Kontinenten kam. Hier stieß es auf andere Sitten und Bräuche. Hier lebte und feierte man anders, erzog die Kinder anders, hier gingen Mann und Frau anders miteinander um, hier hatte man ein anders Verhältnis zum Leib, zur Natur und zum Göttlichen. Lange Zeit brachten die Missionare mit dem Christentum zugleich auch die europäische Kultur mit, die die »Wilden« zu übernehmen hatten. Dann brachten sie nicht das Christentum in seinem Kern, sondern ein deutsches, englisches oder spanisches Christentum. Man baute dann in den Missionsländern die Kirchen wie in Europa und verlangte, dass sich die neu gewonnenen Christen auch wie Europäer kleideten und benahmen. Mit dem Christentum wurde die europäische Zivilisation zum Exportartikel. Dann konnte das Christentum wie ein Fremdkörper wirken. Wenn die Missionare dann auch noch mit **Geld** oder **Versprechungen** auf Seelenfang gingen, war die Sache Jesu nicht mehr zu erkennen.

Heute weiß die Kirche, dass die Kultur eines jeden Volkes ein schützenswertes Gut ist. Davon kann auch sie viel lernen. Darum ist sie auf der Suche nach neuen Wegen, das Christentum in diesen Kulturen heimisch werden zu lassen (»**Inkulturation**«). Indianer und Eskimos, Schwarzafrikaner und Chinesen, Christen in den Metropolen der neuen Welt und in den Slums können nicht in derselben Weise beten, feiern, singen, lieben und leben wie in Europa. Christliches Leben muss sich in Hütten und Hochhäusern, in Armenschulen und Universitäten anders entfalten. Heute entstehen fast überall auf der Welt Gemeinden mit einem einheimischen Klerus, der die Verantwortung für die Gestaltung des kirchlichen Lebens vor Ort übernimmt. Überall in der Welt wollen Frauen und Männer selbst darüber entscheiden, wie sie als Christen leben. Dabei können sich Christentum, Landeskultur und Lokalkolorit verbinden. So bekommt das eine Evangelium heute viele Gesichter. Bei aller Einheitlichkeit im Kern ist es in seinen Erscheinungsformen vielfältig. Darin liegt eine große Zukunftschance für die Kirche.

5 Papst Johannes Paul II. hat in seinem öffentlichen Schuldbekenntnis im Jahr 2000 auch die Schuld der Christenheit bei ihrer Missionsarbeit beim Namen genannt. Den Text findet ihr → S. 143.
6 Warum kann man das heutige Deutschland ein Missionsland nennen?

Gemeinsames Zeugnis des Glaubens

Auch die nichtkatholischen Kirchen und Gemeinschaften tun in aller Welt missionarischen Dienst. Das Ärgernis der Glaubensspaltung macht die christliche Botschaft jedoch unglaubwürdig und erschwert vielen Menschen die Hinwendung zu Christus. Um dieses Ärgernis zu verringern, ist das gemeinsame Zeugnis des Glaubens sowie die Zusammenarbeit im gesellschaftlichen, kulturellen und pastoralen Bereich unbedingt notwendig.

Synode der deutschen Bistümer (1972–1975), Beschluss »Missionarischer Dienst«

 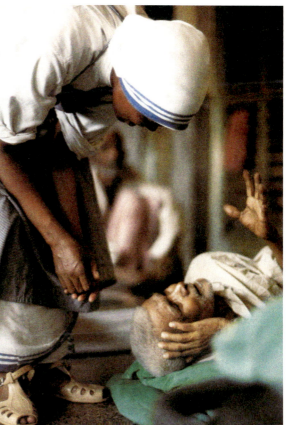

Teresa-Schwestern helfen im afrikanischen Sierra Leone den Ärmsten mit einer warmen Mahlzeit am Tag.

Sterbende in den Slums der Millionenstadt Kalkutta erfahren Geborgenheit.

Linke Seite:

Guamán Poma de Ayala, Bilderchronik, um 1615.

Armer Indio – armer Jesus, bedroht von den Mächten seiner Zeit.

Indianisches Paar mit Zeichen europäischer Kultur.

Zwangsarbeit und Misshandlung durch einen Dominikaner.

Fragen zum Schluss

Vielleicht könnt ihr dem zustimmen, was in diesem Kapitel über die Aufgaben der Kirche gesagt wird. Keine davon ist für das Leben der Menschen unwichtig. Trotzdem hat die Kirche bei uns ein schlechtes Image. Ihr könnt euch am Ende fragen:
(1) Warum findet die Kirche trotz der lebenswichtigen Aufgaben, die sie zu erfüllen hat, bei uns so wenig Anklang?
(2) Welche Fehler und Schwächen machen die Kirche heute manchmal unglaubwürdig?
(3) Wie könnte die Vision einer Kirche aussehen, die in Zukunft mehr akzeptiert wird? Was können Christen dafür tun?

Wozu die Kirche gut ist

Das Prinzip Verantwortung

1. Ein Schlüsselbegriff der heutigen Ethik

Grundfragen des Lebens

»Warum lebe ich?«, »Was soll ich tun?«, »Gibt es ein Ziel hinter allen alltäglichen Zielen, das ich anstreben soll?« Fragen wie diese haben es in sich.

■ Es gibt Menschen, die leben so »drauf los«. Sie stellen sich diese Fragen nicht. Sie halten solche Fragen für überflüssig. Ihr Horizont reicht nicht über die Stunde und den Tag hinaus. Gedankenlosigkeit in wichtigen Fragen ist ihr Kennzeichen.

■ Andere stellen sich solchen Grundfragen. Sie suchen nach Antworten für ihr Leben, weil sie merken, dass sich diese Fragen nicht von selbst beantworten. Für sie ist leicht erkennbar, dass von den Antworten viel abhängt, vielleicht sogar die ganze Richtung ihres Lebens. Mädchen und Jungen, die so nachdenken, sind bereits junge »Philosophen« (→ S. 21). Sie befassen sich mit dem Teil der Philosophie, den man »**Ethik**« nennt. Er hat auch manche Querverbindungen zur Religion, da auch Christen auf ein solches Nachdenken nicht verzichten können.

Nun klingt das, was Philosophen zu ethischen Grundfragen zu sagen haben, manchmal etwas abstrakt und lebensfern, ist es aber im Kern meist nicht. Ihre Einsichten kommen aus der Beobachtung und Kenntnis des Lebens. Ihre Begriffe wollen das Leben auf den Punkt bringen. Wer selber über solche Grundfragen nachdenkt, kann zu gleichen Einsichten kommen, auch wenn er sie vielleicht nicht sofort so gekonnt formulieren kann wie die Fachleute. Heute bekommt man häufig auf die Frage, wie wir leben sollen, diese Antwort zu hören: Wir sollen »**verantwortlich**« leben und handeln. »**Verantwortung**« muss unser Leben bestimmen.

Herbert Falken (geb. 1932), Tänzer vor Jury, 1976.

Verantwortung – was ist das?

Wenn man eine Antwort auf diese Frage sucht, sollte man zuerst auf das Wort selbst hören. Manchmal weist die Sprache selbst einen guten Weg zum Verständnis wichtiger Grundbegriffe. In dem Wort »Verantwortung« kann man leicht das Wort »**Antwort**« erkennen. Wer verantwortlich handelt, gibt einem Gegenüber – sich selbst, anderen Menschen, der Umwelt, den Tieren – die richti-

Das Wort »**Ethik**« kommt aus der griechischen Welt. Es hängt mit »Ethos« zusammen, was übersetzt »Sitte«, »Brauch«, »Gewohnheit« heißt. Wenn wir heute vom »Ethos« eines Menschen sprechen, meinen wir seine innere Einstellung zu sich, zu anderen, zum Beruf, zur Welt, zu Gott.

Die Ethik bildet den Teil der Philosophie (→ S. 21), der sich auf unser Handeln bezieht. Wer Ethik betreibt, fragt, wann eine Handlung gut oder böse (→ S. 226 ff ZdF) ist und wann sie zu verantworten ist. Die Grundfrage der Ethik lautet: »Was sollen wir tun?« Auf diese Frage sind unterschiedliche Antworten möglich, z. B. »Das, was mir nützt«, »Das, was anderen nützt«, »Das, was die Welt und das Leben in Ordnung hält«. Solche Antworten werden in der Ethik im Einzelnen überprüft, über sie wird heftig gestritten.

Es gibt viele Formen der Ethik. Manche bewegen sich in einem religiösen Umfeld und beziehen **Gott** in ihr Denken ein. Andere lassen Gott aus dem Spiel.

1 Warum ist der Begriff »Verantwortung« für manche Schüler wie ein rotes Tuch?
2 Welche Menschen haben für euch bis zu eurem ersten – sechsten – zehnten Lebensjahr Verantwortung getragen? Wer ist heute für euer Leben (mit)verantwortlich? Für wen seid ihr schon verantwortlich gewesen und für wen seid ihr es heute?

ge Antwort. Er stellt sich der Herausforderung, die von einem anderen an ihn ergeht. Er spürt, dass er sich dieser Herausforderung des anderen nicht entziehen darf. Er weiß, wozu er verpflichtet ist. Verantwortung spielt sich also zwischen zwei Polen ab. Die Beziehung zwischen diesen beiden Bereichen muss stimmen. Sie darf nicht verletzend oder zerstörend sein. Sie muss für beide Seiten sachgemäß und förderlich sein. Verantwortung gibt es deshalb auf der Welt, **weil keiner nur für sich allein lebt,** sondern immer im Kontakt mit anderen steht. Verantwortung sagt, dass es nicht **ohneeinander,** sondern nur **miteinander** geht. Weil Verantwortung eine so umfassende Bedeutung für unser Handeln hat, sprechen wir auch von dem **»Prinzip«** Verantwortung.

Wer trägt Verantwortung?

Das hört sich alles etwas schwierig an, wird aber leichter verständlich, wenn wir konkret werden. Dazu können wir zunächst einmal fragen: Wer trägt Verantwortung? Und umgekehrt: Wer trägt keine Verantwortung?

Ein Stein, der einen Menschen verletzt, kann für seinen Schaden nicht verantwortlich gemacht werden. Der Fluss, der über die Ufer tritt und die Ernte vernichtet, ist nicht verantwortlich. Die Wespe, die ein Kind sticht, ist nicht verantwortlich. Ein Virus, das eine Infektion hervorruft, ist nicht verantwortlich. Wer nicht anders handeln kann, als es ihm die Gesetze der Natur auferlegen, kann auch nicht für etwas verantwortlich gemacht werden. Verantwortung tragen nur Menschen, weil nur sie einen **freien Willen** haben. Er ermöglicht es ihnen in der jeweiligen Situation, so oder anders zu handeln. Verantwortung gibt es also nur da, wo es Freiheit gibt. Wo bei einem Menschen die Freiheit eingeschränkt oder aufgehoben ist, ist auch seine Verantwortung eingeschränkt oder aufgehoben.

Dabei trägt jeder Verantwortung entsprechend seiner Situation und Position. Erwachsene haben größere Verantwortung als Kinder, Lehrer haben mehr Verantwortung als Schüler, intelligente Menschen sind eher verantwortlich zu machen als Leute mit begrenztem Horizont. Ein Chef hat größere Verantwortung als seine Angestellten. Der Beruf des Politikers verpflichtet zu einer besonders weiten Form der Verantwortung.

Verantwortung haben
- die Eltern für ihre Kinder
- die Lehrerinnen und Lehrer für ihre Schülerinnen und Schüler
- die Bauern für gesunde Lebensmittel
- die Autofahrer für die anderen Verkehrsteilnehmer
- Journalisten für ihre Informationen, Artikel und Kommentare
- Priester für die Gläubigen
- ...

Das Prinzip Verantwortung

Wer tötete Davey Moore?

Wer tötete Davey Moore?
Wie kam er zu Tode und wer ist schuld daran?

Ich nicht, sagt der Schiedsrichter.
Zeigt mit eurem Finger nicht auf mich:
Du hättest den Kampf in der achten Runde abbrechen sollen,
um ihn vor seinem schrecklichen Schicksal zu bewahren.
Aber die Menge hätte mich bestimmt ausgebuht.
Sie wollen etwas für ihr Geld haben.
Schade um ihn.
Aber ich stehe eben unter Druck.
Nein, ich kann nichts dafür, dass er starb.
Mich kann man nicht dafür verantwortlich machen.

Ich nicht, sagt die aufgebrachte Menge,
deren laute Schreie durch die Halle gellen.
Sagt: Wie fürchterlich, dass er heute Nacht starb,
aber wir wollten doch nur einen spannenden Kampf sehen.
Uns kann man nicht für seinen Tod verantwortlich machen.
Wir wollten doch nur ein bisschen Schweiß sehen;
daran ist doch nichts Schlimmes.
Nein, wir können nichts dafür, dass er starb.
Uns kann man nicht dafür verantwortlich machen.

Ich nicht, sagt sein Manager und steckt seine dicke Zigarre an.
Es ist schwer zu sagen,
ich habe immer gedacht, er sei fit.
Traurig für seine Frau und seine Kinder, dass er tot ist.
Aber wenn er sich schlecht fühlte, hätte er es sagen sollen.
Nein, ich kann nichts dafür, dass er starb.
Mich kann man nicht dafür verantwortlich machen.

Ich nicht, sagt der Sportreporter
und gibt seinen Bericht in den Laptop.
Sagt: Das Boxen ist nichts Schlechtes.
Ein Fußballspiel ist genauso gefährlich.
Sagt: Das Boxen muss bleiben.
Das ist eben die amerikanische Art.
Nein, ich kann nichts dafür, dass er starb.
Mich kann man nicht dafür verantwortlich machen.

Ich nicht, sagt der Mann, dessen Fäuste ihn niederschlugen.
Schließlich kam er von Kuba, wo das Boxen nicht mehr erlaubt ist.
Ich habe ihn getroffen, das stimmt zwar.
Dafür werde ich bezahlt.
Nennt es nicht Mord oder Totschlag.
Es war Schicksal, es war Gottes Wille.

Pete Seeger

WIR SIND NICHT NUR VERANTWORTLICH FÜR DAS, WAS WIR TUN, SONDERN AUCH FÜR DAS, WAS WIR NICHT TUN.

Noch vor hundert Jahren sprach man kaum von **Verantwortung,** sondern eher von Pflichten, Geboten und Tugenden. Heute ist Verantwortung zu einem Schlüsselbegriff geworden. Überall spricht man davon. Im öffentlichen und privaten Leben hat er einen festen Platz. Politiker, Journalisten und Lehrer haben ihn ständig im Gebrauch. Niemand will verantwortungslos sein. Auch in der Ethik spielt der Begriff eine große Rolle. Dabei ist nicht leicht zu sagen, was Verantwortung ist.

Das Prinzip Verantwortung

Häufig erleben wir, dass Menschen nicht zu ihrer Verantwortung stehen. Verbreitet ist der Trend, die **Verantwortung abzuschieben**, z. B.
- auf andere Leute: »Die sind schuld« oder »Warum immer ich?«
- auf die Umstände: »Da kann man nichts machen« oder »Ist doch alles egal.«
- auf das Fernsehen: »Wenn die Stars das dürfen!«
- auf die Gesellschaft: »Das machen doch alle so.«
- auf den Charakter oder die Gene: »So bin ich nun einmal« oder »Ich kann nichts für mich.«
- …

Was haltet ihr von solchen Aussagen?

Du bist zeitlebens für das verantwortlich, …

Der kleine Prinz (→ S. 207) lebte zuerst auf einem kleinen Planeten. Da hatte er eine etwas eitle und schwierige Rose lieb gewonnen. Er bewunderte ihre Schönheit, gab ihr Wasser zu trinken und schützte sie mit einem Wandschirm vor den Winden. Doch ihre nichts sagenden Worte machten ihn auch manchmal unglücklich. Als der kleine Prinz von seinem Planeten auf die Erde kam, konnte er diese Rose nicht vergessen, gerade auch als er auf einem Feld viele Rosen sah, die seiner Rose äußerlich glichen. Mit einem Fuchs, der ihm ein Freund geworden war, als er ihn gezähmt hatte, unterhält er sich über die eine Rose und die vielen Rosen.

»Geh die Rosen wieder anschauen. Du wirst begreifen, dass die deine einzig ist in der Welt. Du wirst wiederkommen und mir adieu sagen und ich werde dir ein Geheimnis schenken.«

Der kleine Prinz ging, die Rosen wiederzusehen: »Ihr gleicht meiner Rose gar nicht, ihr seid noch nichts«, sagte er ihnen. »Niemand hat sich euch vertraut gemacht und auch ihr habt euch niemandem vertraut gemacht. Ihr seid, wie mein Fuchs war. Der war nichts als ein Fuchs wie hunderttausend andere. Aber ich habe ihn zu meinem Freund gemacht und jetzt ist er einzig in der Welt.«

Und die Rosen waren sehr beschämt.

»Ihr seid schön, aber ihr seid leer,« sagte er noch. »Man kann für euch nicht sterben. Gewiss, ein Irgendwer, der vorübergeht, könnte glauben, meine Rose ähnle euch. Aber in sich selbst ist sie wichtiger als ihr alle, da sie es ist, die ich begossen habe. Da sie es ist, die ich unter einen Glassturz gestellt habe. Da sie es ist, die ich mit dem Wandschirm geschützt habe. Da sie es ist, deren Raupen ich getötet habe (außer den zwei oder drei um der Schmetterlinge willen). Da sie es ist, die ich klagen oder sich rühmen gehört habe und manchmal auch schweigen. Da es meine Rose ist.«

Und er kam zum Fuchs zurück: »Adieu«, sagte er …

»Adieu«, sagte der Fuchs. »Hier ist mein Geheimnis: Es ist ganz einfach: Man sieht nur mit dem Herzen gut. Das Wesentliche ist für die Augen unsichtbar.«

»Das Wesentliche ist für die Augen unsichtbar«, wiederholte der kleine Prinz, um es sich zu merken.

»Die Zeit, die du für deine Rose verloren hast, sie macht deine Rose so wichtig.«

»Die Zeit, die ich für meine Rose verloren habe …«, sagte der kleine Prinz, um es sich zu merken.

»Die Menschen haben diese Wahrheit vergessen«, sagte der Fuchs. »Aber du darfst sie nicht vergessen. Du bist zeitlebens für das verantwortlich, was du dir vertraut gemacht hast. Du bist für deine Rose verantwortlich …«

»Ich bin für meine Rose verantwortlich …«, wiederholte der kleine Prinz, um es sich zu merken.

Antoine de Saint-Exupéry (1900–1944), französischer Dichter

---

3 Heute ist das Wort »Verantwortung« in der Öffentlichkeit häufig zu hören. Verantwortung übernimmt z. B.
- ein Politiker für eine verlorene Wahl
- ein Fußballtrainer für ein miserables Spiel seiner Mannschaft
- eine terroristische Gruppe für eine Flugzeugentführung
- …

Was haltet ihr von diesem Sprachgebrauch?

4 Sucht nach Beispielen, die zeigen, wie Leute heute ihre Verantwortung abzuschieben versuchen, z. B. auf die Schule, den Staat oder die Kirche.

5 Verantwortungslosigkeit hat mit Schuld zu tun. Zum Thema Schuld: → S. 186 ff.

Das Prinzip Verantwortung

2. Verantwortung für das eigene Leben

Verantwortung haben wir zunächst einmal **für uns selbst.** Jeder muss damit bei sich anfangen. Das eigene Leben steht im Bereich unserer Verantwortung. Diese Verantwortung bezieht sich auf Leib und Seele, auf Kopf, Hand und Herz. Nichts von dem kann sich richtig entfalten, wenn wir nicht verantwortungsvoll damit umgehen.

Jeder ist – ganz oder teilweise – verantwortlich
- für seine Gesundheit
- für die Entwicklung seiner geistigen Fähigkeiten
- für den Fernsehkonsum
- für den Erfolg in der Schule
- für seinen Umgang mit dem Computer
- für die Bildung des Gewissens
- für sein Beten
- für seine Freizeit
- für sein Aussehen
- für seine Sprache
- ...

Wofür noch?

> Das Wort »Verantwortung« kommt in der **Bibel** kaum vor. Das, was wir heute so bezeichnen, finden wir in einer anderen Formulierung in der wichtigsten Weisung Jesu, die besagt, dass jeder Gott mit ganzem Herzen und den Nächsten wie sich selbst **lieben** soll (Mk 12, 29-31). Das **»wie sich selbst«** sagt klar, dass jeder sich selbst lieben soll. Wer sich selbst nicht liebt, wer sich selbst nicht annimmt, kann auch andere nicht lieben. Er wird immer ein verletzter oder kranker Mensch sein. Die Liebe zu sich selbst kommt aus dem Glauben, dass alle Menschen Gottes Geschöpfe sind und von Gott beim Namen genannt werden. Wer sich selbst liebt, geht mit sich selbst verantwortlich um.

Süchte

Das Wort »Sucht« bezeichnet ursprünglich eine Krankheit (»siechen«). Heute versteht man darunter im engeren Sinn eine krankhafte, zwanghafte Abhängigkeit von Stoffen und das Verlangen nach ständig neuer Einnahme dieser Stoffe. Damit sollen Lustgefühle hervorgerufen und Unlustgefühle ausgeschaltet werden. Der Zustand der Sucht tritt manchmal rasch, in der Regel nach regelmäßigem oder dauerndem Konsum ein und führt zu physischen (z. B. Schweißausbrüche, Fieber, Muskelschmerzen, Erbrechen) und/oder psychischen (z. B. Unlustgefühl, Depression) Schäden.

Es gibt viele Formen der Sucht. Selbst Glücksspiele und das Surfen im Internet können süchtig machen.

Für Mädchen und Jungen – ähnlich wie für die Erwachsenen – entstehen Probleme für Leib und Leben, für Gesundheit und Wohlbefinden besonders dann, wenn sie Nikotin, Alkohol und Drogen konsumieren. Manche fangen damit schon früh an und geraten in die Gefahr, süchtig zu werden. Darum stellt sich unweigerlich die Frage, ob dieser Konsum verantwortet werden kann.

1 Liebe zu sich selbst ist etwas völlig anderes als Egoismus. Könnt ihr den Unterschied an einem Beispiel aufzeigen?
2 Manche Menschen meinen, es sei gar nicht schwer sich selbst zu lieben. Andere haben damit erhebliche Probleme, wenn sie sich selbst betrachten und einiges an sich entdecken, womit sie nicht zufrieden sind. Was meint ihr dazu? Was könntet ihr einer Freundin/einem Freund sagen, die/der sich selbst ablehnt und sich nicht liebenswert findet?

Das Prinzip Verantwortung

202

3 Sucht hat viele Gesichter. Vieles kann zur Sucht werden, z. B. Essen, Medikamente, Computerspiele, Fernsehen, Abmagern, Arbeiten, Lesen, Sex, Stehlen, Einkaufen usw. Fertigt eine Zeichnung an, in der ihr Formen der Sucht eintragt. Sprecht darüber, wie diese Süchte entstehen, worin sie sich unterscheiden und wie man damit umgehen soll.

4 Habsucht und Ichsucht – zwei Grundsüchte der Menschen?

5 Sprecht über die Sätze: »Hinter jeder Sucht steht eine Sehnsucht« und »Jede Sucht ist eine Flucht«.

PROJEKT

Das Projekt »**Keine Macht den Drogen**« könnt ihr mit dem Biologie-, Chemie-, Sozialkunde-, Ethik- und evangelischen Religionsunterricht durchführen. Es soll sich mit den Gefahren der bei uns verbreiteten Süchte befassen. Dabei müsst ihr vorsichtig vorgehen, damit die Aktion nicht zur Werbung für Drogen wird. Fachleute sollten euch beraten. Unter euren Eltern gibt es vielleicht Sozialarbeiter/innen, Drogenberater/innen, Ärztinnen und Ärzte usw., die einschlägige Erfahrungen mit der Thematik haben. Macht bei der Arbeit deutlich, warum sich der **Religionsunterricht** mit diesem Thema beschäftigt.

Anregungen, die zum Teil in einzelnen Gruppen aufgenommen werden können:

1 einen »**Drogenberater**« zusammenstellen, den ihr in der Schule verteilen könnt; Themen:

- **Drogenkarrieren** kennen lernen und in kurzen Artikeln zusammenfassen. Schwerpunkte: die (unerfüllten) Sehnsüchte, der Einfluss anderer, die ersten Schritte, die Folgen usw. Beispiele aus der Szene, den Medien, der Literatur

- Leute, die in der **Drogenberatung** tätig sind, einladen; Merksätze über deren Erfahrungen formulieren
- ein kleines **Drogenlexikon** zu den verschiedenen Drogen anfertigen: Aussehen, Zusammensetzung, Herkunft, Auswirkungen; gesundheitliche, psychische und soziale Folgen usw.
- die **Schäden/Kosten** der verschiedenen Süchte für die Gesellschaft beziffern
- die Möglichkeiten beschreiben, aus einer einmal entstandenen **Abhängigkeit** wieder herauszukommen.

2 Einen **Plakatwettbewerb** zum Thema ausschreiben, die Plakate in der Schule/Klasse ausstellen

3 Eine **Diskussion** mit Eltern, Lehrerinnen und Lehrern sowie Drogenberatern organisieren: Welche **Sehnsucht** steckt hinter den **Süchten**? Welcher Zusammenhang besteht zwischen Drogenkonsum und **Sinnsuche**? Darf, soll oder muss die Schule eine(n) drogenabhängige(n) Schüler(in) entlassen?

Material zum Thema könnt ihr kostenlos anfordern: Bundeszentrale für gesundheitliche Aufklärung, Postfach 910151, 51071 Köln. Das »Jahrbuch Sucht« wird herausgegeben von der Deutschen Hauptstelle gegen die Suchtgefahren und kann dort bezogen werden. Die Adresse: Postfach 1369, 59003 Hamm. In den Materialien findet ihr aktuelle Daten.

Herbert Falken (geb. 1932), Rauschgiftsüchtiger, 1973.

Das Prinzip Verantwortung

Der blaue Dunst

»Rauchen gefährdet die Gesundheit«. Jede öffentliche Zigarettenwerbung (→ S. 225) auf Plakaten warnt deutlich vor dem Genuss von Tabak. Die vielen Raucher selbst, die alljährlich in Deutschland über 170 Milliarden Zigaretten rauchen, lässt das offenbar kalt.

Lassen wir die Tatsachen sprechen. In Deutschland fordert die giftige Volksdroge **Nikotin** – ansonsten ein gebräuchliches Pflanzen- und Insektenvertilgungsmittel – jährlich mehr als 140 000 Tote und macht fast ebenso viele Raucher zu Frühinvaliden. Schon 50 bis 100 Milligramm Nikotin, die in den Verdauungstrakt gelangen, wirken tödlich. Diese Menge ist in 5 bis 10 Zigaretten enthalten. Beim Rauchen gelangt allerdings nur ein geringer Teil davon in den Organismus.

Es ist seit langem nachgewiesen, dass **Nikotin** und die im Rauch befindlichen Gase die Blutgefäße verengen und die Durchblutung aller Organe beeinträchtigen. Rauchen fördert Lungenkrebs und andere Krebsarten, z. B. in der Mundhöhle. Andere Folgen: Herzkrankheiten, Verkalkung, Raucherbein, Bronchitis, Durchblutungsstörungen, Herz- und Hirninfarkt. Wer schon früh mit dem Rauchen beginnt, verkürzt seine Lebenserwartung um mehrere Jahre. Durch die Zigarette sterben weltweit mehr Menschen als durch Alkohol, Kokain, Heroin, Auto- und Flugzeugunfälle, Aids und Mord zusammen. Eine Untersuchung hat ergeben, dass viele von Zigaretten und Drogen abhängige Menschen eher auf die Drogen als auf die Zigaretten verzichten können.

Die Tabakindustrie verdient viel Geld mit ihren schädlichen Produkten. Dem Staat verhelfen sie zu erheblichen Einnahmen, weil Zigaretten und Tabakwaren hoch besteuert werden. Das Rauchen an Schulen ist für alle verboten. Die Gesetzgebung zielt an, das Rauchen in allen öffentlichen Räumen zu untersagen.

Das Wissen um die **schädlichen Folgen des Rauchens** beeindruckt die meisten Raucher nicht, weil sie hoffen, dass die schlimmen Folgen des Rauchens sie selbst nicht treffen. Sie bleiben dabei, weil es ihnen schmeckt und weil sie sich vom Rauchen Prestige, Ruhe, Entspannung u. v. a. versprechen. Sie bleiben vor allem dabei, weil ihnen die Kraft fehlt, von dem blauen Dunst zu lassen.

6 Macht eine Umfrage unter euren Mitschüler(inne)n und versucht herauszubekommen:
- Was empfindet ihr beim Rauchen?
- Was würde euch fehlen, wenn ihr nicht raucht?
- Wie reagieren eure Eltern, Freunde und Lehrer auf euer Rauchen?

7 Informiert euch im Biologieunterricht sowie in Fachbüchern und Zeitschriften über die Wirkung des Nikotins auf die Atemorgane, den Kreislauf, das Herz und das Gehirn.

8 Diskutiert die Frage, ob man das Rauchen – ähnlich wie die Drogen – verbieten sollte, um Schäden und Kosten zu vermeiden.

9 Was meinen Spötter mit Sätzen wie diesen?:
Rauchen macht schlank.
Rauchen schafft Arbeitsplätze.

Linke Seite, unten:

Jean-Michel Basquiat (1906–1988), Tabac, 1984

Schülerinnen und Schüler über das Rauchen

Aus einem Gespräch in einer achten Klasse über das Rauchen:

Jan: Viele fangen mit dem Rauchen an, weil sie sehen: Ja, die anderen rauchen auch. Dann geraten sie in eine Art Druck und meinen, es auch mal ausprobieren zu müssen.

Laura: Meine erste Zigarette habe ich mit meinem Freund geraucht. Der bot mir eine an und da wollte ich nicht nein sagen. Aber sie schmeckte eklig. Seitdem habe ich nicht mehr geraucht.

Philipp: Mir hat die erste Zigarette überhaupt nicht geschmeckt. Ich musste erst mal kräftig husten und dann war mir ziemlich übel zumute. Die anderen lachten und da dachte ich: Beim nächsten Mal machst du es besser. Aber es dauerte doch eine Zeit, bis ich Geschmack daran fand und dann ganz gern weiter rauchte.

Alexander: Als ich mir meine erste Zigarette ansteckte, dachte ich bei mir: Jetzt bist du kein Kind mehr. Jetzt fängst du an, erwachsen zu werden.

Sophie: Was mich ärgert, ist, dass mein Vater mir immer Vorwürfe macht, wenn ich mal eine Zigarette rauche, aber er selbst steckt sich abends vor dem Fernseher eine nach der anderen an und sagt, das brauche er zu seiner Entspannung.

Maria: Meine Mutter ist da anders. Die lässt mich rauchen. Die sagt: Es ist deine Gesundheit, die du ruinierst. Es ist deine Lunge, die du kaputt machst. Du bist selbst verantwortlich für das, was du tust. Du musst dafür zahlen und du wirst krank.

Julia: Ich rauche, weil es Spaß macht, etwas zu tun, was verboten ist. Darin liegt ein besonderer Reiz. Was erlaubt ist, macht doch keinen Spaß.

Paul: Mich macht die Werbung manchmal so richtig an. Die Raucher auf den Plakaten sehen irgendwie gut aus. Heiße Typen.

Lea: Ich gebe mein Taschengeld lieber für andere Dinge aus. Rauchen ist doof. Nachher stinkt alles und man selbst stinkt auch noch.

Niklas: Ich habe schon gemerkt, dass Rauchen abhängig macht. Ein paar Mal habe ich versucht aufzuhören. Das war in den ersten Tagen sauschwer. Aber wenn dann jemand kam und mir den Qualm vor die Nase blies, wurde ich wieder schwach und hing wieder an dem Glimmstengel, ohne es zu wollen.

Jürgen: Ich finde: Rauchen ist in. Das gehört dazu.

Günter: Ich finde: Rauchen ist out. Der Anteil der Raucher geht in den letzten Jahren eindeutig zurück.

Was haltet ihr von diesen Äußerungen?
Wie könnte ein Gespräch in eurer Klasse verlaufen?

Die gefährliche Flasche

Auch der **Alkohol** richtet erhebliche Schäden an.

■ Alkohol greift die **Gesundheit** an. Er kann die Ursache für folgende Krankheiten sein: Leberschrumpfung, Fettleber, Verdauungsstörungen, Magenschleimhautentzündungen, Zittern, Darmkrebs, Gleichgewichtsstörungen. Wenn Frauen während der Schwangerschaft Alkohol trinken, gefährden sie auch die Gesundheit ihres Kindes. An den Folgen übermäßigen Alkoholgenusses sterben in Deutschland jährlich etwa 40 000 Menschen.

■ Alkohol beeinträchtigt **Geist, Willen und Gefühlswelt.** Seine Folgen: lautes und störendes Auftreten, verminderte Denkfähigkeit, verlangsamte Reaktionsfähigkeit, Willensschwäche, Rücksichtslosigkeit, Aggressivität, Brutalität, mangelnde Zurechnungsfähigkeit, Enthemmung. Jährlich werden viele Menschen durch Alkohol im Straßenverkehr verletzt oder getötet.

■ Alkohol belastet die **Umwelt**: Kriminalität, Versagen in Schule und Beruf, Probleme in Ehe und Familie, Kosten für Entziehungskuren und Krankenhaus.

Die meisten Trinker wissen um die Schäden, die der Alkohol anrichtet. Aber jeder hat auch seine Gründe, weshalb er trotzdem zu der verführerischen Flasche oder zum gefährlichen Glas greift. Verharmlosend sagen sie: Alkoholische Getränke schmecken – schaffen in einer Gesellschaft Stimmung – trösten, wenn man allein ist – lassen vergessen, was unangenehm ist – helfen in Stresssituationen – …

Darum steht der Alkoholkonsum so hoch im Kurs. Auch junge Leute sind daran beteiligt.

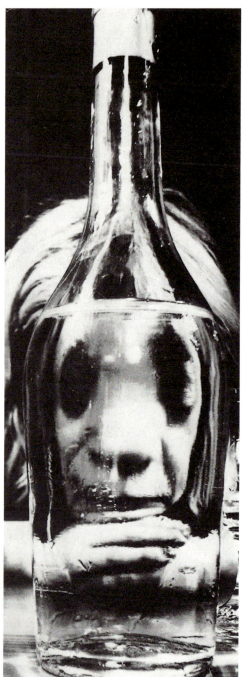

10 Ergänzt den Satz: Mit Alkohol kann man…

11 Wie soll man sich verhalten, wenn einem ein alkoholisches Getränk angeboten wird?

12 Was haltet ihr von dem Satz: Der Alkoholismus ist Flucht vor der Verantwortung in die Verantwortungslosigkeit?

13 Warum kommen Mädchen und Jungen trotz gesetzlichen Verbots leicht an Alkohol?

Das Prinzip Verantwortung

Der Säufer

Der kleine Prinz (→ S. 201) stieß auf seiner Reise zu mehreren Planeten auf ganz problematische Leute.

Den nächsten Planeten bewohnte ein Säufer. Dieser Besuch war sehr kurz, aber er tauchte den kleinen Prinzen in eine tiefe Schwermut. »Was machst du da?«, fragte er den Säufer, den er stumm vor einer Reihe leerer und einer Reihe voller Flaschen sitzend antraf. »Ich trinke«, antwortete der Säufer mit düsterer Miene. »Warum trinkst du?«, fragte ihn der kleine Prinz. »Um zu vergessen«, antwortete der Säufer. »Um was zu vergessen?«, erkundigte sich der kleine Prinz, der ihn schon bedauerte. »Um zu vergessen, dass ich mich schäme«, gestand der Säufer und senkte den Kopf. »Weshalb schämst du dich?«, fragte der kleine Prinz, der den Wunsch hatte, ihm zu helfen. »Weil ich saufe!«, endete der Säufer und verschloss sich endgültig in sein Schweigen. Und der kleine Prinz verschwand bestürzt. Die großen Leute sind entschieden sehr, sehr wunderlich, sagte er zu sich auf seiner Reise.

Antoine de Saint-Exupéry (1900–1944), französischer Dichter

Pablo Picasso (1881–1973), Die Absinthtrinkerin, 1901.

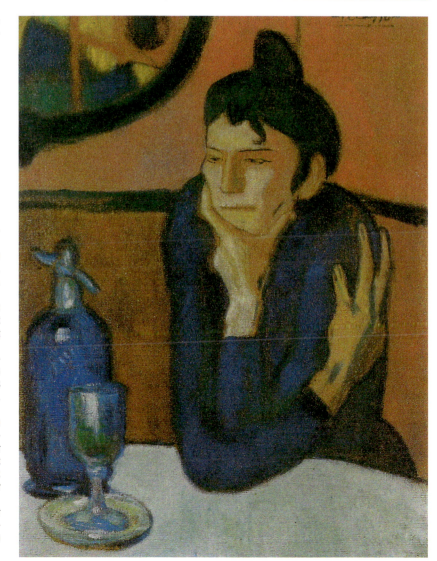

14 Wie könnt ihr die folgenden Angaben weitererzählen?
- Herbert (14) behauptet stolz: Ein paar Bier machen mir nichts aus. Ich kann schon was vertragen. Gestern z. B. …
- Uschi (15) trinkt ganz gern ein Glas Apfelkorn. Aber sie braucht keinen Alkohol, um in Stimmung zu kommen. Neulich …
- Christiane (22) fühlt sich oft einsam. Wenn dann abends auch das Fernsehen nichts bringt, was ihr gefällt, beginnt sie zu trinken. Ihre Freundinnen meinen …
- Der Vater schimpft immer, wenn er merkt, dass Michael (15) wieder einmal eine Flasche Bier getrunken hat. Aber selbst trinkt er täglich mehrere Flaschen Bier. Neulich kam es zwischen Vater und Sohn zu einem Gespräch …

15 Muslimen (→ S. 258 ZdF) ist der Genuss von Alkohol streng verboten. Warum haben Christen kein generelles Alkoholverbot?

Das Prinzip Verantwortung

Das trügerische Glück

Drogen haben in Deutschland seit Jahren eine hohe Konjunktur. Man kann sie an bestimmten Plätzen und Ecken in der Stadt erwerben. Gelegentlich werden sie auf dem Schulhof verteilt. In manchen Diskos sind sie zu Hause. Wer an Drogen kommen will, findet leicht einen Weg zu ihnen. Aber meist kommen die Drogen zuerst zu den jungen Leuten. Da bietet ein Dealer den Jugendlichen Drogen an und manche von ihnen greifen zu. Sie tun das, um die Neugierde zu befriedigen – um starke Gefühle zu erleben – um in Stimmung zu kommen – um der Sehnsucht ein Ziel zu geben – um ein cooles Image zu haben – um Anschluss an eine Gruppe zu finden. Viele Jugendliche, die zum ersten Mal Drogen nehmen, sind in einem **Tief ihres Lebens.** Weil niemand ihre Probleme löst, erhoffen sie von den Drogen Lösungen.

Drogen greifen in die natürlichen Abläufe des Körpers, vor allem des Gehirns ein und beeinflussen Stimmungen, Wahrnehmungen und das Denken. Eine Droge wie Haschisch (»Shit«) oder Marihuana (»Gras«) kann wohlige Gefühle auslösen, die Wahrnehmung von Tönen, Farben und Gerüchen intensivieren und die Welt in einem angenehmen Licht sehen lassen. Der User selbst kann das Gefühl des Schwebens bekommen. Wer dies irgendwann einmal ausprobiert, braucht nicht unbedingt dauerhafte **Folgeschäden** zu befürchten. Trotzdem sollte man sich nicht auf Drogen einlassen, weil man ihnen allzu leicht verfällt. Schon beim ersten Probieren lösen Drogen oft Brechreiz, Übelkeit, Ruhelosigkeit und Gliederschmerzen aus. Depressionen, Verwirrung sowie

Sprach- und Verständigungsprobleme können auftreten. Aber wichtiger ist dies: Das Glück, das die Drogen versprechen, ist trügerisch. Drogen versetzen in eine Welt des Scheins. Drogen wecken Illusionen. Sie lösen keine Probleme, sondern schaffen Probleme. Ihre verheerenden Wirkungen können Gesundheit und Leben ernsthaft gefährden, vor allem dann, wenn der Einstieg zum Start in eine intensivere **Drogenkarriere** wird.

Drogen sind in ihrer Wirkung verschieden. Alle sind gefährlich, weil sie psychische Störungen wie Angst oder Abhängigkeit verursachen können. Manche machen so süchtig, dass man aus eigener Kraft kaum mehr von ihnen loskommt. Das Verlangen nach weiteren Drogen wird dann so stark, dass es nur durch weitere Drogen befriedigt werden kann. Die kosten viel Geld. Viele Abhängige wissen sich dann nicht anders zu helfen, als dass sie irgendwo einbrechen oder dass sie selbst Drogen verkaufen, um mit dem Erlös ihren eigenen Drogenbedarf zu decken (»**Beschaffungskriminalität**«). Oft führt die Drogenabhängigkeit auch zur völligen **Zerrüttung der Gesundheit und des seelischen Gleichgewichts,** weil manche Drogen die Nervenganglien im Gehirn zerstören und dadurch schwerwiegende Änderungen im Denken, Fühlen und Handeln bewirken. Am Ende vieler Drogenkarrieren stehen Menschen, die sich nicht mehr helfen können und ein Leben aus eigener Verantwortung nicht mehr schaffen. Ihr persönliches Profil ist zerstört worden. Manche finden durch Drogen den Tod.

Solange es Menschen gibt, gibt es **Drogen**. Solange es Drogen gibt, gibt es auch den Streit darüber, ob man Drogen erlauben soll oder nicht. In Deutschland sind Drogen wie Nikotin oder Alkohol erlaubt, Drogen wie Haschisch, Marihuana, Heroin, Kokain, Mescalin, LSD und Designerdrogen wie Ecstasy und Speed verboten. Wer diese Drogen besitzt oder mit ihnen handelt, macht sich strafbar.

Ecstasy

In dem folgenden Text ergeben die Anfangsbuchstaben der Zeilen das Wort »Ecstasy«. Jede Zeile sagt etwas über diesen Stoff aus.

E kstase mit Folgen
C hemie aus Giftküchen
S ucht programmiert
T eufelskreis ohne Ausweg
A usbeutung der Jugend
S chadstoffe in Pillenform
Y psilon – das Vorletzte.

*Carolin Sellinger (13), Mara Eggebrecht (14), Saskia Pasedag (13),
Schülerinnen des Gymnasiums Weilheim*

Könnt ihr einen ähnlichen Versuch für die Wörter Cannabis, Kokain, LSD oder Heroin machen?

Häufige Folgen der Drogensucht:

- Versagen in der Schule
- Verlust des Arbeitsplatzes
- mangelnde Selbstkritik
- Konzentrations- und Denkstörungen
- Realitätsverlust
- Wahnerleben und Horrorvorstellungen
- Angst und Depression
- übermäßige Unruhe
- Aggressivität
- Neigung zum Suizid (lat.: »Selbsttötung«)

16 Was wisst ihr über Drogen aus dem Unterricht in anderen Fächern, aus eigenen Beobachtungen sowie aus Büchern und Zeitschriften? Wo ihr weitere Informationen erhalten könnt, sagt euch die Angabe im Projekt → S. 203.

17 Was meint ihr: Sind nur manche Jugendliche wegen ihrer Veranlagung, wegen ihrer Probleme im Elternhaus und in der Schule, wegen ihrer schlimmen Situation besonders gefährdet, oder sind alle Mädchen und Jungen etwa gleich gefährdet?

18 Drogenkonsum – Drogenabhängigkeit – Drogensucht – Drogenkarriere: Welche Beziehung seht ihr zwischen diesen Begriffen?

19 Wie solltet ihr euch verhalten, wenn ihr wisst, dass einige eurer Klassenkameraden Drogen nehmen und auch verkaufen.

20 Schreibt einen Brief an einen Jungen, der angefangen hat Drogen zu konsumieren.

Keine Macht den Drogen

Jährlich gibt es auf der Welt tausende Drogentote. Oft liegt es an einer Überdosis oder auch an schlechtem Stoff. In der Szene gibt es die Kleindealer, die nicht nur die Drogen verteilen, sondern auch die schmutzige Arbeit des »Anfütterns« erledigen. Dann gibt es die Fädenzieher hinter den Kleindealern, von denen kaum jemand weiß, wo sie sich aufhalten. Sie leiten die Geschäfte. Viele von den örtlichen Dealern sind selbst süchtig und finanzieren durch das Dealen ihren eigenen Konsum. Weil das Drogengewerbe bestens organisiert und getarnt ist, kann die Polizei kaum durchschlagende Erfolge erzielen.

Manchmal denke ich, das Einzige, was wir tun können, ist, dass wir mit jemandem sprechen müssen, der Probleme hat. Oder, dass wir gemeinsam einen Ausweg suchen, wenn wir erkennen, dass sich jemand an eine Droge hängt. Keine Macht den Drogen.

Julia Scholz, Amos Comenius Gymnasium, Klasse 8b, Bonn

In unserem Dorf habe ich als Erster mit dem Genuss von Drogen angefangen: Nach einiger Zeit habe ich einige Leute dazu verführt, mit mir zusammen Joints zu rauchen und Trips zu werfen. Es sind genau solche Menschen wie ihr gewesen. Heute sind sie kaputt, genau so kaputt, wie ich es vor einigen Wochen war. Immer tauchen diese Freunde vor mir in Gedanken auf. Sie sprechen mit mir, sie lachen, sie schreien mich an. Ich sehe sie immer vor meinen Augen. Der eine gerade beim Jointbauen, der andere beim Tripwerfen, der nächste die Spritze aufziehen.

Wenn sie alle fertig sind und voll in der Ecke liegen, schreien sie mich an. Sie drohen mir, sie sagen mir, ich solle wieder mitmachen. Sie sagen, ich soll mit ihnen daran kaputtgehen. Ich drehe mich im Kreis und sehe sie rund um mich liegen. Jeder sieht schlimmer aus als der andere. Zuletzt mein bester Freund. Er kann sich nicht mehr regen, aber er schaut mich an. In diesem Blick steht groß in knallroten, feurigen Buchstaben geschrieben: Sieh mich an, das habe ich dir zu verdanken.

Ich kann mich nicht losreißen von meiner Schuld, andere Leute zum Rauschgift verführt zu haben. Mein Arzt sagt mir immer, ich habe keine Schuld, da ich selber nicht wusste, was ich tat. Ich sehe das ein, aber trotzdem tut es mir in meinem Innern weh.

aus dem Brief eines Jugendlichen an einen Religionslehrer und seine Klasse

Das Prinzip Verantwortung

3. Verantwortung für andere Menschen

Niemand, der das Christentum auch nur oberflächlich kennt, kann bestreiten, dass es zur Verantwortung für andere Menschen aufruft. Ein wichtiger Teil seines ethischen Programms zielt auf diese Pflicht. Für Christen ist sie am deutlichsten in dem Hauptgebot der Bibel ausgedrückt, in dem es heißt:

»**Du sollst deinen Nächsten lieben wie dich selbst**« (Mk 12, 29-31). Liebe ist sicher noch mehr als nur Verantwortung. Aber Liebe schließt auf jeden Fall Verantwortung ein.

Wer ist der Nächste, für den wir Verantwortung tragen? Die Antwort kann nur lauten: Alle, mit denen wir zu tun haben. Also Eltern und Geschwister, Freundinnen und Freunde, Verwandte und Bekannte, Klassenkameraden und Sportsfreunde sowie Lehrerinnen und Lehrer in der Schule. Daraus ergibt sich für jeden ein weites Netz von Verantwortlichkeit.

Dieser Verantwortung kann sich niemand entziehen. Es liegt nicht in unserem Belieben, ob wir sie übernehmen oder nicht. Sie ist eine Forderung, die sich daraus ergibt, dass es den Anderen gibt. Sein Antlitz sagt uns, was zu tun ist. Wenn wir ihn in seiner Ohnmacht oder Verletzlichkeit sehen, wissen wir, was notwendig ist, ohne dass wir noch gelehrte Bücher studieren müssen. Die Sprache drückt dies anschaulich aus, wenn sie sagt: Wir werden zur Verantwortung »gezogen«. Wir können dieser Verantwortung zwar ausweichen, aber nur um den Preis, dass wir dem Anderen, mit dem wir zu tun haben, nicht gerecht werden. Wo dies geschieht, gerät das Leben in eine Krise.

Ausländer

In unseren Schulen gibt es viele **ausländische Schülerinnen und Schüler.** Sie kommen aus allen möglichen Ländern, z. B. aus der Türkei oder aus Polen, aus Indien oder von den Philippinen, aus Serbien oder Marokko. Manche leben schon lange mit ihren Eltern in Deutschland und sprechen die deutsche Sprache genauso gut wie ihre deutschen Mitschüler. Andere sind noch nicht lange in unserem Land und haben darum viele Anpassungsprobleme. Oft können sie sich nicht so richtig ausdrücken, sind anders gekleidet als deutsche Schüler, verstehen manche Dinge nicht, die hier

Duane Hanson (geb. 1925), Bowery Derelicts (Obdachlose in New York), 1969/70.

Das Prinzip Verantwortung

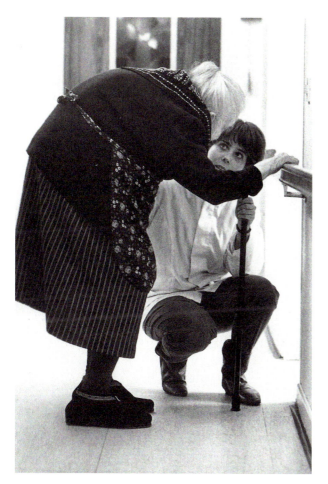

selbstverständlich sind. So entsteht bei ihnen manche Unsicherheit, die noch verstärkt wird, wenn man über ihr Anderssein lacht oder spottet. – Schülerinnen und Schüler, die es mit ihrer Verantwortung ernst nehmen, werden sich gerade ausländischen Schülern zuwenden. Es wirkt oft Wunder, mit ihnen zu sprechen, sie zu sich nach Hause einzuladen, sich von ihrem Herkunftsland erzählen lassen usw.

Benachteiligte und Behinderte

Ähnliche Probleme wie Ausländer können Jungen und Mädchen haben, die in irgendeiner Weise **benachteiligt oder behindert** sind. Wer es in einer Klasse nicht so leicht schafft, wer nicht in einer intakten Familie lebt, wer nur über ganz wenig Geld verfügt, wer stottert, wer unsportlich ist, wer seinen Arm oder sein Bein nicht richtig gebrauchen kann, wer einen Sprach- oder Hörfehler hat, der kann sich in einer normalen Klasse leicht als Außenseiter fühlen. – Wer mit solchen Schülern nichts zu tun haben will, der handelt verantwortungslos. Schon eine spöttische Bemerkung oder ein bissiges Wort können großen Schaden anrichten, weil die Betroffenen oft empfindlich reagieren. Verantwortungsbewusste Schülerinnen und Schüler wissen sehr wohl, wie sie mit benachteiligten oder behinderten Schülerinnen und Schülern umgehen sollen.

Wer ist für die Gewalt verantwortlich?

Oft verleiten soziale Umstände zur Gewalt: Arbeitslosigkeit, zerrüttete Familienbeziehungen, religiöse Konflikte, beengte Wohnverhältnisse. Auch ein zu autoritärer Erziehungsstil kann Gewalt fördern, etwa wenn Schläge mit Erziehung gleichgesetzt werden. Bei Ausländern kommt hinzu, dass sie ihren Ehrenkodex auf hiesige Verhältnisse übertragen. Auf Provokationen antworten sie aus beleidigter Ehre nicht selten mit Gewalt.

Auch das Gefühl der Ausweglosigkeit kann ein Grund für Aggressionen sein, etwa wenn alle Bittgesuche, ein Jugendzentrum am Leben zu erhalten, nichts fruchten. Die jungen Leute fühlen sich dann nicht für voll genommen. Erst wenn ihr Ärger in Gewalt ausartet, reagieren die Politiker. Solche Erfahrungen verstärken den Eindruck von Perspektivlosigkeit. Sie können allerdings auch in politische Forderungen umschlagen.

Immer mehr Pädagogen sprechen den Journalisten die Schuld an der wachsenden Gewaltbereitschaft zu: Es sei verantwortungslos, dass im Fernsehen schon am Nachmittag Filme über Erpressung, Vergewaltigungen, Mord und Totschlag gezeigt würden; gleichzeitig regten sich die Massenmedien über die Verrohung auf, die sie doch selbst vorbereiteten.

Keiner will es gewesen sein – der eine schiebt dem anderen die Verantwortung zu: Ist das nicht das Hauptproblem?

Fabienne Kraus, Julia Strätz, Schülerinnen aus Darmstadt

1 Verantwortung für andere Menschen: – Wie könnt ihr sie in eurer Klasse und Familie wahrnehmen?
2 Meinungsforscher behaupten manchmal: In der Hitliste jugendlicher Werte rangieren Liebe, Freundschaft und Spaß sehr hoch, während soziale Verantwortung kaum eine Bedeutung spielt. Wie steht ihr zu dieser These?

Das Prinzip Verantwortung

»Bin ich der Hüter meines Bruders?«

Schon auf ihren ersten Seiten zeigt die Bibel etwas von dem, was wir heute »Verantwortung« nennen. An der Erzählung von Kain und Abel kann man ablesen, was »Verantwortung vor« und »Verantwortung für« bedeutet.

8 Hierauf sagte Kain zu seinem Bruder Abel: Gehen wir aufs Feld! Als sie auf dem Feld waren, griff Kain seinen Bruder Abel an und erschlug ihn. 9 Da sprach der Herr zu Kain: Wo ist dein Bruder Abel? 10 Er entgegnete: Ich weiß es nicht. Bin ich denn der Hüter meines Bruders? Der Herr sprach: Was hast du getan? Das Blut deines Bruders schreit zu mir vom Ackerboden.

aus dem Buch Genesis 4, 8–10

Mobbing

In manchen Schulen herrscht »Mobbing«. Ruppige Schüler (»Mobber«) treten lautstark auf und quälen schwächere mit beleidigenden Vokabeln, die oft aus dem Sexualbereich stammen. Vieles kann den Mobbern Anlass für ihr gewaltsames Auftreten sein: Aussehen, Noten, Klamotten, Hobbys, Herkunft. Sie greifen manchmal nicht nur mit Worten an, sondern schlagen und prügeln, kicken Ranzen gegen die Wand, hauen auf ihre Opfer ein, drohen mit einem Messer oder einer anderen Waffe. Rücksichtslos verlangen sie von anderen Geld oder andere Sachwerte. Wenn man es ihnen nicht gibt, hat man Schlimmes zu erwarten. Wenn man es ihnen gibt, verlangen sie bald mehr. Erpressungen sind an der Tagesordnung. Besonders schlimm kann das Verhalten gegenüber Mädchen sein, obwohl auch Mädchen Täter sind. Wenn sich diese Typen auch noch zu Cliquen zusammenschließen, verbreiten sie in ihrem ganzen Umfeld Angst. Sie können die Klasse oder auch den Schulhof terrorisieren.

Mädchen und Jungen, die es mit ihrer Verantwortung ernst nehmen, sollten sich besonnen und tapfer gegen diese Gewalt wehren. Mangelnde Gegenwehr erleichtert den Mobbern ihr Spiel. Oft sind klare Worte starke Waffen, die mehr Überzeugungskraft haben als Fäuste und Messer. An manchen Schulen sind ältere Schülerinnen und Schüler erfolgreich als **Streitschlichter** aufgetreten, die gewaltfreie Lösungen ermöglicht haben. Selbstbehauptungskurse für Mädchen haben sich vielerorts bewährt. Auch Eltern, Lehrer und Freunde sollen in die Problematik einbezogen werden und überlegen, was in einer solchen Situation zu tun ist. Auf keinen Fall darf man hinnehmen, dass sich in der Schule eine Atmosphäre des Schreckens ausbreitet.

Guido Muer (1927–2000), Kain und Abel, 1985.

3 Mobbing in der Klasse: Warum halten die Opfer so oft still und wehren sich nicht?

Rechte Seite: A. Paul Weber (1893–1980), Die Erschließung (II), 1978.

Immer rin mit dem Schiet, 1991.

Das Prinzip Verantwortung

212

> Weil Christen glauben, dass die **Welt von Gott geschaffen** ist (Gen 1, 1 ff), fühlen sie sich für die Welt verantwortlich. Sie sind davon überzeugt: Gott hat den Menschen die Welt als Haus des Lebens geschenkt. Dort sollen sie leben und das Leben weiter geben, arbeiten und ruhen, dem Bösen Widerstand leisten, sich freuen und mit anderen glücklich sein. Ihre Aufgabe ist es, die Welt wohnlich zu machen und sie in einem guten Zustand zu erhalten.

4. Verantwortung für die Welt

Jeder Mensch trägt Verantwortung für sich selbst, jeder trägt Verantwortung für seine Mitmenschen, jeder trägt Verantwortung auch für die Welt, so weit es in seinen Kräften steht. So erstreckt sich der Bereich der Verantwortung vom Nahen zum Fernen, vom Einzelnen bis zum Universalen. Verantwortung ist ein Prinzip des Handelns, das alle Lebensbereiche umfasst. Es ist ebenso weit wie das biblische Prinzip Liebe.

Wer die Welt beschädigt (→ S. 226 ff ZdF), wer gedankenlos knappe Rohstoffe verschwendet, wer die Luft zum Atmen verpestet und das Wasser zum Leben verschmutzt, wer die Wälder vergiftet und den Ackerboden durch Giftstoffe unfruchtbar macht, der handelt verantwortungslos, weil er unseren Lebensraum ruiniert. Er zerstört zugleich die **Lebenschancen künftiger Generationen,** weil er ihnen eine beschädigte Welt hinterlässt. Die jungen Leute von heute sind die Leidtragenden von morgen.

Alle Menschen tragen Verantwortung für die Welt, jeder nach seinen Möglichkeiten. Hier sind Politiker und Unternehmer, Wissenschaftler und Forscherinnen, Hausfrauen und Hausmänner, Fluggesellschaften und Stadtwerke, Lehrer und Journalisten gefragt. Erfreulicherweise gibt es schon viele **Schülerinnen und Schüler**, die sich ihrer Verantwortung in diesem Bereich bewusst sind. Bedauerlicherweise sind es aber noch lange nicht genug, die wissen, was auf dem Spiel steht.

Zerstörung der Umwelt

Mädchen und Jungen können viel dafür tun, ihre **Umgebung** in Ordnung zu halten. Sie sollten nicht achtlos Papier auf den Boden werfen, Flaschen und Dosen in der freien Natur entsorgen, fremde Wände beschmieren, ihre Klassenräume beschädigen und durch extrem lautes Verhalten andere Menschen stören. Das alles ist verantwortungslos, auch wenn es achtlos geschieht. Zustimmung verdienen die vielen Aktivitäten von Schulklassen, die gegen die Verunstaltung der Umwelt angehen und positive Signale setzen. Wer sich früh darin einübt, wird später – so ist zu hoffen – die richtige Einstellung haben, wenn er folgenreiche berufliche Entscheidungen trifft.

Das Prinzip Verantwortung

Die Qualen der Tiere

Tiere werden in unserer Gesellschaft schlimm behandelt. Hühner, Rinder und Schweine werden oft auf engstem Raum zusammengepfercht und unnatürlich gefüttert, damit die Kosten für ihre Mast möglichst gering bleiben und unsere Schnitzel und Frühstückseier nicht so teuer werden. Manche Tiere können sich nie in der freien Natur bewegen. Manche werden in tagelangen Transporten unter schlimmsten Bedingungen von einem Ort in Europa zu einem anderen gebracht, weil sie dort leichter verkäuflich sind. – Dass dieser Umgang mit Tieren nicht der Schöpfungsordnung Gottes entspricht, ist leicht einzusehen. Hier wird unseren **Mitgeschöpfen** ein Minimum an Lebensqualität versagt. Wer dagegen mit öffentlichen Protestaktionen, Leserbriefen an Zeitungen und Projekten in der Schule vorgeht, nimmt Verantwortung für die Welt wahr.

Die große Verschwendung

Bei uns gibt es eine unvorstellbare **Verschwendung** vieler kostbarer Dinge. Brote und andere Lebensmittel werden achtlos weggeworfen, während in anderen Gegenden der Welt immer noch täglich tausende Menschen verhungern (→ S. 22 ZdF). Unser täglicher Wasserverbrauch durch Kochen, Duschen, Putzen und Waschen ist so groß, dass die Grundbestände knapp werden. Unser Energieverbrauch liegt weit über unserem Energiebedarf, was dazu führt, dass Rohstoffe wie Erdöl, Holz oder Kohle in absehbarer Zeit aufgebraucht sind und für die Zukunft nicht mehr zur Verfügung stehen. Keiner kann da allein durch sein Tun Abhilfe schaffen. Da sind zuerst die Großverbraucher gefragt. Aber jeder kann in seinem Bereich kleine Zeichen setzen, die uns klar machen, dass wir bescheidener leben müssen und dass sich in unserem Leben vieles ändern muss.

Es geht nicht darum, ob Tiere denken oder sprechen können. Es geht allein darum, ob sie leiden können.

Jeremy Bentham (1784–1832), englischer Philosoph

---

1. Warum fällt es einzelnen Menschen und der Menschheit im Ganzen so schwer, auf Taten zu verzichten, die für die Welt so gefährlich und zerstörerisch sind? Warum lassen wir nicht davon, obwohl wir die Probleme ziemlich genau kennen?
2. Plant Aktivitäten in eurer Schule/Klasse
   - zum Schutz der Umwelt
   - zur besseren Lebenshaltung der Tiere
   - zur Eindämmung unserer maßlosen Verschwendung.

   Überlegt, wo ihr die Initiative ergreifen solltet. Macht einen Plakatwettbewerb!

Damit unsere Enkel noch in 10 000 Jahren an uns denken

DAS SIND DIE LEUTE, VON DENEN ERWARTET WIRD, DASS SIE UNSERE SCHULDEN BEZAHLEN

Das Prinzip Verantwortung

3 Sintflut und Umweltkatastrophe – was haben sie miteinander zu tun? Was bedeutet der Satz: Heute brauchen Tiere und Pflanzen wieder eine Arche Noah, um vor der Gefahr der Ausrottung bewahrt zu werden? Könnt ihr eine Arche bauen und sie mit Namen und Bildern bedrohter Tiere und Pflanzen ausstatten?

4 Was habt ihr im Erdkunde- und Biologieunterricht oder in den Medien über Umweltverschmutzung, Müllberge, Klimakatastrophe, Ozonloch, Entsorgung, Grundwassergefährdung, Energieverschwendung usw. erfahren?

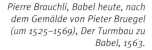

NATURSCHUTZ IST MENSCHENSCHUTZ.
DIE NATUR SCHÜTZT SICH SCHON SELBER.

Pierre Brauchli, Babel heute, nach dem Gemälde von Pieter Bruegel (um 1525–1569), Der Turmbau zu Babel, 1563.
Ähnliche Bilder: → S. 241 ZdF

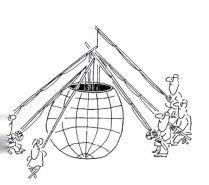

Überlegungen zum Schluss

Wenn ihr dieses Kapitel aufmerksam lest, wird euch möglicherweise angst und bange vor so viel Verantwortung, die ihr wahrnehmen sollt. Kein Lebensbereich ist davon ausgenommen, nicht das eigene Leben, nicht die nahen und fernen Menschen, nicht die vertraute Umgebung und nicht die weite Welt. Es gibt keinen Ort und keine Zeit für Verantwortungslosigkeit. Zugleich bemerkt ihr, dass viele Erwachsene es oft an ihrer Verantwortung fehlen lassen. Dieser Eindruck ist sicher nicht falsch. Was kann man dazu sagen? Vielleicht ist das Kapitel auch ein Zeichen des Vertrauens, dass ihr manches besser angeht, als es die Erwachsenen bisher gemacht haben.

Ihr könnt über folgende Fragen miteinander diskutieren:
- Sollte man im Unterricht über eure Verantwortung schweigen oder wenigstens Teilbereiche verschweigen?
- Sollte man in der Schule die Augen verschließen vor der Gefahr, dass ihr mit eurer vielfachen Verantwortung möglicherweise genauso überfordert seid wie die Erwachsenen? Wie denkt ihr darüber, dass eure Verantwortung noch wächst, je älter ihr werdet?
- Wie können Erwachsene euch helfen, Verantwortung zu übernehmen?
- Könnt ihr erkennen, dass der christliche Glaube dazu eine solide Stütze ist?

Das Prinzip Verantwortung

Was ist Wahrheit?

1. Die schwierige Frage

»Was ist Wahrheit?«, fragte der römische Statthalter Pontius Pilatus, als Jesus in seinem Prozess vor ihm stand und zu ihm sagte, dass er für die Wahrheit ein Zeuge sei (Joh 18, 38). Wahrscheinlich wusste Pilatus auf seine Frage selbst keine Antwort. Wir wissen nicht einmal, ob er sich für die Wahrheit wirklich interessierte. Aber seine Frage ist berühmt geworden. Dabei war sie nicht originell. In allen Völkern und Religionen wird nach der Wahrheit gefragt. Sie ist auch eine Grundfrage aller Philosophie (→ S. 21).

> In vielen Zusammenhängen sprechen wir von »wahr« und »Wahrheit«, z. B.
> - ein wahrer Mensch
> - die wahre Religion
> - etwas wahrnehmen
> - wahrhaftig, wahrscheinlich
> - etwas für wahr verkaufen
> - sein wahres Gesicht zeigen
> - eine Drohung wahr machen
> - etwas wahrsagen
> - eine wahre Erkenntnis
> - das wahre Leben
> - ...

Was jeweils dabei das »**Wahre**« ist, lässt sich gar nicht so einfach sagen. Offensichtlich hat das einfache Wort viele Bedeutungen. Wir kennen oder ahnen seinen Sinn, auch wenn wir ihn nicht definieren können.

Wahrheit und Wahrheiten

Über die Frage »Was ist Wahrheit?« haben die Philosophen schon immer nachgedacht. Sie haben herausgefunden, dass Wahrheit nicht gleich Wahrheit ist. Das Wort hat in den verschiedenen Bereichen unserer Erkenntnis einen unterschiedlichen Sinn, dem man sich nur auf unterschiedlichen Wegen nähern kann. Sie sind nicht einfach, aber unverzichtbar, wenn man wissen will, was Wahrheit jeweils ist.

■ Sehen wir uns zunächst in unserer **erfahrbaren Welt** um, in der wir leben und uns bewegen. Da gibt es Personen, Sachen und Ereignisse. Da ist Wahrheit die richtige Erkenntnis dieser Welt. Wahrheit liegt dann vor, wenn das, was wir sagen, mit dem übereinstimmt, was wir in der Welt vorfinden. Diese Wahrheit kann unterschiedlich gewonnen und überprüft werden, z. B.
- durch **Sinneswahrnehmung**: Der Satz »Jetzt scheint die Sonne« oder »Da steht ein Tisch« kann leicht durch Augenschein bewiesen oder widerlegt werden. Ähnlich gewinnen wir manche Erkenntnisse mit unseren Ohren, mit der Nase und dem Tastsinn.

DAS SCHWIERIGE AN DER WAHRHEIT IST, DASS ES VIELE GIBT, WEIL JEDER DIE SEINE HAT.

Günter de Bruyn (geb. 1926), deutscher Schriftsteller

1 Versucht das Wort »wahr« jeweils durch ein anderes Wort zu ersetzen oder zu umschreiben.

Die Wahrheit, Reliquiar des hl. Gundulf, um 1160.

Was ist Wahrheit? 216

- durch **Rückführung auf ein vorgegebenes System:** Der Satz »Heute ist Mittwoch« ist da richtig oder falsch, wo er sich auf das System unserer Wocheneinteilung bezieht. Bei den Chinesen oder Indianern gilt er nicht.
- durch ein **Experiment:** Die Richtigkeit der Fallgesetze oder der Vererbungslehre wird durch naturwissenschaftliche Verfahren sichergestellt. Davon erfahrt ihr einiges im Biologie- oder Physikunterricht.

■ Die Wahrheit eines **Werturteils** ist kaum zu verallgemeinern. Sätze wie »Die Suppe ist lecker«, »Der Star ist super«, oder »Der Freund ist cool« drücken nicht einfach eine Tatsache aus, wie es die Sätze tun »Die Suppe kocht«, »Der Star kommt aus Paris«, oder »Der Freund ist 14 Jahre alt«. Die zuerst genannten Sätze enthalten eine Beurteilung, die von Betrachter zu Betrachter wechseln kann. Andere bewerten Suppe, Star oder Freund ganz anders. Die anderen Sätze sagen etwas über Tatsachen. Sie sind entweder richtig oder falsch, und zwar für alle Betrachter, unabhängig von ihrer Einstellung. Näheres dazu: → S. 227 ff ZdF.

■ In der gedanklichen Welt der **Mathematik** können wir in der Regel die Beweise nicht auf Sinneswahrnehmungen oder Experimente stützen. Ihre Erkenntnisse werden mit der Logik, d. h. mit der Gesetzmäßigkeit des Denkens, sicher gestellt. Die Wahrheit eines mathematischen Satzes, z. B. über die Winkelsumme des Dreiecks, liegt dann vor, wenn er im Rahmen seines mathematischen Systems widerspruchsfrei ist.

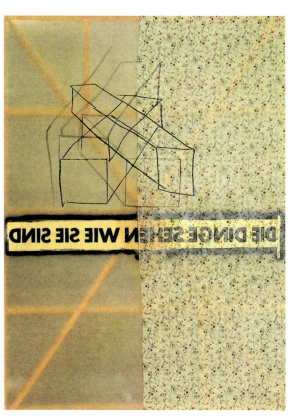

Sigmar Polke (geb. 1941), Die Dinge sehen, wie sie sind, 1992.

■ Die Wahrheit über Personen und Ereignisse der **Geschichte** können wir nicht experimentell oder logisch finden. Auch können wir nicht in die Vergangenheit zurückkehren und die Leute fragen, was damals geschehen ist. Um die Geschichte zu verstehen, sind wir auf alte Quellen (Schriften, Bauten, Gegenstände usw.) angewiesen, die uns sagen, was geschehen ist. Dabei muss man sich fragen, ob man ihnen glauben kann oder nicht. Zur Wahrheit über Ereignisse der Geschichte kommt man nur, indem man diese Quellen kritisch sichtet, deutet (**»Interpretation«**) und in größere Zusammenhänge stellt. Ohne Quellen und deren Interpretation wüssten wir nichts von Napoleon, Jesus oder der Reformation. Da die einzelnen Quellen aber nie ein vollständiges Bild einer Person, eines Ereignisses oder einer Epoche vermitteln, können wir uns in der Geschichte immer nur der Wahrheit annähern, wenn es sich nicht gerade nur um messbare Größen (z. B. Einwohnerzahl einer mittelalterlichen Stadt) oder Daten (z. B. das Geburtsdatum einer Person) handelt.

■ Die Wahrheit einer **Erzählung,** z. B. einer Novelle, eines Romans, eines Märchens oder einer Legende besteht nicht darin, dass sich das Erzählte genau so in der Wirklichkeit abgespielt hat. Ihre Wahrheit liegt darin, dass sie eine eher subjektive Welt- und Lebenserfahrung verdichtet oder auf den Punkt bringt oder ihr neuen Ausdruck gibt. Erzählungen erweitern unseren Horizont. Die Situationen und Personen müssen ihre »innere Wahrheit« haben, d. h. mit unseren Erfahrungen übereinstimmen, diese bereichern oder in Frage stellen. Erzählungen sind wahr, wenn sie **Echtheit** oder **Authentizität** aufweisen. Ähnliches gilt von der Wahrheit der **Bilder:** → S. 64 f.

■ Die Wahrheit eines **Symbols** (→ S. 65) besteht darin, dass es auf eine unsichtbare Wirklichkeit aufmerksam macht oder darauf verweist. Eine Rose ist ein Symbol der Liebe, der Himmel ein Symbol Gottes. Diese Aussagen kann niemand beweisen. Man kann sie aber sehr wohl »**sehen**« und »**verstehen**«, wenn man für die Sprache der Symbole offen ist.

■ Die **Wahrheit der Religion** (→ S. 229), die sich auf Gott bezieht, lässt sich ebenfalls nicht durch Sinneswahrnehmung, Experiment oder logische Gesetze erfassen. Ihre Wahrheit kann nicht aus Quellen erarbeitet oder bewiesen werden. Sie wird als **Geschenk** erfahren. Darum ist ein religiöser Mensch dankbar für die Wahrheit Gottes, die er erfahren hat. Ob eine Religion wahr ist, lässt sich auch an ihren »**Früchten**« erkennen. Sie ist wahr, wenn sie innere Gewissheit, Orientierung für das Leben, Freiheit, Hoffnung und Liebe vermittelt.

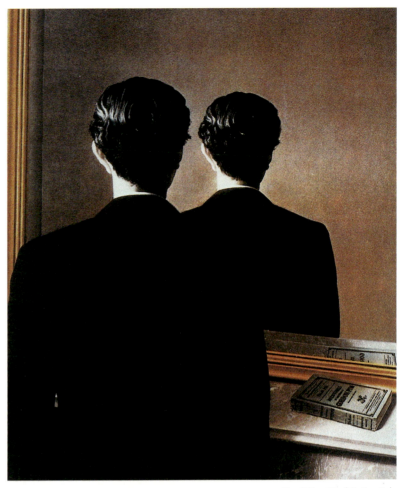

René Magritte (1898–1967), Die verbotene Wiedergabe, 1933.

Wahrheit und Lüge – Sprichwörter und Redewendungen

- Wer einmal lügt, dem glaubt man nicht, und wenn er auch die Wahrheit spricht.
- Wer die Wahrheit wollt begraben, müsste viele Schaufeln haben.
- Die Lüge ist wie ein Schneeball. Je länger man ihn wälzt, umso größer wird er.
- Mit Lügen kommt man durch die ganze Welt, aber nicht zurück.
- Sage die Wahrheit und man wird dir den Kopf einschlagen.
- Alles, was du sagst, soll wahr sein, aber nicht alles, was wahr ist, sollst du sagen.
- Ein Lügner muss ein gutes Gedächtnis haben.
- Die halbe Wahrheit ist die gefährlichste Lüge.
- Lügen haben kurze Beine.
- Wahrheit gibt kurzen Bescheid. Lügen macht viel Redens.
- Die Wahrheit ist oft zu einfach, um Glauben zu finden.
- Die Wahrheit richtet sich nicht nach uns. Wir müssen uns nach der Wahrheit richten.
- Auch wer die Wahrheit sucht, irrt oft.
- Die Wahrheit ist wie ein warmer Mantel, in den man jemanden schützend einhüllt; nicht wie ein nasser Lappen, den man jemandem ins Gesicht schlägt.
- Wahrheit, die mich persönlich angeht, kommt immer auf zwei Beinen.
- …

SAGE NICHT IMMER ALLES, WAS DU WEISST, ABER WISSE IMMER, WAS DU SAGST.

Matthias Claudius (1740–1815)

2 Könnt ihr das Märchen von Hans Christian Andersen »Des Kaisers neue Kleider« erzählen? Was hat es mit dem Problem der Wahrheit zu tun?

3 Was haltet ihr davon, Wahrheiten der Religion wie alltägliche Ereignisse oder naturwissenschaftliche Sätze beweisen zu wollen?

4 Denkt über den einfachen und zugleich komplizierten Satz nach: »Ein Kreter behauptet: Alle Kreter sind Lügner (Tit 1, 12)«. Wo liegt das Problem?

Was ist Wahrheit?

1 Was passiert, wenn Menschen sich nicht aufeinander verlassen können, z. B. in der Familie, in der Schule, im Verein, im Krankenhaus, im Verkehr etc.?

2 Überlegt, wo ihr selbst einmal Vertrauen zu einem Menschen verloren habt, der euch gegenüber nicht wahrhaftig war. Habt ihr auch selbst einmal durch Unwahrhaftigkeit Vertrauen verspielt? Wenn ihr darüber nicht reden wollt, so denkt darüber still nach.

2. Grundlage des Vertrauens

Eine wichtige Grundlage für ein geglücktes Leben ist das **Vertrauen,** das wir anderen schenken. Es nimmt uns ein Stück unserer Angst und hebt unser Gefühl des Fremdseins auf. Wer niemanden hat, dem er vertrauen kann, ist in unserer Welt ein armer Mensch. Wenn ich mich aber auf jemanden verlasse, heißt das nichts anderes, als dass ich erwarte, von ihm nicht ausgenützt, belogen und betrogen zu werden. Er steht zu mir. Er verhält sich mir gegenüber so, wie er es sagt, und macht mir nichts vor. Anders ausgedrückt: Er ist ein »wahrer« Freund, Partner oder Kollege. Vertrauen und Wahrheit gehören also zusammen. Vertrauen ist auf Wahrheit gegründet.

■ Schon kleine **Kinder** verlassen sich ganz auf ihre Mütter und Väter. Sie nehmen von ihnen alles, was sie zum Leben brauchen. Sie erwarten von ihnen Deutungen und Auskünfte über Dinge, die sie selbst noch nicht verstehen. Für sie ist etwas darum wahr, weil ihre Mama und ihr Papa es gesagt haben. Ihre Enttäuschung ist dann groß, wenn sie entdecken, dass ihnen von den Eltern etwas gesagt oder vorgemacht wurde, was nicht »wahr« ist.

■ Erst recht beobachten **Jungen und Mädchen** ihre **Eltern,** ob sie ihnen gegenüber wahrhaftig sind und z. B. etwas von ihren Kindern erwarten, was sie selbst nicht tun. Umgekehrt wollen Eltern von ihren Kindern nicht hintergangen werden. Nur da, wo die Wahrheit nicht ständig beschädigt wird, kann sich ein gutes Familienleben entfalten.

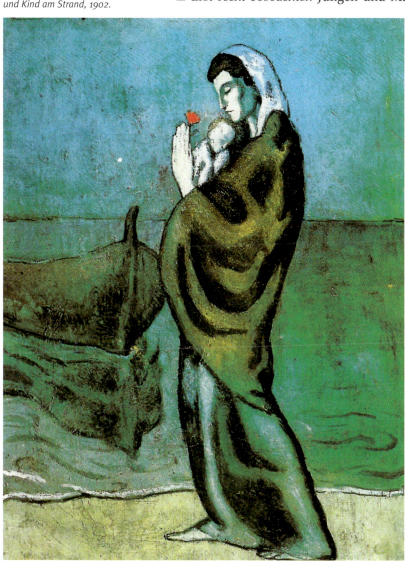

Pablo Picasso (1881–1973), Mutter und Kind am Strand, 1902.

■ In jeder **Freundschaft** bildet die Wahrhaftigkeit eine wichtige Grundlage der Beziehung. Freunde und Freundinnen wollen sich aufeinander verlassen können. Ein einmal gegebenes Wort muss bei ihnen gelten, ein anvertrautes Geheimnis gut aufgehoben sein. Wenn einer merkt, dass der andere es mit der Wahrheit nicht so ernst nimmt oder ihn sogar belügt, droht das Ende der Freundschaft.

■ Ähnlich ist es im **Berufsleben.** Einer, der ständig mit der Wahrheit auf Kriegsfuß steht, schafft keine vertrauensvolle Atmosphäre. Er hat wenig Autorität und gilt nicht viel. Wer in seinem Beruf ständig gegen die Wahrheit verstößt, verliert bei den Kollegen jeden Kredit.

Was ist Wahrheit?

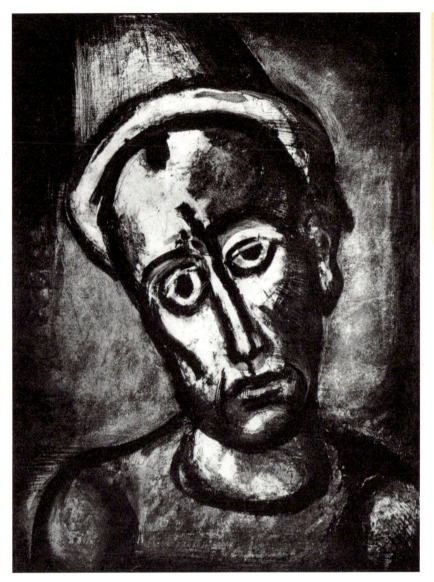

Georges Rouault (1871–1958), Wer zeigt sein wahres Gesicht?, 1927.

> Das Wort **Wahrhaftigkeit** hängt mit **Wahrheit** zusammen. Wahrhaftig ist der Mensch, der es mit der Wahrheit ernst nimmt. Er hält sich an die Wahrheit,
> • wenn sein Reden mit den Dingen, so wie sie sind, übereinstimmt
> • wenn er die Wirklichkeit nicht verzerrt
> • wenn sein Reden und Handeln übereinstimmen
> • wenn er zu sich und seinem Glauben/seiner Überzeugung steht.

3 Ergänzt die Sätze: (1) Die Wahrheit soll… (2) Die Wahrheit darf nicht…

4 In manchen Situationen gibt es Probleme, wenn man die Wahrheit sagt, z. B.: Soll der Arzt einem Schwerkranken die Wahrheit über dessen bedrohlichen Zustand sagen, wenn er nicht abschätzen kann, wie der Patient seine Diagnose aufnimmt?

Die Wahrheit als Waffe

Die Wahrheit, so gut sie im Allgemeinen ist, kann doch auch missbraucht werden. Sie kann zur Waffe werden, mit der man andere verletzt oder im Extremfall sogar tötet.

■ Unter dem Vorwand, »einmal ganz ehrlich zu sein«, wird die Wahrheit manchmal zur **Beleidigung** oder **Kränkung.** Im Zorn kann ein Schüler einem anderen zurufen, dass er stottert, behindert ist, Pickel hat, Ausländer, Mädchen oder Muslim ist, oder dass seine Mutter Alkoholikerin ist. Das muss in bestimmten Situationen kränken, obwohl die Aussage stimmt. Mit wahren Worten kann man einen anderen offen blamieren und zugleich heftig kränken.

■ Selbst zur **Erpressung** kann eine Wahrheit missbraucht werden. Das geschieht z. B. dann, wenn ein Schüler einem anderen damit droht, ein Vergehen bei den Eltern oder beim Schuldirektor zu melden, es sei denn, er zahle ihm eine bestimmte Geldsumme. Ein Ex-Freund kann seine ehemalige Freundin ganz schön unter Druck setzen, wenn er ihr damit droht, ihrem neuen Freund Einzelheiten über die alte Beziehung zu verraten.

> Wo die **Wahrheit** gegen die **Nächstenliebe** verstößt, wird sie fragwürdig. Da verliert sie ihre Unschuld und zerstört das Vertrauen, das sie eigentlich schützen soll. Die Wahrheit darf nicht zur Waffe werden.

Was ist Wahrheit?   220

> Die **Lüge** ist eine schlechte Sache.
> - Sie verzerrt die Wirklichkeit.
> - Sie macht einen Menschen unzuverlässig.
> - Sie schadet anderen Menschen.
> - Sie zerstört das Vertrauen unter den Menschen.

3. Motive fürs Lügen

Alltägliche Anlässe

So wichtig die Wahrheit auch für das Leben ist, so wenig wird sie immer beachtet. Jeder kennt Menschen, die es mit der Wahrheit nicht so ernst nehmen. Selbst Kinder können schon etwa vom 5. Lebensjahr an lügen, vor allem dann, wenn sie erfahren, dass sie von anderen belogen werden. Auch wir selbst sind, wenn wir uns richtig einschätzen, nicht immer ehrlich. Warum ist das so? Zum Lügen gibt es viele Motive.

■ Ein Kind, das zu Hause einen kleinen Schaden angerichtet hat, bestreitet bisweilen seine Tat, weil es sich vor der Strafe der Eltern fürchtet. So ähnlich ist es oft im Leben, z. B. in der Schule, vor Gericht oder bei der Polizei. Viele Menschen lügen, weil sie **Angst** davor haben, die Wahrheit zu sagen und daraus ungute Folgen für sich erwarten.

■ Das Lügen kann einem manchmal einen **Nutzen** bringen. Wer sich einer guten Tat rühmt, die er gar nicht begangen hat, verspricht sich davon ein Lob oder eine Anerkennung. Wer mogelt, erhofft sich eine gute Note. So kommt er billig zu seinem Vorteil.

■ Manche Jungen und Mädchen, die sich körperlich oder geistig benachteiligt fühlen, blasen sich auf und schwindeln das Blaue vom Himmel. Sie erzählen die unglaublichsten Dinge von sich, um den anderen zu zeigen, wie gut sie sind. Dadurch wollen sie besser, schöner, klüger, stärker erscheinen als sie sind. Ihre Lügerei ist **Angeberei.**

■ Heute gibt es Leute, für die das Lügen eine Selbstverständlichkeit ist. Sie lügen unbekümmert, weil sie es für eine Art von persönlichem **Datenschutz** halten.

■ Wer einen anderen nicht leiden mag oder mit ihm verfeindet ist, sagt ihm oft etwas nach, was nicht stimmt. Er hofft ihn dadurch treffen zu können. Wichtigstes Motiv für diese Lüge ist **Gemeinheit** oder gar **Hass.**

Allerdings gilt auch: Eine Lüge ist nicht wie die andere. Es gibt **die kleinen Lügen,** die geringen Schaden anrichten, und die **große Lügen,** die schweren Schaden anrichten. Es ist ein Unterschied, ob ein Schüler eine dumme Ausrede braucht, um sein Zuspätkommen zu entschuldigen, oder ob ein Erwachsener jemanden mit einer Lüge ins Gefängnis bringt. Lügen können Heiterkeit erzeugen und Kriege entfachen. Lügen können jemandem helfen und jemanden ruinieren.

Die Lebenslüge

■ Eine Lebenslüge besteht nicht in einer einzelnen falschen Aussage, sondern in einem **Leben, das sich anders gibt, als es wirklich ist.** Das ist z. B. bei einem Ehepaar der Fall, das in der Öffentlichkeit immer den Eindruck großer Harmonie und Sympathie erweckt, in Wirklichkeit aber überhaupt nicht mehr miteinander auskommt. Unglaubwürdig ist auch ein Pfarrer, der nicht nach den Worten des Evangeliums lebt.

■ Lebenslügen können auf **falschen Entscheidungen** beruhen, die nicht mehr korrigiert werden. Wer jemanden ins Gefängnis bringt, weil er mit einem Meineid versichert hat, der Betreffende sei ein Mörder oder Kinderschänder, sollte nicht mehr ruhig schlafen können. Was immer er tut, es steht unter der Last dieser Tat. Sein ganzes Leben wird dadurch zur Lüge. Ähnlich verhält es sich mit dem, der aufgrund großer Betrügereien andere ins Elend stürzt und sich von dem Betrugsgeld ein schönes Haus baut. Da vergiftet die vergangene Lüge das gegenwärtige und zukünftige Leben.

Was ist Wahrheit?

Muss man immer die Wahrheit sagen?

Gibt es Situationen, in denen ausnahmsweise eine falsche Aussage erlaubt sein kann? Ein paar Beispiele zeigen, dass es in seltenen Fällen erlaubt sein kann, von der Wahrheit abzuweichen.

■ Man darf sehr persönliche Dinge von sich, seiner Familie und seinen Freunden nicht weitererzählen, auch wenn man aufdringlich danach gefragt wird. Jeder hat das Recht auf den Schutz seiner **Privatsphäre.** Die braucht er nicht vor anderen offen zu legen, die kein Recht auf diese Auskunft haben. Wenn man dazu angehalten oder gar gezwungen wird, muss man nicht unbedingt die Wahrheit sagen. Es gibt in bestimmten Fällen das Recht und die Pflicht zur Geheimhaltung. Eine falsche Aussage ist in diesem Fall eine **Notlüge.**

■ Ein **Arzt** darf nicht über die Krankheiten seiner Patienten sprechen, und ein **Seelsorger** darf nie etwas davon preisgeben, was er in der Beichte oder einem vertraulichen Gespräch erfahren hat. Auch **Lehrer** und **Journalisten** dürfen nicht alles sagen, was ihnen anvertraut wurde. Anders würde gerade das Vertrauen gestört, das den Menschen geschuldet wird. Sollten Leute mit diesen Berufen aber zu Aussagen gezwungen werden, müssen sie nicht die Wahrheit sagen. In demokratischen Staaten haben sie zum Schutz derer, die sich ihnen anvertraut haben, das Recht auf Verweigerung der Aussage.

■ In **totalitären Staaten** sucht die Staatspolizei herauszubekommen, was die Nachbarn denken oder tun. Wenn man da gegenüber den Spitzeln offen redete, machte man andere schutzlos oder brächte sie in Lebensgefahr.

> Wo die offene **Wahrheit** schweren Schaden anrichtet oder wo ein anderer kein Recht auf eine bestimmte Wahrheit hat, kann eine falsche Aussage das kleinere Übel sein. Allerdings darf sich niemand die Entscheidung zwischen Wahrheit und falscher Aussage leicht machen. Die falsche Aussage muss die Ausnahme bleiben. Für alle Fälle ist die Stimme des Gewissens zu hören.

Tobias und die Lügner

In dem Buch »Fliegen am Florett« hat Tobias bei einem Zauberer einen Wunsch frei.

»Ich möchte, dass morgen für alle Menschen, die in meiner Stadt wohnen und die eine Lüge sagen oder schreiben, die Schwerkraft aufgehoben ist.«
»Es sei gewährt«, sagte der Zauberer.
Am anderen Tag ereigneten sich in der Stadt merkwürdige Dinge. Es begann damit, dass Tobias' Wirtin ihm den Morgentrunk ins Zimmer brachte und sagte: »Heute habe ich ein paar Bohnen mehr in den Kaffee getan.« Da flog sie wie ein Luftballon gegen die Decke, wo sie schweben blieb, bis es nachts zwölf Uhr schlug. Der dickbäuchige Herr Knotzke, der Tobias Geld schuldete und ihm auf der Straße begegnete, beide Hände schüttelte und sagte: »Wie freue ich mich, sie wieder einmal zu sehen«, freute sich nicht lange, denn kaum hatte er den Satz ausgesprochen, so flog er in die Luft, und der Wind trug ihn von dannen.
Es ging in der Stadt turbulent zu. Bei den Zeitungen löste sich ein Maschinensetzer nach dem anderen von seinem Arbeitsplatz und flog davon, den in aller Frühe verschwundenen Redakteuren nach. Um die Mittagszeit stand fast niemand mehr auf dem Boden der Tatsachen. Im Parlament flog ein Redner nach dem anderen gegen die Kuppel, in der die Abgeordneten in dicken Trauben hingen. Und als ein nationaler Parteiführer seine Ansprache mit den Worten »Meine Partei bekennt sich unumwunden zur echten Demokratie« begann und ihm seine Genossen den befohlenen einstimmigen Beifall zollten, durchbrach die Fraktion geschlossen das Glasdach des Sitzungssaales und wurde vom Westwind in den Osten abgetrieben. ...
Einzig ein paar Nonnen, uralte Beamte und zwei alte Unternehmer waren noch der Schwerkraft unterworfen, wäre der eine davon nicht so unvorsichtig gewesen, an diesem Tag seine Steuererklärung abzugeben. ...

> MAN SOLL DIE WAHRHEIT MEHR ALS SICH SELBST LIEBEN, ABER SEINEN NÄCHSTEN MEHR ALS DIE WAHRHEIT.
>
> *Romain Rolland (1866–1944), französischer Schriftsteller*

Was ist Wahrheit?

*Francisco de Goya (1746–1828),
Die Wahrheit ist tot, um 1815.*

Am Abend war die Stadt wie ausgestorben. Der Tag hatte selbst in den Reihen der Geistlichkeit schwere Lücken gerissen. Nur ein paar Kinder, die noch nicht sprechen konnten, alle Tiere, drei Straßenmädchen, fast alle Dichter, die Insassen des Irrenhauses außer dem Pflegepersonal, einige Schauspieler und die Betrunkenen blieben der Schwerkraft unterworfen, die letzteren teilweise sogar recht heftig. Tobias selbst hielt sich recht und schlecht bis kurz vor Mitternacht, als er zu sich selbst sagte, er hätte diesen Wunsch nicht geäußert, um seine Mitmenschen zu bestrafen, sondern um sie zu bessern. Da flog er sanft gegen den leise klirrenden Kronleuchter. Schlag zwölf Uhr kamen sie dann alle wieder herunter. Wer aber glaubt, dass seither in der Stadt weniger gelogen wird, der irrt.

Thaddäus Troll (1914–1980), deutscher Schriftsteller

Ja oder Nein?

Ein Diktator entfesselte einen Krieg. Dabei ließ er mit großen Worten verbreiten, dass man Recht und Freiheit verteidigen müsse, aber in Wirklichkeit ging es nur darum, ein benachbartes Gebiet zu erobern und die Bewohner des Landes zu billigen Arbeitskräften zu machen. Die meisten Soldaten dachten über dieses Kriegsziel nicht nach, zumal die laufende Propaganda ihnen ganz andere Kriegsziele einhämmerte. Aber manche Soldaten durchschauten das Lügengespinst und fühlten sich in ihrer Rolle als Eroberer nicht wohl. Doch glaubten sie, gegen ihre Regierung nichts unternehmen zu können. Sie machten mit, wenn auch widerstrebend. Ein junger Soldat aber beschloss, der Truppe den Rücken zu kehren und sich von der Front abzusetzen. Er wusste, dass er damit sein Leben in Gefahr brachte, weil er hingerichtet würde, wenn man ihn fasste. Auf seiner Flucht kam er eines Tages in eine Gegend, wo alte Freunde wohnten. Um nicht aufzufallen, ging er nachts zu ihnen und bat sie inständig, ihn in ihr Haus aufzunehmen und so lange zu verstecken, bis die Gefahr beendet sei. Seine Freunde bekamen es zwar mit der Angst zu tun, aber sie gingen doch auf seine Bitte ein. Sie versteckten den Flüchtling in einem Schuppen. Dorthin brachten sie ihm täglich das Essen. So ging die Sache eine Weile gut. Eines Tages kamen Polizisten in das Haus und fragten, ob sich in der Gegend fahnenflüchtige Soldaten aufhielten. Sie müssten alle Deserteure aufspüren, um sie der gerechten Strafe zuzuführen. Jeder habe die Pflicht, ihnen zu sagen, was er wisse.
Was sollten die Freunde des Flüchtlings sagen: »Ja« oder »Nein« oder »Das seht ihr doch selber!« oder »Da können wir nichts zu sagen.«? Oder sollten sie schweigen?

4. Eine falsche Welt

Vorurteile

In unserer Gesellschaft gibt es viele Vorurteile. Da schreibt man Personen und Gruppen negative Eigenschaften zu, die sie nicht haben. In alter Zeit waren es die Pharisäer (→ S. 118 ZdF), die pauschal als überheblich, kleinlich und heuchlerisch bezeichnet wurden. Gewiss gab es unter ihnen Leute, auf die diese Qualifizierung passte. Aber man tut den Pharisäern Unrecht, wenn man diese Eigenschaften als »typisch« für sie bezeichnet. Ähnlich werden heute Leute aus Südeuropa durch Vorurteile diskriminiert. Sie gelten in einer breiten Öffentlichkeit als faul, unehrlich und dreckig, ohne dass diese Eigenschaften bei ihnen häufiger anzutreffen sind als bei Deutschen, Engländern oder Dänen. In den verschieden Regionen gibt es Vorurteile gegen die Bayern, Friesen, Sachsen, Rheinländer usw. Ebenso stoßen wir auf Vorurteile gegenüber ganzen Völkern, wenn man z. B. einen Satz so beginnt: Alle Deutschen … , Alle Polen …, Die (betont) Amerikaner … oder Die Türken … oder Die Ausländer … Opfer von Vorurteilen sind heute oft auch die Angehörigen einer Religion. So gelten die Muslime (→ S. 244 ff ZdF) häufig als gewalttätig und die Christen als rückständig und dumm.

Vorurteile sitzen tief. Die Leute, die sie haben, sind meist unbelehrbar und weisen immer auf irgendjemanden hin, auf den ihre Behauptung zutrifft. Von Einstein stammt die Bemerkung, dass ein Vorurteil schwerer zu zerstören sei als ein Atom. Vorurteile sind für die Betroffenen kränkend und beleidigend, weil sie gegen die Wahrheit verstoßen. Sie sind oft auch gefährlich, weil sie zum Vorwand für Ausgrenzung und Gewalt werden können.

A. Paul Weber (1893–1980), Im Namen des Volkes, 1972.

> Nicht nur im **persönlichen Leben** gibt es Wahrheit und Lüge. Auch in der **Öffentlichkeit** haben wir es mit Wahrheit und Lüge zu tun. Da kommt die Lüge oft in einer raffinierten Form vor, so dass sie kaum als Lüge zu erkennen ist. Oft üben Lügen hier eine große Macht aus.

Noch schöner ist es, ihn in freier Natur zu erleben.

Was ist Wahrheit?

224

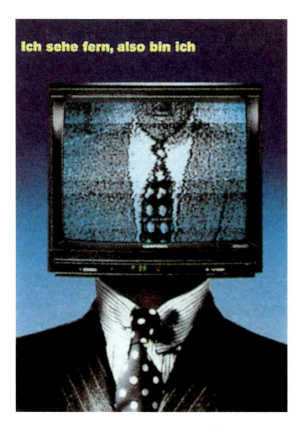

Werbung

Die Werbung hat manche gute Seite. Sie kann über eine Sache (Waschmittel, Trockenrasierer, Hustensaft, Computer etc.) richtig informieren und auf ihre Qualität hinweisen. Das ist legitim und nützlich.

Aber oftmals vermittelt die Werbung ein falsches Bild. Sie spricht die Wünsche und Sehnsüchte der Käufer an und dient doch nur den Interessen der Geschäftswelt. Wenn z. B. junge gesunde Leute auf Plakaten für Zigaretten oder Whisky werben, wird die Tatsache verdrängt, dass Nikotin und Alkohol (→ S. 204 ff) gesundheitsschädlich sind. Bestimmte Automarken garantieren angeblich Prestige und Ansehen, weil die Autos selber in den Fernsehspots von höchst attraktiven Fahrern vorgeführt werden. Eine Reise nach Mallorca wird mit verführerischen Bildern als eine Reise ins Paradies angepriesen. Nicht jeder Film ist so sensationell, wie es der Kinospiegel einer Zeitung behauptet. Werbung verzerrt oft die Wirklichkeit. Sie gaukelt uns Vorteile vor, die nicht zu haben sind. Sie verspricht, was sie nicht halten kann. Sie lügt, indem sie falsche Akzente setzt, halbwahre Behauptungen aufstellt und Wichtiges verschweigt. Sie ist gefährlich, wenn es ihr gelingt, unsere Gefühle allein anzusprechen und unseren Verstand auszuschalten.

Medien

Die Medien verfügen heute über eine große Macht. Auch sie haben ein doppeltes Gesicht. Auf der einen Seite versorgen uns die Journalisten mit Informationen, ohne die wir kaum noch leben könnten. Diese zu beschaffen ist oft anstrengend und aufregend. Wo sich Journalisten dabei der Wahrheit verpflichtet fühlen, übernehmen sie eine wichtige Aufgabe. Oft machen sie uns mit Tatsachen bekannt, die uns aufrütteln können. Wenn das Fernsehen z. B. von dem unsäglichen Leid berichtet, das Naturkatastrophen oder Kriege heute verursachen, bringt es oft rasch die nötigen Hilfen in Gang.

1 Gibt es in eurer Klasse Vorurteile, z. B. gegen Lehrer, Mädchen, Jungen oder Ausländer (→ S. 210)? Was könnt ihr dagegen tun? Was haben Vorurteile mit der Wahrheit zu tun?
2 Sammelt Werbeanzeigen und Prospekte. Welche Verheißungen enthalten sie? Wo kommen sie mit der Wahrheit in Konflikt?

A. Paul Weber (1893–1980), Das Objekt haut ab, 1972. Zur Strecke gebracht, 1967.

Manche Magazine haben dunkle Machenschaften von Politikern oder Unternehmern ans Licht gebracht und dadurch Schaden von der Öffentlichkeit abgewendet. So dienen sie der Wahrheitsfindung.

Aber umgekehrt führen die Medien auch in die Irre. Oft verzerren sie mit großem Geschick die Wahrheit, indem sie etwas behaupten, das zwar stimmt, aber gleichzeitig anderes verschweigen, das auch zum Tatbestand gehört. Durch eine einseitige Berichterstattung sind Kriege verharmlost worden, als das Fernsehen nur die technische Perfektion der modernen Waffen zeigte, ohne dass auch die Toten ins Bild kamen, die die Opfer dieser Waffen wurden. Magazine können Männer und Frauen durch halbwahre Andeutungen in ein schiefes Licht bringen und ihnen Dinge unterstellen, die sie nicht gesagt und getan haben. Durch solche Machenschaften sind Konkurrenten zu Fall gebracht und Menschen ins Unglück gestürzt worden. Der Wahrheit abträglich ist es auch, wenn einseitig nur von den negativen Seiten einer Institution berichtet wird. Das geschieht z. B. da, wo nur von den Skandalen oder Nebenschauplätzen einer Religion berichtet wird. So kann man heute manchmal den Eindruck gewinnen, der Islam bestehe nur aus gewaltsamen Fundamentalisten und das Christentum werde nur von rückständigen Kirchenführern bestimmt. Gefährlich sind die Medien auch da, wo sie uns mit schönen Bildern eine Welt vorgaukeln, in der es nur Vergnügen und Lust gibt. Da besteht die Welt nur aus Badestränden und Diskos. Manche Leute können dann leicht zu der unbedachten Auffassung kommen, so sei die Welt. Dass es eine falsche Welt ist, wird ihnen bei allzu starkem Medienkonsum allmählich nicht mehr bewusst.

Politik

Zwiespältig ist auch die Politik. Einerseits müssen wir den vielen Politikern dankbar sein, die sich oft unter großen persönlichen Anstrengungen für das allgemeine Wohl einsetzen. Wer in einer Stadt für den Bau einer neuen Schule, im Land für die Entstehung neuer Arbeitsplätze und im Bund für gerechte Rentengesetze kämpft, verdient unsere Achtung. Er muss sich durch eine pauschale Politikerschelte gekränkt fühlen.

Andererseits ist nicht zu übersehen, dass Politiker es oft mit der Wahrheit nicht genau nehmen. Sie versprechen vor den Wahlen, was sie nach den Wahlen rasch vergessen. Erbarmungslos beschimpfen sie ihre politischen Gegner und verfälschen bewusst deren politische Ziele. Sie verdrehen Tatsachen, um auf sich aufmerksam zu machen und in die Zeitung zu kommen. So verderben sie die politische Kultur. Die Tatsache, dass manche Politiker ein verunglücktes Verhältnis zur Wahrheit haben, wird schnell auf alle anderen übertragen und verallgemeinert. Darum hat sich in Teilen der Bevölkerung eine Politikverdrossenheit breit gemacht, die unsere Demokratie gefährden kann.

3 Durch geschickte Auswahl oder durch Verschweigen kann man, auch wenn man nur Richtiges sagt, der Wahrheit Schaden zufügen. Kennt ihr dafür Beispiele? Ein Beispiel für die Werbung: → S. 204.

4 Häufig wird die Wahrheit verzerrt, wenn man bestimmte Interessen im Blick hat, z. B. Machterhalt, Gelderwerb, Firmenvorteil, Erfolg im Sport usw. Welchen Zusammenhang von Wahrheit und Interesse seht ihr?

5 Wie kann man sich gegen öffentliche Lügen in den Medien und in der Werbung schützen oder wehren? Was meint der Satz: »Die Medien sind das Opium für das Volk«?

6 Was ist der Unterschied zwischen Lüge und Irrtum?

7 Warum sind die öffentlichen Lügen oft viel schlimmer als die privaten?

A. Paul Weber (1893–1980), *Das gesunde Volksempfinden*, 1973.

Was ist Wahrheit?

George Grosz (1893–1959), Die Stützen der Gesellschaft, 1926.

Auswirkungen

Die Missachtung der Wahrheit in vielen Bereichen des öffentlichen Lebens hat verhängnisvolle Auswirkungen vor allem auch auf junge Leute. Manche Jugendliche kommen zu der Auffassung, man müsse mit der Lüge leben, und sie lügen selbst hemmungslos. Andere merken nicht, wie sie desinformiert werden. Sie passen sich einer veröffentlichten Meinung unkritisch an, ohne zu einer eigenen Position zu kommen. Die öffentliche Unwahrheit nimmt Besitz von ihnen. Sie merken nicht mehr, dass sie von den Medien und von der Werbung vereinnahmt werden und in eine falsche Welt hineinwachsen.

Was die Bibel über die Lüge sagt

- Ihr Mächtigen, ... warum liebt ihr den Schein und sinnt auf Lügen? (Ps 4, 3)
- Nur ein Hauch sind die Menschen, die Leute nur Lug und Trug (Ps 62, 10)
- In meiner Bestürzung sage ich: Die Menschen lügen alle (Ps 116, 11)
- Lügnerische Lippen sind dem Herrn ein Gräuel (Spr 12, 22)
- Achtet ein Herrscher auf Lügen, werden alle seine Beamten zu Schurken (Spr 29, 12)
- Lüge, nicht Wahrhaftigkeit herrscht im Land (Jer 9, 29)
- Wenn der Teufel lügt, sagt er das, was aus ihm selbst kommt; denn er ist ein Lügner und der Vater der Lüge (Joh 8, 44)
- Belügt einander nicht (Kol 3, 9)

Was ist Wahrheit?

5. In der Wahrheit sein

Das achte Gebot

Kein Zweifel: Die Lüge stellt die Wirklichkeit anders dar, als sie ist. Sie richtet oft großen Schaden an. Darum gilt bei allen Völkern und in allen Religionen der Satz: **Du sollst nicht lügen.** So wird auch manchmal das achte Gebot der Bibel übersetzt. Die korrekte Übersetzung lautet indes:

»Du sollst nicht falsch gegen deinen Nächsten aussagen« (Ex 20, 16).

Um den ursprünglichen Sinn dieser Weisung zu verstehen, muss man sich in das alte Israel zurückversetzen. Für jeden Rechtsstreit, der damals ausgefochten wurde, war dieses Gebot die oberste Norm. Das Urteil wurde in einem Schiedsgericht auf dem Marktplatz, an den Stadttoren oder später auch in einem Gerichtshaus gesucht und verkündet. Meist waren die »Ältesten«, manchmal auch der König (→ S. 65, ZdF), später auch eigens ausgebildete Richter und der Hohe Rat (→ S. 120, ZdF) für die Urteilsfindung zuständig. Wenn keine handgreiflichen Beweise (»Indizien«) vorlagen, waren die Zeugenaussagen das einzige Beweismittel. Ein falscher Zeuge, den niemand widerlegen konnte, bedeutete für den Beklagten den Verlust von Ehre und Besitz. Die Falschaussage zweier Zeugen konnte bei bestimmten Vergehen die Todesstrafe nach sich ziehen. So kam für ein gerechtes Urteil alles darauf an, dass die Zeugen nichts Falsches gegen ihren Nächsten aussagten. Das Gebot wollte Machtmissbrauch, Bestechlichkeit und auch Leichtsinn vor Gericht verhindern. Über Notlügen sagt es nichts.

Auch wenn die heutigen Gerichtsverfahren bei uns anders sind, hat das achte Gebot seinen Sinn behalten. Damals und heute will es das Zusammenleben der Menschen schützen. Es ist nicht schwer, das Gebot an die heutigen Verhältnisse anzupassen. Es gilt nicht nur vor Gericht, sondern auch im persönlichen Bereich, in der Politik, in den Medien, in der Werbung.

> In der Bibel wird die Frage nach der Wahrheit ständig gestellt. Da ist Wahrheit eine der wichtigsten Eigenschaften Gottes. Die Pflicht zur Wahrheit gehört als achtes zu den Zehn Geboten Gottes. Für Christen sind Wahrheit und Wahrhaftigkeit zugleich
> - eine **Pflicht der Vernunft** und
> - ein **Gebot Gottes.**

James Ensor (1860–1949),
Die guten Richter, 1891.

Die Christen und die Wahrheit

▸ Christen glauben, dass **Gott** selbst die Wahrheit ist. Das heißt nichts anderes, als dass er die Zuverlässigkeit in Person ist. Auf ihn kann sich jeder rückhaltlos verlassen. In ihm ist keine Lüge. Wer auf ihn baut, gibt seinem Leben einen sicheren Grund.

▸ Christen glauben, dass **Jesus** ein verlässlicher Zeuge der Wahrheit ist. Er ist »der Weg, die Wahrheit und das Leben« (Joh 14, 6). Jesus sagt, dass jeder, der aus der Wahrheit lebt, auf seine Stimme hört (Joh 18, 37).

Was ist Wahrheit?

▶▶ Darum sollen sich **Christen** mit ihrem ganzen Reden und Tun der Wahrheit verpflichtet fühlen. Sie müssen die Wahrheit sagen und – mehr noch – die Wahrheit tun. Es reicht nicht, im Alltag nicht zu lügen. Ihre Sache ist es, sich überall für die Wahrheit einzusetzen und auch entschiedenen Widerstand gegen unsere Welt zu leisten, in der die Wahrheit niedergehalten wird. Das kann sehr schwer sein. Mit ihrem Dienst an der Wahrheit übernehmen Christen eine wichtige Aufgabe für unsere Zeit. Wenn sie das tun, sind sie, wie die **Bibel** sagt, »in der Wahrheit«.

Die »wahre« Religion?

In unserer Welt gibt es **Religionen, religiöse Richtungen und Gruppen,** die für sich den **Anspruch** erheben, »**wahr**« zu sein. Sie sind davon überzeugt, die ganze Wahrheit Gottes zu wissen und allein zu besitzen. Ihnen fällt es schwer, andere neben sich als gleichwertig anzuerkennen. Wenn sie mit anderen aufeinander stoßen, die ähnlich denken, entsteht oft Streit über die Frage, auf welcher Seite die Wahrheit steht. Jeder beansprucht sie für sich. Da kann man hören: »Wir sind die wahre Religion«, »Ich habe die wahre Lehre«, »Allein unser Programm ist wahr«. Dabei steht Anspruch gegen Anspruch und Rechthaberei auf allen Seiten. Meist können sich die Beteiligten in diesem Streit nicht einigen. Daraus sind schon oft heftige Auseinandersetzungen zwischen Religionen, Konfessionen und Weltanschauungen entstanden (→ S. 147 ff; 276 ff).

Christen geben die Gewissheit ihres Glaubens nicht auf, auch wenn sie den anderen ihren Wahrheitsanspruch zugestehen. Zwar wissen wir nicht, wie die verschiedenen Ansprüche miteinander zu vereinbaren sind. Aber dieses Nichtwissen beunruhigt Christen deshalb nicht, weil sie glauben, dass die Wahrheit bei Gott gut aufgehoben ist. Mit dieser Einstellung dienen sie dem Frieden.

Max Beckmann (1884–1950), Christus und Pilatus, 1946.

Ein Starez, ein Mönch der orthodoxen Kirche (→ S. 122 ff), wurde einmal von einem jungen Mann gefragt: »Meister, was muss ich tun, um das ewige Leben zu gewinnen?« Die Antwort: »Vor allem musst du wahr zu dir selbst sein.«

Fjodor Mihailowitsch Dostojewski (1821–1881), russischer Dichter

1 Warum ist es besonders peinlich, wenn Christen lügen?
2 Könnt ihr eine Szene aus der Bibel erzählen, in der Jesus mit falschen Zeugen zu tun hat? Lest dazu Mk 14, 53–64. Wo zeigt sich Jesus als ein verlässlicher Zeuge der Wahrheit?

Was die Bibel über die Wahrheit sagt

- Gott, deine Weisung ist Wahrheit (Ps 119, 142)
- Sagt untereinander die Wahrheit! Fällt an euren Stadttoren Urteile, die der Wahrheit entsprechen und dem Frieden dienen (Sach 8, 16)
- Einige Pharisäer zu Jesus: Meister, wir wissen, dass du immer die Wahrheit sagst und auf niemanden Rücksicht nimmst (Mk 12, 14)
- Wer die Wahrheit tut, kommt zum Licht (Joh 3, 21)
- Die Wahrheit wird euch frei machen (Joh 8, 32)
- Jesus: Ich bin dazu geboren und dazu in die Welt gekommen, dass ich für die Wahrheit Zeugnis ablege (Joh 18, 37)
- Die Liebe freut sich an der Wahrheit (1 Kor 13, 6)

Der religiöse Markt

1. Falscher Zauber

Verzauberung des Lebens

Heute kann manchmal der Eindruck entstehen, die Religion sterbe bei uns ab. Religion – so sagen viele – sei out. Man brauche sich nur die Kirchen anzusehen, die immer leerer werden. Aber auch das lässt sich nicht übersehen: das heutige Desinteresse an den Kirchen ist nicht zugleich auch ein Desinteresse an Religion. Im Gegenteil. Religion – im weiteren Sinn – lebt in vielerlei Gestalt in unserer Gesellschaft. Religion liegt in der Luft. Religion ist »in«. Religion gibt es in vielen Formen.

Einen erheblichen Marktanteil an der heute verbreiteten »Religion« haben Erscheinungen, die man unter den Stichworten **»Okkultismus«** und **»Esoterik«** zusammenfasst. Sie weisen in Worten und Symbolen, in Handlungen und Riten eine gewisse Ähnlichkeit mit den tradierten Religionen auf. Sie versprechen eine gewisse **Verzauberung des Lebens,** die deshalb so willkommen ist, weil nicht wenige Menschen – darunter viele Mädchen und Jungen – unter der Eintönigkeit ihres Alltags leiden. Sie wollen etwas Besonderes erleben, ihren Gefühlen Raum geben, neue Zusammenhänge erkennen, sich auf Abenteuer einlassen, die Enge ihres Daseins überwinden. Darum sind sie empfänglich für Angebote, die ihren Sehnsüchten Nahrung geben. Darum gehören viele von ihnen zu den guten Kunden dieses Marktes. Die Zahl derer, die hier ihren Lebensunterhalt verdienen, ist größer als die Zahl der Seelsorger in beiden Kirchen. Über 10 000 Läden, Geschäfte und Institute bieten in Deutschland ihre Dienste an.

> Wer unsere Zeit betrachtet, findet auffällig viel Religion. Es gibt einen boomenden **religiösen Markt,** auf dem ganz unterschiedliche religiöse Vorstellungen und Überzeugungen öffentlich angeboten werden. Viele Leute investieren viel Zeit und viel Geld für diese Markt-Religion mit ihren religionsähnlichen Praktiken. Sie leben nach dem Motto: **Kirche Nein – Religion Ja.**

Angebote des Marktes

• Man kann **Amulette, Fetische und Talismane** erwerben, die für sich geheime Kräfte beanspruchen, Glück versprechen und böse Mächte abwehren sollen.

• **Horoskope** sollen Ratschläge für den Alltag und die Ferien geben, Liebende zusammenführen, Verunsicherte ermuntern und warnen. Kaum eine Zeitung kommt ohne sie aus.

• **Kristallen, Edelsteinen und Pyramiden** werden Heilströme und Energien aus dieser und aus einer anderen Welt zugesprochen.

• **Kartenspieler, Hellseher, Handleser** deuten Gegenwart und Zukunft.

• **Wahrsager** geben mit alten Büchern und neuen Computern Auskunft über die Zukunft. Zu ihren Kunden gehören prominente Politiker, Sportler und Stars.

• **Hexen** (→ S. 139) sind wieder im Kommen. Dabei handelt es sich um Frauen, die ihren ungewöhnlichen Fähigkeiten vertrauen und das Erbe der einstmals verfolgten Hexen aufnehmen wollen.

• Sitzungen (»Séancen«) mit **Tischrücken** und allerlei **Spuk** finden Zuspruch.

Der religiöse Markt   **230**

- **Pendel, Gläser, Kugeln und Tonbänder** stellen den Kontakt mit Toten, mit Geistern oder mit dem Jenseits her.
- In Kursen kann man lernen, seine eigene **Aura** oder die einer anderen Person zu sehen und Botschaften seines **Geistlehrers** zu empfangen.
- Es gibt Leute, die darauf vertrauen, bei der nahenden Weltkatastrophe Rettung durch Unbekannte Flugobjekte **(UFOs)** zu finden. Schon heute empfangen sie Botschaften von fernen Planeten.
- Naturschwärmer versammeln sich nachts an **heiligen Steinen** oder **in dunklen Hainen,** um an diesen Kultplätzen alte Götter und Göttinnen oder die Gestirne zu verehren. Manchmal bringen politische Gruppen dort blutige Opfer dar, geloben ihrem Führer unbedingten Gehorsam und schwören sich gegenseitig heilige Treue.
- Viele Leute geben an, sich an ein früheres Leben zu erinnern. Sie erwarten nach ihrem Tod eine erneute **Wiedergeburt.**
- Manche Leute lassen sich durch **Teufelsspuk und Satanskult** in Schrecken versetzen und zu schlimmen Taten hinreißen.
- An vielen Ecken und Straßen in unseren Städten stehen Leute, die für ihre religiösen Gruppen werben. Tatsächlich haben vor allem **Sekten** hohe Konjunktur, die Versatzstücke des Christentums und der **ostasiatischen Religionen** (Hinduismus, Buddhismus) anpreisen.

Man muss sich allerdings fragen, um was für eine »Religion« es sich hier handelt. Ist es »**echte**« Religion? Oder sollte man eher von »**Religionsersatz**« sprechen, der die Religion verdrängt, oder von »**Pseudoreligion**«, die die Religion in ihr Gegenteil verkehrt? Zum Religionsbegriff: → S. 39.

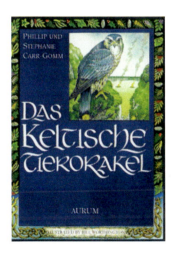

Kleines Lexikon der Esoterik

▸▸ **Aberglaube** (abgeleitet vom alten deutschen Wort »aber«, d. h. »gegen«, »wider«): verkehrter, verdrehter Glaube, falsche Glaubenshaltung, auch Wahnglaube.

▸▸ **Aura:** lichtkranzartiges Energiefeld, das Kopf oder Körper unsichtbar umgeben und mit seiner Intensität und Farbe Auskunft über Charakter und Schicksal der Person geben soll.

▸▸ **Esoterik** (von griech.: »nach innen«): ursprünglich Bezeichnung für eine (Geheim-) Lehre, die »nach innen« einem Kreis von Eingeweihten merkwürdige und unerforschte Dinge zugänglich macht, die »nach außen« von normalen, anerkannten Lehren und Handlungen abweichen. Dieser ursprüngliche Sinn ist heute aufgeweicht, weil viele Formen der Esoterik heute keineswegs nur in geheimen Zirkeln praktiziert werden, sondern sich an alle wenden. Esoterik ist heute zu einem Gebrauchsartikel geworden.

▸▸ Die Worte **Esoterik und Okkultismus** bezeichnen letztlich dasselbe. Sie setzen voraus, dass die sichtbare Welt nicht die einzige ist, sondern von einer unsichtbaren, übersinnlichen, jenseitigen Welt umgeben wird. Zwischen beiden Welten sind mannigfache Kontakte möglich. Man kann ein »höheres Wissen« von der übersinnlichen Welt gewinnen und sie mit Praktiken jenseits der uns bekannten Naturgesetze beeinflussen.

Der religiöse Markt

▶ **Geister:** unsichtbare Wesen, die sich durch Worte und Handlungen bemerkbar machen, z. B. Gespenster oder die Seelen der Toten.

▶ **Magie:** Zauberei, Geheimkunst, Versuch, andere Menschen, Tiere und Gegenstände durch vermeintlich verborgene (übersinnliche) oder dämonische Naturkräfte in den Griff zu bekommen und für sich verfügbar zu machen. Angewandte Mittel: Orakel, Zauber, Anrufung von Geistern, Berührung, Riten, Amulette, Opfer u. a.

Die **»weiße«** Magie sucht den Umgang mit guten Kräften, um Umwelt, Menschen und Tiere positiv zu beeinflussen, z. B. ihnen zu helfen oder sie zu heilen. Die **»schwarze«** Magie sucht den Umgang mit bösen Mächten (→ S. 242 f ZdF), um Umwelt, Menschen und Tieren zu schaden, sie zu behexen oder gar zu töten.

▶ **Medium** (von lat.: »Mitte«): Mittler zwischen Lebenden und Verstorbenen bzw. Geistern, stellt zwischen ihnen meist in einer Art Tiefschlaf (»Trance«) Kontakte her und empfängt und übermittelt Botschaften aus dem Jenseits.

▶ **New Age:** »Neues Zeitalter« des Wassermanns (lat.: »Aquarius«), das das jetzige Fische-Zeitalter bald ablösen wird. Danach bestimmen die zwölf Tierkreiszeichen nicht nur die zwölf Monate eines Jahres, sondern auch das »Weltenjahr«, das insgesamt 25 868 Jahre dauert und in zwölf Weltenmonate von ca. 2 100 Jahren eingeteilt wird. New Age wird die Menschheit auf eine höhere Stufe führen, wo Vergeistigung, Gewaltlosigkeit und eine neue Sanftheit herrschen werden. Jung und Alt, Frau und Mann, West und Ost, Leib und Seele, Materie und Geist werden keine Gegensätze mehr sein. Zwischen ihnen wird Harmonie bestehen. An die Stelle der Eigeninteressen wird ein Verständnis für das »Ganze« treten. Das Musical »Hair« ist von diesen Ideen geprägt. Die New-Age-Anhänger lieben oft Esoterik und Okkultismus.

▶ **Okkultismus** (von lat.: »verborgen«, »geheim«): Lehre von den übersinnlichen Erscheinungen der Natur und der Seele; Versuch, sich mit Hilfe von Techniken und Medien, die von den Wissenschaften nicht anerkannt werden, geheime Kräfte der Welt dienstbar zu machen.

▶ **PSI:** 24. Buchstabe des griechischen Alphabets, Anfangsbuchstabe des Wortes Psyche (d. h. »Seele«; daher »psychisch« und »Psychologie«); Bezeichnung für übersinnliche, übernormale Phänomene, die die Enge des eigenen Bewusstseins überwinden, um Außersinnliches wahrzunehmen. Typische PSI-Funktionen: die eigenen Gedanken fotografieren, weit entfernte Vorgänge sehen, die Musik der Sterne hören, die schweren Probleme des eigenen Lebens ausatmen und verbrennen.

▶ **Satanismus:** okkultistischer Bereich, in dem der Satan (Teufel) eine eigenmächtige Rolle spielt und für gefährliche Handlungen in Anspruch genommen wird.

▶ **Spiritismus** (von lat.: »Hauch«, »Geist«): okkultistische Lehre von den Beziehungen der Lebenden zu den Toten und von den Medien, die den Kontakt zum Jenseits und zu den Geistern herstellen. Spiritistische Phänomene sind Tranceeden, automatisches Schreiben oder das Klopfen von Geistwesen.

▶ **Telepathie** (von griech.: »Fernempfindung«): die außersinnliche Wahrnehmung von Gefühlen, Gedanken, Wahrnehmungen anderer Seelen (Menschen); Gedankenlesen, Gedankenübertragung.

Ein okkultes Alphabet

A mulett
B öser Blick
C hirologie=Handdeutung
D ämonen
...
...
Z auber

Versucht, das Alphabet, so weit wie möglich, zu ergänzen.

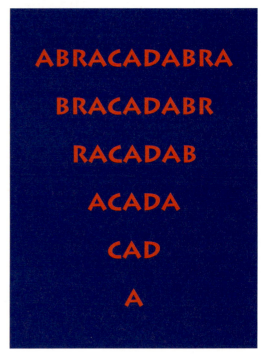

ABRACADABRA ist vielleicht der Name eines antiken Dämons, der zu einer Zauberformel gegen Krankheiten geworden ist. Man hofft, dass die Krankheit schwindet, sobald das Wort in jeder Zeile Buchstaben verliert.

1 Was macht es für einen Unterschied, ob man sich aus Spaß, Neugierde, Ernst oder Überzeugung mit Esoterik und Okkultismus befasst?

2 Was haltet ihr davon, dass man über unsere Zeit sagt: »So viel PSI war nie«?

Der religiöse Markt

Ein Blick auf Geschichte und Gegenwart

Der christliche Glaube lehnt die Esoterik und den Okkultismus ab. Christen wissen, dass sie Mensch und Natur nicht durch geheime Praktiken beeinflussen können und Gott nicht durch Magie für sich in Anspruch nehmen dürfen. Das verbieten ihnen das 1. und 2. Gebot (Ex 20, 4-7). Wenn sie beten oder heilige Handlungen vollziehen, tun sie das im Vertrauen darauf, dass Gottes Wille geschehe. Auf keinen Fall maßen sie sich Macht über ihn an oder beanspruchen für sich ein geheimes Wissen von ihm.

Zauber, Magie und Geisterglauben hat es immer gegeben. Überall auf der Welt, in einfachen und in hochtechnisierten Gesellschaften, finden wir dafür zahllose Belege. Schon in der Steinzeit malten Jäger Tierbilder als Zaubermittel in ihre Höhlen, um die Tiere in ihre Gewalt zu bringen. Die alten Ägypter haben ein großes Repertoire von Zauberei entwickelt, um Tiere zu zähmen, Krankheiten zu heilen, gute Ernten zu erzielen, Feinden zu schaden und Liebende zusammenzuführen. Sie gaben vor, Stöcke in Schlangen und Wasser in Blut verwandeln zu können. Bei den Griechen gab es eine hochangesehene Orakel- und Wahrsagerkunst. Die Priester der Römer deuteten aus dem Flug der Vögel, aus der Form einer Tierleber oder aus dem Gegacker der Hühner die Zukunft. Die Germanen zündeten in den langen Winternächten Lichter an, um böse Geister zu vertreiben. Auch die Bibel wurde für vielerlei Zauber in Anspruch genommen. Im Mittelalter schlug man sie willkürlich auf, um so ein Wort für eine bevorstehende Entscheidung zu finden. Man legte die Bibel auch einer Wöchnerin unter das Kissen oder einem Kind in die Wiege. Für kranke Tiere verkochte man eine Bibelseite in einer Speise und gab sie ihnen zu fressen. Noch in der beginnenden Neuzeit hielt man viele Frauen für Hexen, nur weil sie besonders klug oder schön waren. In der Gegenwart hat das Zeitalter der Medien und Computer auch für die Esoterik und den Okkultismus begonnen. Die Horoskope berufen sich auf eine so genaue Beobachtung der Sterne, wie es sie früher nie gab. In den Fernsehsendungen treten Zauberer mit einem unvorstellbaren technischen Aufwand auf. Die computergesteuerten Wahrsagereien erwecken den Eindruck, als seien sie zuverlässiger denn je. Der religiöse Markt ist also nicht nur eine Modeerscheinung. Er hat sich der Zeit angepasst und ist heute ein Geschäft mit hohem Umsatz.

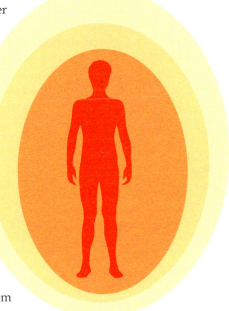

Magierin Jana. Hellseherin. Erfolgreiche Partnerzusammenführungen auch in schwierigsten Fällen. ☎ 7777

Wahrsagen sofort! Referenzen auf Anfrage. www.joachimhellkopf.de

Ihr persönliches Horoskop. Rosita, professionelle Fachastrologin. e-mail: rosita@astro.de

Kaffeesatz- und Kartenlesen. Echt! Frida und Fridolin, Am Brocken 13

Der religiöse Markt

Die Einstellung der Bibel

- Wahrsagerei und Zauber sollt ihr nicht treiben (Lev 19, 26)
- Gegen einen, der sich an Totenbeschwörer und Wahrsager wendet und sich mit ihnen abgibt, richte ich mein Angesicht (Lev 20, 6)
- Es soll bei dir (in Israel) keinen geben, der seinen Sohn oder seine Tochter durchs Feuer gehen lässt, keinen, der Losorakel befragt, Wolken deutet, aus dem Becher weissagt, zaubert, Gebetsbeschwörungen hersagt oder Totengeister befragt, keinen Hellseher, keinen, der Verstorbene um Rat fragt. Denn jeder, der so etwas tut, ist dem Herrn ein Gräuel (Dtn 18, 10–12)
- Weh den Frauen, die Zauberbinden für alle Handgelenke nähen und Zaubermützen für Leute jeder Größe anfertigen (Ez 13, 18)

3 Warum sind auch viele Christen heute gegenüber der Esoterik nicht immun? Warum bezeichnen andere Christen die Erscheinungen der Esoterik und des Okkultismus als »Aberglaube«?

Altes Testament

Im Alten Testament ist von Zauber, Totenbeschwörung und Geisterglauben häufig die Rede. So suchte einmal **Saul,** der erste König Israels, eine **Totenbeschwörerin in En-Dor** auf, als er und sein Heer von den Philistern arg bedrängt wurden. Zuerst konnte die Frau es nicht fassen, dass der König ihren Rat suchte. Sie bekam es mit der Angst zu tun, weil Zauberei und Geistseherei im Land Israel verboten waren. Sie glaubte, der König wolle ihr nur eine Falle stellen. Aber Saul war es in seiner Panik mit seinem Begehren ernst und so ließ die Frau den Geist des toten Samuel erscheinen, der Saul zum König gemacht hatte. Samuel konnte dem König nichts Gutes weissagen. Er kündigte ihm an, dass er sein Königtum an David (→ S. 65 ff ZdF) verlieren werde (1 Sam 28). Tatsächlich nahmen das Leben und das Königtum Sauls ein tragisches Ende.

Johann Heinrich Schönfeld (1609–1682), Saul und die Hexe von Endor, 1670–1680.

Neues Testament

Auch das Neue Testament weiß, dass Magie und Zauber in der alten Welt weit verbreitet waren. Schon die junge Gemeinde der Christen bekam damit zu tun. So lebte in Samaria (→ S. 98 ZdF) ein **Zauberer namens Simon,** der das Volk mit seinen Zauberkünsten verwirrte und sich selbst als etwas Großes ausgab. Die Leute ließen sich von ihm betören und meinten, Simon tue dies alles in der Kraft Gottes. Darum schlossen sie sich ihm an. Als jedoch der Apostel Philippus zu ihnen kam und ihnen von Jesus erzählte, schenkten sie dem Evangelium Glauben und ließen sich taufen. Sie wussten, dass nun so unheimliche Mächte wie Zauberei und Spuk besiegt waren. Selbst Simon ließ sich taufen. Als er aber sah, wie die Apostel Petrus und Johannes durch Handauflegen den Christen den Geist Gottes vermittelten, bot er den Aposteln Geld an, um auch selbst diese Fähigkeit zu erwerben. Petrus aber lehnte dieses Ansinnen mit heftigen Worten ab. Er machte Simon klar, dass man geistliche Fähigkeiten nicht mit Geld erwerben könne (»**Simonie**«; → S. 119). Das erschütterte den Simon sehr (Apg 8, 9–24).

Der religiöse Markt

2. Symbole des Glücks und Unglücks

Alle Menschen suchen das Glück (→ S. 36 ff). Aber oft sind wir unglücklich oder nicht so glücklich, wie wir es uns wünschen. In solchen Situationen sind Menschen für Verheißungen des Glücks empfänglich. Sie stützen sich dann leicht auf Worte und Zeichen, die versprechen Glück zu bringen oder Unglück zu verhindern.

Was Glück und Unglück bringt

Die folgenden Dinge spielen im Leben mancher Leute eine gewisse Rolle. Oft betrachtet man sie mehr oder weniger ernsthaft, lächelt über sie, meint, sie könnten auf keinen Fall schaden und vielleicht sei ja doch etwas dran.

- Gegenstände wie Hufeisen, Zauberstab, Glückspfennig
- Pflanzen wie vierblättriges Kleeblatt, Fliegenpilz
- Tiere wie schwarze Katze, Schlange, Spinne oder Marzipanschwein
- Gestalten wie junge Braut oder Schornsteinfeger
- eine Zahl wie die »7« oder »13«
- ein Tag wie der Freitag, Sonntag, Silvester, Neumond und Vollmond
- eine Stunde wie die »Geisterstunde« um Mitternacht
- Worte wie Hokuspokus oder Toi, toi, toi
- Zeichen des christlichen Glaubens wie Christophorusanhänger, Medaille, Heiligenbild oder Kreuz
- Amulette und Talismane wie die arabische Abwehrhand oder das ägyptische Anch-Zeichen
- Handlungen wie auf den Tisch klopfen, nicht mit dem linken Bein morgens aufstehen, nicht unter einer Leiter gehen, über sich das Kreuzzeichen machen, einen Schirm nicht in einem geschlossenen Raum öffnen

Glücks- und Unglückszeichen – Deutungen

▪ Die **»13«** ist die erste Zahl nach der Zahl der Vollkommenheit »12«, die bei den Aposteln, Monaten, Tierkreiszeichen und Stunden eine große Rolle spielt. Sie war einmal eine Glückszahl, weil sie Jesus und die zwölf Apostel umfasst. Später wurde sie zur Unglückszahl. Seitdem es Uhren gibt, sagt der Ausruf »Nun schlägt es aber Dreizehn!« etwas Unmögliches an. Manche Leute verrichten am 13. eines Monats keine wichtige Arbeit. Viele Hotels haben kein Zimmer mit der Nummer »13«. – Die Zahl **»11«** (vor der »12«) gilt als verrückte Zahl (Karneval, Elferrat usw.).

▪ Der **Freitag** gilt als Unglückstag, weil Jesus an einem Freitag gestorben ist. Alte Volksphantasie will wissen, dass Adam und Eva an einem Freitag im Paradies gesündigt haben. Bei den Germanen aber war der Freitag der glücklichste Tag der Woche, weil er nach Freya, der Göttin der Liebe, benannt war. An diesem Tag fanden viele Hochzeiten statt.

▪ Eine **schwarze Katze** war die Begleiterin einer ägyptischen Gottheit, die man nicht ansehen durfte. Im Mittelalter glaubte man, Hexen würden in schwarze Katzen verwandelt.

▪ Das Zauberwort **»Hokuspokus«** leitet sich ab von den Wandlungsworten der Messe »Hoc est corpus meum« (d. h. »Das ist mein Leib«).

▪ **»Spinne(n)** am Morgen bringt Kummer und Sorgen«. Hier ist nicht das schwarze kleine Spinnentier gemeint, sondern das Spinnen am Spinnrad. Das Mädchen, das schon früh am Morgen mit dieser Arbeit beginnen musste, konnte nicht reich sein und durfte von dem Tag nicht viel Gutes erwarten. Abends war das Spinnen am Spinnrad aber ein angenehmes Hobby. Darum: »Spinne(n) am Abend erquickend und labend.«

7
13

> Ob eine schwarze Katze Glück bringt, hängt einzig und allein davon ab, ob man ein Mensch ist – oder eine Maus.
>
> *Bernhard Grzimek (1909–1987), Zoologe*

○ Welche Glücks- und Unglückszeichen kennt ihr? Welche benutzt ihr, z. B. bei Klassenarbeiten? Was haltet ihr von ihrer Wirkung?

Der religiöse Markt

3. Blicke in die Zukunft

Wir Menschen möchten gern wissen, was die Zukunft uns bringt. Aber die Zukunft ist uns verschlossen. Wir können zwar einige Ereignisse vorauswissen oder vorausahnen, aber das Meiste, das uns interessiert, bleibt im Ungewissen. Es ist daher nicht erstaunlich, dass es viele Bemühungen gibt, die Zukunft zu erschließen und zu deuten. Da gibt es alltägliche **Erwartungen,** vorsichtige **Schätzungen** und wissenschaftlich erstellte **Prognosen.** Im privaten Bereich beziehen sie sich auf Gesundheit, Arbeitsplatz oder Freundeskreis. Für das öffentliche Leben beziehen sie sich auf Bevölkerungsentwicklung, Wirtschaftswachstum, Energieverbrauch und Börsenkurse.
Es gibt auch okkultistische Versuche, die dunkle Zukunft aufzuhellen.

> Es ist problematisch, **Wahrsager und Hellseher** aufzusuchen, da man bei ihnen schnell in Angst versetzt wird und seine innere Unbefangenheit verliert. Allzu leicht wird man geneigt sein ihnen zu glauben. Gerade in einer solchen Gemütsverfassung haben sie aber ein leichtes Spiel mit ihren Kunden.

Wahrsagen und Hellsehen

■ Wahrsagerinnen und Wahrsager bieten sich an, Probleme mit den Partnern zu lösen, Familienschwierigkeiten zu beseitigen, Freunde zu finden, Geld zu verdienen, Berufswünsche zu erfüllen, ein Leben in Freude und Zufriedenheit zu erhalten usw. Auch in die geschäftliche und politische Entwicklung haben sie angeblich Einblick. Dies alles ist ihnen möglich, weil sie vorgeben, einen Blick in die Zukunft tun zu können, die sich ihnen z. B. durch Kartenlegen, Handlinienlesen oder durch die Verarbeitung persönlicher Lebensdaten erschließt. Sie sprechen so allgemein und verschlüsselt, dass sie im Nachhinein leicht behaupten können, etwas Richtiges vorhergesagt zu haben. Heute ist ihre Tätigkeit zu einem Berufsstand geworden, der mehr Mitglieder aufweist als je zuvor. Sie verstehen sich als Lebensberater für alle Situationen und finden viel Anklang. Für ihre Tätigkeit verlangen sie hohe Preise, die auch dann zu zahlen sind, wenn ihre

Wahrsagerei nichts gebracht hat. Besonders aufschlussreich sind oft die Vorhersagen, die sie zum Jahresbeginn über das neue Jahr machen. Da treffen sie meist nur das richtig, was man auch mit dem gesunden Menschenverstand vorhersagen kann. Die unerwarteten, plötzlichen Ereignisse, die nicht einfach aus dem bisherigen Geschehen ableitbar sind, werden von ihnen so gut wie nie gesehen.
Manche Leute versetzen sich in einen tranceartigen Zustand, der es ihnen ermöglicht, Entwicklungen in der Zukunft oder an entfernten Orten zu sehen. Weil dieser Zustand oft mit der Vorstellung von Licht verbunden ist, spricht man von »**Hellsehen**«. Für einige Fälle wird man diese Fähigkeit nicht in Abrede stellen können. Sie ist bis heute unerklärbar.
■ Zwischen Hellseherei und Wahrsagerei gibt es zahllose Übergänge. Manchmal sitzen die Hellseher und Wahrsager wie im Halbschlaf in einem

1 Was bedeutet es, dass wir unsere eigene Zukunft nicht kennen?
2 Was haltet ihr von Kaffeesatzlesen und Bleigießen an Silvester?
3 Sammelt die wöchentlichen oder täglichen Horoskope ein und desselben Sternzeichens aus verschiedenen Zeitungen und vergleicht sie miteinander. Was ist bei euch selbst eingetroffen, was nicht? Wie erklärt ihr euch die »richtigen« Voraussagen?
4 In welchem Sinn ist der Satz »Die Sterne lügen nicht« sicher richtig? Warum sind trotzdem viele Horoskope falsch?

Der religiöse Markt

abgedunkelten Raum vor einer beleuchteten **Kristallkugel,** die auf schwarzem Samt liegt und einen geheimnisvollen Eindruck macht. Vor der Aktion wird sie gründlich gereinigt und mit Energien aufgeladen. Während der Aktion kann man Weihrauchduft einatmen und sanfte Klänge hören. In der Kugel soll sich das Zukunftsgeschehen abspielen, das allerdings nur für den Hellseher sichtbar wird. Zuerst erzählt er meist von Wolken, Wirbeln, Nebel oder Farberscheinungen. Sie entwickeln sich langsam zu Bildern, Szenen und Handlungsabläufen, die dann von ihm gedeutet werden.

Pendeln

Beim Pendeln wird ein an einem Faden hängender Ring oder ein Lot von Menschenhand über einem Objekt gehalten, wobei das Pendel in Schwingung geraten kann. Dabei geht man von der Voraussetzung aus, dass alle Gegenstände Strahlen aussenden, deren Bewegung und Eigenart durch das Pendel erfasst werden. Durch das Pendeln z. B. über Medikamenten oder Lebensmitteln will man mittels dieser Strahlen erfahren, ob die jeweiligen Gegenstände für den Pendler gut oder schädlich sind. Hier hat das Pendel kaum einen okkultistischen Bezug. Bei anderen Anwendungen nähert sich das Pendel dem okkulten Bereich, so wenn der Pendler aus Fotografien, Briefen oder dem Eigentum bestimmter Personen etwas über diese Personen erfahren will, da diese Dinge die gleichen Strahlungen aufweisen sollen wie der Eigentümer selbst. Mit Hilfe des Pendelns will man auch feststellen, ob ein Mensch lebt oder tot ist (Foto), wo sich eine Person befindet (Stadtplan), ob ein anderer Mensch zu einem passt, wo sich verlorene Gegenstände befinden usw.

Beliebt ist das Pendel über einem Alphabet. Dabei stellt man Fragen. Die Antworten ergeben sich dadurch, dass man die angependelten Buchstaben zusammenfügt.

5 Was sagt man über einen Krebs, einen Löwen und einen Schützen? Überprüft in eurer Klasse, ob die den Tierzeichen zugeschriebenen Eigenschaften tatsächlich bei den Jungen und Mädchen vorkommen, die in diesem Zeichen geboren wurden: → S. 238.

6 Was versteht man unter einer »sich selbst erfüllenden Prophezeiung«? → S. 240.

7 Manchmal haben die Sterndeuter Glück. Das weiß selbst die Bibel. Ein bekanntes Beispiel findet ihr Mt 2, 1–12.

Es gibt verschiedene Erklärungsversuche für das Pendel. So meint man, das Pendel werde durch unbewusste Muskelbewegungen, durch den Puls oder die Atmung in Schwingung versetzt. Vorsicht ist bei den Auskünften des Pendels angebracht, die sich auf die Zukunft beziehen. Sie können zu gefährlichen Fehlentscheidungen führen. Ein Pendel, das einem Jungen sagt, er werde nicht versetzt, kann diesem jede Motivation zum Lernen nehmen.

In den Sternen steht's geschrieben

Der Anblick des nächtlichen Sternenhimmels hat die Menschen immer fasziniert. Schon vor Jahrtausenden begannen die Babylonier und Ägypter, die Sternenwelt zu ordnen, Sternbilder festzulegen, die zwölf Tierkreiszeichen zu bestimmen und Sternenbahnen zu berechnen. Aus dieser Tätigkeit haben sich sowohl die Astronomie wie die Astrologie entwickelt. Die **Astronomie** (von griech.: »Lehre von den Gesetzen der Sterne«) ist eine Wissenschaft, die die Entstehung, Bewegung und Größe der Sterne erforscht. Die **Astrologie** (von griech.: »Rede von den Sternen«) ist keine

> Der **Glaube an die Astrologie** hält einer soliden Prüfung nicht stand. Die eingetroffenen Voraussagen sind oft entweder Zufallstreffer oder so allgemein und unscharf formuliert, dass sie auf viele Menschen passen. Die meisten Voraussagen treffen überhaupt nicht ein. Wissenschaftler sagen, dass der wissenschaftliche Wert der Astrologie gleich null ist.

Wissenschaft. Sie versucht, aus den Sternen das Schicksal der Menschen zu bestimmen. Dabei geht sie davon aus, dass es feste Beziehungen zwischen den Vorgängen am Himmel und auf der Erde gibt. »Wie oben, so unten« ist die nie bewiesene Grundannahme der Astrologie.

Ein Astronom ist also einer, der sich mit den Sternen befasst. Ein Astrologe ist dagegen einer, der meint, dass sich die Sterne mit uns befassen.

Der geniale Astronom Johannes Kepler (1571–1630), der die Bewegungsgesetze der Himmelskörper entdeckt hat, sagt über die Astrologie: »Das Nichteintreffen der Vorhersagen vergisst man, weil es nichts Besonderes ist; das Eintreffen behält man. Damit bleibt der Astrologe in Ehren.«

Wissenschaftler lehnen die Astrologie mit folgenden Argumenten ab:

» Die Sterne behalten ihren Ort im Kosmos nicht bei. Sie befinden sich heute nicht mehr da, wo sie vor mehr als 2000 Jahren waren, als die Alten die Sternbilder festlegten.

» Die Astrologie stützt sich nur auf wenige Sterne, die von der Erde aus zu sehen sind. Dies ist ein verschwindend kleiner Teil des gesamten Sternenhimmels.

» Die Auswahl der Sterne, die für die Astrologie herangezogen werden, ist willkürlich. Nur die zehn Planeten und die Sterne der Tierkreiszeichen kommen darin vor. Man muss sich fragen, warum die unzähligen anderen Sterne keine Bedeutung haben.

» Die Zuweisung bestimmter Charaktereigenschaften zu den Tierkreiszeichen ist durch nichts zu begründen. Weder sind die »Löwenmenschen« alle wild noch die »Fischmenschen« alle schüchtern. Die »Stiermenschen« sind nicht alle praktisch veranlagt und die »Waagemenschen« haben kaum einen höheren Gerechtigkeitssinn als alle anderen.

» Für das Verständnis eines Menschen müsste der Zeitpunkt der Befruchtung wichtiger sein als der Zeitpunkt der Geburt, weil schon hier seine genetische Grundbestimmung erfolgt.

» Zwillinge, die immer im gleichen Tierkreiszeichen zur selben Stunde geboren werden, haben durchaus nicht immer die gleiche Veranlagung und das gleiche Schicksal.

» Für die südliche Halbkugel müsste eine andere Astrologie gelten, da am dortigen Himmel andere Sterne sichtbar sind.

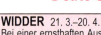
Deine Sterne

WIDDER 21. 3.–20. 4.
Bei einer ernsthaften Auseinandersetzung bleibst du Sieger! Du hörst ein erfreuliches Geständnis. In Schule/Beruf kommst du um ein Hindernis herum. Eine Anmache überrascht dich! Post! Glückstag: Donnerstag!

STIER 21. 4.–20. 5.
Du siehst in der Wochenmitte ein, dass du dir in einer wichtigen Sache unnötige Sorgen gemacht hast! Aber: Ein Verdacht, den du geschöpft hast, bestätigt sich! Leichte Trübung im Verhältnis zu deinem Partner/Freund.

ZWILLING 21. 5.–21. 6.
Du denkst daran, eine alte Freundschaft aufzugeben, weil dich eine neue Type reizt! Handle aber nicht vorschnell! In der Freizeit entdeckst du Neues, was dir Spaß macht. Dein Sparschwein setzt etwas Speck an!

KREBS 22. 6.–22. 7.
Bei einer Fete ist dein Typ gefragt! Zu Hause bekommst du bei einer Lösung eines Problems überraschende Hilfe! Ein alter Wunsch wird dir endlich erfüllt! Beim Wetten/Raten/Tippen hast du Glück: Erfreuliche News!

LÖWE 23. 7.–23. 8.
Du kannst jetzt deine Stellung in Schule/Beruf, in der Clique, verbessern! Aber: du läufst Gefahr, auf leere Versprechungen reinzufallen. Da ist jemand, der dich besser kennen lernen will. Glückstag: Samstag!

JUNGFRAU 24. 8.–23. 9.
Bei Wettkämpfen und Diskussionen bist du gut in Form! Sei vorsichtig, ein angeblicher „Freund" spielt dir ein falsches Spiel! Beim Anmachen stehen dir Glück & Zufall bei! Zu Hause wird dir ein Wunsch erfüllt!

WAAGE 24. 9.–23. 10.
Sei besonders vorsichtig im Straßenverkehr und achte besser auf deine Gesundheit! Dein Partner/Freund ist in einer wichtigen Sache voll auf deiner Seite! Gute Einfälle, wie der Knete zu helfen ist! Post-Überraschung.

SKORPION 24. 10.–22. 11.
In Schule/Beruf kannst du dich deinen Fähigkeiten entsprechend durchsetzen! Du kannst jetzt Leute kennen lernen, die für dich einige Wichtigkeit erlangen könnten! Du machst dir unnötig Sorgen! Anmach-Glück!

SCHÜTZE 23. 11.–21. 12.
Du kannst jetzt, wenn du fit bist, eine Sache, die dir Sorgen bereitet, aus der Welt schaffen! Verbesserungen in deinem Verhältnis zum Partner/Freund, zu Cliquentypen, sind möglich! Nette Post! Glückstag: Freitag!

STEINBOCK 22. 12.–20. 1.
Kleine Rangeleien mit deinem Partner/Freund, zu Hause, lösen sich umgehend in nichts auf! In der Clique, bei einer Fete, stehst du hoch im Kurs! Ein Nahestehender hält endlich ein Versprechen! Erfreuliche News!

WASSERMANN 21. 1.–19. 2.
Man versucht dich besser kennen zu lernen, aber fall nicht auf Skorpione, Stiere oder Löwen herein! Ein Plan, der dir wichtig erscheint, zerschlägt sich, aber in Schule/Beruf kassierst du Pluspunkte! Glückstag: Montag!

FISCHE 20. 2.–20. 3.
Du machst bei einer für dich wichtigen Type den erwünschten Eindruck! Mit deinen Finanzen solltest du sorgsamer umgehen, Sparschwein-Verbesserungen sind nicht in Aussicht! Nette Anmache! Post! Glückstag: Dienstag!

Der religiöse Markt

4. Kontakte zum Jenseits

Der Okkultismus gibt vor, einen Draht zum Jenseits zu haben. Er bietet Verfahren an, die Kontakte zu Verstorbenen und zu Geistern herstellen sollen. Damit kann er bei denen auf großes Interesse stoßen, die etwas über ihre Toten wissen wollen und die von überirdischen Geistern Informationen erwarten, die sie sonst nirgends bekommen.

Wir können nicht alles erklären, was bei okkulten und spiritistischen Vorgängen passiert. Darum sprechen wir auch von »**paranormalem**« (d. h. jenseits des Normalen) Geschehen. Als **Erklärungsversuche** werden genannt: Selbsttäuschungen, optische und akustische Täuschungen, Tricks, psychische Faktoren wie Erwartung oder Angst, Beeinflussung der Antworten durch unbewusstes Wissen, Interpretationswillkür bei der Deutung der Schrift oder der Geräusche, Gruppenhysterie, noch nicht bekannte physikalische Gesetze. Dass es wirklich Geister sind, die sich hier melden, ist nicht anzunehmen. Wenn sie uns wirklich etwas zu sagen hätten, müssten sie nicht so seltsame Wege gehen und so undeutlich sprechen. Wir wären für sie auch ohne alle merkwürdigen Methoden erreichbar.

Tischhüpfen

Beim Tischhüpfen stellt man einen kleinen, meist dreibeinigen Holztisch mit einem eingelassenen Stift auf eine größere weiße Tapete und fordert alle Teilnehmer auf, ganz still und konzentriert zu werden und dabei die Tischplatte mit den Fingern zu berühren. Dann stellt man den Kontakt zum Jenseits her, indem z. B. einer ruft: »Geist, melde dich!« Zuerst bleibt es meist noch eine Weile ruhig und es kann sein, dass nichts passiert. Es kann aber auch sein, dass sich der Tisch zu bewegen beginnt. Während noch alle erstaunt oder gar erschrocken sind, schreibt der Bleistift des Tisches in wildem Gekrickel etwas auf die Tapete, das man mit etwas Fantasie als »Hier bin ich« entziffern kann. Nun können die Anwesenden Fragen stellen, z. B. »Wann habe ich Geburtstag?«, »Wie heißt meine Mutter mit Mädchennamen?«, »Was ist die Lieblingsspeise meiner Schwester?« Die Antworten kann man sich aus dem Gekrickel heraussuchen.

Gläserrücken

Für eine Sitzung (»Séance«) mit Gläserrücken bereitet man einen großen Bogen Papier vor, an dessen Rändern alle Buchstaben des Alphabets und die Zahlen von 1 bis 9 aufgeschrieben sind. Ferner stehen die Wörter »Ja« und »Nein« darauf. Die Teilnehmer setzen sich um das Papier, in dessen Mitte ein Glas mit der Öffnung nach unten steht. Manche bevorzugen Weingläser, andere lehnen Gläser ab, die mit Alkohol zu tun haben. Alle legen eine Fingerspitze auf den Rand des Glases und warten gespannt, bis sich das Glas von selber bewegt. Nun können sie den Geist, z. B. des verstorbenen Großvaters oder Onkels rufen und ihn fragen: »Siehst du uns?« Da kann es sein, dass sich das Glas in Richtung auf das »Ja« bewegt. Danach kann man mit den Fragen beginnen, z. B.: »Liebt mich meine Freundin auch in Zukunft?«, und das Glas schwenkt zum »Nein«. »Wie werde ich die nächste Mathe-Arbeit schreiben?«, und das Glas steuert die Zahl 4 an.

Tonbandstimmen

Der schwedische Maler und Sänger Friedrich Jürgenson erzählt, dass er 1959 erstmals Stimmen toter Freunde auf einem Tonband erhielt, als er Vogelstimmen aufnehmen wollte. Sie sprachen ihn mit seinem Namen an und gaben ihm wichtige Informationen. Daraufhin experimentierte der Schwede jahrelang und schrieb ein Buch mit dem Titel »Sprechfunk mit Verstorbenen«. Seitdem suchen viele Leute Stimmen aus dem Jenseits zu empfangen. Sie hören

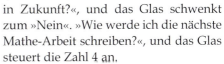

Der religiöse Markt

konzentriert auf ein Tonband und meinen, in dem undeutlichen Wortgewirr und geräuschvollen Gekrächze Stimmen ausmachen zu können, die etwa Folgendes sagen: »Ich bin Opa«, »Gib Acht!«, »Geh weg« oder »Wir leben«. Je häufiger man zuhört, umso mehr verdichtet sich die Gewissheit, die Stimmen gehört zu haben. Die Sicherheit wächst, wenn auch andere Zuhörer die Stimmen bestätigen. Neuerdings sollen diese Stimmen auch per **Computer,** auf dem **Fernsehbildschirm** und am **Telefon** zu empfangen sein. Auch der Okkultismus geht mit der Zeit.

Gefährliche Geister

Die Geister der Verstorbenen verkünden den Mädchen und Jungen beim Tischrücken, Pendeln, Gläserhüpfen und Tonbandhören nicht nur harmlose Dinge, sondern auch gefährliche Botschaften. Manchmal tritt später tatsächlich ein, was der Geist vorausgesagt hat: Die alte Freundschaft zerbricht. Die Mathe-Arbeit fällt enttäuschend aus. Ein Bruder kommt bei einem Motorradunfall ums Leben. Das hat aber nichts mit der Sehergabe des Geistes zu tun. Die Teilnehmer selbst verhalten sich nach der Sitzung oftmals so, dass das eintrifft, was der Geist gesagt hat. Sie glauben selbst nicht mehr an die Freundschaft oder an ihre mathematischen Fähigkeiten. Sie sind im Straßenverkehr völlig verunsichert. So tragen sie selbst dazu bei, dass sich die Prophezeiung erfüllt (engl.: »**selffulfilling prophecy**«).
Unabsehbar können die Folgen sein, wenn ein junger Teilnehmer vom Geist hört, dass er nur 16 Jahre alt wird oder wenn eine junge Frau hört, dass sie keine Kinder bekommt. Jahrelange Angst erfüllt sie, die selbst dazu beitragen kann, dass die Ankündigung wahr wird. Trotz aller Skepsis sind die Teilnehmer oft geneigt, den Geisterstimmen zu glauben, zumal wenn sie auf derselben Sitzung erfahren haben, dass der Geist zufällig einige richtige Antworten gegeben hat. So richtet der Wunsch, Kontakte zum Jenseits zu bekommen, oft erheblichen Schaden im Diesseits an.

Christen glauben, dass die Verstorbenen bei Gott leben. Sie halten es für unmöglich, dass sie durch seltsamen Klamauk oder mit technischen Apparaturen zum Reden veranlasst werden können. Wenn sie uns etwas zu sagen haben, werden sie dies würdig tun und auf eine Weise, die sie selbst bestimmen, z. B. in einem Gedanken unseres Herzens oder bei einer ruhigen Meditation. Aber auch da werden sie uns nichts über die Zukunft offenbaren, wenn Gott will, dass sie für uns im Dunkel liegt.

❍ Was Jesus vom Kontakt zum Jenseits hält, erzählt er in einem Gleichnis: → Lk 16, 19–31.

Georges de La Tour (1593–1652), Die Wahrsagerin, um 1635.

Der religiöse Markt

240

Christen rechnen mit der Macht des Bösen (→ S. 232 ff ZdF). Aber für sie ist es unmöglich, den **Teufel** herbeizurufen und ihn zu veranlassen, schlimme Dinge zu tun. Sie glauben nicht, dass er auf Anweisung der Menschen arbeitet. Sein Wirken ist raffinierter. Es zeigt sich in all dem Bösen, das in der Welt geschieht.

Menschen, die glauben, dass der Teufel **Gott** ebenbürtig sei, gehen in die Irre. Sie können dabei leicht das Vertrauen auf Gott, zu anderen Menschen und zu sich selbst verlieren. Oft geraten sie dabei in Angst und Hoffnungslosigkeit, aus der sie kaum mehr einen Ausweg finden.

Jesus hat die bösen Geister bekämpft und die Macht des Teufels gebrochen (→ S.106 und 232 ZdF). Wer an ihn glaubt, hat keinen Grund, den Teufel zu fürchten.

1 Welche Teufelsdarstellungen aus Märchen, von Bildern usw. kennt ihr? Versucht sie zu beurteilen.
2 Wo kommen in unserer Sprache der Teufel, der Satan oder die Hölle vor? Beispiele: Teufelskerl, Satansbraten, höllisch heiß …

5. Auf den Spuren des Teufels

Des Teufels Namen

Das Wort »**Teufel**« kommt von dem griechischen Wort »Diabolos« (»einer, der alles durcheinanderbringt«, »Verwirrer«). Andere Namen: »**Satan**« (hebr.: »Ankläger«, »Widersacher«, »Versucher«), »**Luzifer**« (lat.: »Lichtträger«, → S. 242 f ZdF) oder »**Antichrist**«. Volkstümliche Namen lauten: Leibhaftiger, Gottseibeiuns, Junker Hinkefuß. Durch Goethes Tragödie »Faust« ist der Name »Mephisto« bekannt geworden.

Bei den schlimmsten Formen des Okkultismus kommt der Teufel ins Spiel. Manchmal soll sich der Teufel schon beim Tisch- oder Gläserrücken oder beim Pendeln melden. Dann werden selbst diese Aktionen rasch gefährlich. Meistens aber steht er im Mittelpunkt wilder Orgien, die man »**Satanskult**« nennt. Sie finden nachts auf Friedhöfen an Gräbern oder bei extrem lauten und grellen Rockkonzerten statt. Dabei sehen sich die Beteiligten durch den Satan in Angst und Schrecken versetzt. Manchmal erhalten sie schlimme Aufträge, z. B. fremden Besitz zu zerstören, Tiere zu quälen, Menschen zu schikanieren, sich selbst zu verstümmeln, andere Menschen zu töten, Selbstmord zu verüben. Alle diese Verbrechen sind von Satansanhängern in den letzten Jahren auch ausgeführt worden. Damit haben sie sich selbst und andere in ein furchtbares Unglück gestürzt. Es braucht oft eine lange Zeit, bis die seelischen Schäden wieder heilen. Wenn die Medien von solchen Ausschweifungen berichten, breitet sich in der Öffentlichkeit regelmäßig Entsetzen aus. Manchmal regen solche Berichte zur Nachahmung an.

In diesen Zusammenhang gehören auch die »**Schwarzen Messen**«, die in leer stehenden Häusern, in Partykellern und auf Friedhöfen gefeiert werden. Wer teilnimmt, muss Geheimhaltung schwören, andernfalls hat er grausame Strafen zu erwarten. In diesen »Messen« wird die kirchliche Eucharistiefeier (→ S. 201 f ZdF) schamlos verhöhnt. Sie werden von einem Satanspriester mit einer gestohlenen weißen Hostie gefeiert. Messgewänder, Messbücher, schwarze Kerzen und das umgedrehte Kreuz gehören unbedingt dazu. Zur Einstimmung gibt es oft Drogen oder alkoholische Getränke. Zuerst wird von allen Beteiligten der Satan als Herrscher der Finsternis angerufen. Sie verpflichten sich, ihr Leben nicht in Liebe, sondern in Hass zu verbringen. Im Lauf der Zeremonie schändet der Priester die Hostie, indem er sie mit einem Messer aufspießt. Sexuelle Ausschweifungen begleiten das Geschehen. Am Ende wird oft ein Huhn oder ein anderes Tier geschlachtet. Das Blut des Tieres wird über die Hostie geschüttet, in einer Schale aufgefangen und dann von den Anwesenden getrunken. In früheren Zeiten ist auch das Blut von neugeborenen Kindern verwendet worden. – Es gibt auch »Messen«, in denen Menschen symbolisch getötet werden, indem man eine Puppe aus Wachs, welche eine bestimmte Person darstellt, mit einem Säbel ersticht. Die Anwesenden ritzen sich mit einem Messer die Hand auf und lassen ein paar Blutstropfen zu Boden fallen. Dies geschieht in der Erwartung, dass diese Person bald mit Hilfe des Teufels oder seiner Anhänger zu Tode kommt.

Der religiöse Markt

Der Teufel hat Gewalt
sich zu verkleiden
in lockende Gestalt.
Shakespeare (1564–1616)

Lass dich den Teufel
bei einem Haare fassen,
und du bist sein auf ewig.
Lessing (1729–1781)

Zu Gott hinken die Leute,
zum Teufel laufen sie.
Sprichwort

Schwarz wird stets gemalt
der Teufel, rosig wird er
stets gesehen.
Sprichwort

Die schönste List des
Teufels ist es,
uns zu überzeugen,
dass es ihn nicht gibt.
Baudelaire (1821–1867)

Mephisto: Ich bin der
Geist, der stets verneint.
Goethe (1749–1832)

Der »Geist Kevin«

Er hat unsere Spitznamen gekannt und alle Geburtsdaten. Bis dann einmal einer ihn fragte, ob wir auch mal mit 'nem bösen Geist fahren können. Da hat er geantwortet: Luzifer. Da kamen wir echt in Panik und haben zu ihm gesagt: Geh weg, wir wollen dich nicht! Vor lauter Panik haben wir alle Fenster und Türen aufgemacht und viermal ein Vaterunser gebetet. Er hat dann geschrieben: Satans Söhne werden in euch sein. Daraufhin haben wir ihn gefragt, was er will. Er hat geschrieben: Ihr werdet Seelen kaputtmachen und andere Leute linken. Wir wollten aber Beweise haben, und er hat das Wort »Klo« geschrieben. Da ist auf einmal der Klodeckel nebenan runtergefallen. Also ich war an dem Abend fix und foxi. Ich hatte am ganzen Körper 'ne Gänsehaut und konnte vor Angst nicht schlafen, bin zu meiner Mutter ins Bett gekrabbelt. – Seitdem bete ich jeden Abend.

Schüleraussage über Séancen mit dem »Geist Kevin«

Der religiöse Markt

6. Gründer, Grübler, Gurus

Den religiösen Markt bevölkern auch viele **neureligiöse Gruppen,** die mit starkem Eifer und großen finanziellen Mitteln ständig um neue Mitglieder werben. Sie haben in der Regel mit okkultistischen Zirkeln nichts zu tun. Manche sind in Deutschland oder in Europa entstanden. Manche kommen aus Amerika wie die Mormonen oder Zeugen Jehovas. Sie beziehen sich in ihrer Lehre und Praxis auf die Bibel und das Christentum, wandeln es aber in entscheidenden Punkten ab. Andere haben ihren Ursprung in Asien. Sie versuchen, einzelne Ideen der östlichen Religionen, vor allem des Hinduismus und Buddhismus, zu verbreiten, ohne diesen Religionen gerecht zu werden. In Deutschland gibt es zur Zeit ca. 600 neureligiöse Gruppen mit insgesamt über einer Million Mitgliedern.

Manchmal werden diese Gruppen »**Sekten**« genannt. Wenn das Wort »Sekte« aus einer gewissen Überheblichkeit heraus eher negativ gebraucht wird, sollte man es meiden. Auch diesen Gruppen gegenüber ist Fairness und Toleranz geboten, zumal sich hier viele Menschen mit tiefer Frömmigkeit, sozialem Engagement und gutem Willen finden. Aber ebenso unverzichtbar ist eine kritische Auseinandersetzung mit ihnen. Christen haben Gründe des Glaubens und der Vernunft für ihre Ablehnung.

Die Mormonen

Der Gründer

Der Gründer der Mormonen war der Farmgehilfe **Joseph Smith** (1805–1844). Mit 14 Jahren hatte er ein eigentümliches Erlebnis. Als er in einen Wald ging, um zu beten, glaubte er zu sehen, wie Gott ihm seinen Sohn Jesus zeigte. Dabei wurde ihm gesagt, dass alle Kirchen und Sekten im Irrtum lebten. Er solle sich keiner Kirche anschließen. Er selbst sei als Werkzeug ausersehen, die Urkirche wiederherzustellen. 1823 hatte er die entscheidende Offenbarung seines Lebens, als ihm der **Engel Moroni,** ein

---

Eine »**Sekte**« (von lat.: »sequi«, d. h. »folgen«) ist in der Regel eine kleinere religiöse Gruppe, die sich von einer größeren Mutterreligion abgespalten hat. In der heutigen Welt ist die Zahl der Sekten so groß und ihr Selbstverständnis und ihre Thematik so unterschiedlich, dass man kaum eine für alle Sekten passende Definition finden kann. Verbreitete Sektenmerkmale sind:
- das Gefühl der Zusammengehörigkeit und Auserwählung und der Anspruch, auf Fragen der Zeit eine gültige Antwort zu wissen
- die Verheißung von Glück und Heil nur auf ihrem Weg
- der alleinige Besitz absoluter Wahrheit
- bedingungsloser Gehorsam gegenüber der Leitung
- die baldige Erwartung des Endes der Welt
- aggressive und kostspielige Werbemethoden
- öffentlich zur Schau gestellte Religiosität.

Joseph Smith erhält und vergräbt das Buch Mormon. Gemälde nordamerikanischer Mormonen.

1 Kennt ihr Leute, die in neureligiösen Gruppen leben? Könnt ihr etwas davon erzählen? Besorgt euch auch Bücher, in denen ihr Berichte von ehemaligen Mitgliedern findet.
2 Verfasst einen kurzen (Lexikon-) Artikel über die Mormonen, in dem die Namen Joseph Smith, Brigham Young, Salt Lake City und das Buch Mormon vorkommen.

Sohn des Propheten Mormon, erschien und von einem auf goldenen Platten geschriebenen Buch erzählte. Darin werde von der Einwanderung der Kinder Israels nach Amerika erzählt, die etwa 600 vC stattgefunden habe. Vier Jahre später sollen ihm diese kostbaren Platten vom selben Engel auf dem Hügel Cumorah im Staat New York übergeben worden sein. Der Engel habe ihm dabei eingeschärft, die Platten sorgsam zu hüten. Als man sie stehlen wollte, soll er sie mit allen Kräften verteidigt haben. Mit einer eigenen Prophetenbrille konnte er die altägyptischen Schriftzeichen, die er sonst nicht verstehen konnte, lesen. Den Text hat er ins Englische übertragen und 1830 als das »**Buch Mormon**« veröffentlicht.

Das Buch ist nach einem sonst nicht bekannten amerikanischen Propheten des 5. Jahrhunderts benannt. Es bildet die religiöse Grundlage der Gemeinschaft. Von daher nennen sich ihre Anhänger auch »Mormonen«. Am Anfang des Buches findet sich eine feierliche Erklärung von elf Zeugen, die bekunden, die Platten gesehen und berührt zu haben. Weitere Themen: Übersetzungen aus dem Alten und Neuen Testament, die alte Geschichte Amerikas, die Besiedlung des Kontinents durch die Nachkommen des Volkes Israel, die Erscheinungen Christi in Amerika und die neue Kirchengründung. Nachdem Smith die Übersetzung abgeschlossen hatte, begrub er die goldenen Platten am Fundort. Seitdem sind sie verschollen.

Die Ansichten über dieses Buch gehen weit auseinander. Manche halten es für eine gewaltige Fälschung, in der Smith vieles aus der Bibel und einem älteren amerikanischen Roman abgeschrieben habe. Die Mormonen sehen darin ihre Heilige Schrift, die so alt und ehrwürdig wie die Bibel ist.

1830 gründete Smith die »**Kirche Jesu Christi**«, die 1838 den Zusatz »**der Heiligen der letzten Tage**« erhielt. Damit unterscheiden sie sich von den Gestalten der Bibel, die die »Heiligen der ersten Tage« sind.

Auf die letzten Jahre von Smith fallen manche Schatten. Er gründete eine Bank und wurde angeklagt, unechte Geldnoten ausgegeben zu haben. Diese Vorwürfe wurden aber nie rechtskräftig bestätigt. In Missouri geriet er in gewalttätige Auseinandersetzungen zwischen Mormonen und anderen Gruppen. Dies trug ihm die Anklage auf Mord und weitere Verbrechen ein. 1844 kandidierte er für die amerikanische Präsidentenwahl, allerdings ohne Erfolg. Noch im selben Jahr wurde er in ein Gefängnis geworfen, weil er ein ehemaliges Mitglied der Gruppe aus der Stadt vertreiben wollte. Nachts stürmte der Pöbel das Gefängnis und Smith wurde von den Angreifenden, die ihre Gesichter geschwärzt hatten, erschossen.

Die Mormonen halten alle Vorwürfe gegen Smith für unberechtigt. Sie verehren ihn bis heute als gottgesandten Propheten, als ihren begnadeten Gründer, als einen der größten Schriftsteller, als Märtyrer.

Die folgende Zeit

Nach dem Tod von Smith übernahm **Brigham Young,** einer der 12 Apostel, die Führung der Gemeinschaft. Um den Verfolgungen zu entgehen, denen die Mormonen damals ausgesetzt waren, suchte er seine Anhänger ins »Gelobte Land« zu bringen. Unter unsäglichen, tapfer ertragenen Strapazen führte er in einem **legendär gewordenen Treck** 12 000 Mormonen über den Mississippi, durch eisige Felder, einsame Wüsten, gefährliche Schluchten, fieberverseuchte Gebiete und hohe Felsengebirge, bis sie in das Salzseetal der

Brigham Young

Mormonen auf dem großen Treck, Gemälde mormonischer Herkunft, USA.

Rocky Mountains kamen, wo sie zu siedeln beschlossen. Viele Auswanderer hatten den Marsch nicht überstanden. Die Überlebenden fingen am Großen Salzsee ein neues ungestörtes Dasein an. Mit großem Fleiß machten sie aus dem trostlosen Gebiet ein fruchtbares Land. Sie gründeten die Stadt **Salt Lake City** als »neues Jerusalem«. Seit 1896 gehört dieses Gebiet als Bundesstaat Utah zu den USA. Die Stadt ist bis heute das religiöse Zentrum der Mormonen und Sitz ihrer Leitung geblieben.

Anfangs gab es unter den Mormonen die **Vielehe** (griech.: »Polygamie«). Sie beriefen sich dabei auf das Alte Testament, wo berichtet wird, dass Männer wie Abraham und David mehrere Frauen hatten. Schon Smith hatte mit mehreren Ehefrauen gelebt, die aufeinander sehr eifersüchtig waren. Er soll die Vielweiberei deshalb eingeführt haben, um seine eigenen Leidenschaften zu rechtfertigen. Brigham Young hatte sogar 25 Ehefrauen. Manche Männer kamen damals aus Europa zu den Mormonen, weil dort die Vielehe gestattet war. Aber bald kamen die Mormonen mit den staatlichen Gesetzen in Konflikt, die die Vielehe für verfassungswidrig erklärten. Seit 1890 ist darum auch bei ihnen die Vielehe nicht mehr erlaubt. Trotzdem leben auch heute noch an die 50 000 Mormonen in Amerika in der Vielehe.

Die Mormonen verstehen sich als die **einzig wahre Kirche auf Erden.** Sie sind der Ansicht, dass die Urkirche Jesu Christi nicht lange überdauerte. Alle Lehren und Ämter der Urgemeinde, von denen in der Bibel die Rede ist, seien von den christlichen Kirchen durch Abfall vom Glauben verfälscht worden. Bei den Mormonen seien die Lehren und Ämter durch die Offenbarungen Gottes an Smith in ihrem ursprünglichen Sinn wiederhergestellt worden. Sie erfahren ihre Religion als eine Religion der Freude und der Tat.

Der Glaube der Mormonen

Die Mormonen glauben an Gott den Vater, seinen Sohn Jesus Christus und den Heiligen Geist, an Schöpfung, Sündenfall, Gericht und Erlösung. Das alles klingt so, als sei ihr Glaube dem katholischer und evangelischer Christen ähnlich. Aber hinter den gleichen Worten verbirgt sich ein anderer Sinn.

Darstellung aus einer mormonischen Broschüre, USA.

»**Gott** ist für sie ein erhöhter Mensch. Der Vater und der Sohn haben einen Körper. Sie sind nicht unsichtbar, sondern leibliche Wesen. Darum können sie auch fühlen wie die Menschen. Nur der Heilige Geist ist körperlos.

»**Menschen** entwickeln sich weiter und können schließlich »Götter« werden.

»Nicht mehr Israel ist das heilige Land. Nun ist **Amerika** der »Kontinent des Heils«, weil Jesus nach seiner Auferstehung hierhin gekommen ist und weil hier das Buch Mormon entstand und entdeckt wurde.

»Den bestimmten Termin der **Endzeit** kennt niemand. Das Reich Gottes wird irgendwann in

Missouri in Amerika beginnen und überall auf der Welt da errichtet, wo Menschen an Jesus als ihren Erlöser glauben. Dann werden die Gerechten auferstehen, Christus selbst wird **1000 Jahre** auf der Erde regieren und sie in dieser Zeit völlig erneuern. Danach beginnt der Schlusskampf mit dem Teufel. Beim Jüngsten Gericht werden die Guten mit einem Leben im Jenseits belohnt, die Bösen werden ausgelöscht. Eine Hölle gibt es nicht.

▸ Die Mormonen nehmen ihre **Pflichten** im Alltag sehr ernst. Sie lehren, dass man immer an sich arbeiten soll. Für ihre Gemeinschaft geben sie den Zehnten ihrer Einkünfte. An jedem ersten Sonntag im Monat fasten sie streng. Was sie dabei sparen, geben sie den Armen. Von Alkohol, Nikotin und Drogen halten sie sich fern. Die jungen Männer opfern vor dem Studium oder nach der Berufsausbildung zwei Jahre, um für ihre religiöse Gemeinschaft zu missionieren. Auf ein gutes Familienleben legen sie den größten Wert.

▸ An der **Spitze** steht die »erste Präsidentschaft« und der »Rat der Zwölf«. Das priesterliche Amt gliedert sich in die einfache Aarons- und die höhere Melchisedechpriesterschaft.

Heute gibt es in vielen Ländern der Welt knapp zehn Millionen Mormonen. Davon leben in Deutschland an die 40 000. Jährlich wächst die Gemeinschaft um ca. 300 000 Mitglieder.

Charles Taze Russell

Die Zeugen Jehovas

Wer kennt nicht jene Männer und Frauen, die geduldig auf vielbesuchten **Straßen** stehen und in ihren Händen die Zeitschrift »**Der Wachtturm**« halten, um sie an interessierte Passanten zu verschenken? Diese Leute gehören zu den »Zeugen Jehovas«. Man kann sie auch erleben, wenn sie **Hausbesuche** machen. Plötzlich stehen zwei oder drei von ihnen vor der Tür und fragen freundlich, aber bestimmt: »Haben Sie eine Bibel? Lesen Sie auch gelegentlich darin?« Ehe man sich besinnt, ist man einer Flut von **Bibelsprüchen** ausgesetzt, die alle beweisen sollen, dass man in der falschen Religion lebt, dass das Ende der Welt bevorsteht und dass man nur dann gerettet wird, wenn man auf Jehova und seine Zeugen hört. Zuerst mag dieser öffentliche Eifer für eine religiöse Einstellung noch Erstaunen, vielleicht sogar Bewunderung erregen. Aber bald wird man feststellen, dass es schwer ist mit ihnen ein Gespräch zu führen. Sie reden unermüdlich auf einen ein und verwirren den völlig, der in der Bibel nicht Bescheid weiß. Wer sich aber in der Bibel auskennt und mit ihnen sachlich diskutieren will, hat kaum eine Chance, sein Wissen anzubringen. Die Zeugen halten unerschütterlich an ihrer Deutung fest, ohne auf Argumente einzugehen, und wiederholen ständig dasselbe, was sie in ihren Lehrgängen und Kursen gelernt haben.

Die nahe Endzeit

Der **Gründer** der Gemeinschaft, deren Mitglieder sich bis 1931 »**Ernste Bibelforscher**« nannten, war der amerikanische Kaufmann **Charles Taze Russell** (1852–1916). Er meinte 1874 den Plan Gottes mit der Menschheit entdeckt zu haben. In der

Der religiöse Markt

3 Versucht an ein Exemplar des »Wachtturm« zu kommen. Lest und analysiert den ein oder anderen Artikel. Vergleicht die Lehre der Zeugen mit den Aussagen der Bibel.

4 Wie erklärt ihr euch die feste Erwartung, das Ende der Zeit sei nahe? Welche Ereignisse lassen sich leicht als Zeichen der Endzeit deuten? Lest dazu Mk 13, 22.

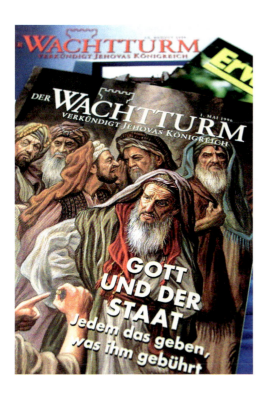

Ja H   We H
J   H   W   H
Je Ho Wa (H)

Der Name Gottes im Alten Testament lautet »Jahweh« (Ex 3,13–14; → S. 55 ZdF). Dieser Name bedeutet in der Übersetzung »Ich bin der, der für euch da ist«. Wenn man die Konsonanten des hebräischen Wortes beibehält und die Vokale ändert, erhält man den Namen »Jehowah«. Die Zeugen behaupten, dies sei der richtige Name Gottes. Sie hätten ihn nach jahrtausendelangem Vergessen wieder entdeckt. Heute lässt man meistens das »h« am Wortende weg.

von ihm gegründeten Zeitschrift »Der Wachtturm« verkündete er, nach vierzigjähriger Vorbereitung werde 1914 Jesus Christus wiederkommen und das tausendjährige **Friedensreich** (→ S. 176 ZdF) herbeiführen, von dem in der Bibel (Offb 20) die Rede ist. Viele glaubten ihm und schlossen sich seiner Bewegung an. Für sie war die Enttäuschung groß, als an Stelle des Friedensreichs der Erste Weltkrieg ausbrach. Russell starb 1916, sein Nachfolger wurde **Joseph Franklin Rutherford.** Nun errechneten Bibelforscher die **Wiederkunft Christi** für die Jahre 1918 und dann 1925. Rutherford schrieb damals ein Buch mit dem Titel »Millionen jetzt lebender Menschen werden nie sterben«. Später musste er zugeben, dass Jehovas Getreue in ihren Erwartungen getäuscht wurden. Trotzdem glauben die Zeugen bis heute, dass Jesus Christus doch 1914 gekommen, aber auf Erden unsichtbar geblieben sei und im Himmel den Herrscherthron bestiegen habe. Bald würden die Letzten Dinge geschehen. Vorher wird die entsetzliche **Schlacht bei Harmagedon** stattfinden, in der Christus als »Jehovas oberster Scharfrichter« alle Bösen vernichtet. Dann werden die christlichen Kirchen, die Anhänger der Religionen und alle, die nicht Zeugen Jehovas sind, für immer ausgelöscht. Eine ewige Hölle gibt es nicht. Die Zeugen werden in einem Paradies auf Erden leben und dort vollkommen glücklich sein. 144 000 Auserwählte (Offb 7, 4 ff) werden mit Christus im Himmel regieren.

Für die Sekte ist Jehova ein strafender Gott, der keine Vergebung kennt. Das Christentum wird als »große Hure« bezeichnet. Den Religionen wird unterstellt, nicht Gott, sondern Luzifer (→ S. 243 f ZdF) anzubeten. Vor allem Priester, Theologen und der Papst seien »ausübende Kräfte Luzifers«.

Die Pflichten

Für Kleidung, Nahrung und Sexualität gibt es **strenge Bestimmungen.** Die oberste Pflicht jedes Zeugen besteht darin, unermüdlich die Botschaft der Sekte zu verkünden und neue Mitglieder zu werben. Er muss so weit wie möglich die Kontakte zu seiner ehemaligen Umwelt aufgeben und darf nur noch mit »Brüdern und Schwestern« zusammen sein. Wenn die Zeugen bei ihren Hausbesuchen oder im Beruf mit anderen Menschen zusammenkommen, sollen sie möglichst paarweise auftreten. In intensiven Schulungen werden ihnen die Lehren der Sekte beigebracht. Ehen außerhalb der Sekte sind unerwünscht und werden nach Möglichkeit verhindert. Frauen sind alles andere als gleichberechtigt. Viel Freizeit bleibt niemandem, weil die Mission und das Studium des »Wachtturms« den Tag ausfüllen sollen. Bei Konflikten und Problemen liegt die Schuld immer beim Einzelnen, nie bei der Leitung.

Eltern verbieten ihren **Kindern** oft, sich zu den Geburtstagen einladen zu lassen, für Klassensprecherwahlen zu kandidieren, bei Weihnachtsfeiern mitzumachen, Schülerbälle zu besuchen, am Sexualkundeunterricht und am organisierten Sport teilzunehmen und Lieder zu singen. Das alles gilt den Zeugen als heidnisch. So können diese Kinder leicht zu Außenseitern werden.

Respekt verdienen die Zeugen Jehovas, weil sie während der **Nazizeit** tapfer für ihren Glauben eintraten und dafür grausam verfolgt wurden. Tausende kamen in Gefängnisse oder Konzentrationslager. Etwa 2000 Zeugen starben damals. Auch in den **kommunistischen Ländern** war ihre Tätigkeit verboten. Auch hier nahmen sie schwere Strafen gelassen auf sich.

Eine **Entscheidung des Bundesverwaltungsgerichts** in Berlin vom 15. Mai 1997 hat festgestellt, dass die Zeugen Jehovas von der **Wertordnung des Grundgesetzes** abweichen. Die Zeugen Jehovas lassen auch Bluttransfusionen nicht zu, wodurch bei entsprechenden Krankheiten und Unfällen das Leben ihrer Mitglieder gefährdet ist. Umstritten ist, ob ihre Erziehungsmethoden die freie Entwicklung der Kinder gefährden.

Heute haben sie weltweit ca. 4,4 Millionen, in Deutschland ca. 160 000 Mitglieder.

Hare-Krishna-Anhänger

Andere neureligiöse Gruppen

Es gibt viele andere neureligiöse Gruppen, die sowohl Erwachsene wie auch junge Leute ansprechen. Ihre Praktiken, ihre Methoden und Ziele sind unterschiedlich. Unterschiedlich sind auch die Gefährdungen, die sie mit sich bringen. Ein paar Namen:

- **Scientology** des Lafayette Ronald Hubbard, auch »Institut für angewandte Philosophie« genannt
- die **Vereinigungskirche** des Koreaners San Myung Mun
- die **Transzendentale Meditation** (TM) oder »Wissenschaft der kreativen Intelligenz« des Mahesh Prasad Warma, der auch »Maharishi Mahesh Yogi« genannt wird
- die »**Kinder Gottes**« des David Berg, die sich heute auch »Familie der Liebe« nennen
- die **Bhagwan-Osho-Bewegung** und die **Hare-Krishna-Jünger**, die an buddhistische und hinduistische Traditionen anzuknüpfen vorgeben
- das »**Engelwerk**« (EW) der katholischen Hausfrau Gabriele Bitterlich (1896–1976) aus Innsbruck, in dem hunderte Engel und Dämonen eine undurchsichtige Rolle spielen
- das »**Universelle Leben**« (UL), das »**Heimholungswerk Jesu Christi**« (HHW), das Gabriele Wittek 1977 in Würzburg gegründet hat.

So wie die verkörperte Seele in diesem Körper fortgesetzt von Knabenzeit zu Jugend und zu Alter wandert, so geht die Seele beim Tod in ähnlicher Weise in einen anderen Körper ein. Ein besonnener Mensch wird durch einen solchen Wechsel nicht verwirrt.

(Bhagavad-gītā 2.13)

FREITAGSFEST

jeden Freitag 19.00 Uhr

- Meditations-Musik auf traditionellen Instrumenten (Live)
- Vortrag, Diskussionen, Gespräche über spirituelle Themen
- vegetarisches Festessen nach überlieferten vedischen Rezepten
- u. a. Tempelzeremonien, Tempeltanz, Theater, Film, Dia- und Videovorführungen

Es gibt ganz unterschiedliche **Motive** für eine Beteiligung am heutigen religiösen Markt. Manchmal ist es **Neugierde,** manchmal **Abenteuerlust,** manchmal **Angst,** manchmal **Hoffnung,** manchmal **Unsicherheit,** manchmal **Sehnsucht,** manchmal **Langeweile,** manchmal **Protest gegen die Mitwelt,** manchmal **Enttäuschung über das Christentum,** manchmal **Verführung durch Freunde,** manchmal **innere Leere,** manchmal **Streben nach Macht.**

6 Warum gelten die Warnungen, die in diesem Abschnitt ausgesprochen sind, am wenigsten für die Mormonen?

7 Manchmal ist der Unterschied zwischen Glaube und Aberglaube nicht eindeutig zu erkennen, z. B. wenn ein Christ bei Gewitter eine Kerze anzündet oder eine Christophorus-Plakette in seinem Auto anbringt. Wann ist eine solche Handlung Ausdruck des Glaubens, wann nicht?

Gründe für den Anschluss an eine neureligiöse Gruppe

▸▸ Die Sekten und Kulte vermitteln ein neues Gemeinschaftsgefühl. Wer einsam ist, soll hier eine Heimat finden. Geborgenheit, Freundschaft und Liebe werden in Aussicht gestellt. Wer Familienkonflikte oder Schwierigkeiten in Schule und Beruf hat, ist leicht für solche Angebote ansprechbar. **»Ich fühlte mich so allein.« »Damals war ich sehr verunsichert.«**

▸▸ Die Gruppen versprechen, in eine Welt zu führen, die für junge Leute faszinierend ist. Da gibt es verlockende Angebote, da sind neue Rituale und exotische Lebensformen, gegen die die Eintönigkeit ihres Alltags oft nicht ankommt. **»Ich wollte etwas Besonderes erleben.« »Ich war neugierig.«**

▸▸ Viele junge Leute lassen sich ansprechen, weil sie Probleme mit sich selbst haben, mit denen sie nicht fertig werden. Sie haben niemanden, mit dem sie darüber sprechen können. **»Ich wollte etwas über mich selbst erfahren.« »Hier konnte ich endlich über meine Probleme sprechen.«**

▸▸ Die Gruppen sind auch deshalb erfolgreich, weil das Christentum bei uns zur Zeit einen schweren Stand hat. Wer sich dem Christentum nicht anvertraut, wird leicht geneigt sein, eine andere religiöse Gruppe zu wählen, die die Kirchen kritisiert und die selbst jugendlicher, freier und spannender zu sein scheint. **»Von der Kirche war ich irgendwie enttäuscht. Deshalb habe ich etwas anderes gesucht.«**

▸▸ Die neureligiösen Sekten haben ein einfaches Weltbild, das leichter zu verstehen ist als die komplizierte moderne Welt. In diesen Sekten werden die Probleme, die sich z. B. durch die heutigen Wissenschaften oder die Politik stellen, oft verdrängt und beiseite geschoben. Dann kann alles für eine Zeit lang einfacher aussehen, als es in Wirklichkeit ist. Überdies erheben die Gruppen meist den Anspruch, allein die Wahrheit zu kennen und über sie zu verfügen. Wer ihnen glaubt, kann sich in Sicherheit wiegen. **»Ich wusste gar nicht mehr, wo ich dran war.« »Ich fand endlich einen Halt.«**

Wo auf dem Markt von **Gott** die Rede ist, handelt es sich um einen anderen Gott als den Gott des christlichen Glaubens. Da ist meist von einer göttlichen Kraft/Energie die Rede, die Herz und Gemüt erwärmt, übersinnliche Kräfte verleiht, sonst nicht zugängliches Wissen schenkt. Das Göttliche der Esoterik ist harmlos und harmonisch. Es gibt sich ganz natürlich. Es kennt nicht die Entschiedenheit des biblischen Gottes, der mit irdischen Kräften nicht verwechselt werden will und der den Menschen zum Kampf gegen Ungerechtigkeit und Armut in die Pflicht nimmt. In vielen Szenen der Esoterik kommt Gott aber auch überhaupt nicht vor, obwohl religionsähnliche Praktiken beibehalten werden. Da gilt das Motto: **Gott Nein – Religion Ja.**

Nicht alle machen in einer neureligiösen Gruppe die gleichen Erfahrungen. Manche mögen das gefunden haben, was sie gesucht haben. Aber bei vielen, die sich einer neureligiösen Gruppe angeschlossen haben, schlägt die erste Begeisterung rasch in **Enttäuschung** um. Sie merken, dass ihre Erwartungen nicht erfüllt werden.

• Sie fühlen sich **ausgenutzt,** weil sie Tätigkeiten (Putzen, Aufräumen, Verkaufen usw.) ausführen müssen, die ihnen nicht gefallen. Das Geld, das sie beim Sammeln verdienen, gehört nicht ihnen, sondern der Gruppe. Im Lauf der Zeit werden die Kosten für die Mitgliedschaft immer höher.

• Sie ertragen das **autoritäre Gehabe** der Gurus und des Führungspersonals nicht, die absoluten Gehorsam fordern, weil sie sich auf göttliche Weisungen berufen. So werden die Bedürfnisse der Mitglieder nicht berücksichtigt. Ihre Freiheit wird einschränkt oder sogar aufgehoben.

• Sie leiden unter der **Isolation** in der neuen Gruppe, da ihnen Kontakte zur eigenen Familie und zu den alten Freunden oft untersagt sind.

• Sie müssen in manchen Sekten – nicht in allen – ihren **Beruf** aufgeben und allen **Besitz,** sogar ihr Erbe, der Sekte übergeben. So stehen viele nach einem Ausstieg aus der Sekte vor dem Nichts.

• Sie beginnen an der **Wahrheit** des Gurus und seiner Lehre zu zweifeln.

• Sie merken, dass ihr **Gewissen** ständig vergewaltigt wird, indem sie auf Pflichten eingeschworen werden, die sie nicht akzeptieren können.

• Sie wissen nicht, wie sie einen **Ausstieg** aus der Gruppe finden können, weil ihnen dafür harte Strafen angedroht sind.

Der religiöse Markt

7. Entzauberung des Zaubers

Das nüchterne Leben

Ein Kennzeichen der modernen Welt liegt darin, dass sie kaum **Geheimnisse** kennt. Die meisten Lebensbereiche sind genau durchrationalisiert und lassen nur wenige Überraschungen zu. Die heutige Technik und Bürokratie halten die Welt fest im Griff. Der Staat weiß, wo wir wohnen, was wir verdienen und wie groß unsere Familie ist. In der Schule und im Beruf ist die Zeit vorprogrammiert, in der wir arbeiten und Ferien haben. Die Züge und Stadtbahnen fahren nach einem minutiös geregelten Plan. Paketformat und Gurkengröße sind für den europäischen Markt vorgeschrieben. Überall finden wir also **Festlegungen.** Sie alle haben ihren Sinn, weil keine Gesellschaft ohne solche Festlegungen bestehen kann. Aber sie entsprechen nicht immer unserem Lebensgefühl, das auch Überraschungen liebt. Alle Menschen sehnen sich nach einer **Verzauberung** ihres Lebens, die nicht planbar ist.

Eine Verzauberung des Lebens ist wie ein unerwartetes Geschenk. Man kann sie weder organisieren noch kaufen. Das Wunder der Liebe, das Hochgefühl der Freundschaft, die Schönheit der Natur, der Klang der Musik, die Aura eines Kunstwerks, der Rausch eines Festes, der Gewinn einer neuen Erkenntnis, die Erfahrung Gottes – all das kann unser Leben verzaubern.

Albrecht Dürer (1471–1528), Der Erzengel Michael (hebr.: »Wer ist wie Gott?«, → S. 73) vertreibt den Satan aus dem Himmel (Offb 12, 7–9), 1498.

Leider gibt es nicht wenige Menschen, die in ihrem Leben zu wenig oder keinen Zauber verspüren. Ihre Wünsche sucht der religiöse Markt zu bedienen. Er verspricht ihnen eine Verzauberung, die sie sonst nicht finden. Darum greifen sie gern nach den Glücksangeboten, hören auf Wahrsager und Zukunftsdeuter, suchen den Kontakt zu Geistern und Teufeln und schließen sich fragwürdigen Gruppen an.

Gefahren des religiösen Marktes

Dass damit aber auch **Gefahren** verbunden sein können, zeigt sich meist erst dann, wenn es zu spät ist. Oft müssen die Kunden des religiösen Marktes erleben, dass sie belogen und betrogen werden, dass ihre Wege in Sackgassen münden, dass die Verheißungen sich nicht erfüllen, dass die erhoffte Verzauberung ein falscher Zauber war. Der **Schaden,** der dabei angerichtet wird, kann groß sein: finanzielle Belastung, schulische und berufliche Probleme, Angst, Verzweiflung, Abhängigkeit, gesundheitliche und geistige Schäden, Verlust der Freiheit.

Darum ist es wichtig, den **falschen Zauber** des religiösen Marktes zu **entzaubern.** Hilfreich können dabei zwei Grundkräfte sein.

Der religiöse Markt

▪ Die meisten Formen der Esoterik und viele Angebote der neureligiösen Gruppen sind unvernünftig. Sie versprechen etwas, das es nicht gibt. Das kann jeder leicht einsehen, der ruhig nachzudenken beginnt. Weil viele Menschen kein Zutrauen zu ihrer Vernunft haben, sondern sich stark von unkontrollierten Gefühlen leiten lassen, gehen sie auf die unglaubwürdigen Angebote zu. Jeder, der sich vom religiösen Markt umworben sieht, sollte den Mut haben, sich seines **Verstandes** zu bedienen, seinen eigenen **Erfahrungen** zu trauen oder den Rat vernünftiger Menschen zu suchen.

▪ Die meisten Angebote der Esoterik widersprechen dem **christlichen Glauben.** Sie ahmen oft gezielt den christlichen Glauben im Ganzen oder in Details nach. Daher kann man sie als **Pseudoreligion** oder **Ersatzreligion** bezeichnen. Wer an Gott glaubt, weiß, dass er Gott nicht in seine Dienste nehmen kann. Er vertraut sich nicht zweifelhaften Geistern, seltsamen Praktiken und gefährlichen Gruppen an. Wer an Jesus und wie Jesus glaubt, über den haben die Mächte des Bösen keine Gewalt. Er hat mit zweifelhaften Botschaften aus dem Jenseits nichts zu tun. Der Christ weiß, dass er Gott seine Geheimnisse nicht entreißen kann. Er ist froh, dass er mit dem Geheimnis leben darf, das er Gott nennt.

Die Fesselung des Teufels (Offb 20, 1–3), Bamberger Apokalypse, um 1000.

Von guten Mächten

Dietrich Bonhoeffer, ein Mann des Widerstands gegen das Nazi-Regime, dichtete dieses Neujahrslied kurz vor seiner Hinrichtung im Gefängnis, nachdem er durch die Richter des Dritten Reichs zum Tod verurteilt war.

Von guten Mächten treu und still umgeben,
behütet und getröstet wunderbar,
so will ich diese Tage mit euch leben
und mit euch gehen in ein neues Jahr.

Von guten Mächten wunderbar geborgen
erwarten wir getrost, was kommen mag.
Gott ist mit uns am Abend und am Morgen
und ganz gewiss an jedem neuen Tag.

Noch will das alte unsre Herzen quälen
noch drückt uns böser Tage schwere Last;
ach, Herr, gib unsern aufgescheuchten Seelen
das Heil, für das du uns bereitet hast.

Von guten Mächten wunderbar geborgen…

Dietrich Bonhoeffer (1906–1945), evangelischer Theologe

Der religiöse Markt

Das Judentum – Volk und Religion

1. Ein weites Feld

Wer sich mit dem Judentum befasst, begibt sich auf ein weites Feld. Er muss ganz verschiedene Probleme, Perspektiven und Nuancen beachten. Es gilt der Satz eines guten Kenners: »Ich habe über das Judentum noch nie etwas gelesen, das nicht ergänzungsbedürftig wäre« (Marcel Reich-Ranicki).

Ein schwieriges Thema

■ Dieses Kapitel befasst sich mit dem **Judentum,** obwohl es **das** Judentum nicht gibt. Eigentlich müsste man von vielen »Judentümern« sprechen. Das

Benno Elkan (1877–1960), Die große Menorah, 1956. Das Kunstwerk befindet sich vor dem Parlament in Jerusalem. Es zeigt Gestalten der jüdischen Geschichte von Abraham bis zum Aufstand im Warschauer Getto (Details: → S. 260 ff).

Heinrich Heine (1797–1856), Dichter und Publizist.

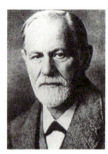

Sigmund Freud (1856–1938), Begründer der Psychoanalyse.

Rosa Luxemburg (1870–1919) kommunistische Politikerin, von Rechtsnationalen ermordet.

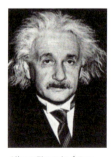

Albert Einstein (1879–1955), Begründer der Relativitätstheorie.

Franz Kafka (1883–1924), österreichischer Dichter.

Marilyn Monroe (1926–1962), amerikanische Filmschauspielerin.

Else Lasker-Schüler (1869–1945), deutsche Lyrikerin und Dramatikerin.

Steven Spielberg (geb. 1947), amerikanischer Regisseur.

Judentum hat viele Gesichter. Kaum ein Satz, den man über das Judentum sagt, wird von allen Juden akzeptiert. Das gilt auch für dieses Kapitel.

■ Das Kapitel führt in eine **fremde Welt,** die zu verstehen manche Anstrengung kostet. Im Judentum sind jahrhundertealte Traditionen lebendig, die in der Gegenwart oft auf Unverständnis stoßen. Hier treffen wir auf eine ungewöhnlich lange Geschichte, die bis zum heutigen Judentum in Israel, in Deutschland und in vielen Ländern der Welt führt. Wer nicht selbst Jude ist, kann die Welt des Judentums nur von außen betrachten.

■ Das Kapitel befasst sich mit einer **Religion,** mit der das Christentum eng verwandt ist und die doch auch bedeutsame Unterschiede zum Christentum aufweist. Christen haben über viele Jahrhunderte durch ihre Lehre und ihr Verhalten dem Judentum Unrecht getan. Erst seit kurzem gibt es eine christliche Neubesinnung auf das Judentum. Aber die falsche Einschätzung des Judentums wirkt bis heute bei vielen Christen nach. Auch bei den Juden gibt es manche unberechtigte antichristliche Einstellungen.

■ Das Kapitel befasst sich mit einer **Gemeinschaft,** die von Deutschen im 20. Jahrhundert ausgerottet werden sollte und in unvorstellbarer Weise blutig verfolgt wurde. Die Wunden sind noch nicht verheilt. Noch immer gibt es bei uns Vorurteile gegenüber den Juden. Noch immer tun sich viele Erwachsene schwer damit, sich der Frage der deutschen Schuld und Verantwortung zu stellen.

■ Das Kapitel befasst sich mit einem Thema, für das sich manche **Mädchen und Jungen** nicht oder nur wenig interessieren, weil ihnen Probleme des Judentums fernliegen und andere Fragen für ihr Leben vordringlicher erscheinen. Doch stehen Jugendliche nun einmal in den Traditionen der Geschichte, ob sie wollen oder nicht. Darum geht sie auch das Judentum etwas an. Sie müssen sehen lernen, was es mit Juden, Christen und Deutschen auf sich hat, um einen Standpunkt zu gewinnen und eigene Entscheidungen richtig treffen zu können.

Dieses Kapitel hat mit vielen Schwierigkeiten zu tun. Es kann sie gewiss nicht alle beheben, wohl aber Schritte zur Lösung aufzeigen. Dazu ist es auch nötig, nicht nur dieses Kapitel durchzuarbeiten, sondern das ganze Unterrichtswerk in den Blick zu nehmen. Was an verschiedenen Stellen über das Judentum gesagt wird, gehört auch zum Thema dieses Kapitels, kann hier aber nicht eigens wiederholt werden.

Die häufige Thematisierung des Judentums in diesem Unterrichtswerk hängt damit zusammen, dass das Christentum und das Judentum bis in ihre Wurzeln hinein miteinander verwandt sind und in einer zweitausendjährigen Geschichte immer wieder miteinander zu tun hatten. Zur Vorbereitung und zum besseren Verständnis des Themas solltet ihr die entsprechenden Kapitel und Abschnitte dieses Unterrichtswerks einsehen.

Hinweise im Band »Zeit der Freude« (5/6):

• »An der Spitze der Bestseller – Die Bibel«: → S. 30 ff. Hier findet ihr eine Einführung in die Jüdische Bibel/das Alte Testament, das eine Grundschrift des Judentums ist.

• »Der bleibende Anfang – Szenen aus dem Alten Testament«: → S. 46 ff. Hier finden sich Hinweise auf wichtige jüdische Gestalten wie Abraham, Jakob/Israel, Mose, Rut, David sowie auf Ereignisse, die im Judentum unvergessen geblieben sind, z. B. der Ägyptenaufenthalt, der Auszug aus Ägypten (»Exodus«), die Wüstenwanderung, die Verkündigung der Zehn Gebote am Berg Sinai, die Landgabe, das Königtum, die Babylonische Gefangenschaft, die Rückkehr in die Heimat.

- »Himmel und Erde bewegen – Vom Beten«: → S. 84 f. Hier werden die Psalmen, jüdische Gebete, vorgestellt.
- »Jesus – Eine unendliche Geschichte«: → S. 94 ff. Hier findet sich eine Darstellung des Landes Israel mit seinen Regionen Galiläa, Samaria und Judäa sowie der Hauptstadt Jerusalem. Hier wird deutlich, dass Jesus selbst Jude war. Er ist ohne sein Judentum nicht zu verstehen.
- »Leute um Jesus«: → S. 116 ff. Hier erfahrt ihr etwas über jüdische Gruppen zur Zeit Jesu, z. B. über die Pharisäer, Sadduzäer, Zeloten und die damaligen Herrscher im Land der Juden. Hier werden auch Maria, die Mutter Jesu, die Jünger Jesu und Frauen um Jesus vorgestellt, die alle aus dem Judentum stammen.
- »Das Christentum auf Erfolgskurs – Paulus«: → S. 136 ff. Hier wird der Mann vorgestellt, der selbst aus dem Judentum kam und das junge Christentum erstmals weit über die Grenzen des Judentums ausdehnte.
- »Die ersten tausend Jahre«: → S. 151 und 160: Hier findet ihr Angaben darüber, wie sich die junge Kirche allmählich vom Judentum löste und schon früh begann, das Judentum zu verfolgen.

Hinweise im Band »Wege des Glaubens« (7/8)
- »Du sollst dir kein Bild machen«: → S. 68 ff. Hier wird das wichtige jüdische Gebot, von Gott kein Bild zu machen, erörtert.

Das Judentum – Volk und Religion

1 Entwerft einen Fragebogen, mit dem ihr euch selbst Auskunft darüber gebt, was ihr bis jetzt vom Judentum und von Juden wisst. Er kann z. B. folgende Fragen enthalten und stichwortartig beantwortet werden: Woher stammt dein Wissen über Juden und das Judentum? Nenne die Namen von Jüdinnen und Juden, die dir aus Geschichte und Gegenwart bekannt sind. Welche Vorstellungen verbindest du mit dem Judentum? Welche jüdischen Lehren und Bräuche kennst du? Welche Ereignisse und Daten der jüdischen Geschichte sind dir bekannt? Was versteht man unter Antisemitismus? Wie siehst du das Verhältnis von Juden und Christen? Was weißt du über das Verhältnis von deutschen Juden und deutschen Nichtjuden? Welche Einzelheiten weißt du von jüdischem Leben in Deutschland und Israel? Kennst du Jüdinnen und Juden persönlich?

2 Stellt mit Hilfe einer Bibelausgabe, eines Geschichtsbuchs, eines Lexikons o. ä. wichtige Daten aus der Geschichte des Judentums von Mose (ca. 1200 vC) über Antike, Mittelalter und Neuzeit bis heute zusammen. Thema: Das Judentum im Strom der Zeit.

3 Stellt im Verlauf der Arbeit an diesem Kapitel so weit wie möglich ein Glossar von A bis Z zusammen, das jüdische Begriffe und Fachausdrücke enthält, z. B. **A**ntisemitismus, **B**ar Mizwa, **C**hassidim usw. bis **Z**eloten.

Linke Seite:

Oben: Jugendliche in Jerusalem

Unten: Klagemauer in Jerusalem, die heiligste Stätte des Judentums. Teil der westlichen Stützmauer des Zweiten Tempels, die König Herodes (→ S. 126 ZdF) zwischen 15 und 10 vC an der älteren Tempelanlage errichten ließ.

• »Die Propheten – Gottes Querköpfe«: → S. 42 ff. Hier kommen Gestalten wie Elija, Jesaja, Jeremia, Amos und Jona in den Blick.

• »Jesus – Brücke zwischen Gott und den Menschen«: → S. 78 ff. Hier wird z. B. gezeigt, dass sein Hauptgebot der Liebe zu Gott, dem Nächsten und sich selbst aus dem Judentum stammt.

• »Mehr als ein halbes Jahrtausend«: → S. 116 ff. Hier findet ihr Informationen über Judenverfolgungen zur Zeit des ersten Kreuzzugs und über die blutige Eroberung Jerusalems durch die Kreuzfahrer im Jahr 1099.

PROJEKT

Vorschlag für ein Projekt **»Jüdisches Leben in unserer Stadt und/oder in der näheren Umgebung«**. Ihr solltet auch den Geschichtslehrer/die Geschichtslehrerin zu Rate ziehen. Nähere Informationen über das örtliche Judentum bekommt ihr bei der Stadtverwaltung, in der Stadtbibliothek, bei den Tageszeitungen und bei der »Deutsch-Israelischen Gesellschaft« oder bei der »Gesellschaft für christlich-jüdische Zusammenarbeit«.

Anregungen für eure Planung:

1 **Zeugnisse der jüdischen Vergangenheit und Gegenwart** suchen:
• alte Straßennamen wie »Judengasse«, die ehemalige Synagoge, ein alter Friedhof, Zeitungsartikel und Bücher usw.
• Zeitzeugen interviewen, die noch etwas von der jüdischen Vergangenheit wissen (»oral history«).
• wenn möglich, die Biografie eines jüdischen Mädchens oder Jungen erstellen, die zwischen 1938 und 1945 in eurer Gegend gelebt haben
• Zeugnisse heutigen jüdischen Lebens suchen und beschreiben: die neu errichtete Synagoge, Museum, Friedhof, Denk- und Mahnmäler, nach Juden benannte Straßen usw.

2 **Kontakt mit einer jüdischen Familie** aufnehmen: gegenseitige Einladungen zum Essen, zu Festtagen, zu Veranstaltungen; mögliche Themen: das Verhältnis der Eltern und Kinder zueinander; das Verhältnis zu den Nichtjuden; Ängste und Hoffnungen usw.

3 Am Sabbat oder einem anderen Tag einen **Besuch in der Synagoge** machen:
• den Besuch gut vorbereiten, z. B. Grundkenntnisse erwerben, einen Fragenkatalog aufstellen, Kontakt über den Synagogenvorsteher aufnehmen usw.
• die Synagoge in ihrem Inneren und Äußeren beschreiben
• Beispiele für Gesprächsthemen: Wie sieht das Leben der Juden in Deutschland heute aus? Welche Schwierigkeiten gibt es? Wie groß war die Gemeinde 1933, 1945, 1990 und wie groß ist sie jetzt? Wie viele Neuzugänge aus Osteuropa, vor allem aus Russland sind seit 1992 zu registrieren? Wie ist das Verhältnis zum Staat Israel? Wie viele Juden nehmen am religiösen Leben teil, wie viele nicht? Wie stehen die Mädchen und Jungen zur Religion? Welche Probleme sind heute vordringlich? Welche religiösen und nichtreligiösen Gruppen gibt es? Wie ist das Verhältnis zu den christlichen Kirchen?

4 Interessant ist auch ein **Briefwechsel mit einer Schulklasse in Israel**. Er kann später zu einem Schüleraustausch führen. Kontakte vermittelt die Botschaft des Staates Israel, Schinkelstr. 10, 14193 Berlin. Adressen findet ihr auch im Internet.

Geeignete **Daten für die Durchführung und Fertigstellung** des Projekts sind der 27. Januar als Gedenktag der Befreiung des Lagers Auschwitz im Jahr 1945 (→ S. 281 f) oder der 9. November als der Tag des Judenpogroms 1938 (→ S. 279 f). Ihr könnt euch auch an einem jüdischen Feiertag (→ S. 268 ff) orientieren.

Das Judentum – Volk und Religion

2. Fast überall eine Minderheit

Das Judentum nimmt in der Welt der Religionen eine besondere Stellung ein. Es ist zahlenmäßig im Vergleich mit den anderen Weltreligionen kaum von Belang, aber in seiner Bedeutung kann es kaum überschätzt werden. Meist war es in der Geschichte eine Minderheit und es hat doch der Welt kraftvolle Anregungen und grundlegende Ideen gegeben. Immer wieder war es tödlich bedroht, aber es hat sich bis heute gegenüber allen Gefährdungen behauptet. Kein Volk hat solche Erfahrungen mit Freude und Schrecken, Sympathie und Antipathie, Heimat und Fremde. Kein Volk hat so viel gelitten wie das jüdische.

Das Judentum ist ohne seine Religion nicht zu verstehen. Die großen Gestalten seines Anfangs, die heiligen Schriften und Texte, die Rabbinen und Philosophen, die kleinen Leute, vor allem die Erfahrungen einer ungewöhnlichen Geschichte haben das Judentum nachhaltig geprägt. Religiöse Juden haben in dieser Geschichte immer Gott am Werk gesehen.

Drei Besonderheiten

■ Heute ist das Judentum neben dem Hinduismus die **älteste lebende Religion** der Menschheit. Seine Geschichte reicht weit über 3000 Jahre in die Vergangenheit zurück. Alle anderen Religionen, mit denen das Judentum in seinem ersten Jahrtausend in Kontakt kam, sind vergangen. Die Religionen der Ägypter und Babylonier, der Assyrer und Kanaanäer, der Griechen und Römer sind keine lebendigen Religionen mehr, obwohl sie zu ihrer Zeit mächtiger waren. Das Judentum hat sie alle überdauert.

■ Wer die Wirkungsgeschichte der Religionen betrachtet, muss dem Judentum den ersten Rang zusprechen. Aus dem Judentum ist vor 2000 Jahren das **Christentum** hervorgegangen. Es hat wesentliche Überzeugungen des Judentums übernommen und weltweit verbreitet. Auch der **Islam** ist ohne seinen Bezug zum Judentum nicht angemessen zu verstehen.

*Der **Schild Davids** (»Davidstern«) an einer Mauer des antiken Jerusalem; als Zwangsabzeichen in der NS-Zeit; auf der Flagge Israels.*

Simchat-Thora-Fest (→ S. 269) in New York.

Hebräischunterricht in Rumänien.

Das Judentum – Volk und Religion

Jemenitische Jüdin in traditioneller Hochzeitstracht.

■ Das Judentum ist als Religion auch heute eine **eigenständige Größe.** Es darf nicht nur als Vorläufer der anderen Religionen angesehen werden, wie es Christen und Muslime häufig getan haben. Das Judentum ist mehr als nur die Religion des »Alten Testaments«, wie Christen oft meinen, und auch mehr, als nur eine »Religion des Buches«, wie Muslime (→ S. 249 ZdF) es sehen. Auch das heutige Judentum ist eine lebendige und unverwechselbare Größe in der Welt der Religionen.

Juden in aller Welt

Heute gibt es ca. **13,5 Millionen Juden** auf der ganzen Welt, die in ca. 112 verschiedenen Ländern leben. Insgesamt bilden sie nur etwa 0,2 Prozent der Weltbevölkerung. In der Statistik der Religionen nehmen sie nur einen bescheidenen Platz ein. Dort werden in der Regel auch die Juden mitgezählt, die keine religiöse Bindung erkennen lassen. Weltweit und in allen Ländern – außer in Israel – bilden die Juden eine Minderheit. Ein beachtlicher Teil der Juden lebt im Staat Israel. Die meisten Juden leben in der **»Diaspora«** (griech.: »Zerstreuung«, Fremde«; hebr.: »Gola«; lat.: »Exil«). Den bedeutsamsten Schwerpunkt hat das Judentum in den USA, wo mehr Juden leben als im Staat Israel. Als Folge der nationalsozialistischen Vernichtungspolitik ist die Zahl der Juden in den europäischen Ländern im Allgemeinen klein. Nach vorsichtigen Schätzungen leben zu Beginn des 21. Jahrhunderts

▸▸ 5,6 Millionen Juden in **Israel** (75% der Bevölkerung). In den letzten Jahren wanderten größere Gruppen vor allem aus Osteuropa und Afrika nach Israel ein.

▸▸ 5,7 Millionen Juden in **Nordamerika;** in den USA ca. 5,3 Millionen und in Kanada ca. 0,4 Millionen.

▸▸ 0,3 Millionen Juden in **Russland** und in der Ukraine. Die Zahl der Auswanderer war in den letzten Jahren beträchtlich.

▸▸ 1 Millionen Juden im sonstigen **Europa.** In **Deutschland,** wo 1933 ca. 600 000 Juden beheimatet waren, leben im Jahr 2012 ca. 130 000 Juden. Ihre Zahl hat sich seit 1992 durch eine Einwanderung aus Osteuropa stark vergrößert. Bis dahin lebten ca. 30 000 Juden in Deutschland.

Im Judentum haben sich **religiöse Grundideen** entwickelt, die zu den bedeutendsten in der Geschichte aller Religionen zu zählen sind. Ihre Auswirkungen reichen weit über die Grenzen des Judentums hinaus. Sie haben das menschliche Leben verändert.

■ Der jüdische **Monotheismus** ist ein entschiedener Glaube an den Einen Gott, der ein überirdisches Licht auf unsere dunkle Welt fallen lässt.

■ Damit zusammen hängt der Glaube, dass der **Mensch** als Gottes Geschöpf eine **unverlierbare Würde** hat.

■ Das Gebot der **Nächstenliebe** will allen Armen und Bedrängten Zuwendung und Gerechtigkeit sichern.

■ Das Judentum hat starke **Hoffnung auf eine bessere Welt** entwickelt, in der es weder Gewalt noch Unrecht gibt.

---

1 Was bedeutet es für das Judentum, dass das Christentum heute ca. 2,1 Milliarden und der Islam ca. 1,4 Milliarden Anhänger hat? (→ S. 194)
2 Diskutiert die Frage, ob das zahlenmäßig kleine Judentum eine Weltreligion ist.

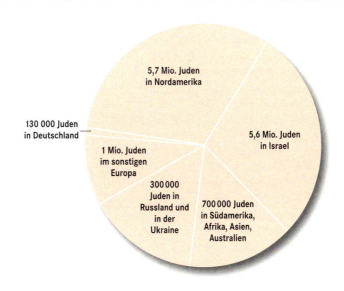

3. Israel: Gott – Volk – Land

Das Judentum (»Israel«) kennt **kein** für alle verbindliches **Glaubensbekenntnis**. Das schließt nicht aus, dass es für das Judentum einen verbindlichen Glauben gibt. Er bezieht sich vor allem auf den **Gott Israels**, das **Volk Israel** und das **Land Israel**.

Der Gott Israels

Der Glaube an den Gott Israels beherrscht die ganze jüdische Bibel. Da ist Gott Schöpfer der Welt und Retter Israels, Geber der Gebote und Richter der Menschen. Er lenkt die Welt und schenkt Lebensfreude. Aber er ist kein Gott des Gefühls und der Beliebigkeit, mit dem man machen kann, was man will. Der Glaube an ihn darf nicht folgenlos für das Leben sein. Er duldet neben sich »keine anderen Götter«, d. h. Mächte, die die Menschen in eine totale Abhängigkeit bringen. Er steht gegen alle Gewalt und Unfreiheit.

Jude, der das an der Tür eingelassene »Sch'ma Israel« (Mesusah) berührt, Norditalien, 1450–70.

Sch'ma Israel

Das wichtigste Gebet Israels ist das »Höre, Israel!« (hebr.: »Sch'ma Israel«). Fromme Juden beten es jeden Tag. Für viele Juden ist es auch ein Gebet in der Stunde des Todes.

4 Höre, Israel! Der Ewige, unser Gott, der Ewige ist einzig.
5 Darum sollst du den Herrn, deinen Gott, lieben
mit ganzem Herzen, mit ganzer Seele und mit ganzer Kraft.
6 Diese Worte, auf die ich dich heute verpflichte,
sollen auf deinem Herzen geschrieben stehen.
7 Du sollst sie deinen Söhnen wiederholen.
Du sollst von ihnen reden, wenn du zu Hause sitzt und wenn du auf der Straße gehst, wenn du dich schlafen legst und wenn du aufstehst.
8 Du sollst sie als Zeichen um das Handgelenk binden.
Sie sollen zum Schmuck auf deiner Stirn werden.
9 Du sollst sie auf die Türpfosten deines Hauses und in deine Stadttore schreiben.

aus dem Buch Deuteronomium (5. Buch Mose) 6,4–9

1 Wer ist im »Sch'ma Israel« angesprochen, wer spricht? Was wird von Israel, was von Gott gesagt? Was wird über den Glauben, was über das Handeln gesagt?
2 Wie Jesus dazu stand: → S. 87.

Marc Chagall (1887–1985), Der betende Jude (mit Tallit [Gebetsmantel] und Tefillin [Gebetskapseln], 1914.

Das Volk Israel

Gott hat das kleine Israel zu seinem **erwählten Volk** gemacht (Ex 19, 3–9; Jes 62,1–4). Besondere Leistungen kultureller, politischer oder religiöser Art können nicht der Grund für diese Erwählung gewesen sein, da diese bei anderen Völkern eher bedeutender waren. Den einzigen Grund für Gottes Wahl sehen die Rabbinen in Gottes Liebe zu diesem Volk. Juden erzählen auch gern die Geschichte, dass Gott früher einmal allen Völkern die Thora (→ S. 260 f) angeboten habe, aber kein Volk diese haben wollte, da sie so viele Bestimmungen enthält. Nur das kleine Israel habe diese Gabe gern angenommen. Darum sei ein enges Verhältnis zwischen Gott und Israel entstanden.
Die Rede vom »erwählten Volk« hat viele **Missverständnisse** hervorgerufen. Man wirft den Juden deshalb nicht selten Hochmut vor. Dabei bedenkt man

Das Judentum – Volk und Religion

Lesser Ury (1861–1931), Mose auf dem Berg Nebo (Dtn 32, 48–52), 1927.

nicht, dass die Erwählung Israels nicht aus eigener Leistung, sondern aus Gottes Ruf kommt. Wo sie zu Einbildung gegenüber anderen Völkern und Religionen führt, wäre sie missverstanden. – Heute tun sich auch viele Juden selbst mit dem Erwählungsgedanken schwer, weil sie für sich Normalität wünschen und keine antijüdischen Reaktionen hervorrufen wollen. Manche Juden weisen darauf hin, dass Erwählung eine Last sein kann und oft ein Weg zum Leiden gewesen ist.

Das Land Israel

Am Anfang des Judentums steht Gottes Ruf an Abraham. Als Abraham aus seiner Heimat Mesopotamien auswanderte, gab ihm Gott die Verheißung eines neuen Landes. Seitdem hat das Land Israel (»**Erez Israel**«) für die religiösen Juden nicht nur eine geographische oder politische Bedeutung. Es ist für sie eine religiöse Größe. Im Land wohnen zu dürfen ist für sie die Erfüllung einer göttlichen Verheißung.

Häufig mussten die Juden in ihrer Geschichte in der Fremde leben. Aber bei denen, die nicht im Verheißungsland wohnten, blieb die Sehnsucht nach dem »Land der Väter« lebendig. In jüdischen Gebeten und Liedern spielen Israel und Jerusalem eine große Rolle. Manche Juden, die in der Diaspora wohnen, lassen sich auf dem Ölberg in Jerusalem bestatten, um am Ende der Tage bei der Auferstehung der Toten gleich in der heiligen Stadt zu sein. In der Pesachfeier (→ S. 56 f ZdF) sprechen Juden aus aller Welt seit Jahrhunderten den Wunsch aus: »Nächstes Jahr in Jerusalem.«

Im Jahr **1948** entstand im Land erstmals wieder seit der Antike ein jüdischer Staat, der den biblischen Namen »Israel« (Gen 32, 23–31) annahm. Allerdings wirft der religiöse Charakter des Landes heute Probleme auf. Er macht eine Regelung mit den Palästinensern schwer, die hier auch seit langem wohnen und alte Ansprüche geltend machen. Beide Seiten haben sich oft aufs Äußerste bekämpft. Es bleibt zu hoffen, dass es klugen und kompromissbereiten Leuten auf beiden Seiten gelingt, dem Land allmählich Frieden zu verschaffen.

Proklamation des Staates Israel durch David ben Gurion, 14.5.1948.

> Die **Erwählung Israels** geht nach jüdischer Auffassung nicht zu Lasten der anderen Völker. Alle Menschen können Anteil an der Herrlichkeit der kommenden Welt haben. Die Zahl der Gebote, die sie halten sollen, ist aber viel geringer. Das Zeichen dieses universalen Bundes Gottes mit der ganzen Menschheit ist der Bogen, der am Himmel für alle Menschen aufleuchtet (Gen 9, 8–17).

3 Was bedeutet es, wenn es für das Judentum außer Gott nichts Absolutes gibt?

4 Welche Rolle spielt im gegenwärtigen Konflikt zwischen Israelis und Palästinensern das Land?

Das Judentum – Volk und Religion

4. Die Thora – Lehre und Weisung

Der Maßstab für das jüdische Leben

Die **Thora** im engeren Sinn umfasst die **ersten 5 Bücher der Hebräischen Bibel,** die nach alter Auffassung dem Volk Israel am Berg Sinai von **Mose** gegeben wurden. Im weiteren Sinn umfasst die Thora die ganze **Bibel** und das ganze jüdische **Religionsgesetz.** Neben der **schriftlichen** Thora gibt es auch die **mündliche** Thora, die ebenfalls auf Mose zurückgeführt wird. Sie ermöglicht es, die Thora zeitgemäß auszulegen und den veränderten Situationen anzupassen. Die alten Bestimmungen z. B. über das Heiraten, die Arbeit, den Sabbat oder das Essen bleiben so für die Gegenwart sinnvoll.

Die Thora bezieht sich auf **alle Lebensbereiche.** Viele Weisungen sind im engeren Sinn religiöser Art. Sie haben zu tun mit Gott, Bund, Gebet, Priestertum, Reinheitsvorschriften, Sabbat, Festen, Beschneidung, Speisen. Viele Weisungen haben den Menschen im Blick: Eltern, Kinder, Landsleute, Fremde (Ausländer), Frauen, Männer, Kranke und Alte. Wichtige Bereiche sind Volk, Ehe, Familie, Liebe, Sexualität, Arbeit, Ruhe, Essen, Krankheit, Tod. Auch Tiere kommen in den Weisungen oft vor.

In der Thora finden sich **613 Vorschriften**, davon 248 Verbote und 365 Gebote. Diese Zahlen haben für die Rabbinen, die Thoralehrer der talmudischen Zeit, eine symbolische Bedeutung. Der Mensch hat nach damaliger Kenntnis 248 Knochen bzw. Glieder. Jedes Jahr hat 365 Tage. Das bedeutet: Jeder Jude soll sich mit seinem ganzen Leib und seiner ganzen Seele alle Tage des Jahres an die Thora halten.

Die Achtung vor der Thora bestimmt das Leben der frommen Juden. Im Alltag und an den jüdischen Feiertagen fühlen sie sich an ihre Vorschriften gebunden, was nicht ausschließt, dass es immer auch Übertretungen gibt.

1 Vergleicht die Szene um Schammai und Hillel mit dem höchsten Gebot Jesu: Mk 12, 28–34: → S. 86 f.
2 Untersucht, wie Jesus zur Thora stand. Lest dazu Mt 5, 17–19; Mk 2, 23–28; Lk 13, 10–17.

Schammai und Hillel

Der **Talmud** (hebr.: »Lehre«, »Studium«), entstanden zwischen 500 vC und 500 nC, ist neben der Bibel das wichtigste religiöse Buch der Juden. In ihm sind die Diskussionen und Überlegungen der alten Thoralehrer versammelt. Es ist maßgeblich für die Auslegung der Gesetze und der Lehre. Hier wird erzählt, wie die zwei Lehrer Schammai und Hillel (1. Jh. vC) den Sinn der Thora unterschiedlich bestimmen.

Einmal kam einer aus den Völkern (Nichtjuden) vor Schammai und sagte zu ihm: Mache mich zum Proselyten (d. h. Nimm mich in das Judentum auf), unter der Bedingung, dass du mich die Thora ganz und gar lehrst, während ich auf einem Bein stehe! Da stieß er ihn mit dem Messbrett weg, das er gerade in der Hand hatte. Der Nichtjude kam vor Hillel, der machte ihn zum Proselyten und sagte zu ihm: Was dir verhasst ist, das tue deinem Nächsten nicht an. Das ist die Thora ganz und gar, alles andere ist Auslegung. Geh und lerne!

aus dem Babylonischen Talmud (Schabbat 31 a)

Das Wort »**Thora**« heißt »**Lehre**« und »**(Unter-)Weisung**«. Sie ist die wichtigste Quelle jüdischen Lebens und Maßstab für das Handeln der Juden. Die häufige Übersetzung mit »**Gesetz**« ist missverständlich, wenn sie den Eindruck entstehen lässt, das Judentum stehe unter harten gesetzlichen Forderungen. Im Judentum komme es vor allem auf eine korrekte Befolgung eines Rechtssystems an. Demgegenüber verstehen die Juden die Thora als die gute »**Wegweisung**« Gottes zu einem sinnvollen Leben.

Das Judentum – Volk und Religion

Benno Elkan, Detail aus der Großen Menorah: → S. 252: Die Tafeln mit den zehn Geboten.

Linke Seite. Oben: Thorarolle im zugehörigen Kasten, Türkei 1860.

Unten: Benno Elkan, Detail aus der Großen Menorah: → S. 252. Hillel.

Die Clowns und das Himmelreich

Ein Rabbi ging einmal auf den Marktplatz. Da erschien ihm der Prophet Elija (→ S. 44 f) und der Rabbi fragte ihn: »Gibt es unter all diesen Menschen auf dem Markt einen einzigen, der Anteil an der kommenden Welt haben wird?«
Elija antwortete: »Nein, es gibt keinen.«
Später jedoch kamen zwei Menschen auf den Marktplatz und Elija sagte zum Rabbi: »Diese beiden werden Anteil an der kommenden Welt haben.«
Der Rabbi fragte die beiden: »Was ist euer Beruf?«
Sie antworteten ihm: »Wir sind Clowns. Wenn wir jemanden sehen, der traurig ist, dann erheitern wir ihn. Wenn wir zwei Menschen sehen, die sich zanken, versuchen wir, sie wieder zu versöhnen.«

aus dem Babylonischen Talmud

»**Koscher**« (d. h. »geeignet«, »tauglich«, auch »kascher«, dazu das Substantiv »**Kaschrut**«) ist eine Speise, die nach dem Religionsgesetz gut und richtig ist und deshalb gegessen werden darf. Die Beachtung der Kaschrut gibt Juden die Möglichkeit, täglich dann auf Gott zu hören, wenn sie sich mit seinen Gaben an Leib und Seele stärken.

3 Stellt den Küchenplan eines Tages zusammen, der der Kaschrut entspricht. Zum Frühstück soll Milch, zum Mittagessen ein Hühnchen dabei sein. Achtet auf die Zusammensetzung der Suppen und Soßen. Für das Abendessen ist Wein oder Bier vorgesehen.

4 In Deutschland isst kaum jemand Pferdefleisch. Das liegt nicht daran, dass dieses Fleisch nicht schmeckt, sondern daran, dass das Pferd bei den Germanen ein heiliges Tier war. Wo gibt/gab es auch im Christentum Speiseregeln? Zum Islam: → S. 258 ZdF.

Koscher essen – Eine tägliche Pflicht

Für die religiösen Juden gibt es einige Vorschriften in der Thora, die das **Essen** betreffen. Auch wenn gesundheitliche und hygienische Gründe dafür sprechen, gelten sie für die Frommen deshalb, weil sie Gottes Gebote sind. Sie dienen der Heiligung des Lebens und prägen die jüdische Identität. Alle **pflanzlichen Nahrungsmittel** sind erlaubt, während das **Fleisch** einiger Tiere nicht gegessen werden darf. Verboten sind Schwein, Hase, etliche Vogelarten, Schalentiere, Krebse, Muscheln, Aal und Stör. Das Fleisch soll stets ganz frisch sein. Juden kaufen ihr Fleisch nach Möglichkeit in jüdischen Metzgereien, weil sie nur hier sicher sein können koschere Ware zu bekommen. Vor allem ist das **Blut** tabuisiert, weil es der Sitz des Lebens ist. Fleisch und Milch bzw. **fleisch- und milchhaltige Speisen** dürfen nicht zusammen gegessen werden. Käse und Wurst oder Butter und Rinderbraten sind bei ein und derselben Mahlzeit nicht erlaubt, wohl nacheinander, wenn einige Stunden dazwischen liegen. Im jüdischen Haushalt gibt es für die fleischernen und milchernen Speisen jeweils eigene Töpfe, Teller und Bestecke. Das Gebot ist schwer deutbar. Vielleicht geht es auf eine alte biblische Weisung (Ex 23,19) zurück, wonach man ein Lamm nicht in der Milch seiner Mutter kochen darf. In Ugarit (heute Ras Schamra in Syrien) gab es in der Frühzeit einen solchen Brauch als Teil eines nichtjüdischen Kultes. Da wurde das Lamm in der Milch seiner Mutter gekocht. Möglicherweise wollte das biblische Verbot einen solchen heidnischen Ritus abwehren. In der späteren Zeit, als man davon nichts mehr wusste, blieb das Verbot dennoch bestehen und entwickelte sich zu einer umfassenden Essensregel. Der Genuss von Wein und Bier ist erlaubt.

Während die **orthodoxen** Juden (→ S. 273) die Speiseregeln streng befolgen und dafür auch gesellschaftliche Isolierung in Kauf nehmen, schränken andere Gruppen die Gültigkeit der Kaschrut ein. Viele **Konservative** halten sich zu Hause zwar weitgehend an die alten Gesetze, richten sich aber in der Öffentlichkeit und auf Reisen oder beim Besuch nichtjüdischer Freunde nicht mehr danach. Vertreter des **liberalen** Judentums haben für sich den größten Teil der Essensvorschriften abgeschafft, da sie diese in unserer Welt nicht mehr als religiös bedeutsam ansehen.

5. Der Messias – Hoffnung auf eine gerechte Welt

Wenn etwas für das Judentum kennzeichnend ist, so ist es das **Prinzip Hoffnung.** Das ist umso erstaunlicher, als das Judentum in seiner Geschichte unvergleichliche Leiderfahrungen machen musste. Wie kein anderes Volk wurden die Juden verfolgt und diskriminiert. Die Kraft, das Leid zu ertragen, nahmen die meisten Juden aus ihrer Religion. Schon immer waren religiöse Juden davon überzeugt, dass Gott in der Zukunft Israel befreien, die Welt verwandeln und alle Trauer beenden werde. In der Vorstellung des **Messias** hat sich diese Hoffnung konkretisiert.

Verschiedene Vorstellungen

■ In biblischer Zeit, wenn Israel unter Krieg und Unrecht litt, zeigten die Propheten auf eine **Person,** die Rettung bringen sollte. Sie wurde manchmal »Messias« genannt, aber auch anders bezeichnet, z. B. »Sohn Davids« (→ S. 66 ZdF). Er wird manchmal als mächtiger **König** beschrieben (Jes 9, 1–6). Aber er kann auch **arm** sein, nur auf einem Esel reitend (Sach 9, 9). Manchmal wird er als **leidender Gottesknecht** (Jes 52, 13–53, 12) dargestellt, der furchtbare Schmerzen erträgt, um Israel zur Umkehr zu bewegen. Manchmal erscheint er als überirdischer **Menschensohn** auf den Wolken des Himmels (Dan 7, 13), der nach einer furchtbaren Weltkatastrophe Gericht über die Völker hält.

■ Für andere Richtungen ist das ganze **Volk Israel** der Messias, das erst große Leiden ertragen muss, bis es endlich zur Herrlichkeit Gottes kommt. Sie vertrauen auf einen kollektiven Messias.

■ Im Reformjudentum (→ S. 273) glaubt man an ein **messianisches Zeitalter** ohne einen persönlichen oder kollektiven Messias. Es bringt für Israel und die ganze Menschheit das Reich eines endgültigen Friedens und einer vollkommenen Gerechtigkeit.

Gestalten der Geschichte

Im Lauf der Zeit traten Gestalten auf, die sich für den Messias ausgaben oder dafür gehalten wurden. Allein für den Zeitraum vom 11.–18. Jahrhundert hat man 79 verschiedene messianische Bewegungen gezählt. Nicht alle Messiasse waren beispielhaft. Es gab unter ihnen Hochstapler und Schwindler, die ihre jüdische Umwelt geschickt zu täuschen wussten. Niemandem gelang es, jene Erwartungen zu erfüllen, von denen die alte Überlieferung träumt. Vor allem in Leidenszeiten wurde der Messias erwartet, so 1096 bei den Verfolgungen während des ersten Kreuzzuges (→ S. 130) oder 1492 bei der Vertreibung der Juden aus Spanien. Auch in unserer Zeit sind in Israel und in anderen Ländern Männer aufgetreten, die in jüdischen Gemeinden als Messias angesehen wurden.

So sehr die Messias-Idee die religiösen Hoffnungen im Judentum auch wachhielt, so **gefährlich** wurden die messianischen Erwartungen, wenn sie sich mit Ereignissen oder Personen verbanden, die

---

Der **Name** »Messias« (hebr.: »Maschiach«) bedeutet der »Gesalbte«. Ursprünglich tragen Könige, Priester und manchmal auch Propheten diesen Titel, weil sie für ihren besonderen Dienst gesalbt wurden. Als Gesalbte hatten sie eine heilige Würde und waren unantastbar. An das Kommen des Messias glauben viele, aber nicht alle Juden. Sie erwarten von ihm den Beginn der **Erlösung,** die Gott herbeiführen wird. Dazu können folgende Elemente gehören: Auferstehung der Toten, Rettung des Volkes Israel aus Unterdrückung und Exil, Aufrichtung eines (irdischen) Friedensreiches, Harmonie der Schöpfung, Unsterblichkeit der Seele. Erlösung umfasst Zeit und Ewigkeit, die gegenwärtige und die kommende Welt.

Benno Elkan, Details aus der Großen Menorah (→ S. 252):

Oben: Messianische Hoffnung.

Unten: Bar Kochba (d.h.: »Sternensohn«; gest. 135 nC), Führer des letzten jüdischen Aufstands gegen Rom; man hielt ihn für den Messias.

Das Judentum – Volk und Religion

Ezekiel David Kirszenbaum (1900–1953), Jüdische Dorfbewohner begrüßen den Messias (Sach 9,9), 1937.

1. Messiasbilder der Propheten Israels: → S. 47. Welche anderen Akzente setzt der Text Jes 58, 6–9?
2. Wo liegen Gemeinsamkeiten, wo Unterschiede im Messiasglauben von Juden und Christen?
3. Welche Erwartungen haben Mädchen und Jungen heute für ihre persönliche Zukunft? Welche Bedeutung könnten dabei die messianische Hoffnungen gewinnen?

Die ersten Anhänger **Jesu von Nazaret** lebten aus der Überzeugung, dass er der **Messias** sei. Später benannten sie ihn mit dem griechischen Wort »Christus« (d. h. der »Gesalbte«, der »Messias«). Sie selbst nannten sich nach ihm »Christen« (d. h. »Messianer«). Dieser zunächst rein jüdische Glaube an Jesus, den Messias, führte zuerst zu einer innerjüdischen Spaltung, aus der bald die **Trennung von Judentum und Christentum** wurde. Seitdem markiert die Messiasfrage eine wichtige Grenze zwischen Juden und Christen.

die Verheißungen Gottes für unheilige und eigennützige Zwecke missbrauchten. Sie konnten das Volk in gefährliche Begeisterung versetzen und Massenhysterie auslösen. Darum haben die Rabbinen oft vor überzogenen messianischen Erwartungen gewarnt. Sie betonen, dass der Messiasglaube für das Judentum bei weitem nicht so grundlegend ist wie Gottesglaube, Gebet, Thora und Sabbat.

Jesus von Nazaret
Zu einer starken Herausforderung der jüdischen Messiaserwartung wurde der Glaube der jüdischen Anhänger Jesu, Jesus von Nazaret sei der von den Schriften angekündigte Messias. Darüber entstand damals ein erbitterter Streit. Die Auseinandersetzung dauert bis heute an.

■ **Juden** lehnen Jesus als Messias ab. Ein Messias wie Jesus, der Sünden in Gottes Namen vergibt, in dessen Namen die Thora (→ S. 260 ff) aufgehoben wird, der sogar als göttliche Person verehrt wird, ist für sie nicht akzeptabel. Darüber hinaus machen Juden darauf aufmerksam, dass sich seit den Tagen Jesu die Welt nicht so verändert hat, wie es für die messianische Zeit zu erhoffen ist. Die Welt hat seitdem nicht zu ihrem Frieden (»Schalom«) gefunden. Noch ist die Gerechtigkeit nicht zum universalen Lebensprinzip geworden. Erst recht sind mit Jesus von Nazaret die Verheißungen für das Volk Israel nicht in Erfüllung gegangen. Die Leiden des Judentums waren in der Zeit nach Christus eher größer als vorher.

■ **Christen** weisen darauf hin, dass viele Einzelzüge des jüdischen Messiasglaubens auf Jesus zutreffen. Er hat Menschen Heilung und Heil (→ S. 82 ff) gebracht, sie zu Gott geführt und durch sein Leiden ein Beispiel gegeben. Er war König, Prophet und Armer zugleich. Nach dem Zeugnis der Evangelien hat Jesus den Messiastitel, wenn überhaupt, nur vorsichtig für sich in Anspruch genommen. Vielleicht hat er befürchtet, falsche Erwartungen zu wecken, wie sie die Zeloten (→ S. 131 ZdF) damals hatten, die vom Messias eine politisch-religiöse Befreiung von Rom durch Gewalt und Krieg erhofften. Dem stand Jesu Aufforderung zu Frieden und Gewaltlosigkeit entgegen. Sein Wirken zielt vor allem auf die innere Umkehr und auf die Erneuerung der Herzen. Durch Jesus wurde der Gott Israels zum Gott vieler Völker. Niemand hat so wie er den Glauben Israels universal gemacht. Auch darin sehen Christen ein Zeichen seiner Messianität.

■ Allerdings sehen Christen auch, dass noch nicht alles geschehen ist, was vom Messias erhofft wird. Darum warten Christen auf seine Wiederkunft am Ende der Tage (→ S. 114 ZdF). Dann erst wird sich alles erfüllen, was verheißen ist. In dieser endzeitlichen **Hoffnung** liegt eine Parallele zum Judentum, das auch auf den Messias wartet.

Das Judentum – Volk und Religion

Wer hat Recht?

Vor einiger Zeit stritten eine Jüdin und eine Christin über den Messias. Die Jüdin behauptete, der Messias sei noch nicht gekommen. Die Christin behauptete, er sei schon längst gekommen. Schließlich sagte die Jüdin ganz ruhig, um die Auseinandersetzung zu beenden: »Warten wir es ab, bis der Messias kommt. Wenn er dann sagt: ›Guten Tag, da bin ich wieder‹, haben die Christen Recht. Wenn er aber sagt: ›Da bin ich endlich‹, haben wir Juden Recht.«

Marc Chagall (1887–1985), Die weiße Kreuzigung, 1938. Das Bild entstand in dem Jahr, in dem in Deutschland die Synagogen angezündet wurden. Der Gekreuzigte ist hier nicht der christliche Messias, sondern das Sinnbild eines leidenden Juden.

Das Judentum – Volk und Religion

264

6. Jüdisches Leben

Das ganze Leben des religiösen Juden soll eine Erfüllung von Gottes Geboten sein. Dadurch erhält das Dasein des Juden, auch wenn er äußerlich in Armut lebt, einen wunderbaren Glanz. Er spürt, dass sein kleines, sorgenvolles Leben in eine größere Dimension einbezogen ist. Daran erinnern ihn

- die **täglichen** Pflichten, z. B. Gebet und Essensvorschriften
- der **Sabbat,** der nach sechs Tagen der Arbeit einen Tag der Ruhe gewährt und die dahinströmende Zeit in **Wochen** gliedert
- die großen **Feste,** die sich im **Jahresrhythmus** wiederholen
- die wichtigen Stationen des persönlichen **Lebens,** die feierlich begangen werden: Geburt, Beginn der Mündigkeit, Hochzeit, Tod und Bestattung.

Der Sabbat

Der »Sabbat« (hebr.: »Ruhe«, »Abschluss«) hat im jüdischen Leben eine überaus große Bedeutung. Er ist der Höhepunkt der Woche, aber er ist noch viel mehr. Er erinnert an den Auszug aus Ägypten und an die Erschaffung der Welt. Als Gottes letztes und wichtigstes Werk ist er der Höhepunkt der Schöpfung. »Gott vollendete am siebten Tag sein Werk« (Gen 2, 2). Wie Gott nach seinem Sechstagewerk am siebten Tag ruhte, so sollen auch alle Menschen an diesem Tag von jeder Arbeit frei sein, ausgenommen, dass man jemandem in Gefahr helfen muss. Am Sabbat darf man kein Feuer anzünden, keine Lasten tragen, nicht fahren und gefahren werden, nicht telefonieren, nicht am Computer tätig sein, auch keine weiten Strecken laufen. Nicht einmal das Zubereiten der Mahlzeiten ist erlaubt. Sie werden vorbereitet und am Sabbat nur aufgewärmt. Juden wissen, wie wichtig der Sabbat für sie ist: »Mehr als Israel den Sabbat gehalten hat, hat der Sabbat Israel gehalten« (Talmud). Der Sabbat ist ihnen »Vorgeschmack der Ewigkeit«.

Die **Feier** des Sabbat beginnt am Freitagabend nach Eintritt der Dunkelheit, wenn die ersten Sterne am Himmel zu sehen sind, und endet am Samstagabend zur gleichen Zeit. Der Sabbat ist für die jüdischen Frommen wie eine »Braut«, die freudig empfangen und verabschiedet wird. Er wird von der Hausfrau mit dem Anzünden der Sabbatkerzen begrüßt. An diesem Tag soll in einem jüdischen Haus Ruhe und Freude herrschen. Die vorbereitete Mahlzeit beim abendlichen Beginn des Sabbat ist aufwendiger als in der Woche. Sie wird von der Familie gemeinsam am schön gedeckten Tisch eingenommen. Sie beginnt mit dem »**Kiddusch**« (»Heiligung«), einem Segensspruch über einen Becher Wein, und endet mit der »**Hawdala**« (»Unterscheidung«), einem Segensspruch, der auf das Ende des Sabbats aufmerksam macht.

Die Pflicht zu strenger Sabbatruhe bringt in der modernen Welt viele **Probleme** mit sich. Viele Juden wollen nicht mehr alle Sabbatpflichten einhalten.

Das **Sabbatgebot** zeigt:
- Das Leben besteht nicht nur aus **Arbeit** und **Leistung,** sondern es bedarf auch der Ruhe.
- Nicht nur die **Reichen,** sondern auch die **Armen** und selbst die **Tiere** haben Anteil an der Stille und Freude des Sabbat.

1 Christen haben vom Judentum nicht den Sabbat übernommen. Stattdessen feiern sie den Sonntag, weil dies der Tag ist, an dem Jesus auferstanden ist. Welche Probleme haben wir heute mit dem Sonntag?

Die **Rabbiner** werden heute von den Gemeinden frei gewählt. Sie sind keine Priester, sondern Lehrer der Thora. Durch Handauflegung werden sie in ihr Amt eingeführt. Sie predigen, unterrichten in den Schulen, kümmern sich um die Seelsorge und nehmen soziale Aufgaben wahr. In Geschichte und Gegenwart gibt es viele bedeutende Rabbiner.

Das Judentum – Volk und Religion

Im Staat Israel diskutiert man, ob am Sabbat Autos, Züge und Flugzeuge verkehren dürfen. Orthodoxe Juden (→ S. 273) halten dies für eine unerträgliche Verletzung des Gebots, die sie nicht hinnehmen, weil Juden erstmals im eigenen Land nun die Möglichkeit zu seiner strikten Heiligung haben.

Das Sabbatgebot

8 Gedenke des Sabbattages, ihn zu heiligen. 9 Sechs Tage sollst du arbeiten und all dein Werk verrichten. 10 Aber der siebte Tag ist ein Sabbat dem Herrn, deinem Gott. Da sollst du keinerlei Werk verrichten – weder du noch dein Sohn oder deine Tochter, noch dein Knecht oder deine Magd, noch dein Vieh, noch der Fremde, der in deinen Toren ist. 11 Denn in sechs Tagen hat der Herr Himmel und Erde gemacht, das Meer und alles, was in ihnen ist; aber am siebten Tag hat er geruht. Daher hat der Herr den Sabbattag gesegnet und ihn geheiligt.

aus dem Buch Exodus (2. Buch Mose) 20, 8–11

> Schon im Altertum trafen sich die Juden in einem besonderen Gebetshaus, der »**Synagoge**« (griech.: »Versammlungsraum«). Synagogen waren in der Diaspora entstanden, weil es den Juden dort nicht möglich war, am Tempelgottesdienst in Jerusalem (→ S. 96 f ZdF) teilzunehmen. Opfer wurden in den Synagogen nicht gebracht. Sie waren allein im **Tempel** von Jerusalem erlaubt. Nach der Zerstörung des Tempels durch die Römer 70 nC gewannen die Synagogen für die Juden eine große Bedeutung. Sie sind der Ort, an dem sie sich treffen können.

Die Synagoge

Die Synagoge ist der religiöse Versammlungsraum der Juden. Hier kommen sie am Sabbat und an den Feiertagen zum Gottesdienst zusammen. Hier diskutieren und studieren sie. Der wichtigste Teil der Synagoge ist der **Thoraschrein**. In ihm werden die Thorarollen aufbewahrt.

Der **Synagogengottesdienst** besteht vor allem aus Gebeten und Lesungen. Der Höhepunkt des Gottesdienstes ist dann gekommen, wenn die Thorarolle aus dem Schrein herausgeholt und in einer kleinen Prozession zum Vorlesepult getragen wird. Zur Lesung der Wochenabschnitte werden verschiedene Gemeindemitglieder, aber auch anwesende Gäste, aufgerufen. Es ist eine Ehre, aus der Thorarolle vor der Gemeinde vorlesen zu dürfen.

In vielen Synagogen sind noch heute **Männer und Frauen** beim Beten streng voneinander getrennt. Die Frauen müssen meist mit der Empore vorliebnehmen, während die Männer im Hauptraum beten. Manche Juden begründen diese Trennung damit, dass die Männer beim Beten nicht von den Frauen abgelenkt werden sollen. Liberale Gemeinden (→ S. 273) haben diese Absonderung aufgehoben. Die Männer tragen als »Freie« in der Synagoge stets eine Kopfbedeckung (»Kipa«).

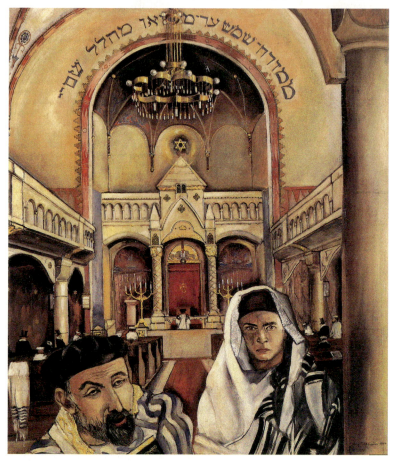

Felix Nussbaum (1904–1944), Die beiden Juden (Inneres der Synagoge von Osnabrück), 1926.

Das Judentum – Volk und Religion

Max Beckmann (1884–1950), Die Synagoge (Frankfurt am Main; → S. 279), 1919.

Synagoge Heidelberg, Innen- und Außenansicht.

Ein orthodoxer Gottesdienst kann nur stattfinden, wenn wenigstens zehn religiös mündige Männer (**»Minjan«**) beisammen sind, selbst wenn noch so viele Frauen anwesend sind. In Reformgemeinden werden auch Frauen mitgezählt.

Viele Synagogen dienen auch als Lehrhaus, Schule und Gemeindebibliothek. Jede Synagoge ist unabhängig und selbständig.

Das Judentum – Volk und Religion

Die Feiertage

Der jüdische Kalender kennt viele jährlich wiederkehrende Feiertage. Sie haben oft einen doppelten Anlass. Einmal sind sie vom natürlichen Gang der Jahreszeiten (Aussaat, Ernte) bestimmt. Zum anderen erinnern sie an wichtige Ereignisse aus der Geschichte Israels. Alle jüdischen Feiertage beginnen am Abend, so wie es schon in der Schöpfungserzählung von jedem Tag heißt: »Und es ward Abend und es ward Morgen: der erste Tag ...«. Jedes Fest hat seine besondere Melodie, die von langen jüdischen Traditionen und von den jeweiligen Landeskulturen geprägt ist.

■ **Rosch Haschana** (d. h. »Anfang des Jahres«) ist das jüdische Neujahrsfest, das im September/Oktober gefeiert wird. Es ist im Unterschied zu unserem Neujahr ein stiller und ernster Tag, ohne Lärm, Trinken und Feuerwerk. An diesem Tag beginnen die zehn Bußtage, die auch die »Hohen Feiertage« genannt werden. Der Neujahrstag gemahnt an das Gericht Gottes.

■ **Jom Kippur** (d. h. »Versöhnungstag«), 10 Tage nach Neujahr, ist der höchste jüdische Feiertag, den man in der Synagoge verbringt. Die Männer sind dabei in ihre zukünftigen Leichenhemden gehüllt. Strengstes Fasten ist vorgeschrieben. Viele baden und salben sich nicht. Es ist ein Tag des Gebetes

2 Welche jüdischen Fest- und Feiertage entsprechen christlichen Fest- und Feiertagen?

3 Manchmal wollen Schülerinnen und Schüler einen Sederabend nachspielen. Die gut gemeinte Idee ist nicht gut, da Juden diese Nachahmung ablehnen. Besprecht stattdessen die Einzelheiten einer Sederfeier und vergleicht sie mit einer Eucharistiefeier (→ S. 201 f ZdF).

*Jakob Kramer,
Der Versöhnungstag, 1919.*

Das Judentum – Volk und Religion   268

um Vergebung der Schuld, ein Tag der inneren Umkehr und geistigen Erneuerung. Am Ende des Tages zeigt das Blasen des Schofarhorns (Widderhorn) auch das Ende des Fastens an. Der Tag hält die Erinnerung an Schöpfung und Erlösung, an das Gericht Gottes und den Messias wach.

■ **Sukkot** (d. h. »Laubhütten«) ist das jüdische Erntedankfest, das 5 Tage nach Jom Kippur beginnt und eine Woche lang dauert. Das Fest wird auch zur Erinnerung an das Wohnen in Hütten zur Zeit des Auszugs aus Ägypten gefeiert. Darum baut man sich für diese Woche zu Hause eine kleine Hütte (Laube) mit einem Dach aus Blättern und Zweigen, in der die Familie tagsüber wohnt, die Mahlzeiten einnimmt und Gäste empfängt.

■ **Simchat Thora** (d. h. »Freude an der Thora«, → S. 256) beendet die Laubhüttenfestwoche. An diesem Tag tanzen Juden in Synagogen und auf den Straßen so mit der Thorarolle, als sei sie eine Braut. Kinder werden mit Süßigkeiten beschenkt.

■ **Chanukka** (d. h. »Weihefest«) ist ein achttägiges Lichterfest zum Gedenken an die neue Einweihung des Tempels zu Jerusalem, der in der Makkabäerzeit (2. Jh. vC) von hellenistischen Syrern geschändet worden war. Nach einer alten Legende reichte das wenige Öl, das die Juden im Tempel vorfanden, in wunderbarer Weise acht Tage lang zur Speisung des ewigen Lichtes. Zur Erinnerung daran wird noch heute an einem achtarmigen Leuchter (»Chanukka-Leuchter«) täglich mit einem neunten kleinen Leuchter (»Diener«) ein neues Licht angezündet. Dazu wird ein frohes Lied gesungen. Man beschenkt an diesem Fest, das mitten im Winter liegt, die Kinder, ähnlich wie wir es zu Weihnachten tun.

■ **Purim** (d. h. »Lose«) ist ein Freudenfest, an dem Juden daran denken, wie die jüdische Königin Ester (→ S. 70 ZdF) die persischen Juden vor den Vernichtungsplänen des bösen Haman wunderbar errettet hat, indem sie mutig bei dem König für ihre Landsleute eintrat. Durch Lose wollte Haman den günstigsten Monat für seinen finsteren Plan herausfinden. An Purim herrscht in den Familien und in der Synagoge ein heiteres Treiben. Wenn im Gottesdienst beim Lesen des Esterbuches der Name »Haman« ertönt, lärmen die Kinder mit lauten Rasseln. Man beschenkt Arme und Freunde, verkleidet sich, genießt leckere Kuchen und spricht auch dem Alkohol zu.

■ **Pesach** (d. h. »Vorüberschreiten«, »Verschonung«, auch »Pas-cha«), ursprünglich ein Frühlingsfest, erinnert an den Auszug aus Ägypten (→ S. 14 ff). Als Naturfest ist es Dank für die Gaben der Ernte, als Geschichtsfest Dank für die von Gott geschenkte Freiheit. In der Pesachwoche ist alles Gesäuerte, auch Brot, Nudeln und Backwaren, verboten. Nur »Mazzen« (ungesäuertes Brot) sind erlaubt. Es ist das »Brot des Elends«, das die Vorfahren in der Wüste aßen. Pesach wird vor allem zu Hause gefeiert, wo sich am **Sederabend** die Familie und Freunde zu einem Abendmahl zusammenfinden. Ein Kind stellt die Frage: »Warum ist dieser Abend ganz anders als die vielen anderen Abende?« Der Vater gibt ihm und allen die Antwort, indem er zuerst die Gedanken auf die Vergangenheit richtet, in der Gott sein Volk gerettet hat, dann auf die Gegenwart, in der das Volk danken darf, und schließlich auf die Zukunft, die Israel Erlösung bringen wird. Dazu öffnet einer der Anwesenden die Tür, damit der Prophet Elija (→ S. 44 f) hereinkommen und mit ihm die Königsherrschaft Gottes beginnen kann.

■ **Schawuoth** (d. h. »Fest der Wochen«, »Pfingsten«; → S. 151 ZdF) findet sieben Wochen nach Pesach statt. Ursprünglich war es ein Fest der Erstlingsfrüchte. Heute tragen Kinder die Erstlingsfrüchte in Körben durch die Straßen und verkaufen sie für wohltätige Zwecke. Man feiert an diesem Tag die Offenbarung Gottes am Sinai und die Verkündigung der Zehn Worte.

An Rosch Haschana wird das Schofarhorn, ein Widderhorn, geblasen.

4 Sabina (13) hat im Religionsunterricht folgenden Aufsatz über das Judentum geschrieben: »Am Sonntag gehen fromme Juden in die Kirche. Dort feiert der Rabbiner die Messe und liest ihnen Texte aus der Thora und den Evangelien vor, die von Gott, den Propheten und den Aposteln handeln. Ab 14 Jahre dürfen Jungen und Mädchen, wenn sie feierlich zur Erstkommunion gegangen sind, predigen. Nach dem Abendmahl und dem Segen des Priesters gehen alle wieder nach Hause. Am Sabbat dürfen sie nicht kochen oder andere Arbeiten verrichten und auch nicht spielen. Manchmal werden an diesem Tag kleine Jungen beschnitten und getauft. Die größten Feste im Kirchenjahr sind Weihnachten, Pesach und Jom Kippur. Juden dürfen Schinken und Butter nicht essen sowie Milch und Wein nicht trinken.«

Könnt ihr Fehler entdecken? Wie müsste man sie verbessern? Notenvorschlag?

An den Stationen des Lebens

■ Durch die **Beschneidung** tritt der neugeborene Knabe in den Bund ein, den Abraham mit Gott geschlossen hat. In der Regel findet die Zeremonie, bei der die Vorhaut des männlichen Gliedes entfernt wird, am 8. Tag nach der Geburt statt. Der Eingriff, der kaum schmerzhaft ist, wird von einem »Mohel« (d. h. »Beschneider«) vorgenommen.

■ Mit 13 Jahren wird der Junge ein »**Bar Mizwa**« (d. h. ein »Sohn des Gottesgebotes«). Jahrelang bereitet er sich auf diesen Tag vor. Am Sabbat nach seinem Geburtstag wird er zum ersten Mal in der Synagoge aufgerufen, um einen Segensspruch vorzulesen. Von nun an kann er öffentlich zur Lesung der Thora aufgerufen werden. Viele Gemeinden haben eine ähnliche Zeremonie für das Mädchen eingeführt, das nun »**Bat Mizwa**« (d. h. »Tochter des Gottesgebotes«) wird.

■ Juden glauben, dass die Menschen für die **Ehe** bestimmt sind. Die **Trauung** findet meist in der Synagoge statt, manchmal auch zu Hause oder unter freiem Himmel bei Mondschein. Das Brautpaar empfängt unter einem Baldachin (»Chuppa«) den Segen. Beide nehmen aus demselben Becher einen Schluck Wein, wobei der Wunsch ausgesprochen wird, dass die Ehe mit Kindern gesegnet werde. Der Bräutigam spricht vor zwei Trauzeugen die Trauungsformel und übergibt der Braut den Ehering. Beim Festmahl jubeln die Gäste dem Paar zu: »Masel Tow« (d. h. »Gutes Gestirn«, »Viel Glück«). Wenn eine Ehe nicht gelingt, ist eine Scheidung erlaubt. Sie ist allerdings an strenge Bedingungen geknüpft.

■ Wenn ein Mensch im **Sterben** liegt, suchen Angehörige und Freunde ihn auf. Mit ihm sprechen sie das Sündenbekenntnis und wiederholen zum letzten Mal das »Sch'ma Israel« (→ S. 258). Die Stelle »der Ewige ist einzig« soll nach Möglichkeit mit dem letzten Atemzug zusammenfallen. Wenn der **Tod** eingetreten ist, zerreißen die Angehörigen ihr Gewand oder ein symbolisches Band. Der Tote wird auf die Erde gelegt zum Zeichen dafür, dass er zum Staub zurückkehrt, aus dem er einst entstand. Freunde waschen den Toten und kleiden ihn in ein einfaches weißes Gewand, das er schon an Jom Kippur (→ S. 268) trug. Sie legen ihm einen »Tallit« (Gebetsmantel) um die Schulter und betten ihn in einen schlichten Sarg. Prunk darf nicht entfaltet werden, damit sich die Bestattung von Arm und Reich nicht unterscheidet. Der Tote wird rasch beerdigt. Freunde tragen den Sarg zum Friedhof. Dort wird für ihn gebetet. Dann schütten Verwandte und Freunde das Grab mit Erde zu.

Zu Hause geht die **Trauerzeit** weiter. Sieben Tage bleiben die trauernden Verwandten in der Wohnung und nehmen das Beileid der Freunde entgegen. Sie brauchen sich in dieser Zeit um nichts zu kümmern. Die Nachbarn kochen für sie und erledigen alle Besorgungen. Hier hat auch das Gebet einen wichtigen Platz. So gibt es eine lange Zeit der Trauer und des Trostes. Nach 30 Tagen soll das Leben wieder wie früher verlaufen. Kinder trauern um die Eltern ein ganzes Jahr. Die Grabdenkmäler sind meist aus Stein. Man legt häufig statt Blumen einen kleinen Stein als Zeichen der Erinnerung auf das Grab. Vielleicht geht dieser Brauch auf die Zeit der Wüstenwanderung zurück, in der man Steine auf das Grab legte, um die Bestattungsstelle leicht wiederzufinden und möglichst lange vor der natürlichen Einebnung zu schützen.

Ein Mädchen spricht ein Segenswort bei der Bat-Mizwa-Feier.

5 Vergleicht die jüdischen Bräuche im Leben des Einzelnen mit den bei uns üblichen Feiern zu Geburt, Geburtstag, Kommunion, Eheschließung und Bestattung.

Bar Mizwa

Das Judentum – Volk und Religion

> Die **Erzählungen der Chassidim** (d. h. der »Frommen«), die seit dem 18. Jahrhundert in Osteuropa entstanden, gehören zu den Kostbarkeiten der jüdischen Literatur. Sie sind treffsicher in der Formulierung, humorvoll und melancholisch zugleich, voll praktischer Frömmigkeit und tiefer Menschlichkeit.

7. Gruppen und Richtungen

Das Judentum ist keine einheitliche Größe. In ihm gab es immer viele Richtungen, die in Fragen der Religion, der Pflichten, der Politik unterschiedlich dachten. Sie haben sich oft gegenseitig heftig bekämpft. Aus der Zeit Jesu kennen wir die **Pharisäer** und die **Sadduzäer** (→ S. 118 ff ZdF), die **Zeloten** (→ S. 131 ZdF) und die **Leute von Qumran** (→ S. 38 f ZdF). Im Mittelalter und in der Neuzeit bildeten sich andere Gruppierungen.

Die Chassidim

Im 17. Jahrhundert lag ein Schwerpunkt der jüdischen Diaspora in **Osteuropa** und da vor allem in **Polen**. Die meisten Juden lebten hier arm und bescheiden in ihren kleinen Gemeinden (»Schtetl«; d. h. »Städtlein«), wo sie ihre Synagogen hatten und eine eigene Kultur entwickeln konnten. Um 1648 wurden sie von einer blutigen Verfolgung heimgesucht. Brutale Banden, die aus der Ukraine kamen, fielen über sie her. Damals wurden mehr als 100 000 Juden erschlagen, ihre Frauen wurden vergewaltigt, ihre Dörfer verbrannt, ihr Besitz geplündert. Unermesslich war das Leid, das den Juden angetan wurde.

Studierzimmer und Speisesaal des Rabbi Baruch Rabinowitz in Mukacevo, Polen, 1938.

Kurz danach entstand eine Bewegung, die es den Juden ermöglichte, die Katastrophen der Vergangenheit produktiv zu verarbeiten. Den »Chassidim« (d. h. »Frommen«) gelang es, die Verzweiflung der Juden abzubauen und wieder Hoffnung und Lebensfreude in das Judentum zu bringen. Die Meister der Chassidim waren manchmal Mystiker (→ S. 126), Wundertäter und Heilige. In allen Dingen der Welt sahen sie Funken von Gottes Herrlichkeit. Gott ist für sie in jedem Ding verborgen anwesend. Alle Dinge leben aus der Kraft Gottes. Sie gilt es zu entdecken, indem man von der Oberfläche der Dinge in ihre Tiefe zu gelangen sucht. So kann die Welt erlöst werden. Vor allem soll der Mensch den Funken des göttlichen Lichts in sich selbst entdecken. Der Mensch kann durch die Kraft seiner Seele Gott in sich finden. Die Krönung aller Taten ist Mitmenschlichkeit, die mit Gerechtigkeit verbunden ist. Juden tragen durch die Dreiheit von Demut, Lebensfreude und Gebet zur Erlösung der Welt und der Menschen bei.

Für die Frommen ist keine Handlung zu gering, wenn sie nur mit der rechten inneren Einstellung getan wird. Durch Essen und Trinken, Arbeiten und Dienen, Helfen und Schenken hat der Chassid die Möglichkeit, das Göttliche, das wie ein Lichtfunke in ihm ist, zum Leuchten zu bringen. Nicht bestimmte Gesetze, sondern jede Tat kann der Weg zum Herzen der Menschen und zu Gott werden. Die Chassidim ließen sich trotz vieler Leiden nicht davon abbringen, zu tanzen und zu singen und sich an der Welt als einer Gabe Gottes zu erfreuen.

Unzählige Chassidim sind im 20. Jahrhundert in der Hölle der **Schoa** (→ S. 281) zu Tode gekommen. Auch dort haben viele ihr Vertrauen auf Gott bewahrt und den Tod in der Hoffnung ertragen, aus Gottes Hand nicht herausfallen zu können. Sie waren oft Vorbild für die anderen Häftlinge. Bis heute sind chassidische Anschauungen im orthodoxen Judentum lebendig geblieben.

Das vergebliche Suchen

Es gab einmal einen Toren, der hieß »Golem« (d. h. »formlose Masse«), so töricht war er. Am Morgen beim Aufstehen fiel es ihm immer so schwer, seine Kleider zusammenzusuchen, dass er am Abend, daran denkend, oft Scheu trug, schlafen zu gehen. Eines Abends fasste er sich ein Herz, nahm Zettel und Stift zur Hand und verzeichnete beim Auskleiden, wo er jedes Stück hinlegte. Am Morgen zog er wohlgemut den Zettel hervor und las: »Die Mütze«, hier war sie, er setzte sie auf, »Die Hosen«, da lagen sie, er fuhr hinein und so fort, bis er alles anhatte. »Ja, aber wo bin ich denn?«, fragte er sich nun ganz bange, »wo bin ich geblieben?!« Umsonst suchte und suchte er, er konnte sich nicht finden. – So geht es uns, sagte der Rabbi.

Rabbi Chanoch von Alexander (gest. 1870), Chassidischer Zaddik (Lehrer), nach einer alten Prager Legende

Issachar Ryback (1897–1935), Schtetl (»Städtchen«), 1923.

Der Ring

Einem Armen, der an Rabbi Schmelkes Tür kam, als kein Geld im Hause war, gab er einen Ring. Kurz darauf erfuhr es seine Frau und überstürzte ihn mit heftigen Vorwürfen, dass er ein so kostbares Schmuckstück, das einen so edlen Stein trug, einem unbekannten Bettler hingeworfen habe. Rabbi Schmelke rief den Armen zurück und sagte ihm: »Ich habe soeben erfahren, dass der Ring, den ich dir gab, einen hohen Wert hat; achte darauf, ihn nicht allzu billig zu verkaufen.«

Rabbi Schmelke von Nikolsburg (gest. 1778), Chassidischer Zaddik

Vielleicht

Ein Aufklärer, ein sehr gelehrter Mann, der von Rabbi Levi Jizchak von Berditschew gehört hatte, suchte ihn auf, um mit ihm zu disputieren. Er versuchte mit klugen Worten die rückständigen Beweisgründe des Rabbi für die Wahrheit des Glaubens zu widerlegen. Der Rabbi aber wandte sich ihm zu und sprach ihn gelassen an: »Mein Sohn, die Großen der Thora, mit denen du gestritten hast, haben ihre Worte an dich verschwendet, du hast darüber gelacht. Sie haben dir Gott und sein Reich nicht mehr auf den Tisch legen können, und auch ich kann es nicht. Aber, mein Sohn, bedenke: vielleicht ist es wahr.« Der Aufklärer bot seine innerste Kraft zur Entgegnung auf; aber dieses furchtbare »Vielleicht«, das ihm da Mal um Mal entgegenscholl, brach seinen Widerstand.

Levi Jizchak von Berditschew (gest. 1809), Chassidischer Zaddik

Sussjas Andacht

Sussja war einmal bei dem Rabbi von Neshiz zu Besuch. Der hörte nach Mitternacht ein Geräusch aus der Kammer des Gastes, trat an die Tür und lauschte. Da hörte er, wie Sussja in der Stube auf und nieder lief und redete: »Herr der Welt, sieh, ich liebe dich, aber was vermag ich zu tun, ich kann ja gar nichts!« Danach lief er weiter auf und nieder und redete das Gleiche, bis er plötzlich bedachte und rief: »Hei, ich kann ja pfeifen, da will ich dir was vorpfeifen.« Als er aber zu pfeifen begann, erschrak der Rabbi von Neshiz.

Rabbi Sussja von Hanopol (gest. 1800), beliebter und volkstümlicher Chassidischer Zaddik

---

ALS RABBI JIZCHAK EIN KLEINER JUNGE WAR, SAGTE IHM JEMAND: »ICH GEBE DIR EINEN GULDEN, WENN DU MIR SAGST, WO GOTT WOHNT.« ER ANTWORTETE: »UND ICH GEBE DIR ZWEI GULDEN, WENN DU MIR SAGST, WO ER NICHT WOHNT.«

Jizchak Meir von Ger (gest. 1866), Chassidischer Zaddik

---

1 Eine weitere chassidische Erzählung findet ihr: → S. 75 ZdF.

Wichtige Gruppierungen heute

In der Gegenwart weisen vor allem **drei jüdische Richtungen** ein eigenes Profil auf. Sie unterscheiden sich stark in ihrem Verhältnis zur modernen Welt.

■ Das heutige **orthodoxe Judentum** verhält sich gegenüber allen Neuerungen zurückhaltend bis ablehnend. Es bekennt sich uneingeschränkt zur Thora. Die Speise- und Ehegesetze werden wie eh und je genau beachtet, die jüdischen Gebete gesprochen, der Sabbat geheiligt und die alten jüdischen Feste gefeiert. Der Gottesdienst findet in der hebräischen Sprache statt. Die Frau wird auch heute in der Synagoge nicht zum Minjan (→ S. 266) zugelassen und darf weder die Thora noch den Talmud studieren. Für die Orthodoxen ist und bleibt das Judentum das erwählte Volk (→ S. 258 f), das nach Gottes Weisungen leben soll.

Von den Orthodoxen sind die kleinen Gruppen der **Ultra-Orthodoxen** streng zu trennen, die manchmal in Israel mit Gewalt und Terror ihre religiösen Ansichten durchzusetzen versuchen.

■ Das **Reformjudentum** (auch »liberales« Judentum) entfernt sich am weitesten von den alten Traditionen und passt sich am stärksten der modernen Welt an. Aus der Thora bleiben die Teile verbindlich, die der Vernunft nicht widersprechen, während die anderen Bestimmungen allmählich bedeutungslos werden. Die Heiligung des Sabbats und die Speiseregeln werden an die christliche Umwelt angeglichen. Der Gottesdienst findet in der Landessprache statt. Frauen brauchen in der Synagoge nicht länger von den Männern getrennt zu sitzen, sie dürfen die Thora und den Talmud studieren und Rabbinerin werden. Die Kopfbedeckung der Männer ist in der Synagoge nicht mehr verpflichtend. Die Auserwählung Israels wird nicht mehr betont, da die Juden in den verschiedenen Ländern gleichberechtigte Bürger geworden sind. Auf das Land Israel erhebt man keinen Anspruch mehr, da das Judentum durch seine Verbreitung in der ganzen Welt universal geworden ist. Das Land, in dem der einzelne Jude wohnt, ist nun sein Land.

■ Das **konservative Judentum** steht in gewisser Weise zwischen diesen beiden Richtungen. Es wirft den Reformjuden eine zu weitgehende Anpassung an die moderne Welt vor, ohne dass es sich selbst auf die strenge Orthodoxie festlegen lassen will. Darum suchen die konservativen Juden einen Mittelweg. Zwar lassen sie den Gottesdienst auch in der Landessprache zu. Aber an anderen Traditionen halten sie fest, z. B. an der Kopfbedeckung der Männer in der Synagoge und am jüdischen Festkalender. Zu Hause beachten sie die Speisegesetze; wenn sie bei Nichtjuden zu Gast sind, essen sie, was auf den Tisch kommt. Sie glauben weiter an die Erwählung Israels, die Rückkehr in das Land der Väter und an das Kommen des Messias. Die Thora darf von den Rabbinern behutsam an die jeweiligen Lebensumstände angepasst werden. Manche konservative Gemeinden lassen heute auch zu, dass Frauen bei der notwendigen Zehnzahl (»Minjan«) für den Gottesdienst mitgezählt werden, dass man am Sabbat elektrischen Strom braucht und mit dem Auto zur Synagoge fährt.

Oben: Titelbild der Zeitschrift »Reform Judaism«, New York 1991.

Unten: Orthodoxe Juden in Jerusalem.

2 Was meint ihr – wie weit soll sich eine Religion an die moderne Welt anpassen?

3 Deutet das jüdische Wort: Wo drei Juden sind, gibt es vier Meinungen.

Das Judentum – Volk und Religion

8. Wurzel des Christentums

Das Christentum geht auf **Jesus von Nazaret** zurück. Aber Jesus von Nazaret ist nicht nur ein Neubeginn, er steht auch selbst in einer langen Geschichte. Er gehört ganz in das Judentum. Das **Neue Testament** bestätigt diesen Sachverhalt an vielen Stellen. Jesus wird wie alle jüdischen Jungen beschnitten, spricht die Sprache seines Volkes, feiert den Sabbat und die jüdischen Feste, geht in die Synagoge, betet die Psalmen Israels und stirbt am Kreuz mit einem jüdischen Gebet. Seine Mutter Maria ist eine jüdische Frau, alle seine Apostel und Jünger/innen sind Juden. Jesus hat die Grenzen seiner jüdischen Heimat nicht überschritten.

Auch **Paulus** (→ S. 136 ff ZdF), der erste bedeutende Theologe der Christenheit, kam aus dem Judentum. Nachdem er Christ geworden war, hat er das zeitgenössische Judentum oft scharf kritisiert. Er kam zu einem anderen Verständnis der Thora als die meisten Juden seiner Zeit und war enttäuscht, dass nicht alle Juden Anhänger Jesu von Nazaret wurden. Aber er wusste auch, dass sich Christen nie vom Judentum lösen dürfen, weil sie sich sonst von ihren eigenen Wurzeln abschneiden würden.

> **Jesus ist Jude** und steht in der Überlieferung seines Volkes. Ohne den Gott Israels, ohne die Geschichte Israels, ohne die Thora, ohne das Land Israel ist Jesus nicht zu verstehen. Er ist von der jüdischen Tradition geprägt. Sie ist durch ihn in das **Christentum** eingegangen. Ohne das **jüdische Erbe** gäbe es kein Christentum.

○ Warum haben Christen im Lauf der Geschichte ihre Verwandtschaft zum Judentum so oft verdrängt oder vergessen? Warum ist es für Christen wichtig, diesen Sachverhalt klar zu sehen?

Rembrandt (1606–1669), Darstellung Jesu im Tempel (Lk 2, 21–39), 1631.

Das jüdische Erbe

- das Alte Testament
- der Glaube an den Einen Gott, den Schöpfer der Welt
- das Vertrauen, dass Gott Lenker der Geschichte, gerechter Richter und guter Vater ist
- die Überzeugung, dass der Mensch, »Bild Gottes«, eine unzerstörbare Würde hat
- das höchste Gebot: die Liebe zu Gott, zum Nächsten und zu sich selbst
- die »Zehn Gebote«
- die Forderung nach Vergebung und Versöhnung
- die Verpflichtung, sich für Gerechtigkeit, Frieden und Bewahrung der Schöpfung und gegen das Böse in der Welt einzusetzen
- die Einteilung der Woche in 7 Tage mit einem Ruhetag
- viele Gebete, z. B. die Psalmen
- die Zuversicht, dass die Menschen nach ihrem Tod auferstehen und bei Gott sein werden
- die Hoffnung, dass Gott am Ende der Tage sein Reich errichten wird, in dem Frieden, Gerechtigkeit und Versöhnung herrschen

Das Judentum – Volk und Religion

Max Liebermann (1847–1935),
Der zwölfjährige Jesus im Tempel
(Lk 2, 41–52), 1878–79.

1 Gemeint ist die junge christliche Gemeinde aus allen Völkern
2 Gemeint ist das Judentum – das Volk Israel.

Verschiedene Zweige am gleichen Ölbaum

17 Wenn du als Zweig vom wilden Ölbaum [1] in dem edlen Ölbaum [2] eingepfropft wurdest und damit Anteil erhieltest an der Kraft seiner Wurzel, 18 so erhebe dich nicht über seine Zweige. Wenn du es aber tust, sollst du wissen: Nicht du trägst die Wurzel, sondern die Wurzel trägt dich.

aus dem Brief des Paulus an die Römer 11, 17 f

Das Judentum – Volk und Religion

9. Eine lange Feindschaft

Auseinandersetzungen in der Familie sind besonders bitter. Weil man sich gegenseitig genau kennt, kann man sich treffsicher kränken und empfindlich verletzen. Diese Tatsache gilt auch für das Verhältnis zwischen Juden und Christen.

Streitpunkte des Anfangs

In der Auseinandersetzung ging es anfangs darum, wer mit seinem Glauben im Recht war: die Anhänger Jesu (»Judenchristen«), die in ihm den **Messias** Gottes sahen, oder diejenigen Juden, die diesen Anspruch nicht akzeptierten. Es gab damals auch andere **Streitpunkte.** Die Juden warfen den Judenchristen vor, dass sie sich nicht mehr an die **Thora** hielten. Dadurch würden wichtige Grundsätze des Judentums verletzt. Die Judenchristen sahen hingegen in den Juden unbelehrbare (»**verstockte**«) **Leute,** die nicht bereit waren, den Glauben an Jesus anzunehmen. Vor allem warfen sie den Juden vor, **für den Tod Jesu verantwortlich** zu sein (→ S. 109). Daraus wurde schon bald die absurde Beschuldigung, die Juden seien **Gottesmörder,** weil sie Jesus ans Kreuz gebracht hätten. Ein schwererer Vorwurf war nicht denkbar. Dabei war leicht zu erkennen, dass der römische Prokurator Pilatus (→ S. 125 ZdF) für den Tod Jesu die letzte Verantwortung trug.

Kirche und Synagoge, Elsässische Historienbibel, 1400–50.

Die Enterbung Israels

Im Verlauf der Geschichte wurden die Beschuldigungen gegen die Juden weiter ausgedehnt. Allmählich fand eine religiöse Enterbung Israels statt. Das, was gut am Judentum war, hatte nun die Kirche im Besitz. Das, was das Judentum noch besaß, hatte demensprechend keinen Wert mehr.

- Christen diffamierten das **Alte Testament** und setzten es gegenüber dem Neuen Testament in unsachlicher Weise herunter.
- Sie sahen dort einen **Gott des Hasses und der Vergeltung** am Werk, während das Neue Testament von Gottes Liebe und Vergebung spreche.
- Sie sagten, der Gott Israels wache wie ein **strenger Richter** über die Einhaltung vieler überflüssiger Gesetze, während der von Jesus verkündete Gott der Liebe ein Leben in Freiheit vom Gesetz ermögliche.
- Allen Ernstes behaupteten Christen, die **Leiden** des jüdischen Volkes, auch die Zerstörung Jerusalems im Jahr 70 durch die Römer, seien **Strafen Gottes** für die Ablehnung Jesu und der Kirche.
- Sie meinten zu wissen, dass Gottes **Bund mit Israel** außer Kraft gesetzt sei. Das Judentum habe seine **Erwählung verspielt.** An seine Stelle sei die Kirche getreten. Sie selbst sei das neue Israel.

DER GLAUBE JESU VERBINDET JUDEN UND CHRISTEN. DER GLAUBE AN JESUS TRENNT SIE.

Schalom Ben Chorin (1913–1999), jüdischer Lehrer und Theologe

Das Judentum – Volk und Religion

Obwohl Judentum und Christentum im Kern verwandt sind, gab es zwischen ihnen eine **lange Feindschaf**t, die in der Geschichte der Religionen ihresgleichen sucht. Sie reicht bis in die Zeit Jesu zurück, als Juden und Christen noch nicht zwei verschiedene Religionen bildeten, sondern rivalisierende Gruppen innerhalb des damaligen Judentums. Diese Feindschaft hat sich in der Geschichte des Christentums oft verhängnisvoll ausgewirkt.

○ Sucht in Geschichtsbüchern Beispiele für christliche Judenfeindschaft von der Antike bis zur Neuzeit.

Eine Geschichte der Verfolgung

Die religiöse Diskriminierung des Judentums war begleitet von **rechtlichen und gesellschaftlichen Benachteiligungen.** Im Römischen Reich gab es seit dem 4. Jh. judenfeindliche Gesetze, Ausschreitungen gegen die Juden, Enteignung jüdischen Eigentums, Schändung von Synagogen. Zwar ließen die Christen in manchen Epochen die Juden in Ruhe oder lebten sogar einträchtig mit ihnen, aber die Zeiten christlicher Judenfeindschaft überwogen. Im Mittelalter und in der Neuzeit verlockte der **jüdische Besitz** oft die Christen zu Ausschreitungen. Manchmal erfuhren die Juden dabei den Schutz von Päpsten, Bischöfen und weltlichen Herrschern, aber meist waren sie den Aggressionen wehrlos ausgesetzt. Die **Kreuzzüge** (→ S. 128 ff) bildeten einen furchtbaren Höhepunkt in der Geschichte der Judenverfolgung. Damals wurden tausende Juden getötet, Synagogen zerstört und ihre heiligen Schriften verbrannt. Für die Entstehung der **Pest,** machte man Juden verantwortlich, zumal wenn man sah, dass Juden von der Seuche weniger betroffen waren als ihre Umwelt, weil sie strenge Sauberkeitsregeln befolgten. Oft stellte man sie vor die Alternative: Taufe oder Tod bzw. Vertreibung.

11. Jahrhundert – Pogrome während des 1. Kreuzzuges

Zum ersten Kreuzzug (1096–99; → S. 128) rief Papst Urban II. 1095 die Christenheit in Clermont auf (»Gott will es«). Auf dem Weg in das Heilige Land kam es an vielen Orten zu blutigen Judenpogromen.

Als sie (die Kreuzfahrer) nun auf ihrem Zug durch die Städte kamen, in denen Juden wohnten, sprachen sie untereinander: »Seht, wir ziehen den weiten Weg, um die Grabstätte aufzusuchen und uns an den Ismaeliten (Muslimen) zu rächen, und siehe, hier wohnen unter uns die Juden, die ihn (Jesus) unverschuldet umgebracht und gekreuzigt haben! So lasset uns zuerst an ihnen Rache nehmen und sie austilgen unter den Völkern, dass der Name Israel nicht mehr erwähnt werde (Ps 8, 3–5); oder sie sollen unseresgleichen werden und sich zu unserem Glauben bekennen.«

Salomo bar Simeon, jüdischer Chronist zur Zeit des 1. Kreuzzuges (1095–1099)

Holzschnitte aus einem Passionsbericht, der den Juden wahrheitswidrig unterstellt, sie hätten den Christenjungen Simon von Trient ermordet, 1475–76.

14. Jahrhundert – Pogrome während der Pest

Im Jahr 1348/49 wütete in Europa eine Pest, die viele Opfer forderte. Papst Clemens VI. erklärte die Seuche als eine Geißel Gottes und wies darauf hin, dass die Beschuldigungen gegen die Juden schon dadurch widerlegt wären, dass auch sie Todesopfer durch die Plage hätten. Sein Appell nützte nicht viel. Juden wurden selbst da beschuldigt, wo es die Pest nicht gab.

Auch in Deutschland beschuldigten sie die Juden mit den Worten: Sie haben Gift in die Brunnen geworfen; man züchtigte sie mit Ruten und Dornen und verbrannte sie alsdann. ... Die Juden hatten sich in Deutschland in der Landschaft Thüringen sehr vermehrt, und da die Bewohner des Landes von Neid gegen sie erfüllt waren, trachteten sie danach jene zu töten. Als nun damals viele erkrankten, sprachen sie: Die Juden haben Gift in die Brunnen geworfen, um uns zu töten; erhoben sich plötzlich gegen sie und ... verbrannten sie. Siehe es, oh Gott!

Josef ba Cohen (1496–1575), jüdischer Autor

Judenverbrennung, Holzschnitt, 1493.

Lange Zeit kursierten auch **unwahre Legenden,** die den Juden bösartige Vergehen andichteten. Man beschuldigte sie, christliche Kinder für ihren Gottesdienst (»Ritualmord«) zu töten, Hostien zu schänden und lebenswichtige Brunnen zu vergiften. Der Pöbel leitete daraus für sich das Recht ab, gegen die Juden loszuschlagen und sich ihren Besitz anzueignen. Am Ende des Mittelalters standen **Zwangsbekehrungen oder Vertreibungen** der Juden aus mehreren christlichen Ländern, z. B. aus Spanien (1492) und Portugal (1496). Auch aus vielen Städten wurden sie ausgewiesen. Da, wo sie bleiben konnten, mussten sie in einem geschlossenen Wohnbezirk (**»Getto«**) leben und eine für sie typische Kleidung, z. B. den **»Judenhut«** tragen.

Auch die **Kirchen der Reformation** (→ S. 144 ff) führten die judenfeindliche Einstellung weiter fort. Luther bekräftigte mit heftigen Worten die alten Beschuldigungen gegen die Juden. Nirgends hatten die Juden auch zu Beginn der Neuzeit die gleichen Rechte wie die nichtjüdischen Bürger. Das änderte sich erst im Gefolge der Aufklärung seit dem 19. Jahrhundert, als den Juden erstmals in vielen Ländern Europas rechtliche Gleichstellung gewährt wurde. Aber auch damals lebte in der kirchlichen Praxis, z. B. in Predigt und Unterricht, die alte Judenfeindschaft weiter.

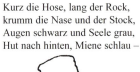

Kurz die Hose, lang der Rock,
krumm die Nase und der Stock,
Augen schwarz und Seele grau,
Hut nach hinten, Miene schlau –

So ist Schmulchen Schievelbeiner.
(Schöner ist doch unsereiner!)

Wilhelm Busch (1832–1908), Karikatur eines Juden in einem weit verbreiteten Kinderbuch.

Das Judentum – Volk und Religion

10. Die Schoa – Die unvorstellbare Katastrophe

Der **rassistische Antisemitismus** des deutschen Nazi-Regimes und seiner europäischen Helfershelfer forderte das Leben von etwa sechs Millionen Juden, unter ihnen etwa eine Million Kinder. Die Hitler-Schergen deportierten im 2. Weltkrieg fast alle Juden aus den Ländern, in denen sie ihre brutale Macht ausübten, in Vernichtungslager wie Bergen-Belsen, Majdanek, Sobibor und Treblinka. Vor allem **Auschwitz** und Birkenau wurden zur Stätte unzähliger Mordtaten und unvorstellbaren Leidens. Darum wurde der Name Auschwitz zum Symbol für die Judenvernichtung.

Antisemitismus

Im 19. Jahrhundert kam eine neue Form der Judenfeindschaft mit der bislang unbekannten Behauptung auf, die Juden gehörten einer minderwertigen Rasse an. Dies war die Geburtsstunde des modernen Antisemitismus. Die biologistische Rassenlehre wurde im 20. Jahrhundert in Deutschland von **Hitler** und seiner Nazi-Bewegung übernommen und vergröbert. Hitler behauptete allen Ernstes, jüdisches (nichtarisches) Blut sei minderwertig. Es dürfe nicht mit nichtjüdischem (arischem) Blut vermischt werden. Das sei »Rassenschande«. Der Jude sei ein Schmarotzer und Parasit, der sich wie ein schädlicher Bazillus rasch ausbreite. Er zersetze alle Kultur und Moral. Darum müsse man dem Judentum den Kampf ansagen und es ausrotten. Dazu sei er, Hitler, von der Vorsehung auserwählt.

Dieser neuzeitliche Antisemitismus, der außerhalb der Kirchen entstand, wurde zur ideologischen Grundlage der gefährlichsten Diskriminierung und Verfolgung. Er war so erfolgreich, weil er die judenfeindliche Einstellung vieler Christen für seine Zwecke einkalkulierte und nutzte.

Von Nazis am 10. November 1938 in Brand gesetzte Synagoge in Frankfurt am Main. Es ist die gleiche Synagoge, die Max Beckmann 1919 gemalt hat: → S. 267.

Die Nazi-Zeit

Als Hitler 1933 Reichskanzler wurde, begann für die Juden in Deutschland eine Zeit des Schreckens. Viele verloren ihre Stellung. Jüdische Geschäfte wurden boykottiert, Bücher jüdischer Autoren öffentlich verbrannt. In den Nürnberger Gesetzen (1935) »Zum Schutz des deutschen Blutes und der deutschen Ehre« wurden Ehen zwischen Juden und anderen Deutschen verboten. Allmählich verloren die Juden alle Rechte. Seit 1938 mussten alle Juden den Zwangsnamen »Israel« oder »Sara« tragen. In der **Pogromnacht vom 9. zum 10. November 1938** wurden in ganz Deutschland die Synagogen geschändet, angezündet und zerstört. Die Thorarollen wurden auf die Straßen geworfen, viele Geschäfte und Wohnungen geplündert, viele Juden in die Konzentrationslager verschleppt und ermordet. Die meisten Deutschen haben diese Verbrechen gesehen, ohne für die Juden einzutreten. Viele haben einfach weggesehen. Kein Bischof hat damals öffentlich dagegen protestiert. Eine Ausnahme bildete der Berliner Dompropst Lichtenberg, als er sagte: »Was gestern war, wissen wir. Was morgen ist, wissen wir nicht, aber was heute geschehen ist, haben wir erlebt. Draußen brennt die Synagoge. Das ist auch ein Gotteshaus.« Lichtenberg kam in ein Konzentrationslager, wo er so geschwächt wurde, dass er 1943 an den Folgen starb. Er wurde 1996 selig gesprochen.

Die Reichspogromnacht

Am 9./10. November 1938 steckten die Nazis in einer gesteuerten Aktion in ganz Deutschland die Synagogen in Brand. Die von ihnen so genannte »Reichskristallnacht« war ein deutliches Zeichen für den barbarischen Vernichtungswillen Hitlers. Über den Verlauf berichtet der Verantwortliche für die Durchführung mit der Korrektheit eines Buchhalters an den preußischen Ministerpräsidenten Hermann Göring. Die Zahlen stimmen gleichwohl nicht. In Wirklichkeit wurden an die 100 Juden getötet, 30 000 kamen in Konzentrationslager.

... Die bis jetzt eingegangenen Meldungen der Staatspolizeistellen haben bis zum 11.11.1938 folgendes Gesamtbild ergeben: An Synagogen wurden 191 in Brand gesteckt, weitere 76 vollständig demoliert. Ferner wurden 11 Gemeindehäuser, Friedhofskapellen und dergleichen in Brand gesetzt und weitere 3 völlig zerstört. Festgenommen wurden rund 20 000 Juden, ferner 7 Arier und 3 Ausländer. Letztere wurden zur eigenen Sicherheit in Haft genommen. An Todesfällen wurden 36, an Schwerverletzten ebenfalls 36 gemeldet. Die Getöteten bzw. Verletzten sind Juden. Ein Jude wird noch vermisst. Unter den getöteten Juden befindet sich ein, unter den Verletzten 2 polnische Staatsangehörige.

Reinhard Heydrich (1904–1942), Chef der Sicherheitspolizei

1 Jugendliche sagen oft: »Was damals passiert ist, geht uns nichts an. Wir haben keine Schuld an dem Geschehen und wollen auch nicht damit konfrontiert werden.« Sprecht über diese Meinung und erörtert dabei Begriffe wie Kollektivschuld, individuelle Schuld, Verantwortung (→ S. 198), Scham, Haftung.
2 Zu Janusz Korczak (1878–1942) und dem Tod jüdischer Kinder: → S. 238 ZdF.
3 Es gibt auch bemerkenswerte Zeugnisse jüdischen Widerstands gegen die Brutalität der Nazis, z. B. den Aufstand im Warschauer Getto 1943. Was könnt ihr dazu herausfinden?

Anne Frank – ein jüdisches Mädchen muss sterben

Anne Frank, Tochter eines jüdischen Bankiers, stammt aus Frankfurt/Mn. Die Familie emigrierte 1933 in die Niederlande, weil der Aufenthalt in Deutschland zu gefährlich wurde. Hier hofften sie, vor den Nazis sicher zu sein. Aber 1940 kamen deutsche Truppen auch nach Holland. Während der deutschen Besetzung Hollands lebte Anne in einem Versteck in Amsterdam, wo sie von 1942 bis 1944 ein Tagebuch führte. Als das Versteck entdeckt und verraten wurde, kam sie in das Konzentrationslager Bergen-Belsen. Dort wurde Anne umgebracht. Ihr weltberühmtes Tagebuch wurde in mehr als 50 Sprachen übersetzt. Dort heißt es:

Wer hat uns das auferlegt? Wer hat uns Juden diese Ausnahmestellung unter den Völkern gegeben? Wer hat uns bisher so leiden lassen? Es ist Gott, der uns so gemacht hat, und es wird auch Gott sein, der uns erlöst. Wenn wir all dies Leid tragen und dann immer noch Juden übrig bleiben, können sie einmal von Verdammten zu Vorbildern werden. Wer weiß, vielleicht wird es noch einmal unser Glaube sein, durch den die Welt und alle Völker das Gute lernen, und dafür, dafür allein müssen wir auch leiden. Wir können nicht allein Niederländer, Engländer oder Vertreter welchen Landes auch sein, wir sollen dabei immer Juden bleiben und wir wollen es auch bleiben. ...

Durch alle Jahrhunderte mussten Juden leiden, aber durch alle Jahrhunderte sind Juden auch stark gewesen.

Anne Frank (1929–1945), jüdisches Mädchen

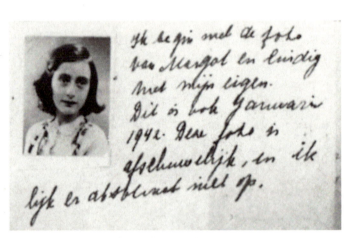

Anne Frank und einige Zeilen aus ihrem Tagebuch.

Margit Koretzová (1933–1944), jüdisches Mädchen, das kurz vor seiner Ermordung in Theresienstadt das Bild mit Schmetterlingen (→ S. 113) und Blumen malte.

Das Judentum – Volk und Religion   280

DER GEGENSATZ VON LIEBE IST NICHT HASS, DER GEGENSATZ VON ERINNERN IST NICHT VERGESSEN, SONDERN ES IST NICHTS ANDERES ALS DIE GLEICHGÜLTIGKEIT.

Elie Wiesel (geb. 1928), Überlebender der Schoa, Friedensnobelpreis 1986

Felix Nussbaum (1904–1944), Jaqui auf der Straße, 1944.

Die **Schoa** ist ein **unvergleichliches Epochenereignis** in der Geschichte der Juden, der Christen und der ganzen Menschheit. Sie markiert einen kulturellen, moralischen und religiösen Bruch in der Welt. Nach Auschwitz ist nichts mehr so wie vorher. Ein Sinn ist in dem ungeheuerlichen Geschehen nicht zu erkennen.
■ Auschwitz stellt den jüdischen und christlichen **Glauben an Gott**, Erwählung und Erlösung in Frage, indem es klagend fragt, wo Gott in den Vernichtungslagern war.
■ Auschwitz stellt das **Christentum** in Frage, da Christen an der Schoa mitgewirkt oder sie nicht verhindert haben.
■ Auschwitz stellt den **Glauben an den Menschen** (»Humanismus«) in Frage, weil es zeigt, wie Vernunft und Gewissen versagen können und zu welchen Ungeheuerlichkeiten Menschen fähig sind.
Für nicht wenige Juden ist **in Auschwitz und nach Auschwitz** jeder religiöse Glaube sinnlos geworden. Aber gerade auch in Auschwitz und nach Auschwitz haben unzählige Juden zu Gott gebetet und ihren Glauben an Gott nicht verloren. Die Schoa verpflichtet dazu, die **Erinnerung** an das grauenvolle Geschehen wachzuhalten und alles zu tun, dass Rassenhass, Völkermord und Entwürdigung des Menschen in der Welt nicht mehr vorkommen.

Die damaligen Ausschreitungen waren nur der Anfang einer noch radikaleren Judenverfolgung. In den europäischen Ländern, die im Zweiten Weltkrieg (1939–1945) von deutschen Truppen besetzt waren, ging man äußerst brutal gegen die Juden vor. Schließlich beschlossen die Nazis 1942 auf der Wannseekonferenz in Berlin die **»Endlösung der Judenfrage«**, d. h. die völlige Vernichtung des europäischen Judentums. Dieser Beschluss führte zu der unvorstellbaren Katastrophe, die wir mit den Juden die **»Schoa«** (hebr.: »Unheil«, »Vernichtung«, »Katastrophe«) nennen. Demgegenüber wird die Bezeichnung **»Holocaust«** (griech.: »Brand-, Ganzopfer im Tempel«) heute eher gemieden, da in dem Wort der Gedanke der Freiwilligkeit mit-

Das Judentum – Volk und Religion

schwingt, die ermordeten Juden aber nicht freiwillig den Tod wählten. Weder haben die Ermordeten sich selbst geopfert, noch ist zu ersehen, wem (Gott?) sie geopfert wurden.
Was damals mit den Juden geschah, übersteigt alle Vorstellungsmöglichkeiten. Frauen und Männer, Greise, Kinder und Säuglinge wurden erniedrigt, geschunden, gequält und ihrer menschlichen Würde beraubt. Diejenigen Juden, die die Qualen des Transports und des Lagerlebens überstanden, fanden in Gaskammern ein schreckliches Ende. Dies alles geschah aus nur einem Grund: Juden wurden getötet, weil sie Juden waren.

Das Versagen der Kirche

In diesen Jahren ist die Kirche nicht so für die Juden eingetreten, wie es der christliche Glaube fordert. Dabei konnte es jedem Christen klar sein, dass der rassistische Antisemitismus nicht zu vertreten sei. Zwar hat sich die Kirche öfter vom Nationalsozialismus und vom Rassismus distanziert, aber eine deutliche Verurteilung des Massenmordes an den Juden erfolgte nicht. Wohl gab es einzelne mutige Stimmen des Protests. Sie richteten nicht viel aus. Auch setzten sich nicht wenige Christen für Juden ein, so dass eine größere Anzahl gerettet werden konnte. Manche Familien und Klöster versteckten Juden unter großer Gefahr für sich selbst. Einige Juden erhielten Taufscheine, mit denen sie sich retten konnten. Aber insgesamt waren die Hilfen der Christen und die Proteste des kirchlichen Amtes zu schwach. Papst Pius XII. (1939–1958) hat so verklausuliert gesprochen, dass es einem Schweigen gleich kam.
Dieses **kirchliche Versagen** hat viele Gründe.
- Eine Rolle spielte damals die nicht unberechtigte Sorge, bei einem öffentlichen Eintreten der Kirche für die Juden werde die Grausamkeit der Nazis gegen die **Juden** noch schlimmer.
- Auch die sicher zu erwartenden Repressalien gegen die **Kirche und einzelne Christen** glaubte man nicht verantworten zu können.
- Nicht zuletzt wirkte sich auch die lange **Vorgeschichte christlicher Judenfeindschaft** aus. Sie ließ es nicht zu, dass ein Solidaritätsgefühl mit den Juden aufkam.

So wurden die Juden vernichtet, ohne dass die Kirche als ganze einen wirkungsvollen Widerstand dagegen geleistet hätte. Die meisten Christen hatten damals nicht begriffen, dass das Wort Jesu im wörtlichen Sinn für die Juden gilt: »Was ihr dem geringsten meiner Brüder tut, das habt ihr mir getan« (Mt 25, 40).

»Selektion« (lat.: »Auslese«) im Vernichtungslager Auschwitz. Wer nicht als arbeitsfähig galt, wurde sofort »selektiert« und in die Gaskammern geschickt. Die anderen mussten noch eine Zeit lang arbeiten.

Jüdische Frauen und Kinder vor dem Einsperren in die Gaskammern, SS-Foto, Auschwitz, 1944.

Krematorium (lat.: »Einäscherungshalle«) des Vernichtungslagers Auschwitz.

STIMMEN DER OPFER

Yehuda Bauer, selbst Überlebender der Schoa, hat einmal gesagt, man solle nach Auschwitz den Zehn Geboten drei neue Gebote hinzufügen.

1. DU SOLLST NIE EIN TÄTER SEIN.
2. DU SOLLST NIE EIN OPFER SEIN.
3. DU SOLLST NIE EIN GLEICHGÜLTIGER ZUSCHAUER SEIN.

Yehuda Bauer, Professor an der Hebräischen Universität Jerusalem und Leiter der jüdischen Gedenkstätte für die Toten der Schoa in Yad Vashem (Jerusalem).

- WENN JESUS IN DIESER ZEIT GELEBT HÄTTE, WÄRE ER ALS OPFER IN DIE GASKAMMERN GEKOMMEN, DA ER JUDE WAR.
- IN AUSCHWITZ IST NICHT DAS JUDENTUM, SONDERN DAS CHRISTENTUM UNTERGEGANGEN.
- MAN KANN DAS EREIGNIS (AUSCHWITZ) NIEMALS MIT GOTT BEGREIFEN, MAN KANN DAS EREIGNIS NICHT OHNE GOTT BEGREIFEN.

Elie Wiesel (geb. 1928), Träger des Friedensnobelpreises 1986

Moshe Hofman, 6 000 001: Jesus wird vom Kreuz geholt, 1967.

Eine mutige Frau

In der Nazizeit gab es einzelne Christinnen und Christen, die das Hauptgebot der Bibel (Mk 12, 28–31) nicht vergaßen. Sie setzten sich unter größtem persönlichen Risiko für die Juden ein. Ein ungewöhnliches Beispiel ist Frau Dr. Gertrud Luckner (1900–1995), eine Angestellte des Deutschen Caritasverbandes in Freiburg im Breisgau. Als sie seit 1933 sah, was mit den Juden geschah, sah sie nicht tatenlos zu. Mit Unterstützung ihres Bischofs half sie mutig verfolgten Juden, indem sie ihnen, so weit es ihr möglich war, Unterkunft beschaffte, sie mit Geld unterstützte und mit Nachrichten versorgte.

Gertrud Luckner

Sie organisierte Kontakte zwischen den noch bestehenden jüdischen Gemeinden in deutschen Städten. Vor allem verhalf sie Verfolgten zu Pässen, mit denen sie ins Ausland entkommen konnten. So hat sie vielen Juden Mut gemacht und vielen das Leben gerettet. Über das, was sie von den Judenverfolgungen im Osten wusste, hat sie nicht geschwiegen. Aber die meisten wollten damals nicht hören, was sie sagte, um nicht selbst in die Pflicht genommen zu werden.

Ihr Tun blieb der Gestapo (Geheime Staatspolizei) nicht verborgen. 1943 wurde sie in einem Eisenbahnzug verhaftet, kam zuerst in mehrere Gefängnisse und dann in das Konzentrationslager Ravensbrück, wo sie schwer misshandelt wurde, aber 1945 die Befreiung erlebte. An den gesundheitlichen Schäden, die sie sich dort durch Gewalt, Mangelernährung und das ständige Tragen schwerer Zementsäcke zuzog, hat sie ihr ganzes Leben lang gelitten. Nie mehr war sie frei von starken Rückenschmerzen. Das hat sie nicht daran gehindert, sich nach dem Krieg unermüdlich für die Versöhnung von Juden und Christen einzusetzen. Mit ihrer Klugheit, ihrem Mut und ihrer Tatkraft überzeugte sie viele. Die von ihr herausgegebene Zeitschrift »Der Freiburger Rundbrief«, der ein besseres Verhältnis von Christen und Juden zum Ziel hat, gewann rasch internationales Ansehen.

Gertrud Luckner wurde als eine der ersten Deutschen in den 1948 gegründeten Staat Israel eingeladen. Später durfte sie in Jerusalem nahe dem Mahnmal für die ermordeten Juden in der »Allee der Gerechten« einen Baum pflanzen, eine Ehre, mit der Juden Lebensretter auszeichnen. In Israel trägt heute ein Altenheim ihren Namen, das sie für arme jüdische Frauen eingerichtet hat, die Opfer der Verfolgung waren. Das Geld dazu hat sie im wahrsten Sinn des Wortes erbettelt. Im hohen Alter von 95 Jahren ist sie in Freiburg gestorben.

Sie sagte einmal von sich: »Eigentlich finde ich, dass ich nichts Besonderes getan habe. Für mich war diese Hilfstätigkeit eine mir zugefallene selbstverständliche Pflicht.« Der jüdische Historiker Ernst Ludwig Ehrlich, der Gertrud Luckner gut gekannt hat, urteilt über sie so: »Selten hat es in unserem Zeitalter einen Menschen gegeben, der sein ganzes Leben der Hilfe, dem Einsatz, dem Engagement für andere Menschen gewidmet hat. Gertrud Luckner ist dieser Mensch.«

11. Ein neuer Anfang

Erst nach dem Zweiten Weltkrieg begannen unter dem Eindruck des Völkermords an den Juden **einzelne Christen**, dann auch offizielle Vertreter der Kirche sich um eine neue Sicht des Judentums zu bemühen. Ein intensives Nachdenken über das Judentum setzte ein und ein Gespräch mit Juden wurde gesucht, das nun nicht mehr ihre Taufe zum Ziel hatte, sondern dem gegenseitigen Verständnis diente. Es entstanden freundschaftliche Kontakte, an denen auch junge Leute interessiert und beteiligt sind.

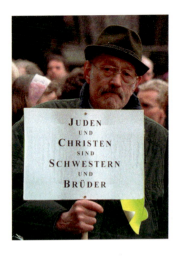

Eingeständnis der kirchlichen Schuld

Die »Gemeinsame Synode der Bistümer in der Bundesrepublik Deutschland« (1971–1975) sagt:

Wir sind das Land, dessen jüngste politische Geschichte von dem Versuch verfinstert ist, das jüdische Volk systematisch auszurotten. Und wir waren in dieser Zeit des Nationalsozialismus, trotz beispielhaften Verhaltens einzelner Personen und Gruppen, aufs Ganze gesehen doch eine kirchliche Gemeinschaft, die zu sehr mit dem Rücken zum Schicksal dieses verfolgten jüdischen Volkes weiterlebte, deren Blick sich zu stark von der Bedrohung ihrer eigenen Institutionen fixieren ließ und die zu den an Juden und Judentum verübten Verbrechen geschwiegen hat. Viele sind dabei aus nackter Lebensangst schuldig geworden. Dass Christen sogar bei dieser Verfolgung mitgewirkt haben, bedrückt uns besonders schwer. Die praktische Redlichkeit unseres Erneuerungswillens hängt auch an dem Eingeständnis dieser Schuld und an der Bereitschaft, aus dieser Schuldgeschichte unseres Landes und auch unserer Kirche schmerzlich zu lernen: Indem gerade unsere deutsche Kirche wach sein muss gegenüber allen Tendenzen, Menschenrechte abzubauen und politische Macht zu missbrauchen, und indem sie allen, die heute aus rassistischen oder anderen ideologischen Motiven verfolgt werden, ihre besondere Hilfsbereitschaft schenkt, vor allem aber, indem sie besondere Verpflichtungen für das so belastete Verhältnis der Gesamtkirche zum jüdischen Volk und seiner Religion übernimmt.

Aus dem Beschluss »Unsere Hoffnung«

Papst Johannes Paul II. hat für die Versöhnung mit den Juden mehr getan als alle seine Vorgänger. Er hat vatikanische Schriften gefördert, die mit der alten kirchlichen Judenfeindschaft brechen. Mit kompetenten Juden steht er ständig im Gespräch. Auf seinen Reisen hat er, wo immer möglich, die jüdischen Gemeinden besucht. Als er 1979 in das Vernichtungslager von Auschwitz kam, verweilte er tief ergriffen lange vor der Tafel mit der hebräischen Inschrift, die an die Ermordung der vielen Juden erinnert. In der Großen Synagoge in Rom hat er 1986 als erster Papst der Geschichte an einem jüdischen Gottesdienst teilgenommen und mit dem Oberrabbiner und der jüdischen Gemeinde gemeinsam gebetet. Im Jahr 2000 hat er feierlich in der Petersbasilika in Rom ein öffentliches Schuldbekenntnis abgelegt und mit der Bitte um Vergebung verbunden. Ein solches Papstwort hat es in der Kirchengeschichte noch nie gegeben. Im gleichen Jahr ist er nach Jerusalem gefahren. An der jüdischen Gedenkstätte Yad Vashem für die sechs Millionen ermordeten Juden hat er bewegende Worte der Trauer über das Versagen der Christen gegenüber den Juden gefunden. An der Klagemauer hat er tief ergriffen gebetet. Mit all diesen Schritten hat er eine epochale Wende im Verhältnis der Kirche zum Judentum eingeleitet, die noch

---

Das **Zweite Vatikanische Konzil** (1962–1965) wurde von Papst Johannes XXIII. (1958–1963) einberufen, dem die Versöhnung mit den Juden ein Herzensanliegen war. In der Erklärung »Nostra Aetate« (lat.: »In unserer Zeit«) bekennt sich die Kirche zu ihrer geistlichen Verwandtschaft mit dem Judentum und verurteilt eindeutig jeden Antisemitismus. Den Juden wird nicht mehr die kollektive Schuld am Tod Jesu unterstellt. Christen dürfen seitdem nicht mehr sagen, die Juden seien »verworfen oder verflucht«.

Noch viel weiter ist **Papst Johannes Paul II.** gegangen. Er hat 1986 in der Großen Synagoge Roms mit den Juden gemeinsam gebetet. Im Jahr 2000 hat er im Petersdom Gott um Vergebung der christlichen Schuld an den Juden gebeten (→ S. 143). Im gleichen Jahr tat er noch einen weiteren Schritt. Er ist nach Israel gefahren und hat dort an der ehrwürdigen Klagemauer der Juden und an der Gedenkstätte für die Opfer der Schoa sein tiefes Bedauern über das Versagen der Christen ausgesprochen. Mit diesen Zeichen hat er mutig eine schreckliche Tradition beendet und eine historische Wende im christlich-jüdischen Verhältnis herbeigeführt.

DER ANTISEMITISMUS IST NICHT VERTRETBAR. GEISTLICH SIND WIR SEMITEN.

Papst Pius XI. (1922–1939)

vor wenigen Jahren niemand für möglich gehalten hätte. Dies ist auch im Judentum überall in der Welt aufmerksam und dankbar registriert worden. Aber es bleibt noch viel zu tun. Auf beiden Seiten ist der beginnende Verständigungsprozess noch nicht durchgängig wahrgenommen und akzeptiert worden. Die **gegenseitige Unkenntnis** ist noch weit verbreitet. Viele Christen haben die alten religiösen Vorurteile dem Judentum gegenüber immer noch nicht abgelegt. In ihnen lebt – oft unbewusst – noch etwas von der alten christlichen Überheblichkeit gegenüber dem Judentum. Andererseits gibt es bei vielen Juden immer noch Ängste und Misstrauen gegenüber einem übermächtigen Christentum. Zu tief sind die Verletzungen aus einer langen Geschichte.

Umso erfreulicher ist es, dass seit Jahren Juden und Christen an einem beiderseitigen **Dialog** teilnehmen. In vielen deutschen Städten bringt die »Gesellschaft für christlich-jüdische Zusammenarbeit« Juden und Christen zusammen. Es gibt gemeinsame Bibellesungen, soziale, kulturelle und wissenschaftliche Veranstaltungen und gemeinsame Fahrten nach Israel. Es bleibt zu hoffen, dass diese Aktivitäten allen Schwierigkeiten zum Trotz fortgeführt werden. Juden und Christen müssen lernen, den anderen in seiner Eigenart zu respektieren und vor Ort gute Nachbarn zu sein.

Beide Religionen könnten der Welt von heute aus ihrer **gemeinsamen Verantwortung** wichtige Impulse für mehr Frieden, Gerechtigkeit, Bewahrung der Schöpfung und Versöhnung geben. Sie haben in ihren religiösen Überlieferungen ein Programm, das zur Bewältigung der Menschheitsprobleme viel beitragen kann.

Papst Johannes Paul II. in Yad Vashem, Jerusalem, 2000. Yad Vashem (hebr.: »Gedächtnis und Namen«, → Jes 56, 5) ist die Gedächtnisstätte für die sechs Millionen ermordeten Juden.

Die Kirche trauert

Johannes Paul II. sagte im März 2000 in Yad Vashem:

Als Bischof von Rom und Nachfolger des Apostels Petrus versichere Ich dem Jüdischen Volk, dass die katholische Kirche, motiviert durch das biblische Gesetz der Wahrheit und Liebe und nicht durch politische Überlegungen, tiefste Trauer empfindet über den Hass, die Verfolgungen und alle antisemitischen Akte, die jemals irgendwo gegen Juden von Christen verübt wurden. Die Kirche verurteilt Rassismus in jeder Form als Leugnung des Abbildes Gottes in jedem menschlichen Wesen (Gen 1, 26).

An diesem Ort der feierlichen Erinnerung bete ich eindringlich dafür, dass unser Bedauern über die Tragödie, die das jüdische Volk im 20. Jahrhundert erlitten hat, zu einer neuen Beziehung zwischen Juden und Christen führen möge. Lasst uns eine neue Zukunft bauen, in der es nie mehr antijüdische Gefühle unter Christen und antichristliche Gefühle unter Juden gibt, sondern vielmehr gegenseitigen Respekt, wie er von denen gefordert wird, die den einen Schöpfer und Herrn verehren, und lasst uns Abraham als unseren gemeinsamen Glaubensvater ansehen.

○ Erkundigt euch bei der Christlich-jüdischen Gesellschaft, die es in vielen Städten gibt, nach den gemeinsamen Aktivitäten von Juden und Christen heute. Fordert das Programm an. Vielleicht könnt ihr an einer Veranstaltung teilnehmen.

Abbildungsverzeichnis

Umschlag, 12: Henri Matisse, Komposition mit rotem Kreuz, 1947, © Succession H. Matisse / VG Bild-Kunst, Bonn 2001. **2/3** © Donald C. Johnson / The Stock Market, Düsseldorf. **4** Georgia O' Keeffe, Ladder to the Moon, 1958, © VG Bild-Kunst, Bonn 2001. **5** Jonathan Borofsky, Mann, der zum Himmel geht, 1992, © beim Künstler. **6** (o.) Paul Klee, Hauptweg und Nebenwege, 1929, 90 (R 10), 83,7×67,5 cm, Öl auf Leinwand, Museum Ludwig, Köln, © VG Bild-Kunst, Bonn 2001. – (u.) © Ivan Steiger, München, aus: Ivan Steiger sieht die Bibel, Verlag Katholisches Bibelwerk und Deutsche Bibelgesellschaft, Stuttgart. **7** (o.) © Ivan Steiger, München, a.a.O. – (u.) Friedensreich Hundertwasser, (655) Der endlose Weg zu dir, © 2001 Joram Harel, Wien. **8** Antonio Puig Tàpies, Spuren auf weißem Sand, 1965, © Fondation Antoni Tapies Barcelona / VG Bild-Kunst, Bonn 2001. **9** © Ivan Steiger, München. **10** (o.) © Kazuyoshi Nomachi / Focus. – (u.) Paul Klee, Labiler Wegweiser, 1937, 45 (L 5), 43,8×19,8/20,9 cm, Aquarell auf Papier, Privatbesitz Schweiz, © VG Bild-Kunst, Bonn 2001. **11** Johannes Schreiter, Verkehrsfenster. Entwurf für ein Glasfenster in der Heiliggeistkirche in Heidelberg, 1987, © beim Künstler. **13** © Peter Wirtz, Dormagen. **14** Marc Chagall, Exodus 1952–26, © VG Bild-Kunst, Bonn 2001. **16** © Bildarchiv Preußischer Kulturbesitz, Berlin. **17** (l.) Hildegard von Bingen, Die wahre Dreiheit in der wahren Einheit, um 1147, © Brepols Publishers, B-Turnhout. – (r.) Darstellung der Dreifaltigkeit aus der Kirche Urschalling. Quelle unbekannt. – (u.) Yves Klein, Monopink, Monogold und Monoblau, 1959–92, © VG Bild-Kunst, Bonn 2001. **19** Edwin Scharff, Kirchentür in Marienthal bei Wesel, 1950, © VG Bild-Kunst, Bonn 2001. **20** Joseph Beuys, Sich selbst, 1977, © VG Bild-Kunst, Bonn 2001. **22** © Regina Solf, Düsseldorf. **23** (2) © Bildarchiv Preußischer Kulturbesitz, Berlin. – (4) © sipa press. (7) © Museum für Moderne Kunst, Frankfurt a. M. / Foto: Axel Scheider. **24** privat. **26** (u.) © Gerhard Glück. **27** © Peter Wirtz, Dormagen. – (5) © dpa, Frankfurt. **28** Henri Matisse, Ikarus, 1947, © Succession H. Matisse/VG Bild-Kunst, Bonn 2001. **29** Keith Haring, Ohne Titel, © The Estate of Keith Haring, New York. **30** PEANUTS, © United Feature Syndicate, Inc. **31** (o.) © Ivan Steiger, München, a.a.O. – (u.) Marc Chagall, Das Hohelied IV, 1958, © VG Bild-Kunst, Bonn 2001. **32** © Ivan Steiger, München, a.a.O. **33** Keith Haring, Red dog for Landois (for Hans), 1987, © The Estate of Keith Haring, New York. – Martin Schwarz, Alles ist so unergründlich, 1982, © beim Künstler. **35** © Peter Wirtz, Dormagen. – (u.l.) © Valerie Vauzanges, Düsseldorf. **36** Jenny Holzer, Lichtinstallation aus der Überlebensserie, 1987, © Jenny Holzer / VG Bild-Kunst, Bonn 2001. **37** PEANUTS, © United Feature Syndicate, Inc. **38** (o.l.) © Katja Zimmermann / action press. • (o.r.) © Ullstein Bilderdienst, Berlin. – (M.l.) © Jörg Latelmé / allOver. – (M.r.) © Tom Hoenig / allOver. – (u.l.) © Keystone, Hamburg. – (u.r.) © Wilfried Gohsens / allOver. **40** © KNA-Bild, Frankfurt. **41** © Peter Wirtz, Dormagen. **42** (l.) Karl Hofer, Rufer, 1935, © Nachlass Karl Hofer, Köln. – (M.) Jakob Steinhardt, Trauernder Prophet, 1942, © beim Künstler. – (r.) Emil Nolde, Prophet, 1912, © Stiftung Seebüll, Ada und Emil Nolde, Neukirchen. **43** (r.) Marc Chagall, Die Prophetin Debora bewegt Barak, ein Heer zu sammeln, 1931–39, © VG Bild-Kunst, Bonn 2001. **45** (l.) Marc Chagall, Elijas Opfer wird vom Feuer des Herrn verzehrt, 1931-39, © VG Bild-Kunst, Bonn 2001. – (r.) Marc Chagall, Ein feuriger Wagen entführt Elija himmelwärts, 1931-39, © VG Bild-Kunst, Bonn 2001. **46** Marc Chagall, Der Prophet Jesaja, 1968, © VG Bild-Kunst, Bonn 2001. **47** Marc Chagall, Der Prophet Jesaja (Jes 2, 1–5), 1956, © VG Bild-Kunst, Bonn 2001. **48** Marc Chagall, Der Prophet Jeremia, 1968, © VG Bild-Kunst, Bonn 2001. **49** Marc Chagall, Jeremia in der Zisterne, 1931-39, © VG Bild-Kunst, Bonn 2001. **50** Marc Chagall, Die Ausweisung des Propheten Amos, © VG Bild-Kunst, Bonn 2001. **51** Marc Chagall, Die Rettung des Propheten Jona, 1960, © VG Bild-Kunst, Bonn 2001. **53** (o.) © dpa, Frankfurt. – (M.) © KNA-Bild, Frankfurt. **54** (o.) © ZEFA, Düsseldorf. – (u.l.) © dpa, Frankfurt. – (u.r.) © Keystone, Hamburg. **62** Leiko Ikemura, Verkündigung, 1985, © beim Künstler. – Foto: Lothar Schnepf, Köln. – Wilhelm Geyer, Geburt Christi, 1939, © beim Künstler. – Siegfried Rischar, Ich bin bei euch (Abendmahl), 1982, © VG Bild-Kunst, Bonn 2001. – Louis Soutter, Christus am Kreuz, um 1940, © beim Künstler. – Alexej von Jawlensky, Meditation auf Goldgrund, 1936, © VG Bild-Kunst, Bonn 2001. **64** (o.) © Louis Psihoyos / Matrix / Focus. – (u.) Nam June Paik, My Faust-Channel 2, 1989, © beim Künstler. **65** (o.l.) © Peter Wirtz, Dormagen. – (o.r.) © Coppa / action press. – (u.) Paul Klee, Rosenwind, 1922, 39, 38,2×41,8 cm, Öl auf Papier, Privatbesitz Schweiz, © VG Bild-Kunst, Bonn 2001. **67** Hildegard von Bingen, Die neun Chöre der Engel, um 1147, © Brepols Publishers, B-Turnhout. **68** René Magritte, Das ist kein Apfel, 1964, © VG Bild-Kunst, Bonn 2001. **69** Marc Chagall, Die Israeliten beten das Goldene Kalb an, 1931, © VG Bild-Kunst, Bonn 2001. **70** (o.) © Jean Kugler / Bavaria. – (u.l.) © Rick Fischer / Bavaria. – (u.r.) © Javier Larrea / Mauritius. **71** © VCL / Bavaria. **72** Tobias Trutwin, Engel, 1997, © beim Künstler. **73** Ernst Barlach, Güstrower Ehrenmal, Bronze, 1927, © Ernst und Hans Barlach GbR Lizenzverwaltung Ratzeburg. – Christian Rohlfs, Der Engel, der Licht in die Gräber trägt, 1925, © VG Bild-Kunst, Bonn 2001. **78** Roland Peter Litzenburger, Der Sklavenkönig, 1973, © Nachlassverwaltung Roland Peter Litzenburger, Markdorf. – Otto Pankok, Christus zerbricht das Gewehr, 1950, © Eva Pankok, Otto Pankok Museum, Hünxe. **79** Georges Rouault, Ecce homo, um 1913, © VG Bild-Kunst, Bonn 2001. – Herbert Falken, Christuskopf, 1981, © beim Künstler. – Francis Hook: © KNA-Bild, Frankfurt. **81** Albert Paris Gütersloh, Der zwölfjährige Jesus im Tempel, 1937, © VG Bild-Kunst, Bonn 2001. **83** Max Beckmann, Christus und die Ehebrecherin, 1917, © VG Bild-Kunst, Bonn 2001. **85** (o.) © Ivan Steiger, München, a.a.O. – (u.) Karl Schmidt-Rottluff, Gang nach Emmaus, 1918, © VG Bild-Kunst, Bonn 2001. **86** © Ivan Steiger, München, a.a.O. **89** Werner Juza, Der verlorene Sohn, 1975, © beim Künstler. – Max Beckmann, Der verlorene Sohn, © VG Bild-Kunst, Bonn 2001. – Emil Wachter, 1987-88, Deckenmalerei Ettlingen St. Martin, Ausschnitt: »Abfahrt des verlorenen Sohnes«, Foto: Felix Wachter, Düsseldorf, © VG Bild-Kunst, Bonn 2001. **90** Salvador Dali, Jesus bei der Rede auf dem Berg, 1964, © Demart pro Arte B.V. / VG Bild-Kunst, Bonn 2001. **91** George Grosz, Maul halten und weiter dienen, 1935/6, © VG Bild-Kunst, Bonn 2001. **92** Georg Baselitz, Tanz ums Kreuz, 1983, © beim Künstler. **93** (l.) Wolf Vostell, Jesus fotografiert das Unrecht der Menschen, 1978/9, © VG Bild-Kunst, Bonn 2001. – (r.) Guido Muer, Maßgeber, 1988. **95** (o.) © Science Photo Library, London / Focus. • (u.) Quelle unbekannt. **96** Pablo Picasso, La vie, 1903, © Succession Picasso / VG Bild-Kunst, Bonn 2001. **97** Pablo Picasso, Am Ende der Straße, 1898/9, © Succession Picasso / VG Bild-Kunst, Bonn 2001. **98** (o.) Edvard Munch, Am Totenbett, 1896, © The Munch Museum / The Munch Ellingsen Group / VG Bild-Kunst, Bonn 2001. – (u.) Georges Rouault, De profundis, 1939, © VG Bild-Kunst, Bonn 2001. **99** Marc Chagall, Der Tote auf der Straße, 1908, © VG Bild-Kunst, Bonn 2001. **100** Quelle unbekannt. **101** © Ivan Steiger, München, a.a.O. **102** Herbert Falken, Nacht und Engel, 1983, © beim Künstler. **103** (o.) © Ivan Steiger, München, a.a.O. – (u.) Quelle unbekannt. **104** (o.) On Kawara, Mar. 3. 1971, Nov. 23. 1977, © beim Künstler. – (u.) Wolfgang Mattheuer, Osterspaziergang II, 1971, © VG Bild-Kunst, Bonn 2001. **105** © Ivan Steiger, München, a.a.O. **106** Henri Matisse, Kreuzweg in der Rosenkreuzkapelle in Vence, 1949–51, © Succession H. Matisse / VG Bild-Kunst, Bonn 2001. **107** Alfred Manessier, Dornenkrone, 1952, © VG Bild-Kunst, Bonn 2001. **109** Herbert Bayer, Deposition, 1940, © VG Bild-Kunst, Bonn 2001. **112** Alfred Manessier, Auferstehung, 1949, © VG Bild-Kunst, Bonn 2001. **113** © alphapress, Garching. **114** Günther Brus, Sichtgrenze (Ausschnitt), 1989; © beim Künstler. **117** © Andreas Kalthoff, Recklinghausen. **124** (o.) Benziger Archiv. – (u.) © Fred Mayer / Focus. **128** © Bildarchiv Preußischer Kulturbesitz, Berlin. **136** © Archiv für Kunst und Geschichte, Berlin. **137** © Lescousset / IFA-Bilderteam, München. **140** © Archiv für Kunst und Geschichte, Berlin. **142** (o.) © Archiv für Kunst und Geschichte, Berlin. (M./u.) © Bildarchiv Preußischer Kulturbesitz, Berlin. **143** Guido Muer, Jesus weint über Jerusalem, 1985. **155** (o.) © Archiv für Kunst und Geschichte, Berlin. **156** © Bildarchiv Preußischer Kulturbesitz, Berlin. **159** O. von Nell-Breuning: © KNA-Bild, Frankfurt. **161** © Ivan Steiger, München, a.a.O. **162** © action press. **165** (o.) © Rainer Gaertner, Wiehl. **166** (o./u.) © Rainer Gaertner, Wiehl. **167** © Rainer Gaertner, Wiehl. **168** (o.) Köln, Dom, Südquerhausportal, E. Mataré 1953: Ursulaportal, Detail: Das brennende Köln, © Dombauarchiv Köln, Matz und Schenk. **168** (u.) © Rainer Gaertner, Wiehl. **170** (l./r.) © Könemann Verlagsgesellschaft mbH, Foto: Achim Bednorz. **173** (o.) Quelle unbekannt. **174** Foto: Takashi Okamura, aus: Die Sixtinische Kapelle. Das Jüngste Gericht, © 1997 Benziger Verlag, Düsseldorf / Zürich. **176 ff** Kurt Gramer, Bietigheim-Bissingen. **180** (o.r.) Foto: Liberto Perugi, aus: Umberto Baldini / Liberto Perugi, Michelangelo, Die Skulpturen, © 1982 Ernst Klett Verlag, Stuttgart. **182** Guido Muer, Das Leiden des Volkes Gottes an der Kirche, 1985. – Guido Muer, Der Papst huldigt dem Herrn, 1988. **183** (l.) Guido Muer, Kirche – touristische Attraktion, 1984. – (r.) © Hans Dötsch, Mainz. **184** © Peter Wirtz, Dormagen. **185** (l.) © Peter Wirtz, Dormagen. – (u.) © dpa, Frankfurt. **188** Pablo Picasso, Das Gesicht des Friedens, 1951, © Succession Picasso / VG Bild-Kunst, Bonn 2001. **190** © Fritz Behrendt, NL-Amstelveen. **191** Willy Fries, Lazarus, 1958, © Stiftung Willy Fries, CH-Aesch LU **192** privat. **193** © Ivan Steiger, München, a.a.O. **194** (o.) © Ivan Steiger, München, a.a.O. – (u.) © Barbara Klemm / Frankfurter Allgemeine Zeitung. **195** © Karl-Heinz Melters, Aachen. **197** (2x) © Karl-Heinz Melters, Aachen. **198** Herbert Falken, Tänzer vor Jury, 1976, © beim Künstler. **199** (l.) © dpa, Frankfurt. – (M.) © Friedrich Stark/Das Fotoarchiv, Essen. – (r.) © Rosa Rovtar/Bavaria. **200** © Allsport / action press. **201** Antoine de Saint-Exupéry, Der Kleine Prinz, © 1950 und 1998 Karl Rauch Verlag, Düsseldorf. **202** (o.) © Ivan Steiger, München, a.a.O. – (u.l.) © Keystone / epd-bild. • (u.r.) © Endig / epd-bild. **203** Herbert Falken, Rauschgiftsüchtiger, 1973, © beim Künstler. **204** (u.) Jean-Michel Basquiat, Tabac, 1984, © VG Bild-Kunst, Bonn 2001. **205** AOK-Plakat. **206** (l.) © Graphic-team, Köln. – (r.) © Presse-Bild-Poss, Siegsdorf / Obb. **207** Pablo Picasso, Die Absinthtrinkerin,1901, © Succession Picasso / VG Bild-Kunst, Bonn 2001. **208** © vario-press. **209** (o.) Bonner Generalanzeiger, Archiv. – (u.) Quelle unbekannt. **210** Duane Hanson, Bowery derelicts, 1969/70, © beim Künstler. **211** © KNA-Bild, Frankfurt. **212** (o.) Guido Muer, Kain und Abel, 1985. **213** A. Paul Weber, Die Erschließung (II), 1978, © VG Bild-Kunst, Bonn 2001. – A. Paul Weber, Immer rin mit dem Schiet, 1991, © VG Bild-Kunst, Bonn 2001. **214** (l.) Klaus Staeck, 1995, Edition Staeck, Heidelberg, © VG Bild-Kunst, Bonn 2001. – (r.) Klaus Staeck, 1998, Edition Staeck, Heidelberg, © VG Bild-Kunst, Bonn 2001. **215** (o.) Pierre Brauchli, © Tanner + Staehelin Verlag, Zürich. – (u.) © Ivan Steiger, München, a.a.O. **217** (o.) © Ivan Steiger, München, a.a.O. – (u.) Sigmar Polke, Die Dinge sehen wie sie sind, 1992, © beim Künstler. **218** René Magritte, Die verbotene Wiedergabe, 1933, © VG Bild-Kunst, Bonn 2001. **219** Pablo Picasso, Mutter und Kind am Strand, 1902, © Succession Picasso / VG Bild-Kunst, Bonn 2001. **220** Georges Rouault, Wer zeigt sein wahres Gesicht?, 1927, © VG Bild-Kunst, Bonn 2001. **221** © Ivan Steiger, München, a.a.O. **222 f** © Ivan Steiger, München, a.a.O. **224** (o.) A. Paul Weber, Im Namen des Volkes, 1972, © VG Bild-Kunst, Bonn 2001. **225** (o.) Klaus Staeck, 1992, Edition Staeck, Heidelberg, © VG Bild-Kunst, Bonn 2001. – (u.) A. Paul Weber, Das Objekt haut ab, 1972. © VG Bild-Kunst, Bonn 2001. – A. Paul Weber, Zur Strecke gebracht, 1967, © VG Bild-Kunst, Bonn 2001. **226** © Ivan Steiger, München, a.a.O. – A. Paul Weber, Das gesunde Volksempfinden, 1973, © VG Bild-Kunst, Bonn 2001. **227** George Grosz, Die Stützen der Gesellschaft, 1926, © VG Bild-Kunst, Bonn 2001. **228** James Ensor, Die guten Richter, 1891, © VG Bild-Kunst, Bonn 2001. **229** Max Beckmann, Christus und Pilatus, 1946, © VG Bild-

Kunst, Bonn 2001. **231** (o.) © Enrico Ferorelli / Focus. **234** Johann Heinrich Schönfeld, Saul und die Hexe von Endor, 1670–80, Staatsgalerie Stuttgart. **235** (o.) © Bob Paynter / Big Pictures / action press. – (u.) © Udo Kröner / allOver. **236** © Kienitz / anthony. **237** (o.) © Barták. – (u.) © Steinmann. **239** © Peter Wirtz, Dormagen. **241** © Richard Vogel / Wheeler Picture / Focus. **242** © Cheetam / Magnum / Focus. **244** aus: Gert Raeithel, Amerikas Heilige der letzten Tage. Mormonische Lebensläufe, Eichborn Verlag, Frankfurt / M. 1977. **246** (o.) © Toma Babovic / Das Fotoarchiv, Essen. – (u.) © Archiv für Kunst und Geschichte, Berlin. **248** (o.) © Ralf Succo / action press. **252** (l.) Foto: Jürgen Spieler, aus: Benno Elkan. Ein jüdischer Künstler aus Dortmund, Klartext Verlag, Essen 1997. **253** S. Spielberg: © dpa, Frankfurt. **254** (o.) © Hilla und Max Moshe Jacoby. • (u.) © Hermann Dornhege, Bad Tölz. **256** (l.u.) © Bill Aron, Los Angeles. – (r.u.) © Edward Serotta, Berlin. **257** Hannelore Künzel. **258** (u.) Marc Chagall, Der betende Jude, 1914, © VG Bild-Kunst, Bonn 2001. **259** (u.) © Bildarchiv Preußischer Kulturbesitz, Berlin. **260** (o.) H. Lewandowski. – (u.) Jürgen Spieler, a.a.O. **261** Jürgen Spieler, a.a.O. **262** Jürgen Spieler, a.a.O. **263** Rechteinhaber unbekannt. **264** Marc Chagall, Die weiße Kreuzigung, 1938, © VG Bild-Kunst, Bonn 2001. **265** KNA-Bild, Frankfurt. **266** Felix Nussbaum, Die beiden Juden, 1926, © VG Bild-Kunst, Bonn 2001. **267** (o.) Max Beckmann, Die Synagoge, 1919, © VG Bild-Kunst, Bonn 2001. – (u.) aus: Kunst und Kirche 4/96. **268** Rechteinhaber unbekannt. **269** (o.) © Hilla und Max Moshe Jacoby. **270** (o.) © Evangelische Zentralbildkammer, Bielefeld. – (u.) © Hilla und Max Moshe Jacoby. **271** © 1969, 1973, 1983 by Roman Vishniac. A Vanished World, Originalverlag: Farrar, Straus & Giroux Inc., New York, Deutschsprachige Ausgabe: Kindler Verlag GmbH, München 1996, S. 85. Zur Abb.: Im größten Raum, der im Haus des Rabbis zur Verfügung stand, einem bescheidenen Saal, der Dutzende von Schülern aufnehmen musste, fanden Talmud-Diskussionen und Prüfungen der Schüler statt. Zur Essenszeit diente der Raum auch als Speisesaal. Der Leiter der Jeschiwa, Rabbi Baruch Rabinowitz, sitzt zwischen den Kerzen. Dies entspricht der Tradition der Familie Rabinowitz, der sogenannten Mucacevo-Dynastie. Ihr Begründer Solomon Schapira (1832–1893) wurde 1881 zum Rabbi von Mucacevo ernannt. Rabbi Rabinowitz überlebte den Holocaust und lebt jetzt in Israel. **272** Rechteinhaber unbekannt. **273** (u.) © Hilla und Max Moshe Jacoby. **275** Max Liebermann, Der zwölfjährige Jesus im Tempel, 1878–79, © VG Bild-Kunst, Bonn 2001. **279** © KNA-Bild, Frankfurt. **281** Felix Nussbaum, Jaqui auf der Straße, 1944, © VG Bild-Kunst, Bonn 2001. **283** (u.) Moshe Hofman, 6 000 001. Jesus wird vom Kreuz geholt, 1967, © beim Künstler. **284** © dpa, Frankfurt. **285** © Jörg Waizmann / action press.

Grafiken / Karten: Wolfgang Mattern: 56, 60, 61, 116, 146, 162, 163, 257, 288, hintere Umschlagseite innen

Textverzeichnis

9 Sören Kierkegaard, zit. n. Joseph Ratzinger, Einführung ins Christentum, München 1968, 12. **10** Kadidja Wedekind, Text aus der Süddeutschen Zeitung, 1952. – Erich Fried, Gedichte, Reclam Verlag, Stuttgart 1993, 29. – Christa Wolf, zit. n. Bettine Reichelt, Jegliches hat seine Zeit, Thomas Verlag, Leipzig 1998. **13** »Glaube ist Wagnis und Vertrauen«, zit. n. Rudolf Stertenbrink, In Bildern und Gleichnissen Bd. 3, Herder Verlag, Freiburg 1998, 13. – Anthony de Mello, Eine Minute Weisheit, aus dem Englischen von Ursula Schottelius, Herder Verlag, Freiburg 1997, 75. **25** Anja, Magda, zit. n. Provo, Publik-Forum 3/95, 2. **29** Hans Manz, in: Kopfstehen macht stark, Beltz Verlag, Weinheim 1978, 97. **31** Hilde Domin, zit. n. Fischer Gesamtverzeichnis 98/99, 19. **32** In Anlehnung an: Claus Peter Müller Thurau, Lass uns mal vor Schnecke angraben, Düsseldorf und Wien o. J. und Alfons Kaiser, Und ich so: Cool! Und er so: Hä?, FAZ 18.12.97, 13. – Erich Fried, Ges. Werke, Bd. 1 Gedichte, hrsg. v. Volker Kankoreit und Klaus Wagenbach, Wagenbach Verlag, Berlin 1993. **33** »Flotte Sprüche« nach: KBL Materialbrief 2/97, 13. Alfons Kaiser zit. n. a. a. O. **38** Anthony de Mello, Gib deiner Seele Zeit, Herder Verlag, Freiburg 1999, 62. **39** Katharina, zit. n. Provo, Publik-Forum 37/95, 2. **40** Klaus, zit. n. Provo, Publik-Forum 37/95, 2. **53** Nelly Sachs, zit. n. Eugen Rucker, Moderne Literatur, München 1971, 8. **70** »Spuren«, nach Walter Ruf, aus: Dietrich Steinwede/Sabine Ruprecht (Hg.), Vorlesebuch Religion 1, Patmos/Kaufmann/Vandenhoeck & Ruprecht/TVZ, Düsseldorf/Lahr/Göttingen/Zürich 131985, 311. **73** Fynn, Hallo Mister Gott, hier spricht Anna, S. Fischer Verlag, Frankfurt/Main 1979, 96. **91** Fynn, s. Anm. S. 73, 103. **92** Marie Luise Kaschnitz, Kein Zauberspruch, Gedichte, Insel Verlag, Frankfurt a. M. 1972. – Lothar Zenetti, Texte der Zuversicht, J. Pfeiffer/Manz Verlag, München 1972, 259. – Kurt Marti, Abendland, Gedichte, Luchterhand Verlag, Darmstadt/Neuwied, 47. – Wilhelm Willms, Der geerdete Himmel, Butzon & Bercker, Kevelaer 1981, Nr. 2.6. **93** Rudolf Otto Wiemer, Ernstfall, Gedichte, J. F. Steinkopf Verlag, Stuttgart 1973, 68. – Cingiz Ajtmatov, Der Richtplatz, Zürich 1987, 243. **96** Katharina Philipps, zit. n. FAZ 6.2.1995. **99** Blaise Pascal, Über die Religion und einige andere Gegenstände. Übertragen und herausgegeben von Ewald Wasmuth, Verlag Lambert Schneider, Heidelberg 1979, 113. – Franz Kafka, Sämtliche Erzählungen, Frankfurt 1981, 320. – Erich Fried, Gesammelte Werke, Gedichte I, Wagenbach Verlag, Berlin 1993, 337. **100** Viola Voss, zit. n. FAZ 4.3.1996. **102** f Gilgamesch-Epos, nach: Als die Götter noch mit den Menschen sprachen, Freiburg 1981, 142–144 i. A. **104** Heinrich Böll, zit. n. Karl-Josef Kuschel, »Weil wir uns auf dieser Erde nicht ganz zu Hause fühlen«. Über Gott, Jesus und Christus. Gespräch mit Heinrich Böll, in: ders., Weil wir uns auf dieser Erde nicht ganz zu Hause fühlen. Zwölf Schriftsteller über Religion und Literatur, Piper Verlag

München 1985, 65. **114** Kurt Marti, Gedichte am Rand, Hermann Luchterhand Verlag, Darmstadt/Neuwied. – Marie Luise Kaschnitz, s. Anm. zu S. 92. – Nach Hildegard Knef, Das Urteil, Verlag Fritz Molden, Wien/München/Zürich 1975, 324 ff, zit. n. Rudolf Stertenbrink, In Bildern und Beispielen, Bd. 4, Herder Verlag, Freiburg 1998, 185. **121** Zit. n. Kirchen- und Theologiegeschichte in Quellen, Bd. II., Mittelalter, Ausgew. u. komm. v. R. Mokrosch, H. Walz, Neukirchener Verlag, Neukirchen-Vluyn 3/1989. **123** Zit. n. Chronik des Christentums, Chronik Verlag, Gütersloh/München 1997, 134. **129** wie Anm. zu S. 121. **133** Zit. n. Walter Nigg, Gebete der Christenheit, München/Hamburg 1971, 44 f. **135** »Ich liebe«, zit. n. Elisabeth Hense (Hg.), Im Spiegel der Seele, Herder Verlag, Freiburg 1997. **142** Zit. n. W. Behringer, Hexen und Hexenprozesse, dtv, München 1988, 377 f, 379, 383, 380, 382. **151** Zit. n. Helmar Junghans, Die Reformation in Augenzeugenberichten, Karl Rauch Verlag, Düsseldorf 1967. **157** Zit. n.: s. Anm. zu S. 123, 258. **169** Zit. n. Das große Buch der Baustile, Cormoran im Südwest-Verlag, München 1998, 41. **200** Pete Seeger, Who killed Davey Moore, LP We shall overcome, Carnegie Hall Concert, Columbia Broadcasting Systems USA (leicht geändert). **201** Antoine de Saint-Exupéry, Der kleine Prinz, dt. von Grete und Josef Leitgeb, Karl Rauch Verlag, Düsseldorf 1950 und 1999. **207** EBd. **208** »Ecstasy«: zit. n. FAZ 1.4.1996. – »Ein schlimmes Ergebnis«: zit. n.: Blätter des Bielefelder Kulturrings, Bielefeld o. J., 210. **211** Fabienne Kraus, Julia Strätz, zit. n. FAZ, 5.12.1994. **222** f Thaddäus Troll, Fliegen am Florett, Verlag Braun und Schneider, München 1954, 57. **242** »Der ›Geist Kevin‹«, zit. n. DER SPIEGEL, 10.12.1987, 74. **251** Dietrich Bonhoeffer, Widerstand und Ergebung, Christian Kaiser Verlag, München 3/1987, i. A. **260** »Schammai und Hillel«, Reinhold Mayer (Hg.), Der Babylonische Talmud, Goldmann Verlag, München 1993, 202. **261** »Die Clowns und das Himmelreich«, J. J. Petuchowski, Es lehrten unsere Meister, Herder Verlag, Freiburg/Basel/Wien 1979, 136 (leicht verändert). **272** Rabbi Chanoch von Alexander, zit. n. Martin Buber, Werke, Bd. 3, München/Heidelberg 1963, 707. – Rabbi Schmelke, zit. n. ebd., 706. – Levi Jizchak, frei nacherzählt nach ebd., a.a.O., 348. – Rabbi Sussja, zit. n. ebd., 367. • Jizchak Meir, zit. n. ebd., 694. **277** f Zit. n. Ernst Ludwig Ehrlich, Geschichte der Juden in Deutschland, Düsseldorf 1968, 28 f. **280** Reinhard Heydrich, zit. n. Der Nationalsozialismus, Dokumente 1933–1945, hrsg. von Walther Hofer, Fischer Taschenbuchverlag, Frankfurt/Main 1957, 292 f. – Anne Frank, Das Tagebuch der Anne Frank, Lambert Schneider Verlag, Heidelberg 1950, 62 f.

Religion – Sekundarstufe
Jahrgangsstufen 7/8
Wege des Glaubens

erarbeitet von Werner Trutwin

Redaktion: Berthold Frinken
Umschlaggestaltung: Volker Butenschön, Lüneburg
Layout und
technische Umsetzung: Elke Günzel, Düsseldorf

www.oldenbourg-bsv.de

1. Auflage, 5. Druck 2014

Alle Drucke dieser Auflage sind inhaltlich unverändert
und können im Unterricht nebeneinander verwendet werden.

Zugelassen durch die Lehrbuchkommission der Deutschen Bischofskonferenz
Unterrichtswerk für den katholischen Religionsunterricht an Gymnasien, Gesamtschulen und Realschulen

© 2010 Bayerischer Schulbuch Verlag GmbH, München
© 2014 Oldenbourg Schulbuchverlag GmbH, München

Das Werk und seine Teile sind urheberrechtlich geschützt. Jede Nutzung in anderen als den gesetzlich zugelassenen Fällen bedarf der vorherigen schriftlichen Einwilligung des Verlages.
Hinweis zu den §§ 46, 52 a UrhG: Weder das Werk noch seine Teile dürfen ohne eine solche Einwilligung eingescannt und in ein Netzwerk eingestellt oder sonst öffentlich zugänglich gemacht werden.
Dies gilt auch für Intranets von Schulen und sonstigen Bildungseinrichtungen.

Druck: Stürtz GmbH, Würzburg

ISBN 978-3-7627-0402-7

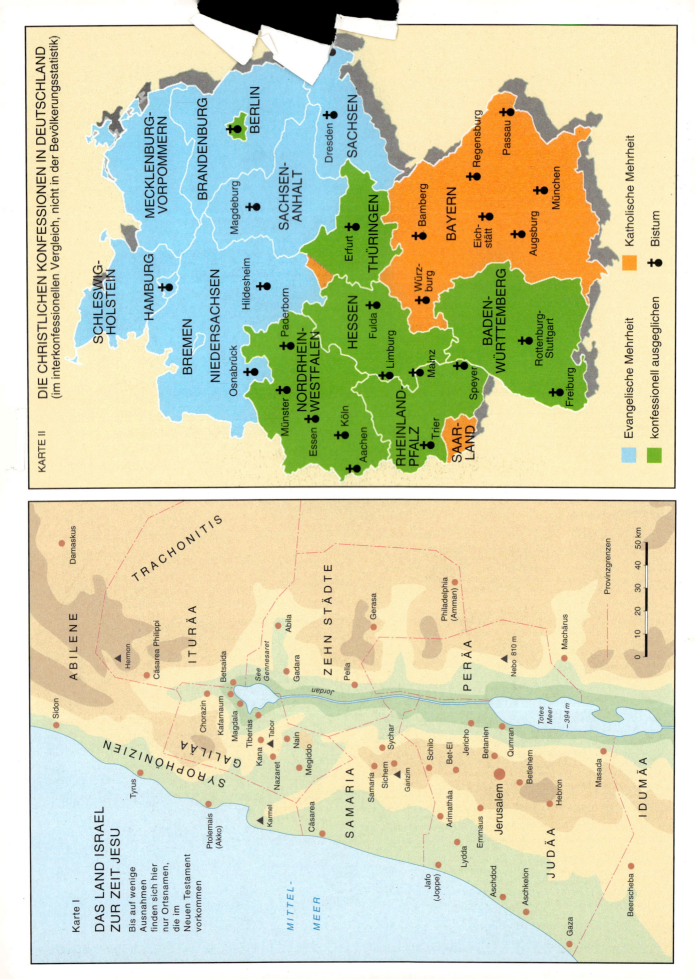

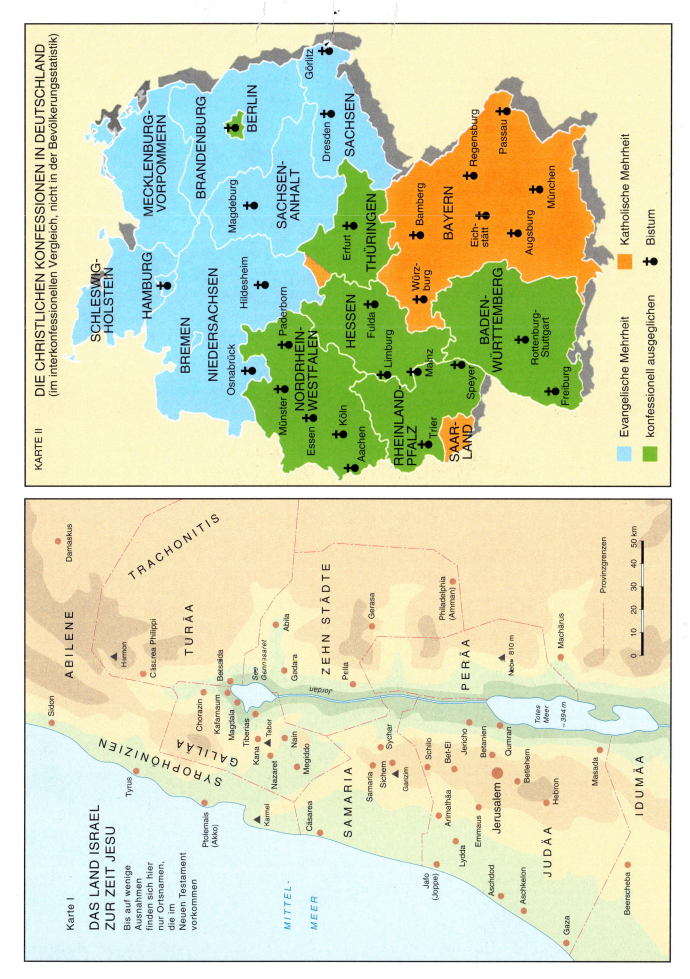

Kunst, Bonn 2001. **231** (o.) © Enrico Ferorelli / Focus. **234** Johann Heinrich Schönfeld, Saul und die Hexe von Endor, 1670–80, Staatsgalerie Stuttgart. **235** (o.) © Bob Paynter / Big Pictures / action press. – (u.) © Udo Kröner / allOver. **236** © Kienitz / anthony. **237** (o.) © Barták. – (u.) © Steinmann. **239** © Peter Wirtz, Dormagen. **241** © Richard Vogel / Wheeler Picture / Focus. **242** © Cheetam / Magnum / Focus. **244** aus: Gert Raeithel, Amerikas Heilige der letzten Tage. Mormonische Lebensläufe, Eichborn Verlag, Frankfurt / M. 1977. **246** (o.) © Toma Babovic / Das Fotoarchiv, Essen. – (u.) © Archiv für Kunst und Geschichte, Berlin. **248** (o.) © Ralf Succo / action press. **252** (l.) Foto: Jürgen Spieler, aus: Benno Elkan. Ein jüdischer Künstler aus Dortmund, Klartext Verlag, Essen 1997. **253** S. Spielberg: © dpa, Frankfurt. **254** (o.) © Hilla und Max Moshe Jacoby. • (u.) © Hermann Dornhege, Bad Tölz. **256** (l.u.) © Bill Aron, Los Angeles. – (r.u.) © Edward Serotta, Berlin. **257** Hannelore Künzel. **258** (u.) © Marc Chagall, Der betende Jude, 1914, © VG Bild-Kunst, Bonn 2001. **259** (u.) © Bildarchiv Preußischer Kulturbesitz, Berlin. **260** (o.) H. Lewandowski. – (u.) Jürgen Spieler, a.a.O. **261** Jürgen Spieler, a.a.O. **262** Jürgen Spieler, a.a.O. **263** Rechteinhaber unbekannt. **264** Marc Chagall, Die weiße Kreuzigung, 1938, © VG Bild-Kunst, Bonn 2001. **265** KNA-Bild, Frankfurt. **266** Felix Nussbaum, Die beiden Juden, 1926, © VG Bild-Kunst, Bonn 2001. **267** (o.) Max Beckmann, Die Synagoge, 1919, © VG Bild-Kunst, Bonn 2001. – (u.) aus: Kunst und Kirche 4/96. **268** Rechteinhaber unbekannt. **269** (o.) © Hilla und Max Moshe Jacoby. **270** (o.) © Evangelische Zentralbildkammer, Bielefeld. – (u.) © Hilla und Max Moshe Jacoby. **271** © 1969, 1973, 1983 by Roman Vishniac. A Vanished World, Originalverlag: Farrar, Straus & Giroux Inc., New York, Deutschsprachige Ausgabe: Kindler Verlag GmbH, München 1996, S. 85. Zur Abb.: Im größten Raum, der im Haus des Rabbis zur Verfügung stand, einem bescheidenen Saal, der Dutzende von Schülern aufnehmen musste, fanden Talmud-Diskussionen und Prüfungen der Schüler statt. Zur Essenszeit diente der Raum auch als Speisesaal. Der Leiter der Jeschiwa, Rabbi Baruch Rabinowitz, sitzt zwischen den Kerzen. Dies entspricht der Tradition der Familie Rabinowitz, der sogenannten Mucacevo-Dynastie. Ihr Begründer Solomon Schapira (1832–1893) wurde 1881 zum Rabbi von Mucacevo ernannt. Rabbi Rabinowitz überlebte den Holocaust und lebt jetzt in Israel. **272** Rechteinhaber unbekannt. **273** (u.) © Hilla und Max Moshe Jacoby. **275** Max Liebermann, Der zwölfjährige Jesus im Tempel, 1878–79, © VG Bild-Kunst, Bonn 2001. **279** © KNA-Bild, Frankfurt. **281** Felix Nussbaum, Jaqui auf der Straße, 1944, © VG Bild-Kunst, Bonn 2001. **283** (u.) Moshe Hofman, 6 000 001. Jesus wird vom Kreuz geholt, 1967, © beim Künstler. **284** © dpa, Frankfurt. **285** © Jörg Waizmann / action press.

Grafiken / Karten: Wolfgang Mattern: 56, 60, 61, 116, 146, 162, 163, 257, 288, hintere Umschlagseite innen

Textverzeichnis

9 Sören Kierkegaard, zit. n. Joseph Ratzinger, Einführung ins Christentum, München 1968, 12. **10** Kadidja Wedekind, Text aus der Süddeutschen Zeitung, 1952. – Erich Fried, Gedichte, Reclam Verlag, Stuttgart 1993, 29. – Christa Wolf, zit. n. Bettine Reichelt, Jegliches hat seine Zeit, Thomas Verlag, Leipzig 1998. **13** »Glaube ist Wagnis und Vertrauen«, zit. n. Rudolf Stertenbrink, In Bildern und Gleichnissen Bd. 3, Herder Verlag, Freiburg 1998, 13. – Anthony de Mello, Eine Minute Weisheit, aus dem Englischen von Ursula Schottelius, Herder Verlag, Freiburg 1997, 75. **25** Anja, Magda, zit. n. Provo, Publik-Forum 3/95, 2. **29** Hans Manz, in: Kopfstehen macht stark, Beltz Verlag, Weinheim 1978, 97. **31** Hilde Domin, zit. n. Fischer Gesamtverzeichnis 98/99, 19. **32** In Anlehnung an: Claus Peter Müller Thurau, Lass uns mal ne Schnecke angraben, Düsseldorf und Wien o. J. und Alfons Kaiser, Und ich so: Cool! Und er so: Hä?, FAZ 18.12.97, 13. – Erich Fried, Ges. Werke, Bd. 1 Gedichte, hrsg. v. Volker Kankoreit und Klaus Wagenbach, Wagenbach Verlag, Berlin 1993. **33** »Flotte Sprüche« nach: KBL Materialbrief 2/97, 13. Alfons Kaiser a. n. a. o. **38** Anthony de Mello, Gib deiner Seele Zeit, Herder Verlag, Freiburg 1999, 62. **39** Katharina, zit. n. Provo, Publik-Forum 37/95, 2. **40** Klaus, zit. n. Provo, Publik-Forum 37/95, 2. **53** Nelly Sachs, zit. n. Eugen Rucker, Moderne Literatur, München 1971, 8. **70** »Spuren«, nach Walter Ruf, aus: Dietrich Steinwede/Sabine Ruprecht (Hg.), Vorlesebuch Religion 1, Patmos/Kaufmann/Vandenhoeck & Ruprecht/TVZ, Düsseldorf/Lahr/Göttingen/Zürich 131985, 311. **73** Fynn, Hallo Mister Gott, hier spricht Anna, S. Fischer Verlag, Frankfurt/Main 1979, 96. **91** Fynn, s. Anm. S. 73, 103. **92** Marie Luise Kaschnitz, Kein Zauberspruch, Gedichte, Insel Verlag, Frankfurt a. M. 1972. – Lothar Zenetti, Texte der Zuversicht, J. Pfeiffer/Manz Verlag, München 1972, 259. – Kurt Marti, Abendland, Gedichte, Luchterhand Verlag, Darmstadt/Neuwied, 47. – Wilhelm Willms, Der geerdete Himmel, Butzon & Bercker, Kevelaer 1981, Nr. 2.6. **93** Rudolf Otto Wiemer, Ernstfall, Gedichte, J. F. Steinkopf Verlag, Stuttgart 1973, 68. – Cingiz Ajtmatov, Der Richtplatz, Zürich 1987, 243. **96** Katharina Philipps, zit. n. FAZ 6.2.1995. **99** Blaise Pascal, Über die Religion und einige andere Gegenstände. Übertragen und herausgegeben von Ewald Wasmuth, Verlag Lambert Schneider, Heidelberg 1979, 113. – Franz Kafka, Sämtliche Erzählungen, Frankfurt 1981, 320. – Erich Fried, Gesammelte Werke, Gedichte I, Wagenbach Verlag, Berlin 1993, 337. **100** Viola Voss, zit. n. FAZ 4.3.1996. **102 f** Gilgamesch-Epos, nach: Als die Götter noch mit den Menschen sprachen, Freiburg 1981, 142–144 i. A. **104** Heinrich Böll, zit. n. Karl-Josef Kuschel, »Weil wir uns auf dieser Erde nicht ganz zu Hause fühlen«. Über Gott, Jesus und Christus. Gespräch mit Heinrich Böll, in: ders., Weil wir uns auf dieser Erde nicht ganz zu Hause fühlen. Zwölf Schriftsteller über Religion und Literatur, Piper Verlag München 1985, 65. **114** Kurt Marti, Gedichte am Rand, Hermann Luchterhand Verlag, Darmstadt/Neuwied. – Marie Luise Kaschnitz, s. Anm. zu S. 92. – Nach Hildegard Knef, Das Urteil, Verlag Fritz Molden, Wien/München/Zürich 1975, 324 ff, zit. n. Rudolf Stertenbrink, In Bildern und Beispielen, Bd. 4, Herder Verlag, Freiburg 1998, 185. **121** Zit. n. Kirchen- und Theologiegeschichte in Quellen, Bd. II., Mittelalter, Ausgew. u. komm. v. R. Mokrosch, H. Walz, Neukirchener Verlag, Neukirchen-Vluyn 3/1989. **123** Zit. n. Chronik des Christentums, Chronik Verlag, Gütersloh/München 1997, 134. **129** wie Anm. zu S. 121. **133** Zit. n. Walter Nigg, Gebete der Christenheit, München/Hamburg 1971, 44 f. **135** »Ich liebe«, zit. n. Elisabeth Hense (Hg.), Im Spiegel der Seele, Herder Verlag, Freiburg 1997. **142** Zit. n. W. Behringer, Hexen und Hexenprozesse, dtv, München 1988, 377 f, 379, 383, 380, 382. **151** Zit. n. Helmar Junghans, Die Reformation in Augenzeugenberichten, Karl Rauch Verlag, Düsseldorf 1967. **157** Zit. n.: s. Anm. zu S. 123, 258. **169** Zit. n. Das große Buch der Baustile, Cormoran im Südwest-Verlag, München 1998, 41. **200** Pete Seeger, Who killed Davey Moore, LP We shall overcome, Carnegie Hall Concert, Columbia Broadcasting Systems USA (leicht geändert). **201** Antoine de Saint-Exupéry, Der kleine Prinz, dt. von Grete und Josef Leitgeb, Karl Rauch Verlag, Düsseldorf 1950 und 1999. **207** EBd. **208** »Ecstasy«: zit. n. FAZ 1.4.1996. – »Ein schlimmes Ergebnis«: zit. n.: Blätter des Bielefelder Kulturrings, Bielefeld o. J., 210. **211** Fabienne Kraus, Julia Strätz, zit. n. FAZ, 5.12.1994. **222 f** Thaddäus Troll, Fliegen am Florett, Verlag Braun und Schneider, München 1954, 57. **242** »Der ›Geist Kevin‹«, zit. n. DER SPIEGEL, 10.12.1987, 74. **251** Dietrich Bonhoeffer, Widerstand und Ergebung, Christian Kaiser Verlag, München 3/1987, i. A. **260** »Schammai und Hillel«, Reinhold Mayer (Hg.), Der Babylonische Talmud, Goldmann Verlag, München 1993, 202. **261** »Die Clowns und das Himmelreich«, J. J. Petuchowski, Es lehrten unsere Meister, Herder Verlag, Freiburg/Basel/Wien 1979, 136 (leicht verändert). **272** Rabbi Chanoch von Alexander, zit. n. Martin Buber, Werke, Bd. 3, München/Heidelberg 1963, 707. – Rabbi Schmelke, zit. n. ebd., 706. – Levi Jizchak, frei nacherzählt nach ebd., a.a.O., 348. – Rabbi Sussja, zit. n. ebd., 367. • Jizchak Meir, zit. n. ebd., 694. **277 f** Zit. n. Ernst Ludwig Ehrlich, Geschichte der Juden in Deutschland, Düsseldorf 1968, 28 f. **280** Reinhard Heydrich, zit. n. Der Nationalsozialismus, Dokumente 1933–1945, hrsg. von Walther Hofer, Fischer Taschenbuchverlag, Frankfurt/Main 1957, 292 f. – Anne Frank, Das Tagebuch der Anne Frank, Lambert Schneider Verlag, Heidelberg 1950, 62 f.

Religion – Sekundarstufe
Jahrgangsstufen 7/8
Wege des Glaubens

erarbeitet von Werner Trutwin

Redaktion: Berthold Frinken
Umschlaggestaltung: Volker Butenschön, Lüneburg
Layout und
technische Umsetzung: Elke Günzel, Düsseldorf

www.oldenbourg-bsv.de

1. Auflage, 5. Druck 2014

Alle Drucke dieser Auflage sind inhaltlich unverändert und können im Unterricht nebeneinander verwendet werden.

Zugelassen durch die Lehrbuchkommission der Deutschen Bischofskonferenz
Unterrichtswerk für den katholischen Religionsunterricht an Gymnasien, Gesamtschulen und Realschulen

© 2010 Bayerischer Schulbuch Verlag GmbH, München
© 2014 Oldenbourg Schulbuchverlag GmbH, München

Das Werk und seine Teile sind urheberrechtlich geschützt. Jede Nutzung in anderen als den gesetzlich zugelassenen Fällen bedarf der vorherigen schriftlichen Einwilligung des Verlages.
Hinweis zu den §§ 46, 52 a UrhG: Weder das Werk noch seine Teile dürfen ohne eine solche Einwilligung eingescannt und in ein Netzwerk eingestellt oder sonst öffentlich zugänglich gemacht werden.
Dies gilt auch für Intranets von Schulen und sonstigen Bildungseinrichtungen.

Druck: Stürtz GmbH, Würzburg

ISBN 978-3-7627-0402-7

PEFC zertifiziert
Dieses Produkt stammt aus nachhaltig bewirtschafteten Wäldern und kontrollierten Quellen.

www.pefc.de